부동산등기의 진정성 보장 연구

부동산등기의 진정성 보장 연구

구 연 모

景仁文化社

머리말

저자는 오랫동안 부동산등기업무를 담당하였다. 일선 등기소의 등기관과 등기소장으로서 실무를 처리하였고, 법원행정처의 사법등기국(종전의 법정국)에서 사무관, 서기관, 부동산등기과장, 심의관으로 근무하면서 부동산등기 관련 법령과 예규의 제·개정, 질의회신 및 등기전산화 업무를 담당하였다. 법원공무원교육원에서 부동산등기실무를 강의하였고, 여러 나라의 등기소를 견학하였으며, 해외연수를 통하여 미국의 물권법을 공부하였다. 업무를 하면서 우리나라 부동산등기제도에 관하여 정리되지 않은 부족한 부분이 너무 많이 느껴졌다. 그 과정에서 늘 머릿속을 떠나지 않은 생각이 세 가지 있었다. 첫째는 실체법과 절차법의 밀접한 연계라는 관점에서 부동산등기제도를 바라보고 싶었다. 둘째는 우리의 등기실무를 분석하여 이론적이고 체계적으로 정리하고 싶었다. 셋째는 외국의 제도에 대한 관심이었다. 각 나라는 그 모습은 달라도 각자의 공시제도를 발전시켜왔다. 그것을 연구하여 우리의 제도개선에 참고하고 싶었다.

그러다가 대학원에 진학하게 되었다. 업무와 학업을 병행하는 어려움이 있었지만 거기서 느껴지는 보람이 더 컸다. 평소의 생각에 바탕을 두고 학위논문을 작성하였다. 이 책은 저자의 박사학위논문을 수정·보완한 것이다. 이 책에서는 실체법상의 법률관계와 등기절차의 밀접한 연계라는 관점에서 등기의 진정성에 관하여 검토하였다. 부동산등기제도는 부동산에 관한 권리관계를 정확하고 신속하게 공시함으로써 진정한 권리자를 보호하고 거래의 안전에 이바지하는 제도이다. 그러자면 실체법에 의하여 이루어진 부동산에 관한 법률관계가 그대로 등기부에 반영되어야 하고, 그것이 등기절차와 서로 밀접하게 연계되어야 한다. 그럼에도 종래 양자가 유리되어 왔던 것이 우리의 현실이었다. 우리 부동산등기법이 제정된 후 50여 년 만에 전부 개정되었다. 등기업무도 전산화되었다. 이제 우리 등기제도의 기본문제에 대하여 되돌아볼 필요가 있다.

이 책의 주요 내용은 다음과 같다. 먼저 등기의 진정성 보장의 기초는 실체법상의 법률관계와 등기절차의 밀접한 연계라는 관점에서 부동산 물권변동이론과 등기절차의 관계에 관하여 새로운 해석을 시도하여 보았다. 그리고 양자를 연결 짓는 역할을 하는 등기관의 심사업무의 성격에 관한 소위 형식적 심사주의에 대하여 그 개념과 다른 나라의 제도를 살펴보고 우리 법의 해석론을 새로이 전개하였다. 이어서 등기관의 심사업무에 관한 판례와 등기실무를 분석하고, 그 바탕 위에서 종래의 형식적 심사주의의 틀을 벗어나 등기관의 심사업무에 관한 새로운 접근을 시도하여 보았다. 마지막으로 부실등기의 현황을 분석하여 이러한 이론적 논의를 검증하여 보았다. 이 연구는 부동산등기제도에 관한 새로운 접근을 위한 시도의 하나이다. 첫 걸음인 만큼 부족한 부분도 많다. 그 부분을 보완하는 노력을 계속해 나가고자 한다.

이 책이 나오기까지 감사할 분들이 많다. 저자를 단순한 실무자에서 학문의 길로 이끌어주신 김재형 교수님께 감사드린다. 교수님의 학문적 열정은 늘 본받고 싶다. 저자의 학위논문을 심사해주신 남효순, 최봉경, 권영준, 송덕수 교수님들께서도 귀한 가르침을 주셨다. 그 가르침을 잊을 수 없다. 실무에 종사할 때 상사로 모셨던 안태근 국장님께도 감사드린다. 국장님으로부터는 등기업무에 대한 애정을 배웠다. 개인적으로는 가족들에게 항상 고마운 마음이다. 든든한 두 아들 형준이와 성현이가 밝고 건강하고 올바르게 살아가기를 바란다. 남편을 업무와 학업에 빼앗겨온 처 서만혜에게 결혼 20주년에 즈음하여 사랑과 고마움의 마음을 전한다. 마지막으로 자식의 박사학위취득을 누구보다도 기뻐하신 부모님께 이 책을 바친다.

2014. 4.
구 연 모

目次

제1장 서론   1

제1절 문제의 제기   3
제2절 연구의 방법과 구성   11
  I. 연구의 방법   11
  II. 연구의 구성   12

제2장 부동산물권변동이론과 등기절차   15

제1절 부동산등기의 진정성 보장의 기초   17
제2절 여러 나라의 물권변동이론과 등기절차   21
  I. 독일   21
    1. 독일에서의 부동산물권 공시제도의 발전   21
    2. 부동산물권변동이론   25
    3. 물권변동이론의 등기절차에서의 구현   28
    4. 부동산등기의 진정성 보장 수단   30
  II. 일본   31
    1. 일본에서의 부동산물권 공시제도의 발전   31
    2. 부동산물권변동이론   33
    3. 물권변동이론의 등기절차에서의 구현   34
    4. 부동산등기의 진정성 보장 수단   35
  III. 프랑스   36
    1. 부동산물권변동이론   36
    2. 물권변동이론의 등기절차에의 구현   37
    3. 부동산등기의 진정성 보장 수단   38
  IV. 그 밖의 다른 나라   39
    1. 스위스   39
    2. 미국   41

　　3. 오스트레일리아　　　　　　　　　　　　　　　　　42

제3절 우리나라에서의 부동산 물권변동이론과 등기절차　　　　　45

　Ⅰ. 부동산 등기절차 개관　　　　　　　　　　　　　　　　45

　　1. 부동산 물권변동 공시제도의 발전　　　　　　　　　　45

　　2. 등기 신청절차　　　　　　　　　　　　　　　　　　48

　　3. 등기의 실행절차　　　　　　　　　　　　　　　　　54

　　4. 등기의 잘못을 바로잡기 위한 절차　　　　　　　　　58

　Ⅱ. 부동산물권변동이론과 등기절차　　　　　　　　　　　60

　　1. 물권변동의 요건　　　　　　　　　　　　　　　　　60

　　2. 물권변동이론의 등기절차에의 구현과 양자의 괴리　　63

　　3. 물권변동이론의 바람직한 구성방향　　　　　　　　　67

　Ⅲ. 등기절차에서의 등기의 진정성 보장 수단　　　　　　71

　　1. 본인 확인 및 등기신청의사의 진정성 확인　　　　　72

　　2. 등기원인을 증명하는 자료에 의한 심사　　　　　　74

　　3. 진정성 보장 수단에 대한 새로운 해석　　　　　　　75

제4절 결어　　　　　　　　　　　　　　　　　　　　　　79

제3장 형식적 심사주의 일반론　　　　　　　　　　　　　83

제1절 형식적 심사주의의 개념　　　　　　　　　　　　　85

　Ⅰ. 서설　　　　　　　　　　　　　　　　　　　　　　86

　Ⅱ. 형식적 심사주의의 개념에 관한 여러 견해　　　　　　86

　　1. 심사의 대상을 기준으로 설명하는 견해　　　　　　　86

　　2. 심사의 방법을 기준으로 설명하는 견해　　　　　　　88

　　3. 심사의 대상과 방법을 복합적으로 고려하여 설명하는 견해　　90

　Ⅲ. 검토　　　　　　　　　　　　　　　　　　　　　　90

　　1. 입법주의 분류기준 및 형식적 심사주의 개념의 불명확성　90

　　2. 입법주의 분류기준의 검토　　　　　　　　　　　　　92

제2절 등기관의 심사에 관한 다른 나라의 제도　　　　　　95

　Ⅰ. 일본　　　　　　　　　　　　　　　　　　　　　　95

　　1. 형식적 심사주의와 실질적 심사주의의 개념　　　　　95

　　2. 입법례의 소개　　　　　　　　　　　　　　　　　98

3. 형식적 심사주의와 실질적 심사주의의 용어 문제 99
4. 형식적·실질적 심사주의 분류 자체를 부정하는 견해 101
5. 일본 부동산등기법의 입장 102
Ⅱ. 독일 105
1. 독일에서의 등기관의 심사범위의 역사적 변천 105
2. 등기관의 심사범위 107
Ⅲ. 스위스 110
Ⅳ. 검토 111
1. 형식적 심사주의의 발생배경 111
2. 물권변동이론의 등기절차에의 구현모습과 등기관의 심사업무 112
3. 일본에서의 논의와 우리나라에의 도입 114
제3절 형식적 심사주의에 대한 검토 117
Ⅰ. 우리 부동산등기법의 해석론 117
1. 부동산등기법의 해석에 관한 종래의 견해 117
2. 종래의 견해에 대한 검토 122
3. 부동산등기법의 바람직한 해석론 124
Ⅱ. 등기제도의 이상과 절차적 정의 126
1. 등기제도의 이상과 형식적 심사주의 126
2. 절차적 정의와 형식적 심사주의 129
3. 재판절차와 등기절차의 비교 132
Ⅲ. 형식적 심사주의와 등기실무 135
1. 형식적 심사주의이론이 등기실무에 미친 영향 135
2. 판례의 형식적 심사주의이론과 등기실무의 괴리 137
3. 손해배상책임 및 자의적인 업무처리 우려 138
제4절 결어 141

제4장 등기관의 심사업무의 구체적 내용 분석 145
제1절 서설 147
제2절 학설과 판례의 분석 149
Ⅰ. 학설 149

Ⅱ. 판례의 입장　　　　　　　　　　　　　　　　　　　151
　1. 심사의 내용에 관한 판례의 입장　　　　　　　　　151
　2. 판례의 내용 분석　　　　　　　　　　　　　　　　152
Ⅲ. 판례의 입장의 변천　　　　　　　　　　　　　　　　153
Ⅳ. 판례이론에 대한 검토　　　　　　　　　　　　　　　157
　1. 논리구성　　　　　　　　　　　　　　　　　　　　157
　2. 심사의 대상　　　　　　　　　　　　　　　　　　　157
　3. 심사의 자료　　　　　　　　　　　　　　　　　　　160
Ⅴ. 가등기에 의한 본등기와 중간압류등기의 말소에 관한
　　최근의 전원합의체 결정 검토　　　　　　　　　　　　161
　1. 사안의 개요　　　　　　　　　　　　　　　　　　　161
　2. 대법원의 판단　　　　　　　　　　　　　　　　　　163
　3. 검토　　　　　　　　　　　　　　　　　　　　　　165
　4. 개정 부동산등기법상 가등기에 의한 본등기절차와의 관계　170
　5. 소결　　　　　　　　　　　　　　　　　　　　　　171
제3절 심사의 내용에 대한 등기실무 분석　　　　　　　　　173
　Ⅰ. 서설　　　　　　　　　　　　　　　　　　　　　173
　Ⅱ. 심사의 대상과 등기실무　　　　　　　　　　　　　174
　　1. 당사자 본인의 확인　　　　　　　　　　　　　　174
　　2. 필요서면 등 첨부자료의 확인　　　　　　　　　　174
　　3. 실체법상 또는 절차법상 허용 여부 심사　　　　　177
　　4. 등기원인(법률행위)에 대한 심사　　　　　　　　178
　　　그 밖의 실체법상의 법률관계 내지 사실관계에 대한 심사　182
　Ⅲ. 심사의 자료와 등기실무　　　　　　　　　　　　　185
　　1. 종래의 형식적 심사주의이론으로 설명되지 않는 실무 운영　185
　　2. 심사의 자료에 의한 심사의 대상의 제한　　　　　198
　　3. 일본에서의 신청 외 자료의 심사자료 활용 논의 검토　202
제4절 결어　　　　　　　　　　　　　　　　　　　　　211

제5장 등기관의 심사업무에 관한 새로운 접근　　　　　215
제1절 실체법상의 법률관계와 등기절차의 연계 필요성　　　217

제2절 심사업무의 내용에 대한 새로운 설명　　　　　　　　　　221

　Ⅰ. 새로운 설명의 필요성　　　　　　　　　　　　　　　　221

　Ⅱ. 심사의 대상에 대한 새로운 설명　　　　　　　　　　　222

　　1. 심사의 대상 : 등기의 요건(실체법상의 법률관계)　　222

　　2. 개별적 고찰　　　　　　　　　　　　　　　　　　225

　Ⅲ. 심사의 자료에 관한 새로운 설명　　　　　　　　　　　227

　　1. 심사의 자료 : 등기의 요건(실체법상의 법률관계)의 입증 자료　227

　　2. 심사자료의 구체적 범위　　　　　　　　　　　　　230

　　3. 심사권한과 심사의무의 관계　　　　　　　　　　　234

　Ⅳ. 입법론　　　　　　　　　　　　　　　　　　　　　235

제3절 등기원인에 대한 심사　　　　　　　　　　　　　　　239

　Ⅰ. 서설　　　　　　　　　　　　　　　　　　　　　　239

　Ⅱ. 등기원인에 대한 법령의 규정　　　　　　　　　　　　240

　Ⅲ. 등기원인과 부동산물권변동이론　　　　　　　　　　　244

　　1. 등기원인의 의의　　　　　　　　　　　　　　　　244

　　2. 물권변동이론과 등기원인　　　　　　　　　　　　247

　　3. 물권변동이론과 등기절차의 유리　　　　　　　　　250

　Ⅳ. 등기절차에서의 등기원인증서에 대한 경시 경향　　　　251

　　1. 등기원인증서의 첨부에 관한 규정의 연혁　　　　　251

　　2. 등기원인증서의 역할과 기능　　　　　　　　　　　253

　　3. 종래의 등기원인증서의 요건　　　　　　　　　　　254

　　4. 등기원인증서의 현실　　　　　　　　　　　　　　256

　　5. 등기원인증서의 문제점　　　　　　　　　　　　　260

　Ⅴ. 개정 부동산등기법과 등기원인증명정보　　　　　　　262

　　1. 등기필증제도의 폐지와 등기원인증명정보의 기능　　262

　　2. 등기원인증명정보의 요건　　　　　　　　　　　　263

　　3. 등기원인증명정보에 대한 심사　　　　　　　　　　270

　　4. 등기완료 후의 등기원인증명정보의 처리　　　　　272

제4절 부동산등기에서의 실체법리와 절차법리　　　　　　　275

　Ⅰ. 등기절차와 절차적 정의　　　　　　　　　　　　　　275

II. 중간생략등기의 청구와 등기절차   276

1. 서설   276
2. 중간생략등기에서의 등기원인   277
3. 등기원인을 증명하는 정보   279
4. 소결   280

III. 가등기에 의한 본등기와 중간등기의 말소절차   282

1. 개정 부동산등기법의 내용   282
2. 개정 부동산등기법에 대한 검토   283

IV. 기타   285

1. 등기의 오류를 바로잡기 위한 제도의 정비   285
2. 등기절차와 공법상의 규율   288
3. 처분제한과 등기절차   290
4. 그 밖의 사항   295

제5절 결어   301

제6장 부실등기와 등기원인의 공증   305

제1절 서설   307
제2절 부실등기의 현황 분석   311
  I. 부실등기의 개념   311
  II. 부실등기의 현황에 대한 실증적 분석   313
    1. 분석의 목적과 방법   313
    2. 분석대상 판결의 현황   315
  III. 판결의 분석 결과   322
    1. 등기말소 등 청구사건과 부실등기   322
    2. 등기관의 심사와 부실등기   322
    3. 등기원인의 공증과 부실등기   324
  IV. 결어   325
제3절 등기원인의 공증과 등기의 공신력   327
  I. 서설   327
  II. 등기원인에 대한 공증 논의 검토   328

　1. 등기원인 공증에 대한 논의 현황　　　　　　　　328

　2. 등기원인의 공증과 등기의 진정성 강화의 효과　　332

　3. 등기원인 공증 논의의 바람직한 방향　　　　　　339

　Ⅲ. 현행 부동산등기절차와 공신력　　　　　　　　344

제4절 결어　　　　　　　　　　　　　　　　　　　347

제7장 결론　　　　　　　　　　　　　　　351

[참고문헌]　　　　　　　　　　　　　　　　　363

제1장

서론

제1절

문제의 제기 ───────────────

1. 1960년 1월 1일 법률 제536호로 공포되어 같은 날부터 시행된 「부동산등기법」은 그 후 여러 차례 개정을 거듭하여 오다가 2011년 4월 12일 전부 개정 공포되어 그 6개월 후인 2011년 10월 13일부터 시행되고 있다. 50여 년만의 전부 개정이다. 개정의 주된 이유는 부동산등기업무의 전산화이다. 근대적 등기제도가 우리나라에 도입된 이래 등기업무에 가장 큰 영향을 미친 변화로 등기업무의 전산화를 들 수 있다. 여기서 이러한 업무환경의 변화에 걸맞게 부동산등기제도에 관한 체계적인 이론정립의 노력이 있었는지 되돌아보면서 등기제도의 기본문제에 대하여 검토해 보고자 한다.

2. 부동산등기제도는 민법 등 실체법에 의하여 이루어진 부동산에 관한 법률관계를 정확하고 신속하게 공시하기 위한 제도이다. 부동산은 대부분의 사람들에게 가장 중요한 재산으로 자리잡고 있어 그 중요성에 대하여는 굳이 설명을 필요로 하지 않는다. 이러한 부동산에 관한 권리관계 및 현황을 정확히 공시하여 국민의 재산권을 보호하고 거래의 안전과 원활을 도모하기 위한 목적에서 등기제도를 운영하는 것은 현대 문명제국의 공통된 현상이고,[1] 부동산등기제도는 우리 헌법이 보장하는 사유재산제도의 한 축을 이루는 제도이다.

부동산등기는 실체법에 의한 법률관계를 공시하는 제도이므로 등기가 진정하기 위하여는 실체법에 의한 법률관계를 그대로 반영하여야 한다. 그러자면 실체법상의 부동산물권변동이론과 등기절차가 서로 연계되어 있어야 하고 톱니바퀴처럼 서로 맞물려 돌아가야 한다.

그런데 부동산물권변동이론과 등기절차에 관한 우리나라에서의 논의를 살펴볼 때 과연 그러한지 의문이 든다. 실체법상의 물권변동이론에서 등기절차에 대한 고려는 미흡하고, 등기절차에 있어서도 실체법상의 법률관계를 그대로 등기절차에 반영하도록 물권변동이론과 연계하려는 이론적 노력이 부족하지 않나 생각된다. 두 영역이 서로 유리되어 있는 것이 우리 현실이다.

등기의 진정성 보장의 기초는 실체법상의 법률관계와 등기절차의 밀접한 연계이다. 이러한 관점에서 이 연구에서는 먼저 지금까지 우리 현실에서 유리되어 있는 부동산물권변동이론과 등기절차를 어떻게 이론적으로 이해하여야 서로 연계할 수 있는지를 검토하여 보고자 한다.

3. 이어서 실체법상의 법률관계를 등기절차에 반영하는 관문이 되는 등기관의 심사문제와 관련하여 가장 중요한 원칙으로 다루어지고 있는 형식적 심사주의에 대하여 살펴보고자 한다.

부동산등기가 이루어지는 과정은 다음과 같다. 우선 부동산물권에 관한 당사자의 법률행위 등 실체법상의 법률관계가 이루어지고, 그에 따라 등기를 신청하면 등기관이 심사하여 등기를 실행함으로써 등기부에 공시된다.[2] 여기서 부동산등기제도에 있어 실체법에 의하여 이루어진 법률관계를 등기부에 반영하는 관문이자 매개역할을 하는 것이 當事者의 申請(共

---

1) 金滉植, "物權法의 改正方向", 民事判例研究[VII], 民事判例研究會 編, 1985, 285면.
2) 이를 도식으로 표현하면 다음가 같다. 당사자의 법률행위 등 실체법상의 법률관계→ 등기의 신청(공동신청)→ 등기관의 심사→ 등기부에의 공시로 표현할 수 있다.

同申請)과 登記官의 審査이고, 공동신청주의와 등기관의 심사는 등기절차
에서 가장 중요한 두 가지 문제라고 할 수 있다.[3)]

공시제도인 부동산등기는 진정한 權利者를 保護하는 동시에 거래안전
을 통하여 第3者를 保護하는 기능을 가진다. 등기제도가 그 기능을 다하
려면 당사자 사이의 법률행위에 따른 권리관계가 그대로 등기부에 공시되
도록 하는 것이 이상적이다. 그러자면 등기관은 철저하고 신중하게 심사
하여 등기를 실행하여야 한다. 그러나 그 경우 등기부의 정확성은 기할 수
있으나 등기업무가 지체되고 그에 따라 거래의 원활과 신속이 저해된다.
그렇다고 심사를 소홀히 할 경우 부실등기를 양산하게 되므로 등기제도에
대한 신뢰를 상실할 수 있다. 여기서 등기의 迅速性과 正確性이라는 두 가
지 요청을 조화시킬 필요가 있다. 즉, 부동산에 관한 실체법상의 법률관계
를 그대로 정확하게 등기부에 반영하되 부동산거래의 신속성을 저해하지
않도록 함으로써 상반되는 두 가지 이상을 실현하도록 하여야 한다.

1) 이와 같이 실체법에 의한 법률관계를 등기라는 공시제도로 이어주는
중요한 매개역할을 하는 것이 등기관의 심사업무이다. 종래 그 심사업무
의 핵심적 내용으로 자리잡고 있는 원칙이 형식적 심사주의이다. 이것에
관하여 여러 문헌에 공통적으로 나타나는 내용을 살펴보면 다음과 같이
정리할 수 있다.

① 등기관의 심사에 관한 立法主義는 形式的 審査主義와 實質的 審査主
義로 구분할 수 있고, 우리나라는 형식적 심사주의를 취한다.

② 形式的 審査主義를 취하는 결과 부실등기가 발생할 위험이 매우 크
고 그에 따라 부실등기가 양산되고 있다.

---

3) 共同申請主義와 登記請求權의 관계에 관하여 實體法과 節次法이라는 두 법영역
   의 相互關係 내지 交錯의 면에서 보다 정확한 검토의 필요성을 지적하고 그러한
   검토를 한 문헌으로 다음 문헌을 들 수 있다. 幾代通, 登記請求權－實體法と手
   續法の交錯をめぐって－, 有斐閣, 1979.

③ 따라서 실체관계에 부합하는 등기를 구현하기 위하여 등기원인을 증명하는 서면의 공증이 필요하고, 등기원인서면의 공증은 공신력 인정의 전제조건의 하나이다.

2) 부동산등기에 관한 거의 대부분의 문헌에서 언급하는 내용이라 당연하게 생각될 수도 있는 사항들이나 여기에 대하여는 다음과 같은 의문이 든다.

우선 과연 등기관의 심사에 관한 立法主義를 형식적 심사주의와 실질적 심사주의로 구분할 수 있는가 하는 점이다. 우리나라에서는 그에 관한 별다른 논의 없이 당연한 것으로 인식되고 있으나, 일본에서는 이 입법주의의 구분을 둘러싸고 논란이 있어 왔다. 등기관의 심사업무에 관한 다른 나라의 제도를 살펴볼 때 과연 그와 같이 입법주의 분류가 타당한가 하는 의문이 든다. 국민의 재산권 보호하고 거래의 안전을 도모하기 위한 부동산등기제도에 관하여 다른 나라의 제도를 살펴볼 때 부실등기가 발생할 위험이 매우 큰 형식적 심사주의라는 입법주의가 존재하는가 하는 의문이 자연스럽게 든다.

여기서 등기관의 심사에 관한 입법주의로서의 형식적 심사주의에 대하여 일반론적 검토로서, 입법주의 분류기준 내지 그 개념에 관하여 생각해 보고, 다른 여러 나라의 제도를 살펴본 후, 우리 부동산등기법의 해석론을 전개해 보고자 한다.

4. 그렇다면 과연 우리 현실은 어떠한가 하는 점도 분석하여 보고자 한다.

판례는 등기관의 심사업무에 관하여 형식적 심사주의라는 것을 확실히 하고 있고,[4] 이 점은 확고한 판례법을 형성하고 있다고 보아도 지나치지

---

4) 대법원 1966. 7. 25. 선고 66마108 결정; 대법원 1987. 9. 22. 선고 87다카1164 판결; 대법원 1989. 3. 28. 선고 87다카2470 판결; 대법원 1990. 10. 29.자 90마 772 결정; 대법원 1995. 1. 20.자 94마535 결정; 대법원 2005. 2. 25. 선고 2003 다13048 판결; 대법원 2007. 6. 14. 선고 2007다4295 판결; 대법원 2008. 3. 27.

않다. 그런데 추상적 논의를 넘어 구체적 사안에 들어가 살펴볼 때 부실등
기를 양산할 수밖에 없다는 형식적 심사주의 일반론이 판례에서 논리적으
로 일관성 있게 관철되고 있는지도 알아보고자 한다.

우리 실무에서의 등기관의 심사업무의 구체적 내용은 어떠한가? 등기관
의 심사업무에 대하여 국내 학설은 형식적 심사주의라고 이해하고 있다.5)
이 점에 관하여 다른 견해는 아직 보이지 않는다. 아무도 의문을 제기하지
않는다. 그 동안 등기의 진정성 확보에 관한 논의가 많았음에도 등기의 진
정성 확보를 위한 가장 중요한 관문의 하나인 등기관의 심사업무의 내용
을 구체적이고 체계적으로 분석하는 작업은 없었다.6) 여기서 우리 등기실
무를 구체적이고 체계적으로 검토하여 과연 우리 실무가 형식적 심사주의
일반론에 따라서 운영되고 있는가 하는 점을 살펴보고자 한다. 부실등기
가 양산될 정도로 부실등기가 발생할 위험을 그대로 방치한 채 우리 실무
가 운영되고 있는지, 그렇지 않다면 과연 형식적 심사주의이론은 어떻게
이해하여야 하는지를 고민해보고자 한다.

5. 이상의 비판적 검토 위에 등기의 진정성 강화라는 관점에서 등기관
의 심사업무에 대한 새로운 설명을 시도해 보고자 한다.

부동산등기는 실체법에 의한 법률관계를 공시하는 제도이다. 등기가 진
정하기 위하여는 실체법에 의한 법률관계를 그대로 반영하여야 한다. 그
러기 위하여서는 실체법상의 부동산물권변동이론과 등기절차가 서로 연계

자 2006마920 결정; 대법원 2008. 12. 15.자 2007마1154 결정; 대법원 2010. 3.
18.자 2006마571 전원합의체 결정; 대법원 2011. 6. 2.자 2011마224 결정.

5) 郭潤直, 不動産登記法, 新訂修正版, 博英社, 1998, 229면; 金曾漢·金學東, 物權
法, 博英社, 1998, 70면; 宋德洙, 物權法, 博英社, 2012, 103면; 오시영, 物權法,
학현사, 2009, 147면; 李英俊, 物權法, 全訂新版, 博英社, 2009, 227면.

6) 종래의 형식적 심사주의의 내용에 관하여 다룬 문헌으로는 郭潤直(주 5), 220면
이하; 金鍾權, 新體系 不動産登記法, 韓國司法行政學會, 1976, 199면 이하; 申彦
淑, 註解 不動産登記法, 全訂版, 育法社, 1988, 371면 이하 참조.

되도록 이론을 구성하고 실무를 운영하여야 할 것이다. 이러한 관점에서 등기관의 심사업무의 내용에 관하여 새로운 접근을 시도해 보고자 한다.

이와 관련하여 2011년 전부 개정된 부동산등기법에서 등기원인에 대한 등기절차상의 취급에 큰 변화가 있었다. 등기원인을 증명하는 서면으로 등기필증을 작성하여 교부하던 제도를 폐지하고 등기필정보제도를 도입하였으며, 신청서부본으로 등기원인을 증명하는 서면에 갈음할 수 있도록 한 규정을 삭제하였다. 등기의 진정성 보장이라는 관점에서 등기원인에 대한 등기절차상의 취급에 있어서의 이러한 변화를 어떻게 받아들여야 할지를 검토해 보고자 한다. 아울러 물권변동이론과 등기절차의 유기적 연계라는 관점에서 실체법 또는 절차법 어느 한 측면에서만 논의가 있어온 중간생략등기 등 몇 가지 논점에 대하여 새롭게 살펴보고자 한다.

6. 마지막으로 소위 형식적 심사주의와 관련하여 不實登記의 실태를 분석하여 이상의 이론적 논의를 검증해 보고자 한다.

형식적 심사주의와 부실등기의 문제에 대하여는, 형식적 심사주의를 취함으로 인하여 허위의 등기가 발생할 위험이 매우 커서 문제이며[7] 부실등기가 양산되고 있어[8] 공신력을 인정할 수 없다는 견해가 일반적이다. 그리하여 공신력을 인정하기 위하여는 등기원인증서의 공증이 전제되어야 하며, 등기원인을 공증함으로써 부실등기가 방지되고 실체관계에 부합한 등기가 실현될 수 있다고 한다.[9]

이 연구에서는 앞에서 언급한 형식적 심사주의에 관한 이론적 논의 외

---

7) 郭潤直(주 5), 228면; 김상영, "부동산등기원인증서의 공증제도 도입에 관하여", 大韓公證協會誌 通卷 第2號(2009), 31면은 등기원인증서의 공증제도 미비로 인하여 등기의 진실성에 대한 보장이 없다고 한다.

8) 김상영(주 7), 40면은 등기원인증서의 공증제도를 갖추고 있지 않은 "우리나라의 경우 부실등기가 현저하게 많이 발생하리라는 것은 군이 정확한 통계적 분석에 의하지 않더라도 짐작할 수 있는 것"이라고 한다.

9) 郭潤直(주 5), 229면.

에도 부실등기의 실태를 분석함으로써 부실등기에 대한 종래의 그러한 논의가 얼마나 현실적으로 설득력이 있는가 하는 문제를 살펴보고자 한다. 우리 현실에서의 부실등기의 현황을 분석함으로써 과연 우리 등기제도 아래에서 소위 형식적 심사주의로 인하여 부실등기가 양산되고 있는지, 그리고 공증제도를 도입하면 등기의 진정성이 확보되고 공신력 인정의 전제조건이 충족되는지를 알아보고자 한다.

이러한 분석을 기초로 등기원인 공증 문제의 바람직한 방향은 무엇인지를 새로운 시각에서 살펴보고자 한다.

7. 이 연구에서는 이상에서 제기한 문제들을 순서대로 검토하고자 한다. 등기의 진정성 강화를 위하여는 실체법상의 법률관계와 등기절차를 유기적으로 연계하여 해석하고 제도를 설계하고 운영하여야 한다는 것과 이런 점에서 볼 때 부동산등기절차에서 가장 큰 원칙의 하나로 자리잡고 있는 형식적 심사주의가 과연 부동산등기법상의 원칙으로 의미가 있는 것인지 하는 점에 중점을 두고 논의를 전개하고자 한다.

1960년 현행 부동산등기법이 시행된 이후 50여 년만에 부동산등기법이 전부 개정되었다. 이에 맞추어 부동산등기제도의 기본원칙으로 자리잡고 있는 형식적 심사주의에 대하여 검토해 보고 등기의 진정성 보장방안에 대하여 검토하는 것도 의미 있는 일로 여겨진다.[10]

더구나 그 사이 우리 사회의 변화와 업무환경의 변화에도 눈을 돌릴 필요가 있다. 등기제도가 도입되던 초창기에 비하여 우리 사회는 전혀 다른 모습으로 발전하였다.[11] 종래에는 과세목적을 위한 장부가 각종 대장이고

---

10) 윤철홍, "부동산등기와 공시", 우리 민법학은 지금 어디에 서 있는가? ─한국 민사법학 60년 회고와 전망─, 한국민사법학회, 박영사, 2007, 235면은 최근 부동산등기법 개정에 의해 전산정보처리조직에 의한 등기사무처리가 도입되어 등기부등본의 열람이나 발급만이 아니라 등기신청까지 가능하게 되었으므로 등기제도에 대한 전반적인 재검토가 요구되고 기존의 법원리에 대한 보충 내지 변경이 요구된다고 한다.

부동산거래의 당사자 사이에서 거래의 안전을 위하여 작성하는 장부가 등
기부라고 보았다. 그러나 이제 등기제도가 차지하는 역할은 단순히 당사
자 사이에서 사법적 거래관계에 머무르는 것이 아니다. 이제 그것은 국가
의 기반인 부동산에 관한 권리관계를 공시함으로써 개인의 재산권보장의
차원을 넘어 국민의 경제활동과 공공사업의 적정한 운영에 필요불가결한
극히 공공성이 높은 제도로 자리잡고 있다.[12] 이러한 여러 가지 사정은
시대의 변화가 부동산등기에 더 많은 것을 요구한다는 것을 의미한다. 그
럼에도 최근 우리나라에서 부동산등기제도는 학계에서 "누구도 거들떠 보
지 않는 변경의 외톨이"[13]가 되어 버린 느낌이다.[14] 시대의 변화가 등기
법에 요구하는 역할에 비추어 종래의 틀에 안주하여 만족할 것이 아니고
등기의 기본문제에 대하여 돌아보아야 할 시점이 아닌가 하는 생각이 자
연스레 든다.

---

11) 이러한 관점에서 민법 초안에 대한 심의가 진행 중이던 1957년과 현재의 우리 상
   황의 변화에 주안을 두고 등기의 공신력을 검토한 문헌으로 權英俊, "등기의 공신
   력-1957년, 그리고 2011년-", 法曹 2011년 10월호(통권 661호), 5면 이하 참조.
12) 小宮山秀史, "登記原因證明情報の必須化について", 登記硏究 704號(平成18年10月
   號), 2006, 186면 ; 藤原勇喜, "物權變動原因の公示と登記原因證明情報(上), (登記
   原因證明情報の役割と機能)", 登記硏究763號(平成 23年 9月號), 2011, 42-43면.
13) 梁彰洙, "「假登記擔保 등에 관한 法律」의 現況과 問題點", 民法硏究 第1卷, 1991, 353면
14) 근래 부동산등기제도에 관하여는 실무자들의 자료집 형태의 실무서나 수험서 외
   에 우리의 현실에 기초하여 이론적인 측면에서 체계적으로 다루고 있는 문헌을
   찾아보기 어려운 것이 아닌가 생각된다.

제2절
연구의 방법과 구성 _____

Ⅰ. 연구의 방법

실체법에 의하여 이루어진 법률관계가 어떻게 공시제도에 반영되는지를 실체법과 절차법의 상호연관이라는 관점에서 접근하고자 한다. 실체법에 의한 법률관계를 정확하게 등기절차에 반영함으로써 등기의 진정성 강화에 한 걸음 다가갈 수 있는 방법을 모색하기 위하여, 등기관의 심사업무에 관하여 일반적 추상적 논의에 머무르지 않고 현실적이고 구체적인 문제에 바탕을 두고 논의를 전개하고자 한다.

이를 위하여 비교법적 관점에서 우리나라 등기제도에 많은 영향을 미친 일본에서의 논의를 학설과 판례 및 실무를 통하여 자세히 살펴보고, 최근 전부개정된 일본 부동산등기법에서의 개정내용도 참고하여 입법론적인 시사점을 찾아보도록 한다. 나아가 입법주의의 연원이 된 독일과 스위스에서의 등기제도에 대하여도 다루어보고자 한다.

외국의 입법례에서 유래한 추상적인 입법주의가 우리 현실에서 어떻게 운영되는지를 알아보기 위하여 판례는 물론 대법원 등기예규와 등기선례 등을 중심으로 분석함으로써 우리나라 등기실무의 실제 모습을 살펴보고자 한다.

그리고 부실등기에 관하여는 짧은 기간이지만 2009년 한 달 동안 선고된 등기말소판결 전부를 분석함으로써 부실등기의 원인과 실태도 파악해 보고자 한다. 이렇게 하여 이론적 논의와 현실이 어떻게 연관되어 있는지를 실증적으로 분석함으로써 추상적으로 흐르지 않도록 하였다.

종래 부동산등기제도의 문제점과 개선방안에 관하여 검토한 많은 문헌들은 대부분 일반론적 논의들에 중점을 두고 있다. 이 연구에서는 보다 구체적인 내용을 분석하고자 한다.

II. 연구의 구성

이러한 문제의식에 따라 이하에서는 다음과 같은 순서로 검토를 하고자 한다.

① 부동산물권변동이론과 등기절차의 상호관계

제2장에서는 등기의 진정성에 관한 일반론으로서 실체법상의 법률관계가 공시제도인 등기절차에 반영되는 모습을 살펴보기 위하여 부동산물권변동과 등기절차의 관계를 정리해보고자 한다. 다른 여러 나라에서의 부동산물권변동이론과 등기절차를 정리해 보고 우리나라에서의 논의상황도 정리하여 비교해 보고자 한다. 그리고 양자의 관계에 관계에 관한 바람직한 방향제시도 시도해 보고자 한다.

② 입법주의로서의 형식적 심사주의 일반론

제3장에서 입법주의로서의 형식적 심사주의 일반에 관하여 살펴본다. 등기관의 심사업무의 성격에 관하여 소위 형식적 심사주의와 실질적 심사주의라는 입법례로 분류하고 있는데, 그 개념에 대한 설명을 살펴보고, 다른 나라의 입법례를 구체적으로 검토한 후에, 우리 부동산등기법의 해석론을 전개해 보고자 한다.

③ 심사업무의 구체적 내용 분석

제4장에서는 현행법 아래에서의 심사의 구체적 내용에 대하여 판례와 등기실무를 분석하여 본다. 심사업무의 구체적인 모습을 분석하여 봄으로써 과연 우리 현실이 추상적이고 일반적인 형식적 심사주의로 설명이 가능한 것인지를 검토하고자 한다.

④ 등기관의 심사업무에 대한 새로운 접근 모색

제5장에서는 등기사건 처리절차와 관련하여 등기의 진정성을 강화하기 위한 형식적 심사주의라는 일반적 추상적 원칙을 극복하고 등기의 진정성을 높이기 위한 방안으로서 등기관의 심사업무의 새로운 설명을 시도하고자 한다. 아울러 부동산등기와 관련하여 실체법과 절차법의 균형잡힌 접근이 필요한 몇 가지 문제에 대하여도 살펴보고자 한다.

⑤ 부실등기와 등기원인의 공증

제6장에서는 등기의 진정성과 관련하여 부실등기의 현황을 분석해 보고, 우리 법이 궁극적으로 지향하여야 할 등기의 공신력의 전제조건으로 논의되어 온 등기원인 공증논의의 현황과 그 바람직한 방향을 검토해 보고자 한다.

제2장
부동산물권변동이론과 등기절차

제1절
부동산등기의 진정성 보장의 기초 ─────────

 1. 부동산등기는 부동산에 관한 물권변동을 공시함으로써 진정한 권리
자의 권리를 보호하고 제3자가 불측의 손해를 입는 것을 방지하여 거래의
안전을 확보하는 것을 목적으로 하는 제도이다. 그러므로 등기제도는 실
체법상의 법률관계1)를 신속·정확히 공시함으로써 등기의 진정성을 확보
하는 것을 이상으로 하며, 이를 구현하기 위한 절차를 갖추어야 한다.

 ────────────────

 1) 일반적으로 "실체관계"라는 표현을 많이 사용한다. 그런데 의사주의를 취하는
  일본법과는 달리 등기를 하여야만 법률관계의 변동이 일어나는 우리 법에서 이
  런 표현이 적절한지 의문이다(丁玉泰, "不動産登記의 公信力에 관한 硏究", 서울
  大學校 大學院 法學博士學位論文, 1987, 86-87면). 견해에 따라서는 "실질관계"
  로 표현하기도 한다(송덕수, 물권법, 박영사, 2012, 102면). 의사주의를 취하는
  일본에서는 당사자의 의사표시만에 의하여 물권변동의 효력이 발생하여 실체관
  계가 형성되고 등기는 이미 발생한 실체관계를 공시하게 된다. 그러나 우리나라
  는 등기를 하여야 비로소 실체법상으로 권리변동이 일어나고 법률관계가 변동
  된다. 즉, 등기를 하여야 실체관계가 비로소 발생한다. 등기가 단순히 실체를 그
  대로 공시하는 절차에 머무르는 것이 아니라 등기 자체가 실체관계를 형성하는
  한 부분을 이룬다. 물론 물권변동의 요건으로 등기가 필요하나 본질적인 것은
  당사자의 의사이므로 당사자의 의사에 의하여 형성된 실체법상의 법률관계를
  실체관계라고 표현하는 것이 틀린 것은 아니다. 이 연구에서는 실체법상의 법률
  관계와 등기절차의 연계라는 관점에서 등기의 진정성 보장에 관하여 검토하고
  있으므로 "실체관계"라는 표현 대신 "실체법상의 법률관계"라는 표현을 사용하
  고자 한다.

여기서 부동산등기는 부동산물권변동에 관한 실체법인 민법에 대하여 절차법이라고 할 수 있다. 실체법과 절차법의 관계에 관하여 부동산등기 제도는 부동산물권변동에 관한 실체법상의 원칙을 전제로 하여 이것에 종속·봉사하여야 한다고 볼 수도 있다.[2] 그리하여 부동산등기는 실체적 권리관계를 적절하게 공시하기 위한 절차적·기술적 성격의 제도이고 실체적 권리관계를 좌우할 만한 성질의 것은 아니라고 보게 된다.[3] 나아가 "절차법은 실체법이 정하는 권리관계·법률관계를 있는 그대로 공시·공증하고 충실하게 그 실현을 도모하여야 하므로", "절차법은 실체법에 봉사하여야 하고 절차법이 실체법에 저항하거나 실체법을 수정하는 것은 있어서는 안된다"는 견해[4]도 있다.

그러나 같은 절차법인 민사소송법이나 형사소송법을 보면 절차법 고유의 논리가 작용하는 것을 볼 수 있다. 민사소송법에서 변론주의, 실기한 공격방어방법, 기판력의 차단 등에 의하여, 형사소송법에서 각종 증거제한 법칙과 구속기간의 제한 등에 의하여 실체법에 의한 법률관계를 절차법이 그대로 반영하는 것이 아님을 알 수 있다.

부동산물권변동에 관하여 성립요건주의를 취하는 우리나라에서 부동산등기는 단순히 실체법에 의한 법률관계를 충실히 공시하는 종된 부수적 절차가 아니라 등기 자체가 실체법률관계 형성의 한 부분이다. 아무리 매매계약을 체결하고 잔금을 지급하더라도, 또한 매매를 원인으로 하는 소유권이전등기절차의 이행을 명하는 판결이 확정되더라도 등기하지 않으면 실체법상의 권리변동은 발생하지 않는다. 실체관계가 아직 생기지 않는다.

2) 鎌田薰, "不動産物權變動の理論と登記手續きの實務 －日本的「フランス法主義」の 特質－", 不動産登記制度100周年記念論文集 不動産登記をめぐる今日的 課題, 法務省法務総合研究所 編, 1987, 58면.
3) 孫智烈, "重複登記의 諸問題", 裁判資料 第43輯 登記에 關한 諸問題[上], 法院行政處, 1988, 411면.
4) 加藤一郎, "實體法と手續法 －不動産登記に關連して－", 民事研修 6月號(No. 50), 1961, 14면,

반면에 소송법은 그야말로 절차적 성격이 짙다. 위 소송법상의 제도들은 당연한 것으로 받아들이면서도 부동산등기는 부수적이고 종된 절차로만 인식하고 경시하여서는 등기제도의 진정성 강화를 위한 올바른 방안이 나오기 어렵다.

나아가 등기제도는 단순히 실체법상의 권리를 공시하는데 머물지 않고 실체법상의 권리의 실현에도 영향을 미친다.5) 실체법상의 법률관계를 정확히 공시할 수 있는 등기제도를 구현할수록 실체법상의 권리의 실현도 용이하기 때문이다.6) 실체민법과 등기를 상품으로 비유하여 표현하면 등기는 단순한 포장이라기보다는 디자인이라고 할 수 있다. "추상적인 권리관계를 구체적인 형태로 표현"7)하여 나타내고 그 기능에 영향을 미치기 때문이다. 종래의 일반적 견해는 이를 포장의 측면에서 생각해온 측면이 강하다.

---

5) 부동산등기는 "권원의 등기제도가 아니라 등기에 의한 권원제도(not a system of registration of title but a system of title by registration)"라고 표현한 것이나, "토지등기는 토지소유권의 본질을 점차적으로 변화시켜 왔다(land registration has gradually changed the nature of ownership of land)"고 말하는 것은 이러한 본질을 예리하게 간파한 표현이라고 할 수 있다. Elizabeth Cooke, The New Law of Land Registration, 1(2003).

6) 동산에 관한 권리의 공시방법의 불완전성이 동산에 관한 권리의 실현방법에 영향을 미치는 경우를 생각하면 쉽게 이해할 수 있다. 부동산에 관하여도 몇 가지 예를 들면 다음과 같다. ①법인 아닌 사단 명의로 부동산에 관한 등기를 할 수 있게 함으로써 이들 명의인의 권리행사가 훨씬 용이해졌다. ②소유권이전등기청구권에 대한 압류의 등기방법이 마련된다면 채권자의 권리행사가 훨씬 용이하게 된다. 李啓正, "代位에 의한 處分禁止假處分의 效力과 轉得者의 權利保全方案에 관한 硏究", 法曹 통권 556호(2003년 1월호), 203면은 판례가 소유권이전등기청구권의 처분 및 행사금지가처분에 대해 공시방법의 결여를 이유로 대세적 효력을 인정하지 않는데, 등기부상의 공시방법을 갖출 방안을 마련한다면 그 결론은 달라질 것이라고 한다.

7) 吉田琢磨, "登記官の審査權についての一考察(一)", 民事研修 No. 103, 日本 法務総合研究所, 1965, 9면.

2. 이렇게 본다면 부동산물권변동에 관한 법률관계를 고찰함에 있어서는 실체법과 절차법을 유기적으로 상호연관지어 생각할 필요가 있다.[8] 부동산등기의 원리를 고찰함에 있어서는 물권변동에 관한 실체법상의 원칙과 관련하여 파악할 필요가 있고, 물권변동이론을 고찰함에 있어서는 부동산등기절차의 원칙과 실무운용과도 관련지어 이해할 필요가 있다.[9] 여기서 등기의 진정성 보장의 기초는 실체법상의 물권변동이론을 등기절차에 반영하여 양자를 밀접하게 연계하는 것이라고 할 수 있다.

이 장에서는 이러한 관점에서 여러 나라에서의 물권변동이론과 등기절차의 상호연계에 관하여 검토하고자 한다. 구체적으로는 둘 사이의 관계를 이해하는 데 필요한 범위에서 물권변동이론을 간략히 정리해 본 후, 물권변동이론의 등기절차에의 구현모습으로서 등기의 기초는 무엇이고 등기절차에서의 그 입증은 어떻게 이루어지고 있는지를 살펴본다. 이어서 물권변동이론과 등기절차의 연계와 관련하여 등기절차의 진정성 확보수단에 대하여 어떻게 이해하여야 하는지에 관하여 검토하고자 한다.

---

8) 소송법에서의 실체법과 절차법의 상호의존성(interdependence)에 관하여는 오세혁, "실체법과 절차법의 상호의존성", 법철학연구 제12권 제2호, 한국법철학회 편, 2009 참조. 실체법 없는 절차법은 공허하며, 절차법 없는 실체법은 맹목이다. 같은 논문, 412면.

9) 鎌田薰(주 2), 58-59면.

제2절
여러 나라의 물권변동이론과 등기절차 ───────

Ⅰ. 독일

1. 독일에서의 부동산물권 공시제도의 발전

등기제도의 바람직한 모습을 그려보고 앞으로의 발전방향을 구상하기 위하여는 등기제도가 발전해 온 연혁을 살펴볼 필요가 있다.[10] 우리 나라가 현재와 같은 부동산등기제도를 가지게 된 것은 일본의 지배에 의하여 일본의 등기법령이 시행되면서부터이다. 그러다가 1960년 1월 1일부터 우리 민법과 부동산등기법이 시행되면서 우리의 부동산등기제도를 가지게 되었다. 그러나 그것도 일본의 법령과 제도에 기초한 것이었다.[11] 그리고 일본의 등기제도는 유럽의 근대적 등기제도, 그중에서도 독일의 등기제도를 모방한 것이었다. 결국 우리의 등기제도는 유럽대륙의 영향을 받은 것이라고 할 수 있다. 그러므로 유럽대륙, 특히 독일의 등기제도의 발달과정

───────────

10) 오랜 역사를 가진 물권법에서 "한 페이지의 역사는 한 권의 논리만큼 가치가 있기 때문이다(A page of history is worth a volume of logic)." New York Trust Co. v. Eisner, 256 U.S. 345, 349(1921); Sheldon F. Kurt and Herbert Hovenkamp, American Property Law, 246(4th ed. 2003).

11) 郭潤直 編輯代表, 民法注解[Ⅳ] 物權(1), 博英社, 2001, 51면(김황식 집필부분).

부터 간략히 살펴보기로 한다.

1) 고대에 있어서도 부동산거래의 공시제도는 존재하였다.[12] 원래 로마의 소유권양도방법에는 握取行爲(mancipatio), 法廷讓渡(in iure cessio), 引渡(traditio)의 세 가지가 있었다. 앞의 두 가지는 엄격한 의식적 절차를 요구하는 요식행위였고,[13] 인도는 특별한 방식을 요구하지 않고 단순한 점유의 이전만으로 소유권이 이전하는 불요식행위였다.[14]

그러나 로마가 세계제국으로 발전하면서 상업경제가 발달하고 대규모 교역이 활발하게 이루어짐에 따라 이러한 요식행위를 거쳐야 하는 것이 큰 문제로 되었다. 그리하여 악취행위나 법정양여는 거의 사라지게 되었고, 인도만이 보편적이고 유일한 양도의 방법이 되었다.[15] 인도에 의한 소유권양도

---

12) 부동산은 옛날에도 중요한 재산이어서 이를 다른 사람에게 양도할 때에는 일반인이 알 수 있는 형태로 행하여질 필요가 있었다. 그러나 고대에는 교통이 발달하지 않아 일정한 지역에 정착하여 생활하였으므로 부락민이 모인 광장에서 일정한 의식을 거행하여 부동산을 양도한 것을 제3자에게 알리는 것만으로 충분히 목적을 달성할 수 있었다. 吉野衛, 注釋不動産登記法総論 [新版] 上, 1982, 4면. 근대 이전의 고대사회에서의 부동산물권변동의 공시방법에 대하여는 두 가지 평가가 있다. 하나는, 제3자에 대한 고려 내지 거래의 안전은 의식되지 않았고 권리자의 보호를 문제 삼았을 뿐이라고 보는 견해이고(郭潤直, 不動産登記法, 新訂修正版, 博英社, 1998, 6면), 다른 하나는 이들 제도가 부동산이 양도된 것을 제3자에게 알리려는 목적에서 나온 것으로서 직접은 아니나 그 후의 공시제도의 발전에 하나의 자료로 참조가 되었고 따라서 현대의 등기제도의 맹아의 하나로 들수 있다는 견해이다(吉野衛, 위의 책 4면; 大場浩之, 不動産公示制度論, 成文堂, 2010, 80면).

13) 악취행위와 법정양여에 관한 자세한 사항은 洪性載, 不動産物權變動論 -所有權讓渡를 中心으로-, 法文社, 1992, 36면 및 최병조, 로마법강의, 박영사, 2007, 345면 참조.

14) 가축이나 노예, 토지 등 로마가 아직 농경사회의 성격을 가지고 있을 때 중요했던 재산들은 악취행위나 법정양여와 같은 요식행위를 통하여 양도하였고, 그 밖의 물건은 특별한 방식을 요구하지 않고 단지 인도로 양도할 수 있도록 하였다. 서을오, 물권행위론에 관한 학설사적 연구, 세창출판사, 2008, 15-16면.

에서는 단지 인도(traditio)만 있어서는 안되고 정당한 원인(iusta causa)이라
는 요건도 갖추어져야만 하였다.[16] 그러다가 생산방식의 발달, 사회적 분업
의 진전과 함께 거래가 빈번해짐에 따른 거래의 신속성의 요구에 의하여 열
쇠의 교부로 인도에 대신하는 등 인도의 관념화를 낳게 되었다.[17]

　2) 오늘날과 같은 등기부의 기원이 된 것은 중세독일의 도시장부이다.
그 최초의 예는 1135년 독일의 쾰른(Köln)시에서 부동산에 관한 담보서류
(Schreinpfand)를 상자로 된 용기(Schrein)에 보관함으로써 시작되었다.[18]
13세기에 이르러서는 여러 도시에서 부동산에 관한 권리변동과정의 내용
을 도시장부에 기입함으로써 등기제도가 발전하고 널리 이용되었다.[19] 그
편성에 있어서도 처음에는 시간적 순서에 따라 보관하다가 나중에는 토지
를 분할하고 그 분할된 부분마다 용지를 개설하여 거기에 소유권이전만이
아니고 지대, 질권 등 그 밖의 권리에 관하여도 기재하게 되어 物的 編成
主義(System der Realfolien)를 취하게 된다. 이러한 방식이 다른 도시로
퍼져가면서 등기는 이미 발생한 권리변동의 단순한 증명수단이 아니라 권
리변동의 요건의 하나로 되었다.[20] 이와 같이 근대적인 등기제도는 중세
도시에서 부동산의 점유를 이전하지 않고 담보화할 수 있는 저당제도의
필요성에서부터 생성되었다.[21]

---

15) 서을오(주 14), 17면.

16) 서을오(주 14), 24면.

17) 이에 관하여 자세한 내용은 洪性載(주 13), 35면 이하; 최병조(주 13), 415면 이
　　하 참조. 그밖에 로마제국의 식민지에서 부동산의 양도를 공부에 기재하도록 하
　　게 되었다는 견해도 있다. 吉野衞(주 12), 4면; 大場浩之(주 12), 76면.

18) 金相容, "不動産登記制度와 抵當制度發展의 相互關係", 民事法研究(3), 法元社, 2000,
　　360-361면; 玄勝鍾·曺圭昌, 게르만法, 博英社, 2001, 278면; Handwörterbuch zur
　　Deutschen Rechtsgeschichte, Ⅰ.Band, 1971, S. 1817.

19) 金相容, "不動産登記制度의 發展에 관한 法制史的 考察", 民事法研究(2), 法元社,
　　1997, 464면.

20) 吉野衞(주 12), 6면; 大場浩之(주 12), 89면.

21) 金相容(주 18), 413면.

독일에서 중세 이래 각 도시에서 발전하던 독일고유법상의 등기제도는 로마법의 계수에 의하여 큰 영향을 받아 그 보급이 방해받게 된다. 로마법에 의하면 부동산과 동산은 모두 인도에 의하여 이전하였기 때문이다.

그러나 로마법의 계수에 의한 부동산거래의 안전 및 부동산 신용창조의 장애를 극복하기 위하여 18세기 후반에 여러 가지의 방안들이 란트입법에 의하여 나타나기 시작하였다.[22] 그중 가장 널리 보급된 것이 擔保權登記簿制度(Pfandbuchsystem)이었다.[23] 이것은 물적 신용의 안전성을 높이고 저당권과 그에 관한 거래를 보호하기 위하여 담보권의 설정은 담보권등기부에 그 토지를 등기하도록 한 것이었다.[24] 그러나 이 제도하에서 소유권의 이전은 로마법에서와 마찬가지로 인도에 의하였으며, 소유자의 등기는 소유권이전에 필요한 조건은 아니었고 저당권 설정시 소유권을 명확히 하기 위하여 필요한 요건이었을 뿐이었다. 그 결과 부동산소유권은 인도에 의한 자연적 소유권(natürliches Eigentum)과 등기에 의한 시민적 소유권(bürgerliches Eigentum)으로 이원화되었고,[25] 동일한 토지에 대하여 서로 다른 소유자가 존재하게 되는 경우도 있었다.[26]

이러한 결함을 극복하기 위하여 성립한 것이 1872년의 프로이센 소유권취득법[27]이다.[28] 여기서는 로마법의 인도주의를 배제하고 순수한 독일

---

22) Hamburg, Lübeck 및 Mecklenburg, Sachsen 등 독일의 일부지방에서는 등기부의 내용이 부동산의 물권적 권리상태를 확정시키는 등기의 형식적 권리창설적 효력(formelle rechtszeugende Kraft)을 인정하기도 하였다. 이에 따르면 실체적 권리관계를 고려하지 않고 등기가 되면 그 등기가 권리를 창설하는 효력이 인정되었다. 金相容(주 18), 362면.

23) Meikel-Böttcher, Grundbuchrecht Kommentar Band 1, 1997, Einl A RnNr 29.

24) 이러한 담보권등기부제도를 취한 여러 입법에 관하여는 郭潤直(주 12), 11면; 洪性載(주 13), 103면 이하 참조.

25) 玄勝鍾·曺圭昌(주 18), 281면.

26) 1794년 프로이센 일반란트법(ALR)에서의 인도에 의한 소유권 취득(자연적 소유권)과 등기에 의한 소유권 취득(시민적 소유권)의 충돌 및 그 규율에 관하여는 洪性載(주 13), 113-114면 참조.

법으로 복귀하여 소유권은 담보권의 설정을 위하여서만이 아니라 그 자체를 위하여도 등기부에 기입하도록 하였다. 그리하여 등기가 권리변동의 요건이 되었고,[29] 토지에 관한 모든 법률관계가 등기부에 기재되었다. 이를 土地登記簿制度(Grundbuchsystem)라고 한다.[30] 현재의 독일민법과 부동산등기법은 이 소유권취득법을 기초로 하여 제정되었다.

이와 같이 부동산등기제도의 발달사에서 등기제도는 처음에는 아무런 실체법적 의의도 가지지 아니하고 권리관계를 증명하는 수단으로서 이용되었다가 점차 등기에 물권변동을 생기게 하는 효력이 인정되었다.[31]

2. 부동산물권변동이론

독일 민법에서는 물권과 채권을 준별하므로 물권변동이론에서도 물권행위와 채권행위가 구별되고 소유권을 이전하기 위하여는 채권행위인 매매계약과는 별개로 물권행위를 필요로 한다.[32] 여기서 물권행위를 공시하

---

27) Gesetz über den Eigentumserwerb und die dingliche Belastung der Grundstücke, Bergwerke und selbständigen Gerechtigkeiten vom 5. Mai 1872. 이 법은 부칙을 제외하고 모두 4절 712개조로 이루어졌는데, 제1절은 "토지소유권취득에 관하여"로, 제2절은 "토지에 대한 물권에 대하여"로, 제3절은 "저당권 및 토지채무에 관하여"로, 제4절은 "광산소유권 및 독립적 권리에 관하여"로 되어 있다. 洪性載(주 13), 127-128면.

28) 吉野衛(주 12), 8-9면.

29) 소유권취득법 제1조는 임의양도에 의한 토지소유권의 이전에 관하여 실질적 요건으로서의 Auflassung과 형식적 요건으로서의 등기를 요한다고 규정하고 있다("제1조 : 임의양도의 경우에 토지소유권은 Auflassung을 기초로 하여 발생하는 부동산등기부에의 소유권이전등기에 의하여서만 취득된다"). 洪性載(주 13), 128면, 135면.

30) Meikel-Böttcher(주 23), Einl A RnNr 34; Schöner/Stöber, Grundbuchrecht, 14. Aufl., 2008, Rn 8.

31) 鈴木祿彌, 抵當制度の硏究, 一粒社, 1968, 383면.

32) 물권행위라는 개념은 사비니(Friedrich Carl von Savigny)가 창안해 낸 무인적 물권계약(abstrakter dinglicher Vertrag)에서 생겨났다. 로마법에서는 소유권이

는 것이 등기의 주요기능이 된다. 독일에서는 물권행위의 독자성과 무인성
이 인정되고 있어 등기절차도 물권행위를 중심으로 구성하면 실체법상의
권리관계와 등기부의 기재를 일치시킬 수 있다.[33] 즉, 물권행위에 관하여
는 분리의 원칙과 추상성의 원칙이라는 두 가지 특성이 인정되고 있다.[34]
분리의 원칙이란 의무부담행위와 처분행위는 구별되는 별개의 법률행위라
는 것이다. 추상성의 원칙이란 물권행위의 효력은 그 원인이 되는 의무부
담행위가 무효로 되거나 그 효력을 상실하더라도 영향을 받지 않는다는
것이다.

구체적으로 살펴보면 다음과 같다. 독일 민법에 의하면 법률행위에 의
한 부동산물권변동을 위하여는 권리변동에 관한 권리자와 상대방의 合意
및 부동산등기부에의 登記를 요한다(민법 제873조 제1항). 이 때의 合意
(物權的 合意, Einigung이라 한다)는 원인행위인 채권법상의 계약과는 독
립된 것으로서 물권법상의 추상적인 의사표시이고, 채권법상의 원인행위
가 무효 또는 취소되어도 그것만으로 물권적 합의는 어떠한 영향도 받지
않는다. 이러한 추상성(무인성)의 원칙의 목적은 절대적 효력을 갖는 처분
행위를 원인행위인 채권계약과 단절시킴으로써 법적 안정성과 명확성을
기하기 위함이다.[35] 또한 그것은 1872년 프로이센 소유권취득법에 도입될

전의 요건으로 정당한 원인(iusta causa)과 인도(traditio)가 요구되었고 이것이
보통법 시대에 권원 및 방식(titulus-modus)이론으로 계승되었다. 그런데 사비니
는 현실증여(Handschenkung)의 예에서 종래의 이론으로는 설명할 수 없는 문
제점을 발견하였다. 이 경우는 원인인 채권관계도 없이 인도만이 존재하는데도
소유권이 이전하는 문제점이 있었다. 여기서 사비니는 인도라는 현실행위 안에
는 점유의 이전이라는 사실행위 외에도 소유권을 이전한다는 합의가 포함되어
있고 이 합의가 정당한 원인이 된다고 보고 이것을 물권적 계약이라고 불러야
한다고 생각했다. 이러한 사비니의 이론은 1872년 프로이센 부동산취득법, 1900
년 독일민법전에 반영되게 되었다. 서을오(주 14), 144-145면.

33) 鎌田薫(주 2), 65면.
34) 尹眞秀, "物權行爲 槪念에 대한 새로운 接近", 民法論攷 II, 博英社, 2008, 326면.
35) 金滉植, "不動産登記簿의 信賴回復을 爲한 若干의 考察－西獨의 不動産登記制度

당시 등기관의 심사의무를 물권행위에 한정함으로써 간이·신속하게 실제의 권리관계와 일치한 등기를 실현시키기 위한 것이기도 하였다.[36] 이 물권적 합의에는 조건이나 기한을 붙일 수 있고, 원칙적으로 특별한 방식을 요하지 않는다.

그런데 물권적 합의 중에서 不動産所有權讓渡合意(Auflassung이라 한다. 민법 제925조 제1항)의 경우에는 특별한 방식을 요구한다. 이 때에는 두 당사자가 동시에 공증인(재판상 화해의 경우에는 법정) 앞에 출석하여 표시하여야 한다(민법 제925조 제1항, 제127조 a). 그리고 조건부 또는 기한부로 할 수 없다(민법 제925조 제2항).

독일에서의 부동산거래과정은 채권행위의 단계, 물권행위의 단계 및 등기단계의 3단계로 진행되는데, 이 중 부동산물권변동은 물권적 합의와 등기의 2가지 요건만으로 이루어지고 채권계약은 물권변동의 요건이 아니다.[37] 그런데 부동산거래에 관한 채권계약[38] 중 일방당사자가 부동산소유권을 양도하거나 취득할 의무를 지는 계약은 공정증서로 작성하도록 하고 있다(민법 제311조b 제1항).[39] 이를 공정증서로 작성하지 아니하면 방식흠결로 그 채권계약은 무효가 된다(민법 제125조).[40] 이러한 채권계약을 공정

를 中心으로-", 裁判資料 第6輯 外國司法研修論集[2], 法院行政處, 1980, 408면; 石川淸, ドイツ土地登記法, 三省堂, 2011, 11면.

36) 鎌田薫(주 2), 68면. 洪性載(주 13), 99면, 109면은 1783년의 프로이센 일반저당권법에서 도입된 실질심사주의를 배제하기 위하여 위 소유권취득법에 반영되었고, 나아가 독일민법에서 입법적 확립을 보게 되었다고 하며, 鈴木祿彌, 抵當制度の研究, 一粒社, 1968, 362면은 무인주의 성립의 동기는 등기관리의 심사권의 제한과 관련되어 있다고 한다.

37) 金相容, 不動産去來의 公證과 不動産登記의 公信力 硏究, 法元社, 2008, 64면.

38) 부동산거래의 채권계약에 관한 자세한 내용은 金相容, "獨逸에서의 不動産物權變動의 法理構成과 不動産去來契約의 公證制度", 登記의 理論과 實務에 관한 諸問題 III, 韓國登記法學會, 2004, 87면 이하 참조.

39) 金滉植(주 35), 411면. 부동산소유권 양도 또는 취득계약을 공정증서로 하도록 한 것은 부동산의 중요성에 비추어 성급하고 신중하지 못한 거래의 위험으로부터 당사자를 보호하기 위함이다.

증서로 작성하지 않고도 부동산소유권양도합의(Auflassung)만을 공증하여 등기소에 제출하면 부동산소유권이 이전될 수 있기 때문에 이러한 경우를 방지하기 위하여 공정증서로 작성된 채권계약서를 제출하거나 채권계약과 동시에 하는 경우에만 Auflassung을 접수하도록 하고 있다(민법 제925조 의a). 따라서 오늘날은 채권계약을 공정증서로 작성할 때 Auflassung을 동시에 하고 두 가지를 하나의 공정증서로 작성한다.[41]

3. 물권변동이론의 등기절차에서의 구현

독일 토지등기법은 물권변동이론의 등기절차에의 구현과 관련하여 중요한 의미를 가지는 규정을 두고 있다. 토지등기법 제19조와 제20조가 그것이다. 이하에서는 이 두 규정을 중심으로 등기절차에서의 등기의 기초는 무엇이며 그것의 입증은 어떻게 하는지를 살펴보고자 한다.

1) 독일에서는 부동산물권변동의 요건으로 물권적 합의와 등기를 요건으로 하므로 등기의 기초는 물권적 합의이다. 그러나 등기절차에 있어서는 위와 같은 실체법상 필요한 물권적 합의를 증명하게 하지 않고 그에 갈음하여 원칙적으로 등기에 의하여 불이익을 받는 자(등기의무자)의 편면적인 의사표시인 등기승낙을 제출하게 하고 있다(토지등기법 제19조).[42] 이를

---

40) 따라서 공정증서로 작성하여야 비로소 그 채권계약이 성립하게 되고, 공정증서로 작성하기 이전의 당사자간의 합의는 계약체결을 위한 준비행위에 불과하며, 이 합의를 근거로 하여 급부의 이행청구권을 행사할 수는 없다. 그러나 공정증서 작성 이전 단계에서 당사자 사이에는 계약체결상의 과실책임 또는 고의에 의한 선량한 풍속위반의 불법행위에 기한 손해배상청구권이 발생할 수는 있다. 金相容(주 38), 91면, 98면, 108면.

41) 金相容(주 38), 100면.

42) GBO §19 Eine Eintragung erfolgt, wenn derjenige sie bewilligt, dessen Recht von ihr betroffen wird.

節次的 合意主義[43](Das formelle Konsensprinzip)라고 한다.[44] 이것은 물권적 합의가 원칙적으로 무방식이므로 그 존부와 내용에 관한 분쟁을 방지하고 등기관에 의한 물권적 합의에 관한 사후심사의 곤란을 회피하기 위한 것이다.[45] 즉, 등기절차의 간소화를 위한 것이다. 그 결과 등기소에서는 등기신청[46]과 등기승낙만을 심사하면 되고 물권적 합의가 유효하게 성립하였는지 여부는 심사할 필요가 없다.[47]

등기승낙은 순수한 절차법상의 의사표시이고, 원인행위와는 무인적인 의사표시이다. 그러나 등기승낙을 증명하는 서면을 첨부하여 등기신청을 한 경우 그 신청에는 물권적 합의가 포함되어 있는 것으로 해석할 수가 있다.[48]

2) 그러나 부동산소유권과 소유권에 유사한 법적 성질을 가지는 지상권에 대하여는 달리 취급하고 있다. 즉, 부동산소유권양도의 경우에는 특별한 방식을 갖춘 물권적 합의(Auflassung)가 증명된 때, 지상권의 설정, 내용의 변경 또는 양도의 경우에는 권리자와 상대방 사이의 물권적 합의(Einigung)

---

43) 이를 "형식적 합의주의"로 번역하기도 하나, 이 원칙이 절차적 필요에 의한 원칙이고, 합의를 형식적으로 한다는 것도 자연스럽지 못한 해석으로 보여지며, 실체적 합의주의라는 번역과 균형 등을 고려하여 "절차적 합의주의"로 번역하였다.

44) Baur/Stürner, Sachenrecht, 18. Aufl., 2009, § 16 Rn. 20.

45) 石川淸(주 35), 56면.

46) 독일은 단독신청주의를 취한다. 등기신청은 등기권리자 또는 등기의무자가 단독으로 신청할 수 있다(독일 부동산등기법 제13조 제1항). 등기권리자가 신청하는 경우에는 등기의무자의 등기승낙이 필요하다. 보통은 등기의무자의 등기승낙서를 첨부하여 등기권리자가 신청한다. 洪性載, "독일의 부실등기 방지제도", 慕原 金旭坤敎授 停年退任 紀念論文集 契約法의 課題와 展望, 三知院, 2005, 394면.

47) 金滉植(주 35), 412면. 형식적 합의에 위배하여 이루어진 등기라도 실체적 합의가 유효하게 존재하는 한 효력을 가진다.

48) 실제로는 채권계약(§311b Abs. 1 Satz 1 BGB), 토지소유권이전의 물권적 합의(§925 BGB), 등기승낙(§19 GBO) 및 등기신청서(§13 GBO)가 모두 한 서면으로 공증인 앞에서 작성되는 것이 일반적이다. 洪性載(주 45), 399면; 丁玉泰, "登記原因證書의 公證과 獨逸의 Auflassung 實例", 考試硏究(1990. 6.), 77면; Baur/Stürner (주 44), §22 Rn.15.

가 증명된 때에 한하여 등기를 하도록 하고 있다(토지등기법 제20조).[49] 이 것을 實體的 合意主義(Das materielle Konsensprinzip)라고 한다.[50] 이들 권리는 다른 부동산물권의 기초가 되므로 그 영향이 극히 크고, 소유권과 지상권은 공법상의 의무와도 결부되어 있어 등기와 실체법상의 법률관 계를 일치시킬 특별한 이해관계가 있기 때문이다.[51]

4. 부동산등기의 진정성 보장 수단

독일에서는 물권변동이론에서 물권행위를 물권변동의 요건으로 하고 있을 뿐만 아니라 물권행위의 독자성과 무인성이 인정되고 있다. 그에 따라 등기절차도 물권행위를 중심으로 구성하여 물권적 합의를 등기의 기초로 봄으로써 실체법상의 권리관계와 등기부의 기재를 일치시킬 수 있도록 하고 있다.

등기절차에 있어서는 단독신청주의를 취하면서 등기의 근거가 되는 등기기초의 증명수단을 제한하고 있다. 즉, 등기승낙서 또는 물권적 합 의를 공증증서 또는 공적으로 인증된 증서에 의하여 증명하도록 하고, 그 밖의 등기의 요건은 공문서에 의하여 증명하도록 하여(토지등기법 제29조 제1항[52]),[53] 등기의 기초가 되는 심사자료를 공증문서 또는 공

---

49) GBO §20 Im Falle der Auflassung eines Grundstücks sowie im Falle der Bestellung, Änderung des Inhalts oder Übertragung eines Erbbaurechts darf die Eintragung nur erfolgen, wenn die erforderliche Einigung des Berechtigten und des anderen Teils erklärt ist.

50) Baur/Stürner(주 44), § 16 Rn. 20.

51) 石川清(주 35), 65면.

52) GBO §29 ① Eine Eintragung soll nur vorgenommen werden, wenn die Eintragungsbewilligung oder die sonstigen zu der Eintragung erforderlichen Erklärungen durch öffentliche oder öffentlich beglaubigte Urkunden nachgewiesen werden. Andere Voraussetzungen der Eintragung bedürfen, soweit sie nicht bei dem Grundbuchamt offenkundig sind, des Nachweises

문서로 제한하고 있다.[54]

II. 일본

1. 일본에서의 부동산물권 공시제도의 발전

일본에서는 明治維新 이전의 江戸期에는 貢納徵收權을 확보하기 위하여 토지의 현황과 소유자를 파악할 필요가 있어 名主加判制度[55]가 시행되었다.[56] 明治維新 후 조세제도 개혁으로 세금징수의 필요에 의하여 토지의 거래를 地券[57]에 의하도록 하는 地券制度[58]가 시행되었다. 그리하여

---

durch öffentliche Urkunden.

53) 그러나 토지등기법 제29조의 등기의 기초의 증명에 관한 규정은 실체법상의 방식규정은 아니므로 이 규정에 위반하여 증서가 제출되고 그에 기하여 등기가 이루어졌다 하여도 그 등기에 관한 실체법상의 요건을 구비하였다면 그 등기는 무효는 아니다. 石川清(주 35), 92면.

54) 특히 소유권이전의 물권적 합의인 Auflassung은 양도인과 양수인이 동시에 공증인 또는 그 밖의 권한을 가진 기관의 면전에 출석하여 구두로 하도록 하고, 이 때 소유권이전을 위한 채권법상의 계약에 대한 공정증서가 제출되거나 이것이 동시에 작성되는 경우에만 Auflassung을 접수하도록 하고 있다(독일 민법 925조a).

55) 토지의 거래의 경우 村의 관리인 名主에게 토지거래계약서를 제출하고, 名主가 그 토지의 소유자 및 현황 등을 조사하여 확인한 후 문제가 없으면 그 증서에 기재사항이 틀림없음을 증명하는 취지를 기재하고(奧書) 날인(割印)하는 것이다. 大場浩之(주 12), 26면.

56) 江戸期의 부동산소유권이전 및 담보권설정에 관하여 자세한 내용은 藤下健, 登記原因證書概念形成 史瞥見, 登記研究 601號, 1998年(平成10年) 2月號, 42면 이하 참조.

57) 地券이란 府知事縣令에 의하여 발행되는 것으로, 토지의 소재, 면적, 대지 및 지주명 등을 기재하고 府知事縣令이 직명을 기재한 뒤 날인한 것이다. 2통을 작성하여 정본은 지주에게 교부하고 부본은 지권대장에 편철한다. 大場浩之(주 12), 30면.

58) 토지매매의 당사자가 府県庁에 연서로 신청하여 그 지권을 매수인 명의의 지권과 교환하여 받는 방법에 의하여 이루어졌다. 신청서에는 村의 관리가 연서한

地券의 改書가 소유권이전의 효력발생요건으로 되었다.[59] 그러나 地券은 담보권 등 소유권 이외의 권리를 표시할 수 없는 약점이 있어 1873년(明治 6년) 「地所質入書入規則」이, 1875년(明治 8년) 「建物書入質規則」이 제정되어 토지의 담보권 설정의 설정의 일종인 質入書入의 경우에 戶長의 奧書割印制度라는 공증제도가 채용되었다. 그러다가 1875년(明治 8년) 「建物賣買讓渡規則」이, 1880년(明治 13년) 「土地賣買讓渡規則」이 제정되어 토지소유권의 이전에 관하여도 이 제도가 인정되기에 이르렀다. 이리하여 부동산거래에 있어서는 戶長의 사무소에 부동산거래에 관한 장부를 비치하고 당사자로부터 제출된 부동산거래의 증서에 戶長이 奧書割印하는 공증제도로 일원화되었다.[60] 그러나 明治 초기에는 종래의 名主加判의 관행도 병존하는 등 일종의 과도기 양상을 보였다.

그런데 이러한 공증제도도 공증의 위조, 이중공증 등에 의하여 그 신용이 떨어지게 되어 1886년(明治 19년) 법률 제1호로 구「登記法」이 제정되면서[61] 근대적인 등기제도가 도입되었다. 구 등기법은 당시에는 아직 민법전이 제정되지 않아 실체적인 규정이 상당히 포함되어 있다.[62]

다. 大場浩之(주 12), 31면.

59) 藤下健(주 56), 54면.

60) 戶長이 증서에 기재사항이 틀림없음을 증명하는 기재를 하고(奧書) 간인(割印)함과 동시에, 戶長事務所에 奧書割印帳을 비치하여 여기에 증서의 요지를 기재하고 증서와 동일번호를 朱記한 뒤 간인하는 것이다. 이 奧書割印帳을 일본 최초의 등기부 또는 일본에서의 등기제도의 단서로 볼 수 있다고 하는 견해도 있다. 大場浩之(주 12), 34면; 藤下健(주 56), 54면.

61) 구 등기법의 제정을 촉진한 이유는 ① 종래의 관행을 발전정비하여 만들어진 공증제도가 불완전하여 부동산거래를 확실하게 할 근본적 개혁이 필요하였고, ② 등기법 제정 그 자체가 일본의 법률근대화사업의 중요한 일환이었으며, ③ 등기세를 신설하여 국가재정상의 수입증대를 이루려는 것이었다. 그중 세 번째의 재정적 이유가 대단히 큰 동기가 되었다고 한다. 福島正夫, "わが國における登記制度の變遷", 登記研究 三〇〇號 記念 不動産登記の諸問題 上卷, 1974年(昭和49年), 29-31면.

62) 大場浩之(주 12), 42면.

구 등기법의 제정 후 구 등기법의 법률 자체의 불비, 그에 대한 국민의 불만 등의 사정이 있었고, 1896년(明治 29년) 일본 민법전의 제정에 의하여 물권의 내용과 그 변동의 요건이 명확히 규정됨에 따라 이들을 반영하여 현행「不動産登記法」이 1899년(明治 32년) 제정되었다.[63] 부동산등기법 제정 이후 행정조직 개편에 따라 1949년 등기사무관장기관이 행정관청인 法務省으로 이관되었고, 1960년에는 대장과 등기부가 일원화되었다. 그리고 1985년부터 추진된 등기업무의 전산화에 따라 2004년 부동산등기법이 전부개정되어 현재에 이르고 있다.

2. 부동산물권변동이론

일본은 부동산물권변동에 관하여 실체법인 민법은 프랑스민법을 계수하여 의사주의를 채용하고 있고, 물권변동을 공시하는 절차법인 등기법은 등기주의를 취하고 있는 독일법의 영향을 받은 혼합된 상태이다.[64]

일본 민법은「물권의 설정 및 이전은, 당사자의 의사표시만에 의하여 그 효력을 발생한다」고 규정하여(제176조) 부동산물권변동에 관하여 의사주의를 취하고 있다. 그러나 프랑스 민법이「채권의 효과로서」소유권이 취득되고 이전된다고 하여 채권행위에 의하여 물권변동이 발생하는 점을 명백히 한 것과는 달리 여기의 의사표시가 어떤 것인지를 두고 견해가 대립되고 있다. 소위 物權行爲의 獨自性 논쟁이다. 일반적인 견해는 여기의 의사표시를 프랑스법에서와 같이 원인행위인 채권행위로 보는 것이 아니라 독일에서처럼 물권적 합의로 해석하고 있다.[65]

63) 清水響, "新不動産登記法の概要について", 平成16年 改正不動産登記法と登記實務(解說編), 2005(平成17年), 13면.

64) 大場浩之(주 12), 9면; 七戸克彦, "日本における登記制度と公證制度(の機能不全)", 法學研究 第72卷 第12號, 慶應義塾大學法學部內 法學研究會, 1999, 247면.

65) 舟橋諄一・徳本鎭 編、新版注釋民法(6) 物權(1), 補訂版, 有斐閣, 2009, 237면(山

3. 물권변동이론의 등기절차에서의 구현

먼저 등기제도를 살펴보자. 일본법에서 등기는 당사자 사이에서 발생한 물권변동을 제3자에 대하여 대항하기 위한 효과를 가져오는데 지나지 않는다. 의사주의에 의하면 계약에 의하여 물권이 변동되므로 계약 자체를 등기하는 것이 논리적이라고 할 수 있다. 그러나 일본의 부동산등기법은 프랑스처럼 계약서를 연대순으로 편철하는 방식을 채용하지 않고 독일법에서처럼 물적편성주의를 취하고 있다.[66) 나아가 의사주의하에서는 물권변동과 그 원인은 분리할 수 없는 것이므로 등기의 대상도 물권변동의 원인 그 자체가 되어야 할 것이나, 일본에서는 물권변동의 원인을 등기하는 것보다는 물권변동 자체를 등기하는 시스템에 가깝게 구성되어 있다.[67)

다음으로 등기절차를 살펴보자. 의사주의를 취하고 있음에도 채권행위가 아니라 물권적 합의 내지 물권행위를 물권변동의 요건으로 해석하는 것이 일반적 견해이다. 그럼에도 등기절차에서는 등기원인, 즉 등기를 하게 되는 근거가 되는 등기의 기초를 채권행위로 보고 있을 뿐 물권적 합의 내지 물권행위를 어떻게 다룰 것인지에 관하여는 논의가 없다. 게다가 등기원인을 채권행위로 다루면서도 채권행위인 계약의 공시를 경시하여 왔다.[68) 2004년 전부 개정되기 전의 부동산등기법은 신청서의 부본으로 등기원인증서에 갈음할 수 있도록 함으로써 등기원인증서를 경시하는 태도를 보여 주기도 하였다.[69) 그 결과 상당수 등기신청의 경우 등기신청시에 등기원인증서를 첨부하지 않고 있었다.[70) 이러한 상황에서 등기원인의

本進一 집필부분).

66) 鎌田薫(주 2), 83면.
67) 鎌田薫(주 2), 91-92면.
68) 小粥太郎, "不動産登記法", 民法の争点, ジュリスト 増刊, 有斐閣, 2007, 103면.
69) 이것에 관한 자세한 내용은 제5장 제3절 "Ⅳ. 등기절차에서의 등기원인증서에 대한 경시 경향" 참조.
70) 2003년(平成 15년) 일본의 50개 등기소에서 10일간 실시한 샘플조사결과 등기원

심사를 통하여 등기의 진정성을 확보하기는 불가능하였고, 그 결과 물권변동이론과 등기절차가 서로 연계되기는 어려웠다. 그러나 2004년의 개정 부동산등기법은 모든 등기신청에 있어 등기원인증명정보의 제출을 의무화하고 나아가 이를 등기소에 보존하여 공시하도록 하고 있다.

4. 부동산등기의 진정성 보장 수단

물권행위의 무인성이 인정되지 않으므로 등기의 진정을 담보하기 위하여는 원인행위가 유효하게 성립하고 효력을 발생하고 있는지를 확인할 필요가 있다. 그리하여 등기원인을 증명하는 정보를 제출하게 하고 있다. 그러나 프랑스와 같이 등기원인을 증명하는 서면을 공정증서로 작성하게 하여 부동산등기의 진정성을 확보하는 방법을 취하지 않고 있다. 그보다는 당사자가 진정한 의사에 기하여 등기신청을 하고 있다는 것을 확인하는 방법에 의하여 진정성을 담보하도록 하고 있다.[71] 그 구체적 수단으로서 공동신청주의, 등기연속주의 및 첨부정보의 제출 등을 들 수 있다.[72] 등기에 의하여 직접 불이익을 받는 자와 이익을 받는 자가 공동으로 신청하게 함으로써 등기의 신청이 실체법상의 법률관계에 부합할 가능성이 많다는 전제하에 공동신청주의를 취하고 있다. 또한 형식적 심사권만 가진 등기관이 등기부상 현재의 등기명의인을 기준으로 등기를 하게 하는 등기연속주의를 채택함으로써 부진정한 등기의 발생개연성을 최소한으로 하고자 한다. 그리고 등기신청시 인감증명서, 등기식별정보의 제공 등을 통하여 당사자의 의사의 진정성을 확인하도록 하고 있다.

인증서(소위 매도증서를 포함)가 등기신청서에 첨부되는 비율은 55%라고 한다. 淸水響(주 63), 52면의 각주 44) 참조.

71) 鎌田薫(주 2), 89면; 小林久起, "登記申請に対する登記官の審査", 新不動産登記 講座③ 総論Ⅲ, 日本評論社, 1998, 170면.

72) 종래에는 당사자 출석주의도 주요한 진정성 담보수단의 하나이었으나, 2004년 부동산등기법 전부 개정시에 폐지되었다.

이와 같이 일본법에서 특기할 만한 것은 프랑스법의 영향을 받아 의사
주의를 취하였음에도 등기절차상 등기원인에 대하여 큰 비중을 두지 않고
오히려 등기원인에 대한 경시경향을 보여왔다는 점이다.[73] 그리하여 등기
원인증서에 의한 등기원인 심사가 사실상 불가능한 경우가 많았다. 그러
나 2004년의 개정 부동산등기법에서는 등기원인의 진실성을 가능한 한 확
보하고 등기의 진정성을 향상시키려는 취지에서 등기원인에 대한 취급에
상당한 변화가 있었다.[74]

III. 프랑스

1. 부동산물권변동이론

프랑스 舊民法은 목적물이 동산이든 부동산이든 물건의 인도가 있어야
소유권의 변동이 일어난다는 로마법을 따랐다.[75] 그러나 현실인도에 의한
소유권변동은 많은 불편을 야기하였으므로 구민법 후기에 들어오면서 현
실인도에 대신하여 『점유이전조항에 의한 인도』라는 간략한 인도절차가
법률실무가들에 의하여 고안되어 사용되었다.[76] 그러다 1804년 제정된
Napoléon 민법전은 물권변동사에 있어 하나의 커다란 혁명을 이루어, 로
마법을 계수한 다른 대륙법계 국가들이 아직도 벗어나고 있지 못한 원칙
을 일거에 폐기하고 『의사에 의한 물권변동원칙』을 확립하였다.[77]

---

73) 이 점에 대한 자세한 내용은 제5장 제3절에서 다룬다.

74) 鎌田薫・寺田逸郎 編, 新基本法 コンメンタール 不動産登記法, 別冊 法學セミナー
    no.206, 日本評論社, 2010, 190면. 이에 관하여는 제5장 제3절에서 상세히 다룬다.

75) 南孝淳, "프랑스民法의 物權變動法理－物件의 引渡와 物權變動－", 私法研究 第3
    輯, 靑林出版, 1995, 34면.

76) 南孝淳(주 75), 34-38면.

77) 南孝淳(주 75), 38면.

그리하여 프랑스 민법은 "물건에 대한 소유권은 상속, 증여, 유증 및 채권의 효과로서 취득되고 이전된다"(제711조)고 하고, "합의는 채권자를 소유자로 만든"다고 규정하여(제1138조 제2항), 당사자의사에 의한 소유권변동의 원칙을 선언하고 있다.[78] 이와 같이 법률행위로 인한 부동산물권변동에 관하여 의사주의를 취하여 소유권은 채권의 효력으로 취득되고 이전되므로 물권변동이나 등기절차에서 물권행위라는 개념이 필요 없고 채권행위를 중심으로 이루어진다. 등기는 대항요건으로서의 효력을 가진다.

2. 물권변동이론의 등기절차에의 구현

이와 같이 채권계약의 효력으로 물권이 변동하므로 등기절차도 채권계약을 중심으로 구성된다. 물권의 양도·설정 등에 관한 계약증서, 판결, 기타의 서면에 의하여 권리가 공시되므로 등기부 그 자체도 이들 서면을 연대순으로 편철한 것으로 구성되어 있다.[79] 그리고 이들 서면을 쉽게 찾아볼 수 있도록 인명색인부를 별도로 만들어 비치하고 있고,[80] 부동산별로도 카드를 작성하여 비치하고 있다.[81] 이와 같이 소유자별로, 물건별로 소유자표, 토지표, 시가지부동산표에 의하여 간이하게 검색할 수 있도록 하고 있어서 실질적으로는 물적편성주의와 인적편성주의를 병용하고 있다고 할 수 있다.[82]

---

78) 南孝淳(주 75), 29면. 이 원칙은 증여(제939조), 매매(제1583조), 교환(제1703조) 등 개별계약에 관하여 구체적으로 적용되어 있다.

79) 金相容(주 37), 115면; 鄭泰綸, "프랑스不動産 公示制度의 硏究", 서울大學校 大學院 法學碩士學位論文, 1986, 13면; 鎌田薰(주 2), 66면.

80) 金相容(주 37), 115면; 鄭泰綸(주 79), 17면.

81) 鄭泰綸(주 79), 17면.

82) 鄭泰綸(주 79), 17면; 鎌田薰(주 2), 77면.

3. 부동산등기의 진정성 보장 수단

이러한 등기부 편성의 결과 등기절차는 행정절차에 머물게 된다.[83] 여기서 등기의 진정을 확보하기 위하여 등기하여야 하는 증서는 원칙적으로 공정증서로 작성하도록 하고 있다(1955년 1월 4일 데크레 제4조 제1항). 따라서 의사주의의 원칙에도 불구하고 당사자는 공정증서에 의하여 계약을 체결하지 않으면 등기할 수 없으므로 증서작성이 간접적으로 강제된다.[84] 또한 부동산계약에 한하지 않고 데크레에서 정하는 일정한 금액이나 가액을 초과하는 계약은 모두 서면으로 증서를 작성하도록 하고 있고 이 증서 이외의 증거는 허용되지 않으므로[85] 소송에서 승소할 수가 없다(프랑스 민법 제1341조 제1항).[86]

공증인은 자기가 작성하는 증서의 유효성과 적법성에 관하여 극히 무거운 책임을 지게 되어, 당사자의 인적 동일성·행위능력·재산처분권한, 목적물의 물적 동일성·사법상 및 공법상의 권리관계, 계약내용의 적법성·유효성, 경우에 따라서는 경제적 타당성까지 조사를 하고 매매계약의 공정증서를 작성한다. 따라서 부동산거래의 실무에서도 당사자는 공증인에 의한 조사결과 매매계약을 체결하고 대금을 지급해도 좋다는 결론이 날 때 비로소 대금을 지급하게 된다.[87]

---

83) 등기사무는 재무부의 소관이고, 등기소는 "저당권등기국(Bureau des Hypothèques 또는 Conservation des Hypothèques)"이라고 불린다. 명칭과 실질이 일치하지 않는 것은 설치 당시 저당권만 등기하였던 연혁적 이유에 기인한다. 鄭泰綸(주 79), 12면.

84) 프랑스에서의 부동산거래계약은 공정증서로 작성하여야 성립하므로 공정증서로 작성되기 이전의 당사자 사이의 합의는 계약의 준비행위에 불과하다. 金相容(주 37), 116면.

85) 이 경우 계약의 낙성주의 또는 물권변동의 의사주의와 관련하여 계약이 무엇에 의하여 성립하느냐 하는 계약의 성립요건문제와 계약을 무엇에 의하여 증명할 것인가 하는 계약의 증명방법의 문제는 전혀 별개의 문제이고 공시절차상의 요청에서 공정증서의 작성을 요하는 것이 낙성주의, 의사주의에 반하는 것이 아닌 것으로 보고 있다. 鎌田薫(주 2), 71면.

86) 七戸克彦(주 64), 250-251면.

프랑스에서는 담보권의 등기에 관하여는 채권자의, 기타의 권리의 등기에 관하여는 당사자의 쌍방 또는 일방의 신청에 의하여 등기를 하여야 한다. 그 외에 일정한 자에게 등기의무를 지우고 있다. 즉, 등기의 대상이 되는 증서를 작성한 공증인·변호사·집행관 등은 당사자의 의사와 관계없이 그 증서를 일정한 기간(3개월 또는 4개월) 내에 등기를 신청할 의무가 있고,[88] 이것에 위반한 경우에는 민사벌금이 부과된다. 이와 같이 프랑스에서는 거래과정에 법률전문가인 공증인이 관여하여 계약의 체결과 채무의 이행 및 등기신청이 일체로서 행하여짐으로써 당사자의 이해가 적절하게 조정되고 거래의 안전과 등기의 진정이 담보된다고 할 수 있다.[89]

IV. 그 밖의 다른 나라

1. 스위스

스위스 민법은 법률행위에 의한 물권변동에 관하여 성립요건주의를 취하고 있다. 즉, "토지소유권을 취득하기 위하여는 토지등기부에 등기하여야 한다"(민법 제656조 제1항[90]). 그리고 "법적 근거가 없이 또는 구속력 없는 법률행위에 의하여 이루어진 등기는 정당하지 않다"고 규정하여 물권행위의 유인성을 명문으로 인정하고 있다(민법 제974조 제2항[91]). 여기

---

87) 鎌田薰(주 2), 73면. 공증인에 의한 종국적인 판단 이전의 당사자간의 법률관계에 대하여 실무관행상 종국적인 계약체결 이전의 합의를 "전계약(avant-contrat)", "가계약(compromis)", 또는 "매매예약(promesse de vente)"이라고 부른다고 한다. 여기서 매매계약과 전계약은 마치 독일에서의 물권계약과 채권계약의 관계와 같이 이해할 수 있다고도 한다.

88) 鄭泰綸(주 79), 42면.

89) 鎌田薰(주 2), 71-72면.

90) ZGB §656 ① Zum Erwerbe des Grundeigentums bedarf es der Eintragung in das Grundbuch.

서 법적 근거는 원인행위인 채권계약을 의미한다.

이와 같이 스위스에서는 성립요건주의와 물권행위의 유인성을 취하여 부동산에 관한 법률행위에 의한 소유권취득의 요건으로서는 ① 유효한 원인행위와 ② 등기부에의 등기를 필요로 한다.92) 그리하여 독일 민법에서와 같은 Einigung이나 Auflassung에 관한 규정도 두고 있지 않다.93) 스위스 민법의 입법자는 물권행위 개념이 불필요하다고 보고 위와 같은 규정을 두지 않았으나, 통설은 물권행위 개념의 필요성을 인식하고 등기의 신청을 물권적 단독행위로 이해하고 있다.94) 즉, 등기의 신청은 등기공무원에 대한 신청이라는 절차법상의 성격만이 아니라 실체법상으로도 등기된 소유권에 대한 실체적인 처분(materielle Verfügung)으로서 단독행위(einseitige Rechtsgeschäft)의 성격도 가지고 있다고 보고 있다.95) 스위스 연방대법원도 등기의 신청을 소유권에 대한 처분의 의사표시로 보고 있다.96)

그 결과 법률행위에 의한 등기에 있어서는 채권계약과 등기의 신청(Anmeldung) 두 가지가 있을 때 등기소가 등기를 하게 된다. 그리고 부동산거래의 채권계약만이 공증을 필요로 하는데 이 공증은 등기를 하기 위한 요건이 아니라 원인행위 자체가 구속력을 가지기 위한 요건이다(민법 제657조 제1항).97)

---

91) ZGB §974 ② Ungerechtfertigt ist der Eintrag, der ohne Rechtsgrund oder aus einem unverbindlichen Rechtsgeschäft erfolgt ist.

92) 이상훈, "스위스법상의 물권변동", 法學論集 第14卷 第1號(2009년 9월), 梨花女子大學校 法學研究所, 5면.

93) 郭潤直, "登記原因證書의 公證", 民事判例研究[IX], 博英社, 1997, 313면.

94) 丁玉泰(주 1), 38면. 물권적 합의는 등기를 신청할 때 묵시적으로 행하여지는 것으로 이해하고 있다. 金相容(주 37), 118면.

95) 尹眞秀(주 34), 349면; 石川清, スイス土地登記法概論, 登記インターネット 120호(2009年 12月號), 民事法情報センター, 50-51면.

96) 尹眞秀(주 34), 349면.

97) ZGB §657 ① 소유권양도를 목적으로 하는 계약은 공증을 받아야 구속력을 가진다(Der Vertrag auf Eigentumsübertragung bedarf zu seiner Verbindlichkeit der

등기소가 등기를 하기 위하여는 등기신청인의 처분권과 법적·근거에 대한 증명서를 심사하여야 한다(민법 제965조 제1항).[98] 여기서 법적 근거에 대한 심사는 채권계약이 유효하기 위하여 요구되는 방식, 즉 공정증서로 작성되어 있는지 여부를 심사하면 되고(같은 조 제3항), 처분권에 대하여는 등기신청인이 등기부상 처분권자인지 여부만을 심사하면 된다(같은 조 제2항).[99]

2. 미국

미국에서의 부동산물권의 변동과정은 계약의 체결과 양도증서(Deed)[100]의 교부라는 두 가지 단계를 거쳐서 일어난다.[101] 미국에서는 부동산물권의 이전의 원인이 되는 채권계약과 그 이행으로서의 부동산물권의 이전은 엄격히 구별된다.

미국에서는 일정한 계약은 반드시 서면으로 작성하도록 하고 있다. 부동산물권 이전에 관한 계약도 그중 하나이다. 이 제도는 사기와 위증에 의한 부동산거래를 방지하기 위하여 영국의회가 1677년에 입법한 사기방지법(the Statute of Frauds)에서 유래하는 것으로, 미국의 모든 주에서 위법을 채택하여 시행하고 있다. 이에 위반하여 서면에 의하지 않은 계약도

öffentlichen Beurkundung.).

98) ZGB §965 ① "기입, 경정, 말소와 같은 등기부상의 처분은 처분권과 법적 근거에 관한 증명서에 의하여만 할 수 있다(Grundbuchliche Verfügungen, wie Eintragung, Änderung, Löschung dürfen in allen Fällen nur auf Grund eines Ausweises über das Verfügungsrecht und den Rechtsgrund vorgenommen werden.)"

99) 郭潤直(주 93), 314면.

100) 일반적으로 Deed를 "날인증서"로 번역하나, 여기서는 "양도증서"로 표현하였다. 가정준, "미국법상 부동산 소유권 변동과정에 대한 법적 고찰", 民事法學 第31號 (2006. 3.), 韓國民事法學會, 147-151면 참조.

101) 金相容, 美國不動産法論－不動産權利變動 및 權原保險－, 三知社, 1986, 73면.

무효인 것은 아니고 당사자가 그 이행을 강제할 수 없게 된다.[102] 부동산 매매계약의 효과로서 형평법상 권리의 전환(Equitable conversion)이 일어 나게 된다.[103] 그 결과 매수인은 형평법상 소유자로 간주된다. 그러나 법 적 소유권(legal title)은 그 이행행위로서의 양도증서(deed)의 교부에 의하 여 이전된다. 독일의 경우와 비교한다면 이 양도증서의 교부시에 물권적 합의(conveyance)가 있는 것으로 이해할 수 있다.[104]

이러한 물권변동이론의 결과 부동산등기는 부동산물권을 등기부에 기 재하는 방식이 아니라 양도증서를 등기소에 편철하는 방법으로 하게 된 다.[105] 등기는 물권변동의 요건이나 대항요건이 아니다. 그리고 등기를 하기 위하여 양도증서는 사서증서의 인증방법으로 작성되어야 한다.[106]

미국에서는 부동산등기제도가 여러 가지 결함을 가진 상당히 불완전한 제도이다. 이러한 결함으로부터 부동산거래의 안전을 국가가 확보하여 주 는 제도가 아니라 사기업인 권원보험회사들에 의하여 이루어지고 있다.[107]

3. 오스트레일리아

오스트레일리아는 Torrens system이라는 독특한 등기제도를 가지고 있다.

---

102) 자세한 내용은 E. Allan Farnsworth, Contracts, Aspen Publishers, 2004(4th ed.), 357-358, 353-410; Grant S. Nelson & Dale A. Whitman, Land Transactions and Finance, West Group, 2004(4th ed.), 125-128.

103) Jesse Dukeminier and James E. Krier, Property, Aspen Publishers, 2002(5th ed.), 589-590; Grant S. Nelson and Dale A. Whitman, Real Estate Transfer, Finance, and Development, West Group, 2003(6th ed.), 80-81; 가정준(주 100), 153면.

104) 金相容(주 37), 121면.

105) 미국의 등기제도로는 Recording system과 Torrens system이 있다. 여기서는 미 국의 대부분의 주에서 채택하고 있는 Recording system을 중심으로 설명한다.

106) 金相容(주 37), 121면.

107) 金相容(주 37), 123면; 박홍래, 미국재산법, 전남대학교 출판부, 2004, 245면.

이 제도는 1850년대 South Australia주의 초대 총리가 된 Richard Robert Torrens의 이름을 따서 붙여진 것이다. 그는 영국에서의 상선의 권리등기 제도를 보고 토지의 권리에 관한 등기제도를 고안하였다.[108]

이 제도는 철저한 권원조사를 하여 권원 자체를 등기하고 그 등기된 권원은 확정적 효력과 절대적 유통성을 갖도록 한 제도이다.[109] 이 제도의 핵심은 권원증서(the certificate of title)라고 할 수 있다.[110] 그것은 누가 어느 부동산의 소유자인지를 기재하여 알려주는 주정부 또는 지방정부의 문서이다. 이 증서에는 소유자뿐만 아니라 그 소유권에 대한 각종 제한물권 등도 기재된다. 이 증서에 나타나지 않는 각종 권리는 소멸한다. 등기가 이루어지면 공식적인 증서는 등기소에 보관하고 소유자에게는 부본을 교부한다.

이 제도에서 등기절차는 최초등기와 최초등기 이후의 절차로 구성된다. 최초등기절차는 소유권을 선언하는 사법적 절차이고, 최초등기에 의하여 등기용지가 개설된 토지에 대한 권리변동은 등기하여야 효력이 발생한다.[111] 최초등기 이후의 등기절차는 간단하다. 양수인이 양도인으로부터

---

108) 독일에서 도시장부에서 시작된 근대적 등기제도가 로마법의 계수에 의하여 발전이 지체되면서 부동산거래의 안전 및 부동산 신용창조의 장애를 극복하기 위하여 18세기 후반에 여러가지 방안들이 란트입법에 의하여 실현되었다. 그중 독일의 일부지방, 예를 들면 Hamburg, Lübeck, Mecklenburg 및 Sachsen 등에서는 등기부의 내용이 부동산의 물권적 권리상태를 확정시키는 등기의 절차적 권리창설적 효력(formelle rechtserzeugende Kraft)을 인정하여, 실체적 권리관계를 고려하지 않고 등기만 하면 그 등기가 권리를 창조하는 효력을 인정하였다. 金相容(주 18), 415면. 이러한 입법 중 1850년대 Hamburg 제도의 영향을 받아 토렌스제도가 생겨나게 되었다는 흥미로운 견해도 있다. Antonio Esposito, "A Comparison of the Australian('Torrens') System of Land Registration of 1858 and the Law of Hamburg in the 1850s", Australian Journal of Legal History, Vol.7(2003) 참조.

109) 丁玉泰(주 1), 57면.

110) William B. Stoebuck and Dale A. Whitman, The Law of Property, West Group, 2000(3rd ed.), 924.

권원증서를 교부받아 양도증서 등 처분을 증명하는 증서와 함께 제출하면
등기관은 등기부에 등기를 한다. 이 등기는 구 권원증서를 말소하고 새로
운 권원증서를 발급하는 방식으로 이루어진다.[112]

이렇게 하여 마쳐진 등기에는 권원을 확정하는 효력이 있어 더 이상 다
툴 수 없게 된다.[113]

---

111) 丁玉泰(주 1), 59면.

112) 丁玉泰(주 1), 59면.

113) 丁玉泰(주 1), 60-61면.

제3절
우리나라에서의 부동산 물권변동이론과 등기절차

Ⅰ. 부동산 등기절차 개관[114]

1. 부동산 물권변동 공시제도의 발전

우리나라에서도 예전부터 조세징수 등 국가적 목적과 권리관계의 안정을 위하여 부동산거래의 공증제도가 마련되어 있었다. 조선개국 이후 1893년(고종 30년)까지의 약 500년간에는 立案制度[115]가, 그 이후 1905년

---

114) 등기제도 일반에 관하여는 모든 민법 교과서에서 설명하고 있다. 여기서는 교과서적 설명은 생략하고 실체법상의 법률관계가 등기부에 반영되는 모습을 이해하기 위하여 필요한 범위에서 현재의 등기절차를 살펴보기로 한다. 급격하게 변화하는 현대사회에서 우리나라 등기제도의 현재 모습은 어떤 것이고, 실제 운영은 어떻게 이루어지는지, 그 속에서 등기의 진정성 확보를 위하여 어떠한 방안들이 강구되어 있는지를 정확히 이해하는 것은 필요하고도 의미 있는 일로 생각된다.

115) 立案制度를 간략히 소개하면 다음과 같다. 부동산양도는 당사자 사이에서 明文 또는 文記라는 계약서를 작성하고 대금의 수수와 목적물의 이전에 의하여 소유권이 이전되었으며, 그 이후 공적 기관에서의 확인과 증명을 위하여 100일의 기한 내에 官에 立案을 신청하여야 했다. 官은 매매당사자와 증인, 筆執 등을 捧招하여 매매의 합법성 여부를 심사하고 합법적이고 허위가 없는 경우에 한하여 立

(광무 9년)까지의 약 12년간은 地契家契制度[116])가, 그리고 그 이후 한일 합방까지의 약 5년간은 證明制度[117])가 마련되었다.[118] 그러나 우리나라에서 근대적 등기제도가 시행된 것은 1912년 일제에 의하여 일본의 부동산 등기법이 의용되면서부터라고 할 수 있다.

근대적 등기제도가 우리나라에 도입된 이래 등기업무에 가장 큰 영향을 미친 변화로는 등기업무의 전산화를 들 수 있다. 등기업무의 전산화는 1993. 11. 등기특별회계법이 제정된 이후, 1994. 1. 부동산등기업무전산화 종합계획서가 작성되는 등의 준비과정을 거쳐, 1998. 10. 7. 7개 시범운영

案을 斜給하였다. 이것은 다툴 수 없는 증명력을 가졌다고 볼 수 있다. 그러나 입안제도는 그 절차의 비현실성으로 인하여 실시초기부터 잘 이행되지 않았다. 입안절차를 거치지 않은 매매를 白文이라고 하였다. 朴秉濠, 韓國法制史攷, 法文社, 1974, 46-47면.

116) 地契는 地券이라고도 하였는데, 원래는 각국의 거류지에 관한 조약에 기하여 외국인 거류지 및 거류지 외 10리 내의 地所에 대하여 조약국인이 소유권을 취득한 경우에 監理署가 발급한 것으로서, 본질적으로는 立案과 동일하나 그 형식이 보다 근대화된 것이었다. 家契는 가옥의 소유에 관한 관의 인증으로서 그 끝부분에 담당공무원, 매도인, 매수인, 증인들이 서명하고 堂上官이 花押하는 형식으로 되어 있었다. 매매에 의하여 家契를 받은 자가 이를 매도하는 경우에는 舊契를 제출하고 매수인이 新契를 교부받아야만 비로소 소유자로 인정되었다. 朴秉濠(주 115), 70-74면

117) 證明制度는 1906년 土地家屋證明規則에 의한 제도와 1908년 土地家屋所有權證明規則에 의한 제도가 있었다. 토지가옥증명규칙에 의한 증명은 소유권 및 전당권에 한하여 그 계약의 내용을 조사하여 인증해주는 제도로서, 계약서에 統首 또는 洞長의 인증을 받은 후 군수 또는 府尹의 증명을 받을 수 있었고, 군수 또는 府尹은 증명한 사항을 곧바로 토지가옥증명대장에 기재하여야 하였다. 토지가옥소유권증명규칙에 의한 증명제도는 토지가옥증명규칙에 의한 증명을 보완한 것으로, 소유권의 증명신청을 받은 군수 또는 府尹은 토지 또는 가옥의 소재에 관하여 2개월 이상 게시하여 그 소유권에 관하여 이의 있는 자로 하여금 신고하게 하고 그 기간이 지나도 이의를 신고하는 자가 없고 신청인의 소유권이 확실함을 인정한 때 신청서에 증명함과 동시에 증명부에 등록하도록 하고 있다. 洪性載(주 13), 190-191면.

118) 朴秉濠(주 115), 36면.

대상 등기소에서 전산대민서비스를 개시하면서 시행되었고, 2002. 9. 당시
의 전국 212개 등기소의 종이등기부에 대한 전산화를 완료하였다.[119]

종이등기부가 모두 전산데이터베이스화된 이후 이를 기반으로 등기업
무 처리의 효율성을 극대화하기 위하여 2003. 9. 등기업무 2차 전산화 사
업을 추진하게 되었다. 그 내용은 인터넷을 통한 온라인 등기업무 처리의
실현으로서, 온라인을 통하여 등기신청사건을 접수하고 각종 증명서를 발
급하며 유관기관과의 정보연계를 추진하는 것이었다.[120]

등기전산화사업은 인적 자원 및 물적 시설의 운영의 변화는 물론, 등기
업무의 변화와 법제도의 정비 등을 가져왔다.[121] 이로 인하여 국민의 편
익증진에 기여한 것은 물론, 부동산등기업무에 있어서도 단순반복적인 수
작업업무를 제거하여 업무처리절차의 효율성을 높이게 되었고, 과거 수작
업으로 처리되던 방식에서 발생할 수 있는 오류 및 오기 등 부실등기의
발생을 방지함으로써 공시의 정확성을 높일 수 있게 되었다.[122]

전산화사업으로 인한 업무환경의 변화에 따라 부동산등기법의 전부개정
이 이어져, 부동산등기법 전부개정법률이 2011. 4. 12. 법률 제10580호로
공포되었고, 공포 후 6개월이 경과한 2011. 10. 13.부터 시행되었다.[123]

---

119) 2002. 9. 현재 전산화한 종이등기부의 개수는 45,585,484개이다. 등기업무전산화에
관한 자세한 내용은 법원행정처, 등기업무 전산화 백서(1994~2004), 2004 참고.

120) 등기업무 2차 전산화사업의 추진에 관하여는 洪碩範, "登記業務 2次 電算化事業
의 課題와 展望 −인터넷 신청사건 접수시스템을 중심으로−", 법조 통권 570호
(2004년 3월호), 230면 이하 참조.

121) 인적 자원으로는 단순업무를 처리하는 인력이 대폭 감축되었고, 복사기 등 각종
장비의 감축은 물론 등기소광역화사업을 추진하는 기반이 되었다. 등기업무면에
서도 단순노무에서 벗어나 물권변동의 공시라는 본래의 업무에 더 충실할 수 있
게 되었고 이에 따른 제도의 개선도 이어졌다.

122) 부동산등기업무 전산화사업의 효과에 관하여는 등기업무 전산화 백서(주 119),
235면 이하 참조.

123) 개정의 주요내용은 다음과 같다. 전산화에 따른 업무환경의 변화를 반영하여 ①
종이등기부를 전제로 한 종전 규정을 전산정보처리조직에 의한 등기사무처리에
따른 절차와 용어로 새로이 정비하였고, ② 등기의 효력발생시기를 명확하게 하

2. 등기 신청절차

가. 신청인

등기는 법률에 다른 규정이 있는 경우를 제외하고는 당사자의 신청이 있어야 할 수 있다(「부동산등기법」[124] 제22조 제1항). 이러한 등기의 신청은 법률에 다른 규정이 없으면 등기권리자와 등기의무자가 공동으로 하여야 한다(법 제23조 제1항). 신청된 등기가 실행됨으로 인하여 권리를 취득하는 자로 등기부상 기재된 자인 등기권리자와 그 반대로 권리를 상실하는 것으로 기재된 자인 등기의무자의 공동신청에 의함으로써 등기의 진정을 확보하려는 조치이다. 따라서 여기서 누구를 등기권리자·등기의무자로 볼 것인가 하는 문제는 등기의 진정을 확보하기 위한 문제와 관련되어 있다. 그런데 등기권리자와 등기의무자의 개념에 관하여는 여러 가지 복잡한 문제가 있다.[125] 구체적인 사례에서 누구를 등기권리자·등기의무자로 보아야 할 것인가를 쉽게 판단할 수 없는 경우도 있다.[126]

현실적으로 공동신청주의가 나타나는 모습은 대부분 당사자 쌍방이 법무사나 변호사에게 위임하여 이들 자격자대리인이 신청하거나 등기권리자가 등기의무자로부터 위임받아 신청하는 경우가 대부분이다.[127]

기 위하여 등기관이 등기를 마치면 그 등기의 효력은 접수한 때부터 효력을 발생하는 것으로 하였으며(제6조 제2항), ③ 종래 법률에서 정하고 있던 구체적인 등기신청절차나 등기실행방법을 대법원규칙으로 위임하고 법률에서는 등기사항 위주로 규정함으로써 전산환경에 따른 변화나 국민의 수요에 따른 신속하고 탄력적인 등기절차 운용을 가능하게 하였다(법원행정처, 개정 부동산등기법 및 부동산등기규칙 해설, 2011, 3면 이하 참조). 개정 법률은 개정 배경이나 체제 등에서 2004년에 전부 개정된 일본 부동산등기법의 영향을 받은 것으로 보인다.

124) 이하 「부동산등기법」의 조문을 인용할 때에는 단순히 "법"으로 약칭하여 표현한다.

125) 이에 관하여는 朴基周, "登記當事者와 登記上 利害關係人에 관한 硏究-登記請求權의 作用을 中心으로-", 서울大學校 大學院 法學博士學位論文, 2012. 2. 참조.

126) 尹眞秀, "所有權을 상실한 抵當權設定者의 抵當權設定登記 抹消請求의 可否-대법원 1994. 1. 15. 선고 93다16338 판결-", 民法論攷 II, 博英社, 2008, 참조.

나. 신청의 방법

(1) 방문신청

신청인이 등기소에 직접 출석하여 신청서를 제출하는 방법으로 등기를 신청하는 것을 말한다. 전자신청제도가 도입되기 이전에는 방문신청이 유일한 방법이었다.

방문신청을 하기 위하여는 등기당사자나 그 대리인이 직접 등기소에 출석하여야 한다. 다만, 대리인이 변호사 또는 법무사인 경우(자격자대리인)에는 대법원규칙이 정하는 바에 따라 사무원을 출석하게 하여 등기신청서를 제출하게 할 수 있다(법 제24조 제1항 1호). 대리인에 의한 등기신청이 대부분을 차지하는 현실에서 출석주의를 유지할 필요성에 대하여 의문이 있을 수 있으나,[128] 위조등기 등 부실등기 방지에 상당한 효과가 있는 것으로 보고 출석주의 원칙을 계속 유지하고 있다.

(2) 전자신청

등기소를 방문하지 않고도 전산정보처리조직을 이용하여 등기를 신청하는 것을 말한다. 정보통신기술의 급속한 발달로 신청인이 직접 등기소에 출석하지 않고도 등기신청할 수 있는 기술적 토대가 마련됨에 따라 2006. 5. 10. 부동산등기법을 개정하여 근거규정인 제177조의 8을 신설하였고, 2006. 6. 1. 개정 법률의 시행과 더불어 법원행정처장이 지정·고시한 등기소나 등기유형에 적용하도록 함으로써 처음으로 도입되었다. 전자신청은 대법원규칙으로 정하는 바에 따라[129] 전산정보처리조직을 이용하여 신

---

127) 등기신청유형을 보면 변호사나 법무사인 자격자대리인에 의한 대리인 신청이 95% 이상을 차지하고 있다. 차문호, "동산담보등기 제도의 운용현황 및 개선방향", 『동산담보제도의 새로운 전개』(한국법학원 주최 『동산·채권 등의 담보에 관한 법률』 시행 1주년 기념 심포지움 발표 자료), 2013, 64면.

128) 일본에서는 2004년 부동산등기법 전부 개정시에 출석주의 원칙을 폐기하여 우편에 의한 신청을 인정하고 있다. 그 대신 등기의 진정을 확보할 수 있는 방안을 별도로 마련하고 있다.

청정보 및 첨부정보를 보내는 방법으로 신청한다(법 제24조 제1항 2호).

전자신청에 있어서 등기신청의 진정성 확보를 위하여 인터넷을 이용한 전자상거래시 거래당사자의 신분확인을 위한 수단으로 사용되는 공인인증서 외에 다음과 같은 방안을 강구하고 있다.

1) 전자신청은 신청인이 등기소에 출석하지 않고 등기신청을 하기 때문에 등기신청의 진정성 확보가 무엇보다도 최우선적으로 고려되어야 한다.130) 그리하여 신청인을 제한하고 있다. 전자신청은 당사자가 직접 하거나 자격자대리인이 당사자를 대리하여 신청할 수 있고, 그 외의 자는 타인을 대리하여서는 하지 못한다. 또한 전자증명서를 발급받을 수 있는 방법이 없는 법인 아닌 사단이나 재단은 전자신청을 허용하지 않고 있고, 외국인의 경우 본인확인에 어려움이 있어 일정한 요건을 갖춘 경우에 한하여 예외적으로 이를 허용하고 있다(「부동산등기규칙」131) 제67조 제1항).

2) 아울러 전자신청을 하기 위하여는 그 등기신청을 하는 당사자 또는 자격자대리인이 최초로 등기를 신청하기 전에 사용자등록을 하여야 하고, 사용자등록 신청은 당사자 또는 자격자대리인이 직접 등기소에 출석하여 하여야 한다(규칙 제68조 제1항 및 제2항). 전자신청에 있어서 사용자등록제도를 도입한 이유는 방문신청에 있어서의 출석주의에 준하여 신청인 또는 자격자대리인의 본인 여부를 확인할 필요가 있기 때문이다. 전자신청에 대하여는 출석주의가 적용되지 않지만 사용자등록신청시 당사자 본인 또는 자격자대리인 본인이 반드시 등기소에 출석하여야 하므로 전자신청의 경우에도 출석주의의 취지가 유지되고 있다고 할 수 있다.132)

---

129) 정보화기술의 급속한 발전에 신속하게 대응할 수 있도록 그 구체적 내용은 대법원규칙으로 정하도록 하고 있다. 개정 부동산등기법 및 부동산등기규칙 해설(주 123), 43면. 관련 지침으로는 「전산정보처리조직에 의한 부동산등기신청에 관한 업무처리지침」(2011. 10. 12. 개정 대법원 등기예규 제1422호) 참조.

130) 개정 부동산등기법 및 부동산등기규칙 해설(주 123), 43면.

131) 이하 「부동산등기규칙」은 "규칙"으로 약칭한다.

다. 신청정보와 첨부정보의 제공

(1) 방문신청의 경우

등기를 신청하는 때에는 신청인은 대법원규칙으로 정하는 신청정보 및 첨부정보를 등기소에 제공하여야 한다. 그 제공의 방법은 방문신청의 경우에는 신청정보 및 첨부정보를 적은 서면[133]을 제출하는 방법으로, 전자신청의 경우에는 신청정보 및 첨부정보를 전산정보처리조직을 이용하여 보내는 방법으로 제공한다(법 제24조 제1항).

이들 정보 중 이론적으로 가장 중요한 것은 「등기원인을 증명하는 정보」(규칙 제46조 제1항 1호)이다. 이 정보와 신청정보가 일치하지 아니하는 경우에는 등기신청을 각하하도록 하고 있어(법 제29조 8호) 등기원인에 부합하는 등기신청이 이루어지도록 하고 있다.[134]

그러나 현실적으로 첨부정보 중 등기의 진정성 확보 측면에서 가장 중요한 것은 인감증명과 등기필정보이다.[135] 인감증명은 등기신청에서만이 아니고 일반거래에서 중요한 의미를 가진다.[136]

등기필정보제도는 종래 등기필증(소위 권리증)제도에 갈음하여 전자신

---

132) 법원행정처, 부동산등기실무[I], 2007, 349면. 이에 반하여 일본은 2004년 전산화에 따른 부동산등기법 전부 개정시에 출석주의를 폐지하였다.

133) 2011년 전부 개정 전의 부동산등기법은 "신청서"와 "첨부서면"이라는 용어를 사용하였으나, 개정법은 방문신청과 전자신청을 병렬적인 신청의 모습으로 규정하면서 그 용어를 이렇게 바꾸었다.

134) 등기원인을 증명하는 정보에 대하여는 제5장 제3절에서 자세히 다룬다.

135) 중요한 등기의 경우 인감증명과 등기필정보를 모두 제출하게 하고 있다. 그 외의 등기신청에 대하여는 등기필정보만을 제출하게 하거나(예: 저당권말소 등), 그것이 없어도 진정성이 보장되는 경우에는 둘 다 제출하지 않게 하고 있다(예: 주소변경 등에 따른 등기명의인 표시변경등기)

136) 그 중요성에도 불구하고 이를 폐지하려는 시도가 있었고, 그 결과 인감증명을 대체할 수 있는 수단으로 본인서명사실 확인제도가 생겨났다. 「본인서명사실 확인 등에 관한 법률」이 2012. 2. 1. 법률 제11245호로 제정되었고, 2012. 12. 1. 부터 시행되고 있다.

청에서도 이용할 수 있도록 전산화된 업무환경에 맞게 새롭게 개발한 제도이다. 등기필정보는 등기기록에 새로운 권리자가 등기될 때에 작성하며, 나중에 등기신청에 있어서 진정한 권리자임을 확인하는 자료가 된다. 종래 등기완료 후 등기원인증서에 등기필인을 찍어 등기필증으로 교부하던 것을, 영문 또는 아라비아 숫자를 조합한 12개로 이루어진 일련번호와 비밀번호로 이루어진 일정한 정보137)를 교부하는 방식으로 만든 제도이다.138)

그 외에 제3자의 동의나 승낙이 법률행위의 유효요건이 되는 등 등기원인에 대하여 제3자의 허가, 동의 또는 승낙이 필요한 경우에는 이를 증명하는 정보를 등기소에 제공함으로써 등기의 진정성을 확보하고 부실등기를 방지하고자 하고 있다(규칙 제46조 제1항 2호).

(2) 전자신청의 경우

전자신청을 하기 위하여는 신청정보는 물론 첨부정보도 전자문서로 작성하여 전자신청시스템으로 송신하여야 한다. 전자문서에는 그 문서의 작성명의인이 공인인증서 정보를 첨부하여 작성하여야 한다. 그러나 현재로서는 모든 문서를 전자문서화하기 위한 여러 여건이 갖추어져 있지 않고, 전자등기신청의 활성화의 필요성도 있어 자격자대리인이 신청하는 일정한 경우에는 서면으로 작성된 문서를 스캔하여 등기소에 송신하는 것으로 갈음할 수 있도록 하고 있다.139) 부실등기의 우려가 없는 경우로 제한하여

---

137) 일련번호는 "WKDI-APRV-Q6H3"과 같이 부여되며, 비밀번호는 4자리수로 이루어진 50개의 번호가 부여된다. 그 형식에 관하여는 「등기완료통지서의 작성 등에 관한 업무처리지침」(2011. 10. 11 개정 대법원 등기예규 제1397호) 별지 3호 참조.

138) 등기필정보에 관하여는 법 제50조, 제51조, 규칙 제106조 내지 제111조, 「등기필정보의 작성 및 통지 등에 관한 업무처리지침」 및 부동산등기실무 I I(주 132), 498면 이하 참조.

139) 부동산등기실무 I I(주 132), 350면. 「전산정보처리조직에 의한 부동산등기신청에 관한 업무처리지침」(2011. 10. 12. 개정 대법원 등기예규 제1422호) 4항에 의하면, 국가, 지방자치단체, 공법인이 수용 등을 원인으로 소유권이전등기를 신청하는 경우, 법원행정처장이 지정하는 금융기관이 근저당권 설정등기 등을 신

운영하고 있기는 하나 종이문서를 스캔하여 제출할 수 있도록 한 것은 결국은 자격자대리인의 확인 아래 사본문서에 의한 등기신청을 허용하고 있는 경우라고 할 수 있다.[140]

첨부하여야 할 정보 중 법인등기부정보 및 부동산등기부정보와 같이 등기소에서 직접 확인할 수 있는 정보는 그 표시만 하고 첨부를 생략하며, 행정정보 공동이용의 대상이 되는 정보는 행정정보 공유센타에 연계요청을 하여 수신한 정보를 첨부하도록 하고 있다.[141]

라. 신청의무와 벌칙 등

등기는 법률에 다른 규정이 없는 한 당사자의 신청에 의하도록 하고 있다. 그러나 일정한 경우에는 당사자에게 신청의무가 있고 그에 대하여 벌칙이 부과되는 경우가 있다. 부동산등기법에 의하면 부동산의 표시에 변경이 있는 경우에 등기신청의무를 부과하고 있다.[142] 등기부와 대장의 부동산표시를 일치시키기 위한 조치이다.

「부동산등기 특별조치법」은 부동산거래에 대한 실체적 권리관계에 부합하는 등기를 신청하도록 하기 위하여 부동산의 소유권이전을 내용으로 하는 계약을 체결한 자에게 소유권이전등기 또는 소유권보존등기의 신청의무를 부과한다.[143] 등기권리자가 정당한 사유 없이 위 등기신청을 해태

청하는 경우 등에서는 첨부정보를 담고 있는 모든 서면을 스캔하여 등기소에 송신할 수 있도록 하고 있다.

140) 그런데 원본 서면을 스캔하여 등기를 신청하는 경우 그 원본서면들은 어떻게 처리할 것인지, 예를 들어 자격자대리인이 이를 보존할 것인지 여부 등에 관하여는 전혀 규정을 두고 있지 않다.

141) 등기예규 제1422호 (주 26) 4항 참조. 이 지침에 의하면, 현재 행정정보 공동이용의 대상이 되는 정보로는 주민등록정보, 토지대장정보, 건축물대장정보, 거래계약신고필정보, 취득세 또는 등록면허세납부확인정보, 토지거래계약허가정보가 있다.

142) 부동산의 표시에 변경이 있는 경우에는 그 소유권의 등기명의인은 1개월 이내에 등기를 신청하여야 한다(법 제35조, 41조, 제43조). 그중 건물의 표시변경등기를 게을리한 경우에는 과태료가 부과된다(법 제112조).

하면 과태료를 부과하고, 탈세나 투기 등을 목적으로 하는 경우에는 형사처벌을 부과하기도 한다(같은 법 제8조, 제11조).

「부동산 실권리자명의 등기에 관한 법률」은 장기미등기자와 실명등기 의무를 위반한 자에 대하여 과징금과 형사벌을 부과하고 있다(같은 법 제10조, 제11조).

3. 등기의 실행절차

가. 신청서의 접수 – 접수시기의 문제

등기의 접수가 등기절차에서 가지는 의미는 등기의 우선순위를 정하는 기준이 된다는 데 있다. 등기한 권리의 순위는 법률에 다른 규정이 없으면 등기한 순서에 따르는데, 등기관은 접수순으로 등기사건을 처리하여야 하며, 등기의 순서는 같은 구에서 한 등기 상호간에는 순위번호에 따르고, 다른 구에서 한 등기 상호간에는 접수번호 순서에 따르기 때문이다(법 제4조).

전자신청제도가 도입되기 전에는 등기소 직원이 신청인으로부터 등기신청서를 받았을 때를 접수로 보면 되고 별다른 문제는 없었다. 그러나 전자신청제도가 도입되면서 접수시기가 문제되었다.[144] 전자신청사건과 방문

---

143) 부동산의 소유권이전을 내용으로 하는 계약을 체결한 자는 일정한 날(계약의 당사자가 서로 대가적인 채무를 부담하는 경우에는 반대급부의 이행이 완료된 날, 계약당사자의 일방만이 채무를 부담하는 경우에는 그 계약의 효력이 발생한 날)부터 60일 이내에 소유권이전등기를 신청하여야 하며(같은 법 제2조 제1항), 그 자가 다시 제3자와 소유권이전을 내용으로 하는 계약이나 계약당사자의 지위를 이전하는 계약을 체결한 경우 등에도 먼저 체결된 계약에 따른 등기신청의무를 부과한다(같은 조 제2항 내지 제4항). 미등기부동산에 대하여 소유권이전을 내용으로 하는 계약을 체결한 자는 일정한 기간 내에 소유권보존등기 신청의무를 진다(같은 조 제5항).

144) 전자신청에서는 신청정보가 등기소에 도착하는 즉시 접수번호가 정해지고 접수가 완료된다. 반면에 방문신청의 경우 접수시기를 종전과 같이 보게 되면 창구에서 접수 후 접수정보가 전산에 입력되는데 시간이 걸리므로 그 사이에 전자신

신청사건의 우선순위 문제가 생기게 되었기 때문이다.[145] 이 문제를 해결하기 위하여 대법원규칙으로 정하는 등기신청정보가 전산처리조직에 저장된 때에 등기신청이 접수된 것으로 보도록 규정하였다(법 제6조 제1항).[146] 따라서 이제는 방문신청이든 전자신청이든 등기신청정보가 전산에 저장된 때에 접수된 것으로 보게 된다.

나. 조사 및 등기완료

등기관[147]이 신청서를 받은 때에는 지체 없이 신청에 관한 모든 사항을 조사하여야 한다. 조사결과 신청에 따른 등기를 실행할 것인지, 보정을 요구할 것인지, 아니면 신청을 각하할 것인지를 결정하여야 한다.

등기관이 등기신청을 심사한 결과 법 제29조(개정 전 제55조) 각호의 어느 하나에 해당하는 경우에만 이유를 적은 결정으로 신청을 각하하여야 한다. 다만, 신청의 잘못된 부분이 보정될 수 있는 경우로서 등기관이 보정을 명한 날의 다음날까지 그 잘못된 부분을 신청인이 보정하였을 경우에는 그러하지 아니하다(법 제29조).

청으로 접수된 사건의 접수정보가 먼저 전산에 입력이 되어 처리될 수밖에 없어 등기의 순서에 문제가 생기게 된다.

145) 개정 부동산등기법 및 부동산등기규칙 해설(주 123), 17면.

146) 본래 이 규정은 2011년 전부개정된 부동산등기법에서 처음 신설된 것이 아니고 개정 전 부동산등기법에서 전자신청의 근거규정을 신설할 때 이미 규정되었다 (제177조의 10 참조).

147) 종래의 부동산등기법에서는 "등기공무원"이라고 하였으나 1998. 12. 28. 법률 제5592호로 공포되어 같은 날부터 시행된 부동산등기법의 개정으로 "등기관"으로 명칭이 바뀌었다. 지방법원장 등으로부터 지정을 받아 등기사무를 처리하는 자를 "등기공무원"이라고 하면 등기소에서 근무하는 일반공무원과 구별되지 아니하는 문제점이 있으므로, 등기공무원의 명칭을 "등기관"으로 변경하였다. 또한 종래 법원사무직렬 공무원 중에서 지방법원장이 지정하도록 하고 있었으나, 법원공무원 직렬에 등기사무직렬을 신설함에 따라 2001. 12. 19. 법률 제6525호로 공포된 부동산등기법의 개정으로 2002. 1. 1.부터 등기사무직렬 공무원 중에서 지정하도록 하였다.

조사의 결과 등기의 신청이 적법하거나 신청의 잘못된 부분이 보정된 때에는 등기를 실행한다.[148] 실무에서는 등기를 완료하여야 하는 시한에 관하여 오래전부터 규정을 두고 있었다. 보정이나 지연처리의 사유가 없는 한 종래 "늦어도 접수 후 24시간 이내에" 등기필증을 작성하여 교부하도록 하여 오다가,[149] 현재는 이를 다소 완화하여 "늦어도 오전에 제출된 사건에 대하여는 다음날 18시까지, 오후에 제출된 사건에 대하여는 다음 다음날 12시까지" 등기필정보를 작성하여 교부하도록 하고 있다.[150] 실무상 아주 짧은 시간 내에 등기사건의 모든 처리절차를 마치도록 하고 있음을 알 수 있다. 등기절차는 형식적인 심사절차라는 인식에서 비롯된 실무 처리지침이 아닌가 생각된다.

다. 등기완료 후의 절차

(1) 신청서 및 첨부서면 등의 보존과 등기원인서면의 반환

등기가 완료되면 등기신청의 신청서 및 부속서류를 접수번호의 순서대로 신청서 기타 부속서류 편철장에 편철하여 보존하여야 한다.[151] 그런데 등기원인서면 중 일정한 서면은 보존하지 아니하고 반환하고 있다. 즉, 신청서에 첨부된 등기원인을 증명하는 정보를 담고 있는 서면이 법률행위의 성립을 증명하는 서면이거나 법률사실의 성립을 증명하는 서면일 때에는 등기를 마친 후 이를 신청인에게 돌려주도록 하고 있다.[152] 등기원인을 증

---

148) 등기완료를 실무상 "교합" 또는 "교합처리"라고 표현한다. 「부동산등기신청사건 처리지침」(2112. 4. 24. 개정 대법원 등기예규 제1449호) 참조. 일본에서 쓰는 용어를 그대로 사용하고 있는데 적절한 표현인지 의문이다. "등기완료"라고 표현하는 것이 옳은 것으로 생각된다.

149) 「부동산등기신청사건 처리지침」(2005. 2. 22 제정 대법원 등기예규 제1097호). 이 때 처음으로 규정이 만들어진 것이 아니고 그 이전부터 있어온 규정을 통합한 것이다.

150) 「부동산등기신청사건 처리지침」이 2007. 2. 23 대법원 등기예규 제1167호로 개정되면서 변경되었다.

151) 대법원 등기예규 제1167호 참조.

명하는 서면은 첨부서면 중 가장 중요한 것이나, 대부분 신청인이 돌려받기를 원하고 있기 때문에 등기를 마치면 곧바로 돌려주도록 하고 있다.[153]

(2) 신청인에 대한 통지

등기관이 등기를 마쳤을 때에는 신청인에게 그 사실을 알려야 한다(법 제30조).[154] 특히 등기관이 새로운 권리에 관한 등기를 마쳤을 때에는 원칙적으로 등기필정보를 작성하여 등기권리자에게 통지하여야 한다(법 제50조 제1항). 이 등기필정보는 등기권리자가 나중에 권리에 관한 등기를 신청할 때 신청서에 기재함으로써 등기의 진정성을 확보하기 위한 제도로서, 종래의 등기필증에 대신하여 신설된 제도이다.[155]

(3) 대장 소관청에의 통지 및 과세자료의 송부

등기관이 소유권의 보존 또는 이전, 소유권의 변경 또는 경정 등의 등기를 하였을 때에는 그 사실을 토지의 경우에는 지적소관청에, 건물의 경

---

152) 규칙 제66조 제1항 및 「등기원인증서의 반환에 관한 업무처리지침」(2012. 4. 24. 개정 대법원 등기예규 제1448호) 참조.

153) 개정 부동산등기법 및 부동산등기규칙 해설(주 123), 272면.

154) 신청인에 대하여 자신이 신청한 등기가 완료되었다는 사실의 통지는 그리 큰 의미가 없어 간이한 방법으로 하고 있다. 전자신청의 경우에는 전산정보처리조직을 이용하여 송신하는 방법에 의하고 서면신청의 경우에는 등기완료사실을 인터넷등기소에 게시하는 방법에 의한다. 「등기완료통지서의 작성 등에 관한 업무처리지침」(2011. 10. 11. 개정 대법원 등기예규 제1397호) 참고.

155) 구 부동산등기법은 등기관이 등기를 마쳤을 때에 등기원인을 증명하는 서면 또는 신청서의 부본에 신청서의 접수연월일 등을 적고 등기소인을 찍어 등기권리자에게 교부하도록 하고 있었다(제67조). 이를 등기필증이라고 하였고 속칭 권리증이라고도 불렀다. 종래의 등기필증은 모든 등기신청에 대하여 교부하도록 하고 있었으나 등기필정보는 권리에 관한 등기에 대하여만 교부하도록 하고 그 중에서도 예외적인 경우에는 통지하지 않도록 하는 등 많은 차이가 있다. 구체적인 내용은 규칙 제106조 내지 제111조 및 「등기필정보의 작성 및 통지 등에 관한 업무처리지침」(2012. 4. 24. 개정 대법원 등기예규 제1447호) 참조.

우에는 건축물대장 소관청에 각각 알리도록 하고 있다(법 제62조). 등기기
록상의 소유자와 대장상의 소유자의 인적 사항을 일치시키기 위한 규정이
다.156) 또한 등기관이 소유권의 보존 또는 이전의 등기를 하였을 때에는
지체 없이 그 사실을 부동산 소재지 관한 세무서장에게 통지하여야 한다
(법 제63조). 이러한 소유권변경사실의 통지나 과세자료의 제공은 전산정
보처리조직을 이용하여 정보를 전송하는 방법으로 하고 있다.157)

(4) 그 밖의 각종 통지

등기를 완료한 때에는 신청인 외에 일정한 자158)에게 등기완료사실을
통지하도록 하고 있다(규칙 제53조 제1항). 그 밖에 가압류등기, 가처분등
기, 경매개시결정등기, 주택임차권등기 및 상가건물임차권등기가 집행법원
의 말소촉탁 이외의 사유로 말소된 경우 지체없이 그 뜻을 집행법원에 통
지하도록 하는 등159) 이해관계인에 대하여 등기사실을 알려주도록 하고
있다.

4. 등기의 잘못을 바로잡기 위한 절차

1) 등기관의 처분이나 결정에 대하여 이의가 있는 자는 관할 지방법원

---

156) 개정 부동산등기법 및 부동산등기규칙 해설(주 123), 109면.
157) 규칙 제120조 및 「등기완료 후 소유권변경사실의 통지 등에 관한 업무처리지침」
    (2011. 10. 11. 개정 대법원 등기예규 제1372호) 참조.
158) ① 승소한 등기의무자의 등기신청에 있어서 등기권리자
    ② 대위채권자의 등기신청에 있어서 등기권리자
    ③ 직권소유권보존등기에서 등기명의인
    ④ 관공서가 촉탁하는 등기에서 관공서
    ⑤ 등기필정보를 제공하여야하는 등기신청에서 등기필정보를 제공하지 않고 확
    인정보 등을 제공한 등기신청에 있어서 등기의무자
159) 「가압류등기 등이 말소된 경우의 집행법원에 통지」(2011. 10. 11. 개정 대법원
    등기예규 제1368호).

에 이의신청을 할 수 있다(법 제100조).[160] 관할 지방법원은 이의신청에 대하여 결정하기 전에 등기관에게 가등기 또는 이의가 있다는 뜻의 부기등기를 명령할 수 있다(법 제106조). 관할 지방법원은 이의에 대하여 이유를 붙여 결정을 하여야 하며, 이 경우 이의가 이유 있다고 인정하면 그에 해당하는 처분을 명령하여야 한다(법 제105조).

2) 등기관이 등기를 마친 후 그 등기에 착오나 빠진 부분이 있음을 발견하였을 때에는 지체 없이 그 사실을 등기권리자와 등기의무자에게 알려야 하고, 그 착오나 빠진 부분이 등기관의 잘못으로 인한 것임을 발견한 경우에는 지체 없이 그 등기를 직권으로 경정하여야 한다. 다만, 등기상 이해관계 있는 제3자가 있는 경우에는 제3자의 승낙이 있어야 한다(법 제32조).

등기관이 등기를 마친 후 그 등기가 법 제29조 제1호(사건이 그 등기소의 관할이 아닌 경우) 또는 제2호(사건이 등기할 것이 아닌 경우)에 해당된 것임을 발견하였을 때에는 그 등기를 직권으로 말소하여야 한다(법 제58조).[161]

---

160) 이의신청서는 등기소에 제출하여야 하는데, 등기관은 이의가 이유 있다고 인정하면 그에 해당하는 처분을 하여야 하고, 이의가 이유 없다고 인정하면 의견을 붙여 이의신청서를 관할 지방법원에 보내야 한다(법 제103조). 이의에는 집행정지의 효력이 없다(법 제104조).

161) 직권말소하기 위한 절차로 등기관은 등기권리자, 등기의무자와 등기상 이해관계 있는 제3자에게 1개월 이내의 기간을 정하여 그 기간에 이의를 진술하지 아니하면 등기를 말소한다는 뜻을 통지하여야 하고, 그 기간 내에 이의를 진술한 자가 없거나 이의를 각하한 경우에 직권말소한다.

II. 부동산물권변동이론과 등기절차

1. 물권변동의 요건

가. 물권변동의 요건으로서의 물권행위

부동산등기는 실체법에 의한 법률관계를 공시하는 제도이다. 그러므로 부동산등기를 올바로 이해하기 위하여는 실체법상의 법률관계와 등기절차를 서로 연계하여 고려하여야 한다. 이러한 관점에서 물권변동이론을 살펴보면 다음과 같다.

물권변동이라는 법률효과는 그 원인이 되는 여러 법률요건에 의하여 발생한다. 그 법률요건으로서 당사자의 의사에 의한 경우와 그 밖의 법률규정에 의한 경우가 있다. 여기서 물권변동은 법률행위에 의한 경우와 그 밖의 법률의 규정에 의한 경우로 나눌 수 있다. 법률행위에 의한 부동산물권변동에 관하여 민법 제186조는 "부동산에 관한 법률행위로 인한 물권의 득실변경은 등기하여야 그 효력이 생긴다"고 규정하여 우리 민법이 성립요건주의 내지 등기주의를 취하고 있음을 밝히고 있다. 대부분의 물권법 교과서에서는 부동산물권변동의 요건으로서 물권행위 내지 물권적 합의와 등기의 두 요건을 들고 있다.[162]

그리하여 부동산물권변동이론에 있어 물권행위가 핵심적 요소로 다루어지고 민법학계에서 오랜 세월에 걸쳐 뜨거운 논의가 있어 왔다. 그러나 아직까지 어떤 귀결을 찾지 못하고 있다.[163] 이하에서 간략히 정리해본다.

먼저 물권행위의 개념정의 문제이다. 물권변동을 일으키는 법률행위를 물권행위라고 한다. 물권행위의 개념정의를 둘러싸고 공시방법과의 상호관계와 관련하여 종래 ① 물권의 변동을 목적으로 하는 의사표시인 물권적 의사표시와 공시방법을 합하여 물권행위로 보는 견해[164]와 ② 물권적

---

162) 郭潤直, 物權法[民法講義II], 博英社, 2003, 83면; 송덕수(주 1), 125면, 134면.
163) 尹眞秀(주 34), 324면.

의사표시만을 물권행위로 보는 견해[165]가 대립되어 왔고, 최근에는 ③ 물권행위란 부동산의 경우에는 물권변동을 위한 등기신청행위이고, 동산의 경우에는 물권변동을 위한 점유이전의 합의로 보아야 한다는 유력한 견해[166]도 있다. 그 외에 물권행위 개념은 우리 민법상 불필요하다는 견해도 주장되고 있다.[167] 처분행위로서의 물권행위 개념에 충실하고 논리적 일관성을 유지하려면 물권적 의사표시와 공시방법을 합하여 물권행위라고 이해하여야 할 것이다.[168]

다음은 물권행위의 독자성 문제이다. 종래의 통설은 물권행위의 독자성의 문제를 물권행위가 채권행위와 따로 행하여지는가 하는 시기의 문제, 즉 물권행위의 존재시기 또는 성립시기를 언제로 볼 것인가의 문제로 보아왔다.[169] 독자성 부정설은 원인행위시인 채권행위시에 물권행위가 행하여지는 것으로 보고, 독자성 긍정설은 등기신청서류 교부시 또는 등기신청시에 물권행위가 행하여진다고 본다. 그러나 물권행위의 시기를 중심으로 독자성을 논하는 것은 그에 의하여 물권변동의 시점이 정하여지는 일본민법에서는 큰 의미가 있을지 모르나 성립요건주의를 취하는 우리 민법에서는 큰 의미가 없다.[170] 따라서 요즈음은 독자성 문제를 "채권행위와

---

164) 高翔龍, 物權法, 法文社, 2002, 63면; 李英俊, 物權法, 全訂新版, 博英社, 2009, 89면; 池元林, 民法講義, 第8版, 弘文社, 2010, 456면.

165) 郭潤直(주 162), 39면; 金曾漢·金學東, 物權法, 博英社, 1998, 47면; 尹喆洪, 物權法講義, 博英社, 1998, 47면; 李相泰, 物權法, 法元社, 2004, 50면.

166) 尹眞秀(주 34), 325면.

167) 명순구·김제완·김기창·박경신, 아듀, 물권행위, 고려대학교출판부, 2006; 김기창, "물권행위무용론", 民事法學 특별호(제52호) 民法의 自畵像과 未來像 -한국민법 시행 50주년 기념-, 韓國民事法學會, 2010.

168) 우리 판례는 동산의 선의취득에 관한 사안에서 물권적 합의에 공시방법을 합한 것이 물권행위라고 보고 있는 듯한 판시를 하였으나(대법원 1991. 3. 22. 선고 91다70 판결), 이것만으로는 판례의 입장이 명확하지 아니하다.

169) 郭潤直(주 162), 41면; 송덕수, 新민법강의, 제6판, 박영사, 2013, 524면.

170) 송덕수(주 169), 524면에서는 종래 우리의 문헌들이 주로 물권행위의 시기를 중심으로 논쟁을 벌였던 것은 아마도 그에 의하여 물권변동의 시점이 결정되는 의

는 별개의 법률행위로서의 물권행위라는 개념 자체를 물권변동의 구성적 요소로서 요구할 것인가 여부의 문제"[171]로 이해하는 경향이다.[172] 이 견해에 의하면 물권행위라는 법률행위의 존재를 어떠한 사정하에서 인정할 것인가는 법률행위 해석의 문제라고 한다.[173]

이어서 물권행위의 유인성 문제를 본다. 물권행위는 보통 채권행위의 이행행위로 행하여진다. 이 때 그 원인행위인 채권행위가 존재하지 않거나 무효·취소·해제되는 경우 물권행위의 효력은 어떻게 되는가 하는 문제가 유인성 문제이다. 우리 판례는 유인주의를 취하는 판결을 여러 차례 함으로서 확고한 판례로 확립되었다.[174] 따라서 우리나라에서는 독일과 달리 물권행위가 유효하기 위하여는 원인행위인 채권행위도 유효하게 존재하여야 한다.

나. 등기의 유효요건

이와 같이 물권행위개념을 인정하는 견해에서는 민법 제186조의 법률행위를 물권행위를 의미하는 것으로 보고 민법 제186조의 규정상 법률행위에 의한 부동산물권변동은 물권행위와 등기라는 두 요건이 갖추어졌을 때에 발생하게 된다고 한다. 그 결과 등기가 유효하기 위한 실체적 요건으로서 물권행위 내지 물권적 합의와 등기가 내용에 있어서 일치하여야 한

용민법 하의 이론의 영향때문이었던 것 같다고 한다.

171) 梁彰洙, "韓國 民事法學 50년의 成果와 21세기적 課題", 民法研究 第4卷, 博英社, 2007, 17면.

172) 양창수·권영준, 민법Ⅱ 권리의 변동과 구제, 박영사, 2011, 61면; 서을오(주 14), 159면; 홍성재, "부동산 물권변동론의 재정립", 民事法學 第43~2號, 韓國民事法學會, 2008, 343면; 홍성재, 物權法, 개정판, 대영문화사, 2010, 196면.

173) 梁彰洙(주 171), 16면.

174) 대법원 1977. 5. 24. 선고 75다1394 판결; 대법원 1982. 7. 27. 선고 80다2968 판결; 대법원 1991. 11. 12. 선고 91다9503 판결; 대법원 1995. 5. 12. 선고 94다18881·18898·18904 판결. 李英俊(주 164), 78면은 물권행위의 유인주의는 이제 우리 민법에 있어서 하나의 움직일 수 없는 관습법으로 되었다고 한다.

다고 설명한다.175) 그러면서 그와 관련하여 중간생략등기의 문제, 등기원인이 실제와 다르게 기재되는 경우 등을 언급하고 있다.176)

2. 물권변동이론의 등기절차에의 구현과 양자의 괴리

가. 물권변동의 요건으로서의 물권행위와 등기의 기초

(1) 등기절차에서의 물권적 합의 내지 물권행위에 대한 취급

이와 같이 통설은 물권변동이론을 모두 물권행위 내지 물권적 합의를 중심으로 구성하고 있다. 그리하여 부동산물권변동의 요건으로서 물권행위 내지 물권적 합의와 등기의 두 가지를 들고 있고, 등기의 실체적 유효요건에 관하여도 물권행위 내지 물권적 합의와 등기가 그 내용에서 서로 부합하여야 한다고 설명한다. 원인행위인 채권행위에 관하여는 언급하지 않는다.

물권행위 내지 물권적 합의가 물권변동의 핵심적 요소이고, 그 결과 등기와 그 내용에서 부합하여야 하는 것이 등기의 유효요건이라면 물권변동이론을 구현하는 등기절차에서도 당연히 이를 중요하게 다루어야 한다. 그런데 지금까지 등기절차에서는 물권적 합의 내지 물권행위를 반영하는 문제에 대하여 전혀 논의가 되고 있지 않다. 등기절차에서는 채권행위를 등기원인, 즉 등기를 하게 되는 근거가 되는 등기의 기초로 다루고 있다. 물권적 합의 내지 물권행위에 관한 자료를 제출하도록 하거나 등기관이 그에 관하여 심사하도록 하고 있지 않다. 정확히 말하면 심사하려고 하여도 심사할 수도 없는 것이 아닌가 생각된다. 물권적 합의 내지 물권행위가 무엇인지, 언제 행하여지는지에 대하여 오랜 세월에 걸쳐 논의가 되어왔으나 아직 어떤 결론에 이르지 못하고 여전히 혼란스러운 상황임을 생각

---

175) 郭潤直(주 162), 84면, 87면; 송덕수(주 169), 570면, 578면.
176) 郭潤直(주 162), 89-93면; 송덕수(주 1), 145면 이하; 李英俊(주 164), 126-127면.

하면[177] 심사하려고 하여도 심사를 할 수 없기 때문이다.

(2) 등기절차에서의 등기원인에 대한 경시 경향

등기원인은 등기하는 것을 정당하게 하는 실체법상의 원인, 즉 등기의 기초가 된다.[178] 등기원인에 대하여 이를 물권행위로 보아야 하느냐 채권행위로 보아야 하느냐의 논란이 있으나 등기절차에서는 별다른 논의 없이 채권행위로 보고 처리하여 오고 있다. 어느 것으로 보든 등기원인은 실체법상의 물권변동이론과 등기절차를 연결짓는 개념이라고 할 수 있다. 따라서 물권변동이론을 등기절차에 구현함에 있어 등기절차의 핵심으로 다루어야 할 개념이다. 그럼에도 불구하고 종래 등기절차에서 등기원인에 대한 고려는 미약하였고,[179] 상당히 경시되어 왔다. 즉, 등기절차에서 종래 "등기원인을 증명하는 서면"을 제출하게 함으로써 등기원인에 대한 심사도 하려고 의도하였으나 신청서 부본으로 갈음할 수 있게 함으로써 이를 제출하지 않을 수도 있게 하였을 뿐만 아니라, 등기원인증서의 기능도 진정성 보장보다는 등기필증 작성에 두어 왔다.[180]

그런데 등기절차에서의 등기원인에 대한 취급이 2011년 부동산등기법 전부 개정시에 대폭 변경되었다. 등기필증제도 대신에 등기식별정보라는 제도를 도입하고, 등기원인증서에 갈음하여 신청서부본을 제출할 수 있도록 한 규정을 삭제하였다. 등기원인의 진실성을 가능한 한 확보하여 등기의 진정성을 향상시키려는 것이 개정취지이다. 개정취지에 부합하도록 개정 규정을 해석하고 운영해 나갈 필요가 있다.[181]

---

177) 尹眞秀(주 34), 324면.
178) 등기원인에 관하여는 제5장 제3절에서 자세히 다룬다.
179) 安泰根, "登記原因證書의 公證과 登記의 公信力", 法曹 제591호(2005년 12월호), 104면.
180) 등기절차에서의 등기원인의 경시 경향에 관하여 자세한 내용은 제5장 제3절에서 다룬다.
181) 이에 관한 자세한 내용은 제5장 제3절에서 검토한다.

나. 물권변동이론에서의 등기원인의 고려

우리 학설의 다수 견해는 민법 제186조의 "법률행위"를 물권행위를 의미한다고 보고,[182] 그 결과 부동산등기에서의 등기원인은 물권행위이며, 등기의 실체적 유효요건으로 물권행위와 등기가 내용적으로 부합하여야 한다고 이론구성하고 있다. 물권변동이론에서 물권행위 내지 물권적 의사표시를 중시한다. 이것이 등기절차와 관련하여 가지는 의미는 무엇인가?

이것은 실체법상의 부동산물권변동이론에서 등기절차와의 연계에 대하여 별다른 관심을 갖지 않고 이론을 전개하고 있다는 것을 의미한다. 독일에서는 실체법인 민법에서 명문으로 부동산물권변동의 요건으로 물권적 합의를 요구하고, 토지등기법에서도 등기절차에서 물권적 합의의 증명을 요구하는 등 물권적 합의가 부동산물권변동이론과 등기절차에서 공통적으로 고려된다. 실체법상의 물권변동이론과 등기절차가 서로 연계되어 있다.

반면 우리나라는 법률의 규정에서도 물권적 의사표시를 규정하지 않고 등기절차에서도 물권적 의사표시를 심사하게 하거나 이에 관하여 논의하고 있지 않다. 그럼에도 등기절차에서 전혀 고려되고 있지 않은 개념인 물권적 의사표시를 중심으로 물권변동이론을 구성하고 있다. 그리고 물권행위의 유인성 여부에 관하여는 견해가 대립되나[183] 유인성을 인정하는 견해에서조차 물권변동이론에서는 원인행위인 채권행위를 물권변동의 요건으로 고려하고 있지 않다. 즉 종래의 물권변동이론에서는 물권변동의 요건으로, 동시에 등기의 유효요건으로 물권적 합의 내지 물권행위와 등기만을 요구하고 원인행위는 요구하지 않는다.[184]

---

182) 郭潤直(주 162), 53면; 金相容, 物權法, 法文社, 2003, 104면; 金曾漢·金學東(주 165), 43면; 송덕수(주 169), 525-526면; 李英俊(주 164), 61면.

183) 물권행위의 유인성을 인정하는 것이 확고한 판례의 입장이고, 등기실무도 등기원인을 채권행위로 이해하고 운영하고 있다.

184) 물론 등기원인을 물권행위라고 본다면 등기절차에서 물권행위를 다루고 있다고 설명할 수 있을지 모르나, 이 또한 명확하지 아니하기는 마찬가지이고, 우리 현실과도 전혀 일치하지 않는다. 등기절차에서 등기원인으로 물권적 합의 내지 물

통설의 설명대로 물권변동의 요건으로 물권행위를 든다면 등기의 기초, 즉 등기원인은 물권행위가 되어야 한다. 그 결과 물권변동의 구현절차인 등기절차에서도 물권행위를 심사하도록 하여야 한다. 그러나 채권행위를 등기의 기초인 등기원인으로 보고 있는 것이 판례와 실무의 확고한 태도이다. 그렇다면 이러한 판례와 실무의 부당성을 지적하였어야 한다. 그리고 등기절차에서 물권행위를 어떻게 심사할 것인지도 검토하였어야 한다. 그러나 물권행위의 독자성과 무인성에 대한 추상적인 논의 외에는 그러한 문제에 관하여 그다지 깊이 있게 논의하고 있지 않다. 이와 같이 실체법상의 물권변동이론에서도 등기원인에 대한 고려가 미흡하고 등기절차와의 연계가 부족하다. 오히려 우리와는 규정과 이론을 달리하는 독일의 영향을 받아 독일에서와 같은 논리로 물권변동을 설명한다.

이어서 등기의 유효요건에 관한 설명을 살펴보자. 일반적으로 물권법 교과서에서 등기의 실체적 유효요건으로 물권행위 내지 물권적 합의와 등기가 부합하여야 한다고 설명한다. 그러면서 물권행위와 등기가 부합하지 아니한 예로 중간생략등기나 등기원인이 실제와 다르게 기재된 경우를 들고 있다.

그런데 이 중 등기원인이 실제와 다르게 기재된 경우는 물권적 합의와 등기가 일치한다. 채권행위가 등기와 일치하지 않을 뿐이다. 통설의 설명대로라면 물권적 합의와 등기가 일치하기 때문에 등기의 실체적 유효요건을 갖추고 있다고 보아야 한다. 그럼에도 이를 등기의 실체적 유효요건이 문제되는 예로 들고 있는 것은 논리적으로 자연스럽지는 않다.

또한 등기원인이 실제와 다르게 기재된 경우 및 중간생략등기의 경우에 등기원인과 관계없이 관대하게 등기의 유효성을 인정하는 통설은 실체법상의 물권변동이론에서 등기원인을 경시하는 경향을 보여주고 있다.[185]

통설의 설명은 독일법에서는 논리적으로 자연스럽게 설명이 된다. 독일

권행위를 심사하고 있지 않기 때문이다.

185) 등기절차에서의 등기원인의 경시에 관하여는 제5장 제3절에서 자세히 살펴본다.

에서는 명문규정을 두어 물권적 합의와 등기를 물권변동의 요건으로 요구하고, 등기절차에서도 물권적 합의가 등기원인이 되므로 물권적 합의의 증명을 제출하게 하고 이를 심사하게 하는 구조를 취하고 있다. 따라서 물권적 합의 내지 물권행위가 등기와 부합하면 실체법상의 법률관계와 등기절차가 논리적으로 설명이 된다. 그러나 그런 규정이 없어 물권행위의 유인성 여부에 관하여 견해가 대립되는 우리나라에서는 논리적으로 자연스럽지 않다.[186)]

판례도 등기원인에 대하여는 큰 비중을 두고 있지는 않다. 예를 들면, 당사자 사이에 증여계약을 체결하였음에도 매매를 원인으로 하는 소유권이전등기를 신청하여 등기가 마쳐진 경우 거래의 안전을 위하여 유효하다고 해석한다.[187)] 논리적으로 본다면 이 경우 물권행위는 유효할지 모르나 매매라는 채권행위는 존재하지 않았기 때문에 이 등기는 무효라고 하여야 일관성이 있음에도 그렇게 해석한다.[188)]

이와 같이 등기가 물권변동의 요건임에도 등기를 정당하게 하는 법률상의 원인이자 등기의 기초가 되는 등기원인에 대하여 실체법상의 물권변동이론에서 물권변동의 요건이나 등기의 유효요건을 논의함에 있어 그다지 고려되지 않고 있다.

3. 물권변동이론의 바람직한 구성방향

가. 부동산물권변동의 요건

그렇다면 등기절차와 유기적인 연계를 고려할 때 부동산물권변동이론

---

186) 尹眞秀(주 34), 335면은 종래의 물권행위론은 실정법상의 제도나 규정을 근거로 하지 않고 주로 독일의 이론을 우리나라에 적용하려고 하는 태도를 보이고 있다고 하는데, 바로 이 점도 그러한 예로 지적할 수 있을 것이다.

187) 대법원 1980. 7. 22. 80다791판결.

188) 安泰根(주 179), 105면.

은 어떻게 구성하여야 할까?

물권행위의 유인성을 취하는 우리 민법상 부동산물권변동의 요건으로 물권행위 내지 물권적 의사표시만을 요구할 것이 아니라 채권행위도 요구하여야 한다.[189] 부동산물권변동이 효력을 발생하기 위하여는 물권행위만이 아니라 채권행위도 있어야 하는 것으로 보아야 한다. 유인설을 취하는 한 독일민법과는 달리 채권행위가 없이 물권행위만으로는 물권변동이 생기지 않는다. 오히려 실체법상의 법률관계의 핵심이 되는 것은 채권행위이다. 채권행위의 이행으로 물권행위 내지 물권적 합의가 행하여지므로 물권적 의사표시는 그 이행으로서의 의미가 있기 때문이다. 이렇게 이해하여야 이론적으로도 실체와 절차가 논리적으로 부합하게 된다. 물권적 의사표시와 등기만 부합하게 하여서는 부족하다.

이와 같이 법률행위에 의한 부동산물권변동의 요건으로는 채권행위와 물권적 의사표시 모두를 요구하는 것이 올바른 이해일 것이다.[190] 물론 채권행위 없이 물권적 의사표시만 있는 경우에는 물권적 의사표시만을 요건으로 보게 될 것이다.

나. 등기의 실체적 유효요건

물권변동의 요건은 동시에 등기의 실체적 유효요건이 된다. 따라서 물

---

189) 홍성재, 物權法(주 172), 225면. 金龍潭 編輯代表, 註釋民法[物權(1)], 韓國司法行政學會, 2011, 99-100면(洪性載 집필부분)은 학설은 정도의 차이는 있다고 하여도 효과의 측면에서 물권행위의 유인성을 인정하든 무인성을 인정하든 원인행위인 채권행위를 물권변동의 요건에서 배제하였다가 다시 효과의 측면에서 고려하든가, 물권변동의 요건에서 원인행위를 배제하면서도 완화하는 해석론을 전개하는 점을 지적하면서, 물권행위를 물권변동의 요건으로 인정하게 되면 논리적으로 당연히 채권행위는 물권변동의 요건에서 배제된다고 하는 학설의 태도는 재검토되어야 한다고 한다.
190) 홍성재, 物權法(주 172), 225면은 현행 민법의 해석상 물권행위뿐만 아니라 그 원인행위인 채권행위도 물권변동의 요건으로 보아야 하고, 따라서 민법 제186조 소정의 법률행위는 물권적 합의를 포함하는 채권행위라고 한다.

권변동의 요건을 이와 같이 본다면 등기의 유효요건도 마찬가지로 보아야
한다. 독일처럼 무인성을 인정하지 않는다면 물권적 의사표시와 등기만
일치하여서는 등기의 실체적 유효요건이 갖추어졌다고 할 수 없다. 그것
은 채권행위와도 일치하여야 한다. 따라서 등기의 실체적 유효요건은 등
기가 실체법상의 법률관계와 부합하여야 하는 것으로 설명하여야 한다.
그리고 여기서 실체법상의 법률관계는 법률행위에 의한 물권변동에서는
법률행위이고, 이 법률행위에는 채권행위 및 물권적 의사표시가 모두 포
함된다.

다. 채권행위와 물권적 의사표시 내지 물권행위의 관계

　물권변동의 요건으로 법률행위 속에 채권행위와 물권적 합의가 모두 포
함된다면 양자의 관계는 어떻게 보아야 할까? 물권변동의 효력이 발생하
기 위하여는 채권행위와 물권적 합의가 모두 필요하지만, 물권적 합의 내
지 물권행위는 채권행위의 이행행위라고 할 수 있다. 그것은 종래의 통설
이 이해하듯이 물권변동이론에서 핵심적 개념이라고 하기보다는[191] 채권
행위의 이행으로 물권적 의사표시가 행하여지는 일반적인 경우에 물권적
의사표시는 이행행위로서 물권변동 과정을 설명하기 위한 개념으로서의
의미가 있다고 보아야 하지 않을까 생각된다.[192] 이와 같이 해석하면 실
체관계에 부합하는 등기의 문제도 보다 자연스럽게 설명된다.[193]

---

191) 尹眞秀(주 34), 362면.
192) 尹眞秀(주 34), 362면은 우리 민법상 물권행위 개념이 반드시 핵심적이거나 중
　　요한 개념이라고 하기는 어려우며, 다만 물권변동의 과정을 설명하는 하나의 기
　　술적 개념에 불과하다고 한다. 그런데 과거 물권행위 개념이 중시되고 이에 관
　　하여 치열한 논쟁이 벌어진 것은 우리 민법이 제정되면서 일본 민법과 달리 성
　　립요건주의를 취하게 되자 마찬가지로 성립요건주의를 취하고 있는 독일 민법에
　　서의 물권행위 이론을 직수입하여 우리 민법상의 물권변동 이론을 정립하려고
　　하였던 때문이라고 한다.
193) 판례는 "부동산의 소유권을 이전할 것을 목적으로 하는 계약이 있고 동 계약당
　　사자간에 등기청구권을 실현하는데 있어서 법률상 하등의 지장이 없고 따라서

이러한 해석은 등기절차와도 부합한다. 우리 등기절차에서 등기원인은 원인행위인 채권행위로 보고 있다. 등기원인에 대한 심사에서 채권행위를 심사한다. 그렇다면 물권적 합의는 등기절차에서 어떻게 다루어지고 있는가? 물권적 합의를 심사하기 위한 별도의 절차가 있는 것이 아니고 등기신청의사의 확인 내지 등기서류인 인감증명과 등기필정보의 심사가 물권적 합의에 대한 심사라고 보아야 할 것이다.[194)]

라. 물권적 의사표시의 시기

물권적 합의 내지 물권행위의 시기는 언제로 보아야 할지를 생각해 보자. 이에 관하여는 보통 채권행위에 포함되어서 행하여진다는 견해,[195)] 등기서류 교부시에 행하여진다는 견해,[196)] 등기신청행위가 물권행위라는 견해,[197)] 법률행위 해석의 문제라는 견해[198)] 등이 있다.

이 문제는 언제 물권을 넘겨주려는 의사가 있느냐에 관한 것으로서 법률행위 해석의 문제라고 할 수 있다. 구체적으로는 여러 가지 경우로 나누어 살펴보아야 할 것이나, 여기서는 이해의 편의를 위하여 가장 일반적인 등기신청형태인 방문신청을 예로 들어 살펴보자.[199)] 예를 들어, 등기권리자와 등기의무자가 같이 등기소에 출석하여 등기를 신청하는 경우 등기의

등기의무자가 그 의무의 이행을 거절할 정당한 하등의 사유가 없는 경우"에 그 등기가 등기의무자의 신청에 의하지 아니한 하자가 있다고 하더라도 유효하다고 보고 있다(대법원 1978. 8. 22. 선고 76다343 판결). 이와 같은 경우에 기술적 도구개념으로서의 이행의사를 추정하는 것이 자연스럽다.

194) 이 점에 관하여는 「Ⅲ. 등기절차에서의 등기의 진정성 보장 수단」 부분에서 자세히 살펴본다.

195) 郭潤直(주 162), 46면.

196) 金曾漢・金學東(주 165), 53-54면; 李英俊,(주 164), 75면.

197) 尹眞秀(주 34), 325면.

198) 梁彰洙(주 171), 16면.

199) 개정 부동산등기법에서 전자신청제도가 도입되었으나 전자신청의 경우도 전자적인 수단을 사용한다는 차이만 있을 뿐 방문신청의 경우와는 동일하다.

무자는 등기서류를 등기권리자에게 교부하는 것이 아니라 막바로 등기소에 제출한다. 그러므로 이 때에는 등기신청시에 물권을 넘겨주려는 의사가 있다고 해석할 수 있을 것이다. 그러지 아니하고 대리인에게 등기관련 서류를 넘겨주어 대리인이 등기를 신청하는 경우를 보자. 이 때에는 등기서류를 대리인에게 교부하므로 물권을 넘겨주려는 의사는 등기서류 교부시에 있다고 해석하게 될 것이다.[200]

그러므로 물권적 의사표시가 언제 있느냐는 획일적으로 말하기보다는 구체적인 경우에 개별적으로 언제 등기를 넘겨주려는 의사가 있었는지를 해석하여 판단할 문제이다.

Ⅲ. 등기절차에서의 등기의 진정성 보장 수단

등기절차가 물권변동이론과 유리되어 있다고 하여 종래의 통설이 이해하는 것처럼 등기절차가 형식적 심사주의에 지배되어 부실등기를 유발할 수밖에 없는 구조는 아니다. 등기절차에서도 나름대로 진정성 확보를 위한 방안을 강구하여 두고 있다. 다만 서구 여러 나라와 그 방법이 다를 뿐이다. 이하에서 그 방안들을 살펴보고 그에 대하여 평가하여 보고자 한다.[201]

---

200) 물론 이 경우에도 물권적 의사표시에 관하여도 대리인에게 위임하였다고 해석할 수도 있으나, 대리인에게 등기서류를 넘겨줄 때 물권을 넘겨주겠다는 의사를 표시한 것으로 보는 것이 등기의무자의 의사에 보다 부합할 것이다.

이 점은 인감을 날인하는 서류를 보아도 그러하다. 당사자 쌍방이 공동으로 등기소에 출석하여 등기를 신청하는 경우에는 신청서에 인감을 날인하여야 하고 대리인에게 위임하여 신청하는 경우에는 위임장에 인감을 날인하게 하고 있다 (규칙 제60조 제1항 본문). 이것은 쌍방이 공동으로 출석하여 신청하는 경우에는 등기신청시에, 위임에 의하여 대리인에 의하여 신청하는 경우에는 등기신청을 위임하는 때에 물권을 넘겨주겠다는 의사를 표시한 것으로 볼 수 있다는 의미이다.

201) 여기에 언급한 것 외에도 각종 부수적인 절차를 두고 있다. 예를 들면, 독일에서

1. 본인 확인 및 등기신청의사의 진정성 확인

서구 여러 나라의 등기절차에서는 물권변동이론에 따라 실체법상의 법률관계에 부합하도록 하기 위하여 등기의 기초가 되는 자료에 대한 공증을 통하여 등기의 진정성을 이루고자 하고 있다. 반면에 우리 등기법은 등기원인의 진정성 확인을 통한 실체법상의 법률관계와의 부합 여부보다는 당사자 본인의 확인과 등기신청의사의 진정성 확인에 비중을 두고 있다.202)

가. 출석주의와 공동신청주의에 의한 확인

등기의 진정성 보장수단으로서 등기절차에서 출석주의와 공동신청주의를 엄격히 시행하고 있다. 등기의 신청은 당사자가 등기소에 출석함으로써 당사자 본인을 확인하고, 대리인에 의한 경우에는 대리인이 등기소에 출석하여 하되 대리인이 위임인 본인을 철저히 확인함으로써 당사자의 등기신청의사를 확인하는 구조를 취하고 있다.203) 출석한 당사자에 대하여 등기원인이 진정한지 여부나 당사자 사이에 유효한 거래행위가 있었는지에 대한 확인은 하지 않은 채 등기를 신청하는 자가 본인인지와 등기신청의사가 있는지 여부를 확인하도록 하고 있다. 심지어 우리 등기법은 전자

와 마찬가지로 등기의무자 선행등기의 원칙을 두고 있다. 우리나라에서는 각종 문헌에서 이를 등기연속성의 원칙이라고 소개하고 있는데, 같은 내용이다. 그리고 등기원인에 대하여 제3자의 허가, 동의 또는 승낙이 필요한 경우 이를 증명하는 정보를 제공하게 함으로써 등기의 진정을 확보하고 있고, 과세관청에 각종 신고를 하게 하는 것도 마찬가지이다. 여기서는 물권변동이론과 관련되는 사항에 관하여만 검토한다.

202) 安泰根(주 179), 105-106면.

203) 일본은 2004년 부동산등기법 전부개정시 출석주의를 폐지하고 그 대신 신청인으로 되는 자 이외의 자가 신청한다고 의심됨에 족한 상당한 이유가 있는 경우에는 신청인 또는 대리인에 대하여 출석을 구하여 질문하거나 필요한 정보의 제공을 구할 수 있도록 하였다. 七戸克彦, "不動産登記法の改正−その物權變動論に及ぼす影響について−", 月刊 登記情報 502號(2003. 9.), 26면은 이를 對人審査라고 한다.

신청의 경우에도 전자신청을 하기 위하여는 당사자 본인이 미리 직접 등기소에 출석하여 사용자등록을 하도록 함으로써 출석주의와 당사자 본인 확인의 취지를 관철시키고 있다.

공동신청구조를 취하고 있는 우리 부동산등기법 아래에서는 당사자 본인 확인이 중요한 의미를 가진다. 당사자가 공동으로 이해상반되는 등기를 신청한다는 것은 민사소송으로 말하면 자백 내지 화해사건에 해당한다. 그러므로 당사자의 본인 확인이 등기의 진정성 보장을 위하여 중요한 기능을 한다. 그런 만큼 본인 확인을 철저히 하고 있다.[204]

나. 인감증명서와 등기필정보 등 첨부자료에 의한 확인

아울러 각종 첨부자료의 제출을 통하여 등기의 진정성을 확보하려고 한다. 그 중에서 등기의 진정성 확보와 가장 밀접하게 관련되어 있는 것은 인감증명서와 등기필정보인데[205] 이 두 가지 모두 실체법상의 법률관계 확인보다는 당사자의 등기신청의사 확인에 필요한 자료들이다. 인감증명서는 등기원인을 증명하는 자료와 관련을 가지기보다는 신청서 또는 위임장에 날인한 인영의 진정성을 담보하기 위한 것이다. 등기필정보(종래의 등기필증)도 부동산등기법이 등기의 진정성을 확보하기 위하여 등기절차에 고유한 수단으로 고안한 것으로,[206] 등기를 신청하는 자가 당사자가 맞다는

---

204) 우리 법이 당사자 본인 확인에 비중을 두고 이를 철저히 관철시키고 있다는 점은 거래안전 보호에도 큰 의미가 있다고 생각된다. 당사자가 공동으로 등기를 신청하면서 등기원인을 허위로 작출하였다면 통정허위표시에 해당하므로 선의의 제3자에 대항할 수 없다고 보아야 할 것이다.

205) 중요한 등기에 대하여는 인감증명과 등기필정보 모두를 제출하게 하고 있다. 그 밖의 등기신청에 대하여는 등기필정보만을 제출하게 하거나(예 : 저당권 말소 등), 등기신청의 진정성이 보장되는 경우에는 둘 다 요구하지 않는다.

206) 등기필정보는 "등기절차 고유의 본인확인 절차", "부동산등기제도에 고유한 본인확인수단" 또는 "등기절차 독자의 본인확인 수단"이다. 鎌田薫·寺田逸郎(주 74), 75면; 山野目章夫, 不動産登記法, 商事法務, 2009, 125면; 小宮山秀史, "不動産登記法の改正に伴う登記事務の取扱について", 平成16年 改正不動産登記法と登記

것을 확실하게 하려는 자료로서의 의미를 가진다.[207] 두 가지 모두 등기
의무자가 등기권리자에게 교부하는 등기서류 중 가장 중요한 것이다.[208]

2. 등기원인을 증명하는 자료에 의한 심사

부동산등기법은 또한 등기원인에 대한 심사를 통하여 등기의 진정성을
확보하고자 하고 있다. 등기를 신청하는 경우에는 등기원인과 그 연월일
을 신청정보의 내용으로 등기소에 제공하여야 하고(법 제24조, 규칙 제43
조 제1항 5호), 등기원인을 증명하는 정보를 신청정보와 함께 첨부정보로
등기소에 제공하여야 한다(법 제24조, 규칙 제46조 제1항 1호). 그리고 등
기원인에 대하여 제3자의 허가, 동의 또는 승낙이 필요한 경우에는 이를
증명하는 정보도 제공하여야 한다(규칙 제46조 제1항 2호). 등기에 필요
한 첨부정보의 하나인 등기원인을 증명하는 정보를 제출하지 아니한 경우
또는 신청정보와 등기원인을 증명하는 정보가 일치하지 아니한 경우에는
등기관은 신청을 각하하여야 한다(법 제29조 8호, 9호).

그런데 종래 등기원인에 대한 심사에 관하여는 등기원인에 대한 효력까
지도 심사하게 하려는 것이 우리 등기법의 의도이나, 사서증서로서 가능
하게 하고 공증을 요하지 않는 등 심사방법이 소극적이고 등기원인을 증
명하는 자료를 모든 경우에 제출하여야 하는 것도 아니어서 그 의도의 실
현에 있어서 너무나 미온적이고 철저하지 못하여 실질적으로는 그러한 심
사를 포기하였다고 할 수 있다는 비판이 있었다.[209]

實務(解說編), 2005(平成17年), 279면.

207) 등기필정보에 관하여 자세한 내용은 이 절 I 의 2 참조.

208) 등기신청에 필요한 서류 중 다른 서류는 등기의무자의 협조가 없어도 취득할 수
있는 방법이 있으나, 이 두 가지 서류는 등기의무자의 협조 없이는 얻을 수 없는
자료이다.

209) 郭潤直(주 12), 228면.

그러나 종래 등기원인의 심사에 대한 문제는 이에 대하여 공증을 요구하지 않은 것보다는 등기원인에 대하여 가볍게 다루어 온 제도운영이 더 문제였다고 생각된다. 종래에는 등기원인증서를 신청서 부본으로 갈음할 수 있게 하고, 그 기능도 진정성 보장기능보다는 등기필증 작성에 중점을 두고 운영하여 등기절차에서의 등기원인이 경시되었다.[210] 그 결과 등기원인은 등기절차에서 진정성 보장기능을 수행하지 못하였다.

2011년 부동산등기법 전부 개정시에 등기절차에서의 등기원인에 대한 취급이 대폭 변경되었다. 등기원인의 진실성을 가능한 한 확보하고 등기의 진정성을 향상시킬 수 있도록 변경된 제도를 해석하고 운영해 나갈 필요가 있다.[211]

3. 진정성 보장 수단에 대한 새로운 해석

가. 채권행위와 물권적 의사표시의 심사

1) 우리나라에서의 등기의 진정성 확보방안에 대하여는 어떻게 평가하여야 할까? 종래 등기원인증서에 대한 공증제도를 채택하고 있지 않음을 들어 우리 등기제도가 등기의 진정성 확보에 미흡하다는 평가가 일반적이다.[212] 과연 그러한가?

지금까지 살펴본 것처럼 우리 부동산등기절차에서는 등기신청의사의 확인과 당사자 본인의 확인, 그리고 등기원인에 대한 심사를 통하여 등기의 진정성을 확보하는 구조를 취하고 있다. 우리 등기법에서의 등기의 진정성 확보수단을 물권변동이론과 연계하여 생각해 보면 어떤 의미일까?

---

210) 자세한 내용은 제5장 제3절에서 살펴본다.
211) 자세한 내용은 제5장 제3절에서 검토한다.
212) 郭潤直(주 12), 228면. 김상영, "부동산등기원인증서의 공증제도 도입에 관하여", 大韓公證協會誌 通卷 第2號(2009), 31면은 등기원인증서의 공증제도 미비로 인하여 등기의 진실성에 대한 보장이 없다고 한다.

2) 통설은 부동산물권변동의 요건으로 물권적 합의 내지 물권행위와 등기를 필요로 하고, 등기의 실체적 유효요건으로 등기가 물권적 합의 내지 물권행위와 일치하여야 한다고 보고 있다. 물권적 합의 내지 물권행위의 시기에 관하여는 여러 견해가 대립되나 크게 등기서류 교부시 또는 등기신청시에 있다고 보는 견해로 나눌 수 있다. 여기서 물권변동이론과 등기의 진정성 확인수단을 서로 연계하여 해석하면, 등기신청의사의 확인 및 등기서류(그중에서도 특히 인감증명213)과 등기필정보214))의 확인은 물권적 합의 내지 물권행위를 심사하고자 하는 것으로 볼 수 있다. 인감증명서와 등기필정보(종래의 등기필증)는 등기서류 중 가장 중요하고 전형적인 자료이다. 이 두 가지는 등기를 넘겨주려는 당사자의 의사를 표시하는 서류이다.215) 등기절차에서의 이들 자료에 대한 심사는 물권적 의사표시 내지 물권행위에 대한 심사를 의미한다. 이와 같이 물권적 의사표시에 대하여는 엄격하게 등기관이 확인하도록 하는 구조를 취하고 있다.

3) 그러면 원인행위인 채권행위에 대하여는 어떠한가? 채권행위에 대하여는 등기원인을 증명하는 자료에 의하여 심사하고 있다. 종래 부동산등기법은 등기원인증서 대신 신청서 부본을 제출할 수 있게 하였고, 등기원인증서에 대하여도 등기의 진정성 보장보다는 등기필증 작성 기능을 중요

---

213) 인감증명의 교부 외에 인감을 날인하는 서류를 보면 한층 명확해진다. 당사자 쌍방이 등기소에 출석하여 공동으로 등기를 신청하는 경우에는 신청서에 인감을 날인하여야 하고 대리인에게 위임하여 등기를 신청하는 경우에는 위임장에 인감을 날인하도록 하고 있다(규칙 제60조 제1항 본문). 이것은 쌍방이 공동으로 신청하는 경우에는 신청시에, 위임에 의하여 대리인이 신청하는 경우에는 등기서류를 교부하여 등기신청을 위임하는 때에 물권적 의사표시를 한 것으로 볼 수 있다는 의미이다.

214) 등기필정보는 등기절차 고유의 진정성 확보 수단이라고 할 수 있다.

215) 앞서 언급한 것처럼 등기신청에 필요한 서류 중 다른 서류는 등기의무자의 협조가 없어도 취득할 수 있는 방법이 있으나, 이 두 가지 서류는 등기의무자의 협조 없이는 얻을 수 없는 자료이다. 그리고 등기필정보는 등기절차 고유의 본인확인 수단으로 고안된 것이다.

시하였다. 그러다보니 등기절차에서 등기원인은 등기의 진정성과 관련하여 크게 고려되지 않았다.

그러나 최근 전부 개정된 부동산등기법은 신청서 부본으로 등기원인증서에 갈음할 수 있는 규정을 삭제하였고, 등기필증제도도 폐지하였다. 이러한 등기절차에서의 등기원인에 대한 제도개선으로 등기원인에 대한 심사가 종래보다 충실해 질 수 있게 되었다. 그리고 2006년부터 부동산거래신고제도가 시행되면서부터 등기용으로 계약서를 별도로 작성하여 제출하던 관행도 없어지고 당사자 사이에 체결된 계약서가 그대로 등기신청시에 제출되고 있다. 앞으로의 등기절차에서는 원인행위인 채권행위에 대한 충실한 심사가 가능하게 되었다.

4) 물권변동이론과 등기절차에 관한 이상의 논의를 정리하면 다음과 같다. 우리 등기절차에서는 당사자의 본인 및 등기신청의사의 확인을 통하여 물권적 합의 내지 물권행위를 심사하게 하고, 등기원인을 증명하는 정보를 통하여 원인행위인 채권행위를 심사하는 구조를 취하고 있다고 볼 수 있다. 즉, 원인행위와 물권적 의사표시 양자를 모두 심사함으로써 진정성을 보장하는 구조로 되어 있다.

앞에서 물권변동의 요건으로 법률행위와 등기의 두 가지를 요구하되 법률행위는 채권행위와 물권적 합의가 모두 포함되는 것으로 보아야 한다는 견해를 제시하였다. 등기의 진정성 보장수단을 이와 연결시켜 이해하면 물권변동이론과 등기절차가 논리적으로 자연스럽게 연계됨을 알 수 있다.

나. 우리 제도에 대한 올바른 이해의 필요성

이와 같이 이해한다면 우리 제도에 대한 평가도 달라져야 한다. 등기원인을 증명하는 자료에 대한 공증제도를 채택하고 있지 않다는 이유로 우리 등기절차가 형식적 심사주의를 취하고 있고 그 결과 우리 등기제도가 진정성 보장에 미흡하여 부실등기가 발생할 수밖에 없다고 평가하는 것은 바람직하지 않다.

오히려 종래 등기절차에서 등기원인과 관련된 근본적인 문제점은 등기원인에 대한 공증제도를 채택하지 않은 것이라기보다는 등기원인에 대한 경시경향이라고 보는 것이 더 정확하다. 게다가 등기원인이 무엇인지에 대한 의견접근이 이루어지지 않은 상태에서 등기원인에 대한 공증제도를 시행한들 등기의 진정성이 보장된다고 보기는 어렵다. 그것을 채권행위로 본다면 채권행위만 공증하여 등기의 진정이 보장될 수 없고, 물권적 합의로 본다면 채권행위에 대한 유효성 심사는 여전히 이루어지지 않는다.

더구나 현재의 등기절차에서 공증제도를 도입한다면 채권행위를 공증하는 의미는 가지겠으나, 그 외에는 신분증에 의하여 당사자를 확인하고 법률행위에 관한 당사자의 의사를 확인하는 것 이상으로 등기의 진정성 보장에 관한 별다른 수단이 있는 것은 아니다. 현재의 등기절차에서도 엄격하게 당사자를 확인할 뿐만 아니라 인감증명서를 제출하게 하고 등기필정보를 제공하게 하고 있다. 인감증명서가 거래에서 가지는 의미를 고려하고, 등기필정보제도가 등기의 진정성을 보장하기 위하여 부동산등기법이 고안한 제도라는 점을 생각해 보면 우리 법이 결코 외국의 다른 나라에 비하여 등기의 진정성 확보에 미흡하다고는 보이지 않는다.

서양의 여러 나라처럼 등기원인증서에 대한 공증제도를 채택하지 않았다는 점을 들어 우리 법이 등기의 진정성 확보에 미흡하다고 평가하는 것은 우리 사회에 만연한 우리 것에 대한 경시풍조의 한 표현이 아닌가 생각된다. 우리 부동산등기법은 등기의 진정성 확보를 위한 나름대로의 방안을 확보하고 있다. 그럼에도 불구하고 부실등기가 발생한다는 이유로 우리 등기절차를 형식적 심사주의라고 경시할 것은 아니다.216) 부실등기는 어느 제도를 시행하든 생길 수 있다. 그것은 공증제도를 시행하여도 생길 수 있는 문제이다. 부실등기를 모두 우리 등기절차의 탓으로 돌려서는 안된다.

---

216) 부실등기의 개념과 현황, 그리고 등기관의 업무와의 연관관계에 대하여는 제6장에서 다룬다.

제4절
결어

1. 부동산등기는 실체법상의 법률관계를 공시하는 것이다. 그러므로 등기의 진정성 보장의 기초는 실체법상의 물권변동이론을 등기절차에 반영하여 물권변동이론과 등기절차를 밀접하게 연계시키는 것이다. 여러 나라의 제도를 살펴보면 물권변동이론과 등기절차가 밀접하게 연계되어 있다. 그러나 우리나라와 일본에서는 그것이 서로 유리되어 있다.

독일에서는 물권적 합의와 등기가 물권변동의 요건이고, 그에 따라 등기절차에서 물권적 합의를 등기의 기초로 보고 물권적 합의 자체 또는 그에 갈음하는 등기승낙에 공증을 받아 제출하게 한다. 스위스에서는 물권행위의 유인성을 명문으로 인정하여 소유권취득의 요건으로 원인행위와 등기를 요구하고, 등기절차에서는 공증을 받은 채권계약과 등기의 신청이 있을 때 등기를 하게 한다. 프랑스에서는 채권의 효력으로서 물권이 변동되므로 등기절차에서 계약서를 공증하여 제출하고 이것을 편철하는 방식으로 등기를 한다. 미국도 양도증서의 교부에 의하여 물권의 변동이 일어나고 등기절차에서는 양도증서를 등기소에 편철하는 방법에 의하여, 오스트레일리아에서는 권원 자체를 등기하는 방식으로 물권이 변동되므로 등기소에서는 권원증서를 새로운 권리자에게 교부하는 방식으로 물권변동과 등기절차가 서로 연계되어 있다.

반면에 일본은 프랑스 민법을 계수하여 의사주의를 취함으로써 당사자 사이의 의사표시만으로 물권변동이 발생함에도 여기서의 의사표시를 독일에서처럼 물권적 합의로 해석하는 것이 일반적이다. 그럼에도 등기절차에서는 등기의 기초인 등기원인을 채권행위로 보고 있고 그나마도 등기절차에서는 등기원인이 경시되어 등기원인증서의 제출을 필수적인 것으로 하지 않았고 등기의 진정성도 등기원인에 대한 심사보다는 등기신청의사의 확인을 통하여 달성하고자 하는 구조로 되어 있었다. 그 결과 물권변동이론과 등기절차 사이에 논리적인 연결이 자연스럽게 되지 않았고, 등기절차에서 등기원인에 대한 심사도 제대로 이루어질 수 없었다.

2. 우리나라도 일본과 마찬가지로 부동산물권변동이론과 등기절차가 서로 자연스럽게 연계되지 못하고 유리되어 운영되어 온 것이 현실이다.

구체적으로 보면 통설은 물권변동의 요건으로 물권행위 내지 물권적 합의와 등기의 두 가지를 들고, 등기의 실체적 유효요건으로도 양자 사이의 부합을 요구한다. 물권변동이론에서는 독일과 같이 물권행위를 물권변동의 요건으로 보고 있다. 그렇다면 등기절차에서도 등기의 기초는 물권행위 내지 물권적 합의가 되어야 한다. 그런데 통설이 물권변동의 가장 중요한 요건으로 들고 있는 물권행위 내지 물권적 합의에 관하여 등기절차에서 그에 관한 자료를 제출하도록 하는 문제나 그에 관한 심사문제에 대하여는 전혀 논의가 없다. 등기절차에서는 등기의 기초가 되는 등기원인을 채권행위로 보고 있고 그나마 종래 등기절차에서 등기원인을 경시하여 왔다. 마찬가지로 물권행위의 유인성을 인정하는 것이 확고한 판례이고 등기실무도 등기원인을 원인행위인 채권행위로 이해하고 있음에도, 물권변동이론에서는 원인행위인 채권행위를 물권변동의 요건으로 고려하고 있지 않고, 등기의 유효요건에 관한 논의에서도 원인행위는 그다지 중요시되지 않고 있다.

이와 같이 물권변동이론과 등기절차는 서로 유리되어 운영되어 오고 있다.

실체법상 물권변동이론에서도 등기절차에 대한 고려가 부족하고, 등기절차에서도 실체법상의 물권변동이론에 대한 고려가 부족하다.

3. 부동산등기는 실체법상의 법률관계를 공시하는 것이므로 등기가 진정하기 위하여는 양자가 서로 연계되고 부합하여야 한다. 그러므로 실체법상의 물권변동이론과 등기절차를 항상 연계하여 고려하여야 한다. 이장에서는 두 가지를 연계하여 고려하는 시도를 하여 보았다.

먼저 물권변동의 요건과 등기의 실체적 유효요건에 관하여 살펴보았다. 법률행위에 의한 부동산물권변동의 요건으로, 그리고 등기의 실체적 유효요건으로 물권적 합의 내지 물권행위와 등기 두 가지만이 아니라 채권행위도 포함하여야 함을 제시하였다. 물권행위의 무인성이 명문으로 인정되는 독일과는 달리 우리나라에서는 채권행위의 이행으로 물권행위가 행하여지는 일반적인 경우에 물권적 합의 내지 물권행위만이 아니고 채권행위도 물권변동의 요건이 되어야 한다. 그 경우에 물권적 합의 내지 물권행위는 물권변동의 핵심개념이라기보다는 채권행위의 이행행위로서 물권변동 과정을 설명하기 위한 개념으로의 의미를 가진다고 보는 것이 적절하다.

다음으로 등기의 진정성 보장 수단에 관하여도 물권변동이론과 등기절차의 연계라는 관점에서 새로운 해석을 제시하였다. 등기의 진정성 보장을 위하여 우리 법은 당사자 본인 확인 및 등기신청의사의 확인, 그리고 등기원인에 대한 심사라는 두 가지 방법을 강구하여 두고 있다. 당사자 본인 확인 및 등기신청의사의 확인을 통하여는 물권적 합의를 심사하게 하고, 등기원인에 대한 심사를 통하여는 채권행위를 심사하게 하는 것으로 이해하여야 한다.

이와 같이 등기의 진정성 보장을 위하여 우리 법은 원인행위인 채권행위와 물권적 의사표시 모두를 심사하는 구조를 취하고 있다고 보아야 한다. 우리 법이 결코 등기의 진정성 확보에 부족하지 않음을 알 수 있다. 외국에서 채용하고 있는 등기원인에 대한 공증제도를 도입하지 아니하였다고 하여 우리의 제도를 부실한 것으로 평가할 것은 아니다.

　이렇게 이해하게 되면 물권변동이론과 등기절차를 서로 자연스럽게 연계하여 논리적으로 설명할 수 있게 된다.

제3장
형식적 심사주의 일반론

제1절
형식적 심사주의의 개념

Ⅰ. 서설

등기의 진정성 보장의 기초는 실체법상의 법률관계와 등기절차의 밀접한 연계임을 앞 장에서 살펴보았다. 부동산등기절차에서 실체법에 의하여 이루어진 법률관계를 등기부에 반영하는 관문이자 매개역할을 하는 것이 당사자의 공동신청과 등기관의 심사이다. 이와 같이 실체법상의 법률관계와 등기절차를 연결짓는 매개역할을 하는 등기관의 심사업무의 성격에 관한 입법주의에 대하여는 대부분의 국내문헌에서 형식적 심사주의와 실질적 심사주의로 분류하고 있다.[1] 이 점에 대하여 의문을 제기하는 견해는 보이지 않는다. 판례도 같은 입장에 있다.[2] 이 분류는 학설과 판례에서

---

[1] 郭潤直, 不動産登記法, 新訂修正版, 博英社, 1998, 226-227면; 金相容, 物權法, 法文社, 2003, 151면; 송덕수, 물권법, 박영사, 2012, 103면; 오시영, 物權法, 학현사, 2009, 147면; 李德煥, 物權法, 율곡미디어, 2011, 112면; 李英俊, 物權法, 全訂新版, 博英社, 2009, 227면.

[2] 대법원 1966. 7. 25. 선고 66마108 결정; 대법원 1987. 9. 22. 선고 87다카1164 판결; 대법원 1989. 3. 28. 선고 87다카2470 판결; 대법원 1990. 10. 29.자 90마772 결정; 대법원 1995. 1. 20.자 94마535 결정; 대법원 2005. 2. 25. 선고 2003다13048 판결; 대법원 2007. 6. 14. 선고 2007다4295 판결; 대법원 2008. 3. 27.

그만큼 확고한 원칙으로 자리잡고 있다. 그리하여 각 심사주의에 관한 국내의 대부분의 문헌은 비교적 간략하고 명쾌하게 그 개념을 설명하고 있다. 너무나 당연한 개념이어서 그 점에 관하여는 별다른 이견이 없는 것처럼 보인다.

그러나 각 문헌의 개념설명을 자세히 들여다보면 그 설명에 약간의 차이가 있고, 명확히 정리되지 않아 그 설명들이 혼란스럽기까지 하다는 점을 발견하게 된다. 그러면서 과연 형식적 심사주의라는 입법주의가 존재하는가 하는 기본적인 의문이 들게 된다. 아직 이 점에 관하여 본격적으로 언급한 국내문헌은 보이지 않는다.

이 장에서는 등기관의 심사의 성격에 관한 입법주의로서의 형식적 심사주의에 대한 일반론적인 검토를 하고자 한다. 등기관의 심사의 성격에 관한 형식적·실질적 심사주의의 입법주의 분류 내지 형식적 심사주의의 개념에 관한 우리나라에서의 논의를 살펴보고, 우리나라 등기제도에 영향을 미친 일본과 독일에서의 등기관의 심사에 관하여 알아본다. 그런 뒤에 등기관의 심사의 성격에 관한 그러한 입법주의 분류가 타당한지를 여러 관점에서 종합적으로 검토해 보고자 한다.

이 절에서는 우선 형식적 심사주의의 개념에 관한 여러 문헌의 설명을 살펴보고 검토해 보고자 한다. 등기관의 심사의 성격에 관한 입법주의의 개념을 정의하고 있는 문헌은 이를 몇 가지로 나누어 볼 수 있다.

II. 형식적 심사주의의 개념에 관한 여러 견해

1. 심사의 대상을 기준으로 설명하는 견해

1) 첫 번째 유형으로 심사의 대상 내지 심사의 범위를 기준으로 두 가

자 2006마920 결정; 대법원 2008. 12. 15.자 2007마1154 결정; 대법원 2010. 3. 18.자 2006마571 전원합의체 결정; 대법원 2011. 6. 2.자 2011마224 결정.

지 입법주의를 분류하는 견해들이다. 심사의 대상이 등기절차상의 적법성
이냐 아니면 실체법상의 원인의 존부와 효력까지도 포함하느냐에 따라 구
분하는 견해이다. 통설이라고 할 수 있다.

여기에 속하는 대표적인 견해에 의하면, 형식적 심사주의는 "신청에 대
한 심사의 범위를 등기절차상의 적법성 여부에 한정하는 것"3)이고, 실질
적 심사주의는 "그 밖에 등기신청의 실질적 이유 내지 원인의 존재와 효력
까지도 심사케 하는 입법주의"4) 또는 "절차적 적법성 이외에 등기신청의
실체법상의 원인의 존부와 효력까지도 심사케 하는 입법주의"5)라고 한다.

그 외의 다른 견해들도 표현의 차이는 있으나 기본적으로는 이와 동일
한 내용으로 분류하고 있다.6)

---

3) 郭潤直(주 1), 37면, 226면.

4) 郭潤直(주 1), 38면.

5) 郭潤直(주 1), 226-227면.

6) 金相容(주 1), 151면에서는 형식적 심사주의를 "오로지 등기절차상의 적법성 여
   부만을 심사하는 입법주의"로, 실질적 심사주의를 "등기절차상의 적법성 여부는
   물론, 등기신청의 실질적 이유 내지 원인의 존부와 효력까지도 심사하는 입법주
   의"로 설명한다. 송덕수(주 1), 102면에서는 형식적 심사주의를 "신청에 대한 심
   사의 범위를 등기절차법상의 적법성 여부에 한정하는 태도"로, 실질적 심사주의
   를 "그 외에 등기신청의 실질적 이유 내지 원인의 존재 여부와 효력까지도 심사
   하게 하는 태도"로 설명한다. 오시영(주 1), 146면에서는 형식적 심사주의는 "신
   청서류가 형식상의 등기요건에 합치하는지 여부만을 심사할 뿐 실체법상의 권
   리관계에 일치하는지 여부는 심사하지 않는 것"을 말하고, 실질적 심사주의는
   "등기신청 내용이 실체법상의 권리관계와 일치하는지 여부까지 심사하는 것"이
   라고 한다. 李德煥(주 1), 112면에서는 형식적 심사주의를 "단지 등기절차상의
   적법성만을 심사하는 입법주의"로, 실질적 심사주의를 "등기절차상의 적법성은 물
   론 등기신청의 실질적 이유 내지 원인의 존부와 효력까지도 심사케 하는 입법주
   의"로 설명한다. 李英俊(주 1), 227면에서는 형식적 심사주의를 "등기절차법상의
   적법성 여부만을 심사할 수 있다고 하는 주의"로, 실질적 심사주의를 "그 외에도 등
   기신청의 원인이 실제로 존재하는지 여부와 유효요건까지도 심사하는 주의"로 설명
   한다. 李銀榮, 物權法, 博英社, 2002, 182면에서는 형식적 심사주의는 "등기절차의
   적법성만을 심사하는 제도"이고, 실질적 심사주의는 "형식적 요건 이외에도 등기신
   청의 원인이 실제로 존재하는지 여부와 실체법상의 유효요건까지 심사하는 제도"

2) 이 견해에 의하면 위 두 가지 주의를 비교할 때, 형식적 심사주의는 등기와 실질관계의 부합이라는 목적을 확실하게 달성할 수 없는 흠이 있고, 실질적 심사주의는 등기를 진정한 권리관계에 부합케 하는데 가장 적합한 것이긴 하나 등기절차의 지연으로 신속이 저해되는 흠이 있다고 하거나,[7] 실질적 심사주의는 부실등기를 효과적으로 막을 수 있는 장점을 가지고, 실질적 심사권을 부여하게 되면 등기에 공신력을 인정할 수 있는 기초여건이 성숙될 것이라고 한다.[8]

3) 일반적으로 형식적 심사주의를 취하는 입법례로 독일의 등기제도를 (소유권의 이전 및 지상권의 설정·양도 제외), 실질적 심사주의로 독일에서의 부동산소유권의 양도와 지상권의 설정·양도의 경우, 스위스의 등기법,[9] 토렌스제도에 있어서의 최초등기(initial registration)를 든다.[10] 그러나 독일이 실질적 심사주의를 취한다고 보는 견해도 있다.[11]

2. 심사의 방법을 기준으로 설명하는 견해

두 번째 유형으로는 심사의 방법을 기준으로 분류하는 견해이다. 다음과 같은 견해들이 여기에 포함되는 것으로 볼 수 있다.

1) 등기심사의 권한과 방법에 따라 실질적 심사주의와 형식적 심사주의

라고 한다.

7) 郭潤直(주 1), 38면.

8) 李銀榮(주 6), 182면.

9) 權龍雨, "登記原因證書의 公證－不實登記防止를 위한 立法方案－", 民事法學 제18호, 韓國司法行政學會, 2000, 250면.

10) 郭潤直(주 1), 38면. 독일에서 부동산소유권이전에 관한 채권행위는 이를 공정증서로 작성하여야 하고 이 공정증서를 제시한 경우에만 Auflassung을 받을 수 있는데, 이 점에 대하여는 완전한 실질적 심사주의라고 할 수 있다고 한다.

11) 李銀榮(주 6), 182면; 鄭泰綸, "프랑스不動産 公示制度의 研究", 서울大學校大學院 法學碩士學位論文, 1986, 13면.

로 나뉜다는 견해이다.12) 형식적 심사주의라는 의미는 심사대상에 관한 것이 아니고 심사방법과 권한한계에 관한 것이라고 한다. 따라서 신청정보와 첨부정보 및 등기기록에 의하여 심사하여야 하고, 구술에 의한 신문 등은 할 필요도 없고 또 하여서도 안된다고 한다.13) 이 견해에 의하면 실질적 심사주의는 진실한 등기를 확보할 수 있는 장점이 있다고 한다.

2) 또 다른 견해는, 신청에 대한 심사의 범위로 분류하는 통설의 견해를 비판하면서 실질적 심사권과 형식적 심사권의 뜻을 여러 가지 면에서 분석하여 파악한다.14)

이 견해에 의하면 실질적 심사권과 형식적 심사권은 다음의 세 가지로 분석해 볼 수 있다고 한다. 첫째는 형식적 심사권은 등기관이 물권관계를 심사할 권한을 의미하는 것이고, 실질적 심사권은 원인관계를 심사할 권한을 의미하는 것으로 이해하는 것이다. 둘째는 형식적 심사권은 등기신청이 등기절차법상 적법한가의 여부만을 심사할 권한을 의미하고, 실질적 심사권은 등기의 신청이 실체법상의 권리관계와 일치하는가의 여부 또는 실체법상의 권리가 유효한가의 여부에 이르기까지 심사할 권한을 의미하는 것으로 이해하는 것이다. 셋째는 형식적 심사권은 창구적 심사권(절차가 형식에 적합한가의 여부, 서류의 형식이 구비되어 있는가의 여부에 관한 심사권)을 가리키고, 실질적 심사권은 실질적 진실을 발견하기 위한 법관적 권한 또는 직권을 가지고 행할 수 있는 심사권을 뜻한다고 이해하는 것이다. 이 견해는 이 세 가지 중 우리나라에서는 형식적 심사권과 실질적 심사권을 셋째의 의미로 이해하여야 한다고 주장한다.15)

그런데 이 견해에서 첫째와 둘째는 심사의 대상을 기준으로 한 분류이고, 셋째는 심사의 방법을 기준으로 한 분류이다. 따라서 이 견해는 심사

---

12) 사법연수원, 부동산등기법, 2012, 50면.

13) 사법연수원(주 12), 56면.

14) 金容漢, 物權法論, 博英社, 1993, 119-120면.

15) 金容漢(주 14), 120면.

의 방법을 기준으로 분류하는 견해에 속한다고 볼 수 있다.

3. 심사의 대상과 방법을 복합적으로 고려하여 설명하는 견해

세 번째 유형으로는 심사의 대상과 심사의 방법을 모두 고려하여 형식적 심사주의와 실질적 심사주의를 분류하는 견해이다. 형식적 심사권을 다음과 같은 의미로 이해하는 견해가 이 범주에 포함될 수 있다.

이 견해에 의하면 "등기관은 제출된 서면과 이에 관련된 기존의 등기부만을 자료로 삼아 심사할 수 있고, 직권으로 당사자에 대한 구두심문을 행하거나 현장조사를 하는 등 적극적 조사를 하는 것은 인정되지 않는다"고 한다.16)

또한, "필요한 서면이 제출되었는지 여부 및 제출된 서면이 형식적으로 진정한 것인지 여부를 심사할 형식적 권한은 가지지만, 등기신청된 내용이 실체법상의 권리관계와 일치하는지 여부까지 심사할 실질적 권한은 가지지 않는다"고 한다.17) 다만, 등기신청된 내용과 실체법상의 권리관계 사이의 일치 여부를 적극적으로 심사할 수 없다고 하여, 등기신청된 내용 그 자체의 실체법적 허용성까지도 심사할 수 없는 것은 아니라고 한다.

Ⅲ. 검토

1. 입법주의 분류기준 및 형식적 심사주의 개념의 불명확성

통설이 등기관의 심사의 성격에 관한 입법주의를 형식적·실질적 심사주의로 분류하지만 그 분류기준에 대하여 명확히 정립되어 있지 않다. 그 결과 형식적 심사주의의 개념이나 그 내용에 관한 설명이 일관성이 없고

---

16) 양창수·권영준, 민법Ⅱ 권리의 변동과 구제, 박영사, 2011, 87면.
17) 양창수·권영준(주 16), 87면.

불명확하여 혼란스럽기까지 하다. 이해의 편의를 위하여 도표로 정리해 보면 다음과 같다.[18]

먼저 형식적 심사주의 개념 내지 형식적·실질적 심사주의의 분류에 관하여 통설은 심사의 대상을 기준으로 설명하고 있다. 통설에 의하면 "심사의 범위가 등기절차상의 적법성"이냐 "그 밖에 등기신청의 실질적 이유 내지 원인의 존재와 효력까지도" 심사하게 하느냐에 따라 구별한다는 것이다. 통설의 기준에 따를 때 형식적 심사주의를 도표로 나타내면 다음과 같다.

〈표 1〉 입법주의 분류에 관한 설명

구 분		대 상	
		절차적 적법성	실체법상의 원인
방 법	서면심사	형식적 심사주의	
	심문·조회 등		

그런데 입법례를 소개하면서는 독일은 형식적 심사주의, 스위스는 실질적 심사주의를 취한다고 한다. 독일은 원인행위인 채권행위가 심사의 대상이 되지 않고, 스위스는 심사의 대상이 되는 차이 때문이다. 이를 도표로 표시하면 다음과 같다.

〈표 2〉 입법례에 관한 설명

구 분		대 상	
		원인관계 심사 부정	원인인 채권관계 심사 긍정
방 법	서면심사	형식적 심사주의	
	심문·조회 등		

우리 등기법의 입장에 관한 설명에서는 우리 등기법이 실체법적인 사항도 심사하려는 의도를 가지고 있으나 서면심사에 그치고 각하사유를 한정하고 있어 심사방법이 철저하지 못하다는 이유로 형식적 심사주의라고 설명한다.

---

18) 여기서는 시각적인 이해의 편의를 위하여 개념의 혼란을 보여주는 범위에서 단순화하여 표현하였다. 구체적인 내용은 해당사항을 검토하면서 자세히 언급한다.

〈표 3〉 우리 등기법의 입장에 관한 설명

구 분		대 상	
		절차적 적법성	실체법상의 원인
방 법	서면심사	형식적 심사주의	
	심문·조회 등		

우리 판례는 심사의 대상에 관하여는 실체법상의 권리관계를 심사할 수 없는 점에서 실질적 심사권한은 없다고 하면서, 그 방법에 관하여도 신청서와 첨부서면, 등기부만에 의하여 심사하여야 하고 다른 서면을 제출받거나 관계인의 진술을 구할 수는 없다고 한다. 판례의 입장에 따라 형식적 심사주의를 도표로 나타내면 다음과 같다.

〈표 4〉 판례의 입장에 따른 설명

구 분		대 상	
		절차적 적법성	실체법상의 권리관계
방 법	서면심사	형식적 심사주의	
	심문·조회 등		

이와 같이 형식적 심사주의에 대하여는 너무나 당연한 것처럼 받아들여지고 있으나, 그 개념 자체에 대하여 명확히 정리되어 있지 않다. 그러다 보니 그에 대한 설명이 그때그때 경우에 따라 달라 일관성이 없고 혼란스러움을 알 수 있다.

2. 입법주의 분류기준의 검토

그렇다면 통설처럼 형식적 심사주의와 실질적 심사주의로 입법주의를 분류하고 우리 법이 형식적 심사주의를 취한다고 보려면 그 기준은 무엇이 되어야 할까? 그 분류는 심사의 대상이 아니라 심사의 자료 내지 방법을 기준으로 하여야 할 것이다.

1) 먼저 심사의 대상면에서 살펴볼 때 원인행위인 채권행위도 등기관의 심사의 대상에 포함된다. 우리 부동산등기법은 등기원인 등 실체법적 사항을 심사의 대상에서 배제하고 있지 않다. 부동산등기규칙이 「등기원인을 증명하는 정보」를 제출하게 하고 있는 것을 보아도 알 수 있다.[19]

논리적으로 보아서도 그러하다. 심사자료의 제약으로 인하여 심사할 수 없어서 심사하지 못하는 것은 이해할 수 있어도 등기원인을 증명하는 서면 등 첨부된 자료를 보고 심사할 수 있는 내용까지 처음부터 심사의 대상에서 제외할 필요는 없다.

이와 같이 원인행위를 심사대상으로 하고 있으므로 독일의 경우와 비교하자면 우리 법은 실체적 적법주의를 취한다고 할 수 있다. 그런데 통설은 실체적 적법주의를 실질적 심사주의와 동의어로 사용하므로 통설의 입장에 따르면 우리 법의 입장은 실질적 심사주의가 된다고 보게 된다.

그럼에도 판례가 "등기관은 등기신청에 대하여 부동산등기법상 그 등기신청에 필요한 서면이 제출되었는지 여부 및 제출된 서면이 형식적으로 진정한 것인지 여부를 심사할 권한을 갖고 있으나 그 등기신청이 실체법상의 권리관계와 일치하는지 여부를 심사할 실질적 심사권한은 없"다고 하여[20] 원인행위 내지 실체법상의 권리관계가 처음부터 아예 심사의 대상에서 배제된다고 해석하는 것은 이해하기 어렵다.[21]

2) 그렇다면 형식적 심사주의로 부를 수 있는 주된 이유는 판례가 지적하듯이 "필요에 응하여 다른 서면의 제출을 받거나 관계인의 진술을 구하

---

19) 2011년 전부개정 전 부동산등기규칙 제73조가 "등기관이 신청서를 받은 때에는 지체 없이 신청에 관한 모든 사항을 조사하여야 한다"고 규정하고 있었던 것도 마찬가지 취지이다. 현행 규칙에서는 이 규정이 삭제되었으나, 그것은 당연한 규정이어서 그런 것이지 그 내용을 변경하려고 한 취지는 아니다.

20) 대법원 2005. 2. 25. 선고 2003다13048 판결; 대법원 2007. 6. 14. 선고 2007다4295 판결

21) 제4장에서 검토하겠지만 실제 등기실무에서는 이들 사항을 심사하고 있고, 우리 부동산등기법의 해석으로도 그렇게 보아야 한다.

여 이를 조사할 수는 없"22)기 때문이라고 하여야 한다.23) 심사의 자료나 방법이 불충분하기는 하지만 등기원인도 심사의 대상으로 보는 것이 우리 법의 입장이다. 실체법적 사항을 처음부터 심사의 대상에서 배제하고자 하는 것이 아니라 심사자료상의 제약으로 인하여 심사할 수 없는 것뿐이다. 자료상으로 실체법상의 법률관계가 존재하지 않는다는 것을 알 수 있으면 당연히 심사하여야 한다. 실체법상의 법률관계에 대하여 자료상으로 심사할 수 있는데도 불구하고 심사하지 말라고 할 필요도 없고 그래야 하는 것도 아니다.24)

3) 그런데 이와 같이 심사의 대상에는 실체법적 사항도 포함되나 그 자료의 제약으로 제한된 범위 내에서 심사하는 것이 형식적 심사주의라고 개념정의하고 입법주의를 분류한다면, 그와 같은 입법주의 분류가 의미를 가지는가 하는 의문이 든다. 그것은 직권조사주의 내지 직권탐지주의가 아니라거나 재판절차가 아니라는 의미 이상은 가지지 않기 때문이다. 그것을 형식적 심사주의라고 거창하게 이름붙일 것은 아니다.25) 중요한 것은 그 심사자료의 제약이 어떤 것인지 구체적 기준을 세워가는 작업이다.

---

22) 대법원 1990.10.29.자 90마772 결정; 대법원 2008. 12. 15.자 2007마1154 결정.
23) 물론 이것도 제4장에서 검토하듯이 실무에서 반드시 그렇게 하는 것은 아니다.
24) 상업등기법이 "등기할 사항에 관하여 무효 또는 취소의 원인이 있는 때"를 각하 사유로 규정하고 있는 것도(제27조 10호) 부동산등기와는 달리 실질적 심사주의를 취하기 때문이 아니다.
25) 이 점에 관하여는 제3절의 II에서 자세히 살펴본다.

제2절
등기관의 심사에 관한
다른 나라의 제도

Ⅰ. 일본

1. 형식적 심사주의와 실질적 심사주의의 개념[26]

우리 부동산등기제도에 가장 큰 영향을 미친 일본에서의 논의를 살펴본다. 일본에서의 이에 관한 논의는 우리나라에서보다 훨씬 다양하다. 일본에서는 대부분의 문헌이 등기관의 심사에 관한 입법주의를 형식적 심사주의와 실질적 심사주의로 분류하면서도 우리나라와 달리 각 입법주의의 개념에 대하여 자세히 언급하고 있는 경우는 많지 않으며,[27] 대부분 일본의

---

26) 일본에서는 2004년 부동산등기법의 전부개정시 등기관의 심사업무에 관한 내용이 일부 변경되었다. 그러나 이와 관련하여 일본문헌에서는 등기관의 심사권에 관한 입법주의에 대하여 별다른 언급을 하고 있지 않다. 그래서 전부개정 전의 종래의 견해를 그대로 소개한다.

27) 우리나라에서는 대부분의 민법 교과서에서 형식적 심사주의와 실질적 심사주의의 개념을 설명하고 있음에 비하여, 일본에서는 민법 교과서는 물론이고 부동산등기법 교과서에서도 양 심사주의가 있다는 설명만 있을 뿐 양자의 개념에 대하여 언급하고 있는 경우가 드물다. 鈴木祿彌, 抵當制度の研究, 一粒社, 1968, 97

부동산등기법이 형식적 심사권을 인정한다고 설명하고 있다.[28] 입법주의 분류기준에 관하여 다음과 같은 유형으로 나누어 볼 수 있다.

가. 심사의 대상을 기준으로 설명하는 견해

심사의 대상을 기준으로 입법주의를 분류하는 견해는 일찍부터 주장되었다. 1930년대에 발간된 杉之原舜一교수의 부동산등기법 교과서에서 양 입법주의의 개념에 관하여 자세히 설명하고 있다.[29] 해당 부분을 그대로 인용하면 다음과 같다.[30]

> 登記官吏는 어떠한 범위에서 등기의 신청에 대하여 조사할 권한을 가지는가에 관하여 입법주의로서 실질적 심사주의와 형식적 심사주의의 2가지가 있다.
>
> 실질적 심사주의는 단순히 등기의 신청이 등기절차법상 적법한가 아닌가에 관하여만이 아니고 그 등기신청이 실체법상의 권리관계와 일치하는가 아닌가 또는 실체법상의 권리관계가 유효한가 아닌가의 점까지도 심사할 권한을 登記官吏에 부여한 것이다. 따라서 예를 들어, 등기원인인 법률행위 또는 그 밖의 법률사실이 실체법상 과연 성립하고 있느냐 아니냐, 성립하고 있다고 하여도 과연 유효한가 아닌가를 심사하고 만일 그 등기원인인 법률행위 또는 그 밖의 법률사실이 실체법상 성립하지 않고, 또한 성립하고 있어도 무효인 때에는 登記官吏는 그 등기의 신청을 각하하여야 한다.
>
> 이에 반하여 형식적 심사주의는 단순히 등기의 신청이 등기절차법상 적법한가 아닌가에 관하여만 심사할 권한을 登記官吏에 부여한 것으로서 그 등기신청이 과연 실체법상의 권리관계와 일치하는가 아닌가의 심사권한을 부여하지 않고 있다. 따라서 이 주의하에서는 登記官吏는 등기의 신청과 실체법상의 권리

면에 의하면 일본에서 이 두 가지 입법주의의 개념내용은 아직 명료하게 설명되고 있지 않다고 한다.

28) 林良平·靑山正明 編, 不動産登記法, 注解不動産法6, 靑林書院, 1992, 9면.

29) 이 교과서에서는 일본문헌으로서는 드물게 양 입법주의의 개념에 관하여 자세히 설명하고 있다.

30) 杉之原舜一, 不動産登記法, 日本評論社, 1938(昭和13年), 177-178면. 그 내용을 보면 오늘날 우리나라 판례 및 통설의 설명내용과 유사함을 알 수 있다.

관계가 일치하는가 아닌가를 심사하여 등기신청의 허부를 결정할 수는 없다. 이리하여 실질적 심사주의와 형식적 심사주의의 차이는, 등기의 신청과 실체법상의 권리관계가 일치하는가 아닌가 또는 실체법상의 권리관계의 효력 여하에 관하여 登記官吏에 심사권한이 있는가 아닌가에 있다. 실체법에 속하는 사항에 관하여 심사권한이 있는가 아닌가에 의한 차이는 아니다. 그러므로 형식심사의 권한만 가지는 登記官吏 누구라도 실체법에 속하는 사항에 관하여도 심사를 할 수 있다. 예를 들면, 어떤 종류의 권리가 등기되어야 하는가, 어떤 종류의 부동산이 등기되어야 하는가, 또는 어떤 종류의 변동이 등기되어야 하는가는 실체법상의 문제에 속함에도 등기관리는 등기의 신청이 과연 등기되어야 할 권리, 변동 또는 부동산을 목적으로 하는 것인가 아닌가에 관하여 심사할 권한을 가진다.

또한, 일본 문헌 중 등기관의 심사문제에 관하여 많이 인용되는 鈴木祿彌교수도 양 입법주의의 분류에 대한 일반론을 소개하면서 다음과 같이 설명하고 있다. 즉, "형식적 내지 실질적 심사주의라는 용어는 여러 나라의 부동산등기제도의 비교법적 연구에서 말하면 독일법과 스위스법에서 전형적으로 대립되어 보여지는 것처럼 등기관의 심사권의 대상의 차이를 나타내는 용어로서, 그 심사가 물권변동의 기초가 되는 원인관계에까지 미치는가 아닌가를 구별하는 용어"라고 한다.[31] 스위스법은 이것을 긍정하고(원인관계 심사의 중점은 그것이 필요한 방식을 갖추었느냐를 확정하는 것이라고 한다), 독일법은 부정하는데, 통상 스위스법의 입장을 실질적 심사주의로 부른다고 한다.[32]

나. 심사의 자료를 기준으로 설명하는 견해

형식적 심사란 심사의 대상이 등기절차법상의 적법성에 한정되는가 하

---

31) 鈴木祿彌(주 27), 109면. 다만, 鈴木祿彌 교수는 이러한 일반론에 대하여 자신은 다른 기준으로 분류하는 것이 옳다고 주장한다.

32) 鈴木祿彌(주 27), 387면.

는 것보다, 심사의 자료가 등기부, 신청정보 및 첨부정보에 한정되는 심사라는 의미로, 실질적 심사란 심사의 자료가 등기부, 신청정보 및 첨부정보에 한정되지 않는 심사라고 하는 것이 적절하다는 견해이다.[33] 심사의 대상은 법정의 각하사유 유무인데 각하사유 중에는 실체법상의 판단을 필요로 하는 것도 포함되어 있으므로 심사의 대상이 좁은 의미에서의 등기절차상의 적법성에 한정되는 것은 아니라고 한다.[34]

다. 심사의 대상과 자료 각각을 기준으로 설명하는 견해

이 견해에 의하면, 형식적 심사주의와 실질적 심사주의는 독일법과 스위스법에서 보여지는 審査對象의 차이를 나타내는 말인데, 일본에서는 이 용어가 審査의 方法에서 대립하는 창구적 심사 내지 재판적 심사의 차이를 보여주는 것으로 사용되고 있다고 한다. 그러므로, 일본의 등기법이 형식적 심사주의를 취한다는 것은 審査의 方法에서는 타당하나(창구적이므로) 審査의 對象에 대하여는 타당하지 않다고 한다. 일본 등기법에서 등기신청시에 「등기원인을 증명하는 서면」의 제출을 요구하고 있으므로 등기관의 심사권은 원인관계에까지 미치고 實質的 審査主義라고 하는 것이 좋다고 한다. 따라서 實質的 내지 形式的 審査主義라는 용어는 오로지 審査 對象의 범위의 문제에 한하여 사용하고, 審査의 方法의 문제에 관하여는 內容的 내지 窓口的 審査主義라는 용어를 사용하는 것이 타당하다고 한다.[35]

2. 입법례의 소개

일찍이 일본문헌에서는 독일의 제도를 형식적 심사주의(형식적 적법주

---

33) 舟橋諄一・德本鎭 編、新版注釋民法(6) 物權(1), 補訂版, 有斐閣, 2009, 312-314면(淸水響 집필부분)

34) 新版注釋民法(6) 物權(1)(주 33), 313면(淸水響 집필부분).

35) 鈴木祿彌(주 27), 109-110면.

의)로, 스위스의 제도를 실질적 심사주의(실질적 적법주의)로 분류하면서 등기관의 심사에 관한 입법주의를 두 가지로 유형화하여 왔다.[36) 이 두 입법례의 중요한 차이는 등기관의 심사권이 물권변동의 기초로 되는 채권관계에까지 미치는가 하는 점에 있다. 독일법은 이를 부정하고 스위스법은 이를 긍정한다. 독일법의 입장을 형식적 심사주의, 스위스법의 입장을 실질적 심사주의로 부르고 있다.

그러나 이러한 입법례의 분류에 관하여는 스위스법이 심사의 대상에 관하여는 실질적 심사주의를 취하나 심사의 방법에 관하여는 창구적이고 형식적이라고 보는 견해도 있다.[37)

3. 형식적 심사주의와 실질적 심사주의의 용어 문제

1) 일본에서의 형식적 내지 실질적 심사주의라는 용어는 독일법에서의 節次的 내지 實體的 適法主義(das materielle od. formelle Legalitätsprinzip)의 개념을 번역 수입한 것이다.[38)

본래 Legalitätsprinzip는 등기관이 등기신청을 수리하기 위하여 당해 신청이 적법할 것을 요하는 원칙으로서, 등기관이 심사할 대상이 물권적 합의 내지 채권행위에까지 미치느냐 그렇지 않느냐에 따라 실질적이냐 절차적이냐로 구분되어 사용되는 원칙이다.[39) 정확히 번역하자면 "실체적 적법주의" 또는 "절차적 적법주의"로 표현하여야 하나, 일본에서는 관례적으로 "실질적 내지 형식적 심사주의"라는 용어를 사용해 오고 있다.[40)

---

36) 幾代通, 不動産登記法 法律學全集25, 有斐閣, 1957, 54면; 鈴木祿彌(주 27), 104면; 杉之原舜一(주 30), 220-221면.

37) 鈴木祿彌(주 27), 110면.

38) 鈴木祿彌(주 27), 97면; 幾代通, "登記官吏の審査權小論", 民事研修 No.3, 法務研修所, 1957, 16면.

39) 郭潤直(주 1), 15면.

40) 鈴木祿彌(주 27), 102면은 「실질적 내지 형식적 합법(적법)의 원칙」으로 번역하

2) 그런데 일본에서는 일찍부터 이 형식적 심사주의라는 용어에 대하여 의문을 품는 견해가 나타나고 있다.

합법주의(적법주의)의 본체는 독일법에 의하면 등기승낙서의 인증에 있고, 스위스법에서는 원인행위의 공정증서 작성에 있는데, 합법주의의 문제가 일본에서 등기관의 실질심사권한의 이름으로 불리고 있다고 하면서 實質的 審査라는 용어가 誤解를 가져올 것을 우려하여 이를 피하는 견해도 일찍부터 있었다.[41] 이 견해는 형식적 심사주의라는 용어 대신에 독일에서와 마찬가지로 "형식적 합법주의" 내지 "실체적 합법주의"라는 용어를 사용하고 있다.

또 다른 견해로는 형식적 심사주의보다는 창구적 심사주의라는 용어를 사용하자는 견해도 있다. 이 견해에 의하면 심사방법의 형식성을 심사대상의 문제와 혼동하지 않기 위하여는 종래 사용되고 있는 형식적 심사주의라는 말보다는 窓口的 審査主義(소위 재판적 심사주의에 대하여)라는 용어로 부르는 것이 타당하다고 한다.[42]

또한 실질적 심사·형식적 심사라는 용어의 의미내용에 관하여 학설이 이해하는 것이 가지각색이어서 혼란을 초래하고 있는 부분이 있고, 심지어 잘못된 설명이 민법의 교과서 레벨에서 보통으로 이루어지고 있다고 하는 견해도 있다.[43]

여야 한다고 하면서도 관례에 따라 「실질적 내지 형식적 심사주의」의 용어를 사용한다고 밝히고 있다. "적법주의" 내지 "합법주의"가 왜 "심사주의"로 바뀌어서 사용되는지에 관하여 언급하고 있는 문헌은 찾지 못하였다. "심사주의(적법주의)"라고 병기하여 표현하고 있는 문헌도 상당수 있다.

41) 藤本秀鷹, "獨逸法系不動産登記簿の公信力に就いて(一)", 法學協會雜誌, 第53卷 第4號, 1935(昭和10年), 119면. 이 논문은 1935년에 발간되었다.

42) 幾代通(주 38), 19면.

43) 七戸克彦, "不動産登記法の改正—その物權變動論に及ぼす影響について—", 月刊 登記情報 502號(2003. 9.), 25면.

4. 형식적·실질적 심사주의 분류 자체를 부정하는 견해

최근에는 형식적 내지 실질적 심사주의의 분류 자체를 부정하는 견해도 나타나고 있다.

등기관의 심사를 둘러싼 문제는 등기절차의 證據法의 문제와 등기에 관한 基本的인 制度의 趣旨目的의 이해에 관한 문제로서 개별적 구체적 검토가 필요하고, 이것을 추상적으로 형식적 심사주의 또는 창구적 심사주의로 부르는 것은 경우에 따라 형식적 심사를 강조하는 나머지 등기제도의 기반인 등기의 實體的 眞實性에 대한 국민의 신뢰를 해치기 쉽다는 결론에 이를 우려가 있다는 견해도 있다.[44]

최근에는 오해의 소지가 큰 형식적 심사권이라는 말은 심사의 대상에 대하여든 방법에 대하여든 사용하지 않는 것이 바람직하다고 보는 견해도 제기되고 있다.[45] 이 견해에 의하면, 심사의 자료가 한정되고 심사의 방법이 수동적이며, 심사의 신속성의 요청과 자의성의 배제 등의 요청에서 심사의 모습을 총체적으로 형식적이라고 묘사하는 것이 반드시 잘못이라고 할 수는 없어도, 종래 등기관의 심사권의 문제 논의에 혼란이 있고, 2004년 부동산등기법의 개정으로 심사의 모습을 단순히 위와 같이 정리하는 것도 어려우므로,[46] 심사의 대상 문제와 심사의 방법 문제를 구별하지 않고 논의하는 것보다는, 등기관의 심사의 적정·공평·신속이라는 여러 요청을 조화시켜서 등기관은 신청에 관계된 「등기사항이 진실인가 아닌가」

---

44) 小林久起, "登記申請に對する登記官の審査", 新不動産登記講座③ 総論Ⅲ, 日本評論社, 1998, 159면.

45) 山野目章夫, 不動産登記法, 商事法務, 2009, 157면.

46) 2004년 일본 부동산등기법 개정으로, 신청인으로 되어야 하는 자 아닌 자가 신청한다는 의심이 드는 사정이 있는 경우에는 등기관은 관계자의 출석을 요구하여 심사하는 등의 권한을 행사할 수 있고(제24조, 예외로서의 심사의 능동성), 등기원인증명정보의 제출이 필수적으로 되었으므로 그 활용가능성을 증대시켜 신청인측으로서도 등기원인증명정보 안에서 등기원인을 설득력 있게 설명하는 것이 요청된다고 한다(자료의 윤택성의 증대). 山野目章夫(주 45), 135면.

를 심사하되 그 方法은 「더 나아가서」 할 필요가 없다는 의미에서 審査의 定型性으로 성격규정하는 것이 상당하고 한다.[47] 현재의 제도 아래서 등기관의 심사의 모습을 형식적이라는 말로 딱 잘라 결론짓는 것은 오해를 낳을 우려가 크다고 한다.[48]

또한 형식적 심사라고 하지 않고 書面審査, 즉 書面에 의한 實質審査라고 하는 견해도 있다.[49]

5. 일본 부동산등기법의 입장

가. 일본법의 입법주의에 관한 학설

1) 구「登記法」[50]하에서 등기관의 심사의 대상으로 주요한 것은 당사자의 신청과 계약증서로서, 登記官吏는 신청인에게 등기를 보여주거나 읽어준 후 본인으로 하여금 등기부에 서명날인하게 하였다(구「登記法」제8조 제3항). 이로써 처분의 의사표시를 명확히 하고 부진정한 등기의 발생

---

47) 山野目章夫(주 45), 134-136면. 형식적이라고 하기보다 정형적이라고 성격지어지는 심사의 모습은 「정확과 신속의 균형」을 참작한 모습이라고 한다.

48) 山野目章夫(주 45), 136면.

49) 藤原勇喜, "物權變動原因의 公示와 登記原因證明情報(下의1) (登記原因證明情報의 役割과 機能)", 登記研究765號(平成 23년 11月號), 2011, 36면에서는 소위 형식적 심사주의가 채용되어 있다고 하나 그 의미는 등기관의 심사의 대상이 실체법상의 권리관계의 효력에 미치지 않는다는 취지가 아니고 審査의 對象은 實質的 審査主義이고 그 審査의 方法이 소위 서면에 의한 심사라는 것이고, 따라서 형식적 심사라는 것이 신청인의 성명, 주소, 부동산의 표시 등에 오류가 없는가, 인감이 상이하지 않은가 등을 단지 형식적으로 심사하는 것으로 생각하는 경우가 있으나, 이 때 형식적이라고 하는 것은 어디까지나 당사자를 불러서 진술을 구할 수는 없고 제공되는 서면이나 등기부 등에 의하여 심사하라는 의미이며, 따라서 형식적 심사라고 하지 않고 書面審査, 즉 書面에 의한 實質審査라고 하여야 한다고 한다.

50) 1886년(明治 19년) 법률 제1호로 제정된 「登記法」을 1899년(明治 32년) 제정된 「不動産登記法」과 구별하여 통상 "구 등기법"이라고 한다.

을 방지하고자 하였다.[51]

2) 현행 부동산등기법 아래에서 일반적인 견해는 일본 부동산등기법이 형식적 심사주의를 취하는 것으로 보고 있다.[52] 2004년 부동산등기법 전부개정시 심사업무 관련 일부 개정이 있었으나, 개정법이 형식적 심사주의를 부정한 것으로 보는 견해는 없다. 따라서 심사업무에 관한 종래의 설명이 전부개정된 현행법에서도 유효한 것으로 보인다.[53]

3) 다만, 일본 등기법의 입장을 형식적 심사주의로 이해하는 통설과는 달리 보는 견해도 있다. 이들을 소개하면 다음과 같다.

일본의 등기법이 형식적 심사주의를 취한다는 것은 심사의 방법에서는 타당하나(창구적이므로) 심사의 대상에 대하여는 타당하지 않다고 하면서, 일본 등기법에서 등기신청시에 「등기원인을 증명하는 서면」의 제출을 요구하고 있으므로 등기관의 심사권은 원인관계에까지 미치고 實質的 審査主義라고 하는 것이 좋다고 하는 견해,[54] 등기관의 심사의무를 일반적으로 형식적 심사주의라고 부르고 있으나, 서면심사의 방법에 의하기는 하지만 권리의 실체관계에 관하여도 심사하는 것이므로 엄밀히 말하면 형식적 심사주의라고 하는 것은 정확한 표현은 아니라고 하는 견해,[55] 일본에서 형식적 심사주의가 채용되어 있다고 설명되고 있으나 이 설명은 정확하지 않다고 하

---

51) 구 등기법에서 등기절차의 구조가 이러하므로, 등기관리의 심사의 대상이 등기신청의 의사표시 외에 계약증서 그 자체를 요구하고, 심사의 방법도 등기관리인 치안재판소 판사의 관여 아래 신청인에 대한 심문 등 여러 증거방법에 의한 재판적 행위에 의하였다고 하여 구 등기법이 실질적 심사주의를 취하였다고 보는 견해도 있다. 宮城俊治, "不動産登記における登記官吏の審査權限の歷史的變遷", 民事研修 No. 26(1959. 6.), 法務總合研究所, 20-24면.

52) 幾代通·浦野雄幸, 判例·先例 コンメンタール 新編 不動産登記法 2, 三省堂, 1999, 245면; 林良平·靑山正明(주 28), 9면.

53) 鎌田薫·寺田逸郎 編, 新基本法 コンメンタール 不動産登記法, 別冊 法學セミナー no.206, 日本評論社, 2010, 5면.

54) 鈴木祿彌(주 27), 110면.

55) 吉野衛, 注釋不動産登記法總論 [新版] 下, 1982(昭和57年), 291면.

면서, 등기관의 심사의 문제는 ① 審査對象의 문제(원인관계의 심사를 하는
가 아닌가?)와 ② 審査方法의 문제(재판관적 심사인가 창구적 서면심사인
가?)로 나누어지는데, 독일법은 ①, ②의 모두에서 형식적 심사주의를 취하
고 있으나, 일본에서는 ①에서는 實質的 審査主義를 취한다고 설명하여야 하
고, ②의 측면에서는 形式的 審査主義를 취한다고 설명하여야 한다는 견
해56) 등이 있다.

그 밖에 형식적·실질적 심사주의의 분류 자체를 부정하면서 심사의 내용
을 개별적 구체적으로 검토하여야 한다는 견해도 있음은 앞에서 살펴보았다.

나. 판례의 입장

일본의 판례도 등기관의 심사에 관하여 형식적 심사주의를 취하는 것으
로 보고 있다.57) 이러한 판례의 입장에 대하여는 기본적으로 형식적 심사
주의를 따르면서도 제한적 예외적으로는 실질심사를 하도록 하자는 주장
이 하급심판결과 학설로부터 제기되어 왔고, 그중 일부는 2004년 부동산
등기법 전부개정시 제도화되기도 하였다.58)

---

56) 七戶克彦, "日本における登記制度と公證制度(の機能不全)", 法學硏究 第72卷 第
   12號, 慶應義塾大學法學部內 法學硏究會, 1999, 273면의 각주 48).

57) 일본 최고재판소는 "登記官吏는 해당 신청서 및 부속서류에 관하여 등기신청이 형
   식상의 요건을 구비하고 있는가 아닌가 하는 소위 형식적 심사를 할 수 있는 것에
   머무르고, 나아가 그 등기사항이 진실인가 아닌가 하는 소위 실질적 심사까지 할
   권한을 가지는 것은 아니다"라고 한다. 日本 最高裁判所 第1小法廷 昭和 35年
   (1960年) 4月 21日(最高裁判所民事判例集 14卷 6號 963面, 判例時報 222號 19면).

58) 이에 관한 자세한 설명은 제4장 제3절 Ⅲ의 3 참조.

II. 독일

1. 독일에서의 등기관의 심사범위의 역사적 변천

독일에서는 근대법에서의 부동산물권변동의 입법적 전개과정에서 등기공무원의 심사범위, 특히 원인행위인 채권행위까지 심사하게 할 것인가를 둘러싸고 논의가 있었다. 등기를 진실의 권리상태와 일치시키게 하기 위하여 등기절차에서 등기관에게 가능한 한 실체적 진실에 상응하게 할 수 있도록 하기 위한 수단을 강구할 필요가 있었다.

1783년 프로이센 일반저당권법[59](Die Allgemeine Hypothekenordnung für die gesamten königlichen Staaten vom 20. Dez. 1783)을 비롯하여 19세기초에 제정된 독일의 여러 란트의 저당권법은 저당권의 존부 및 그 양도의 유효성에 관하여 직권으로써 심사하도록 하고 있었다. 즉, 위 프로이센 일반저당권법은 등기관의 심사의무를 저당권의 설정·이전 및 소유권이전의 기초로 되는 채권관계에까지 미치도록 하고 있었고, 그 심사방법도 신청의 배후에 있는 사실관계의 내용까지 조사할 것을 요구하고[60] 부정등기가 된 경우에는 등기관이 손해배상책임을 지도록 하였다.[61] 등기관은 등기에 오류가 생겨 자기가 책임을 부담하는 것을 극도로 우려하여 주의에 주의를 기울여 심사하였다. 그 결과 등기절차가 지연되고 저당거래에 심한 장애를 초래하였을 뿐만 아니라 심사의 범위가 점점 확대되어 부

---

59) 일반저당령 또는 저당권조령 등으로 번역하나 여기서는 저당권법으로 번역하였다.

60) 프로이센 일반저당권법의 자세한 내용에 대하여는 洪性載, 不動産物權變動論－所有權讓渡를 中心으로－, 法文社, 1992, 108-110면 참조.

61) 鈴木祿彌(주 27), 99면. 이러한 엄중한 심사의무를 부과한 것은 한편으로는 농업의 생산력 강화를 위하여 토지에의 자본의 도입을 원하여 저당권법과 등기법을 정비하면서도, 다른 한편으로 도시부르조아의 자본이 과도하게 농업에 유입되어 프로이센 국가의 지주인 농지소유대귀족의 정치적·경제적 지위가 저하되는 것을 우려, 국가기관의 간섭에 의하여 농지에의 자본의 유입을 통제하려는 정책의 표현이었다고 한다.

동산거래와 직접 관계없는 당사자의 사적인 일에까지 미치게 되어 등기절차를 통하여 사인의 개인생활에 간섭하는 현상도 생기게 되었다.[62]

그러나 부동산거래가 점점 빈번해짐에 따라 이러한 번잡한 등기절차는 부동산거래에 대한 부당한 구속으로 생각하게 되었고, 19세기에 들어 시민적 자유의 정신이 점점 발달함에 따라 시민적 자유에 대한 부당한 간섭으로 여기게 되었다. 여기서 등기법의 개정에 대한 요구가 일어나고 학설은 이론적인 측면에서 이를 지지하여 물권행위의 무인성의 이론이 나타나게 되었다. 즉, 물권행위의 효력을 그 기초인 채권관계로부터 분리하여 등기관의 심사범위를 물권행위만에 한정함으로써 등기절차를 간소화하고 부동산거래의 지체와 등기관의 사적 거래에의 개입을 배제하고자 하였다.[63]

여기서 등기관의 심사권을 완화한 법률이 1848년의 Mecklenburg 저당법이고,[64] 1872년의 소유권취득법과 1871년의 프로이센 토지등기법도 이것에 따랐다.[65] 그리하여 토지소유권의 양도는 Auflassung과 등기에 의하도록 하고, 등기관의 심사의 대상도 Auflassung에만 미치고 그 원인인 채권행위에 미치지 않는 것으로 하였다.[66] 또한 이 당시 프로이센 소유권취득법이 독자성과 무인성 이론을 받아들이게 된 것도 등기관의 심사의무를 물권행위에 한정함으로써 간이 신속하게 등기를 실체관계에 부합시키기 위한 것이기도 하였다.[67]

---

62) 鈴木祿彌(주 27), 100면.
63) 鈴木祿彌(주 27), 100-101면.
64) 郭潤直, "不動産物權變動에 있어서의 公信의 原則에 關하여", 厚嚴 民法論集, 1991, 111면.
65) 당시의 사회경제적 배경으로 이러한 현상을 설명하는 견해도 있다. 즉, 실질적 심사주의를 채용하게 된 이유는, 그 당시 도시의 자본이 과도하게 농업에 침투하여 프로이센 국가의 지주인 토지소유대귀족의 정치적·경제적 지위 저하를 염려한 결과 국가의 간섭에 의하여 농지로의 자본의 유입을 막으려는 정책의 일면이었는데, 도시 신흥자본세력의 진출과 농업자본가의 후퇴로 이러한 정책을 폐지하게 된 것이라고 한다. 洪性載(주 60), 115-116면.
66) 洪性載(주 60), 128면.

2. 등기관의 심사범위

1) 독일 민법에 의하면 법률행위에 의한 부동산물권변동을 위하여는 등기 외에 권리자와 상대방의 권리변동에 관한 합의가 필요하다(제873조 제1항). 이 물권적 합의는 원인행위인 채권행위와는 무인인 행위로서 물권의 득실변경을 목적으로 하는 물권법상의 추상적 의사표시이다.

그런데 부동산등기법상 등기의 근거로서는 실체법상의 권리성립을 위한 요건을 증명할 것은 아니고, 원칙적으로 등기에 의하여 불이익을 받는 자인 등기의무자의 편면적 의사표시인 등기승낙을 증명하게 하고 있다(토지등기법 제19조).[68] 이를 節次的 適法主義(Formelles Legalitätsprinzip)라고 한다.[69]

따라서 실체법상 필요한 물권적 합의는 등기소에 증명할 필요가 없다. 등기소는 등기신청과 등기승낙만으로 심사하여야 하며, 물권적 합의가 법적으로 유효하게 성립하였는가에 관하여 심사할 수 없다.[70] 원칙적으로 절차적 적법주의에 따라 등기절차에서 등기관은 등기의무자의 승낙의 의사만을 문제로 삼을 수 있을 뿐이다. 채권관계는 물론 물권적 합의도 등기법상의 문제는 아니다.[71]

그러나 절차적 적법주의의 예외로서 부동산소유권이전등기와 지상권의 설정, 내용의 변경, 이전의 경우에는 당사자간의 실체법상의 물권적 합의가 등기소에 제출되어야 한다(토지등기법 제20조). 이를 實體的 適法主義(Materielles Legalitätsprinzip)라고 한다.[72] 실체법상의 원칙인 실질적 합

---

67) 鎌田薫, "不動産物權變動の理論と登記手續きの實務－日本的 「フランス法主義」の 特質－", 不動産登記制度100周年記念論文集 不動産登記をめぐる今日的 課題, 法務省法務総合研究所 編, 1987, 68면; 鈴木祿彌(주 27), 98-102면.

68) 石川淸, ドイツ土地登記法, 三省堂, 2011, 11면.

69) Meikel-Böttcher, Grundbuchrecht Kommentar Band 1, 1997, Einl H RnNr 28.

70) 石川淸(주 68), 11면.

71) 鈴木祿彌(주 27), 105면.

의주의가 예외적으로 등기법에 도입되었다. 따라서 이 경우에는 물권적 합의(Auflassung과 Einigung)의 존재 여부를 심사하여야 한다.

2) 이와 같이 독일에서는 토지등기법 제19조가 절차적 적법주의를 취하고, 제20조가 실체적 적법주의를 취한다고 보고 있으나, 어느 경우거나를 가리지 않고 부진정함이 등기소에 알려져 있는 경우에는 등기를 실행하여서는 안된다.[73] 등기소는 등기가 부진정하게 되도록 협력하여서는 안되므로 신청된 등기가 실행된 경우에 등기가 부진정하게 되는 것을 알고 있는 경우, 특히 그러한 사실을 증서로부터 확실히 알 수 있는 경우에는 그 등기신청을 각하하여야 한다.[74] 등기소는 원칙적으로 원인행위를 조사할 필요는 없으나, 등기소에 제출된 증서 또는 그 밖에 등기소에서 알고 있는 사정에 의하여 원인행위가 무효이고 그 무효가 이행행위에까지 미친다는 확실한 심증에 이른 경우에는 그 등기신청을 각하할 수 있다.[75]

3) 등기관이 심사할 구체적 사항은 다음과 같다.[76]

① 관할

② 등기신청에 관한 다음 사항 : 신청권한, 신청인 내지 대리인의 권리능력과 행위능력, 신청의 내용과 부동산의 표시, 방식

③ 등기승낙에 관한 다음 사항 : 승낙권한, 승낙자 내지 그 대리인의 권리능력과 행위능력, 승낙의 내용과 부동산의 표시 및 유로화 또는 다른 통용되는 화폐로 표시된 금액, 방식

④ 등기능력에 관한 다음 사항 : 등기할 수 있는 권리(등기할 수 있는

---

72) Meikel-Böttcher(주 69), Einl H RnNr 30.

73) BGH 106, 108(110)

74) Kuntze/Ertl/Herrmann/Eickmann, Grundbuchrecht, 6. Aufl., 2006, Rn. C10; 石川清(주 68), 12면.

75) Schöner/Stöber, Grundbuchrecht, 14. Aufl., 2008, Rn. 208; 石川清(주 68), 57-58면.

76) Schöner/Stöber(주 75), Rn. 206. 이에 관한 자세한 설명은 石川清(주 68), 132-141면 참고.

말소)에 대하여 승낙 및 신청이 있었는지 여부, 개별적인 경우에 등
기할 수 있는 권리가 등기할 수 있는 내용을 구비하였는지 여부

⑤ 토지등기법 제20조의 경우에는 물권적 합의(특히 토지소유권이전의 합의)

⑥ 제3자의 동의

⑦ 등기의무자의 선행등기

⑧ 증권의 제시

⑨ 관공서의 허가 및 그 증명서

4) 이와 같이 독일에서는 등기절차에서 실체법상의 의사표시인 물권적
합의를 증명하게 할 것인가 아니면 그에 갈음하여 절차법상의 의사표시인
등기승낙을 증명하게 할 것인가에 따라 실체적 적법주의와 절차적 적법주
의로 분류하고 있을 뿐이다. 그러나 어느 경우나 등기관의 심사업무의 내
용은 다르지 않다. 결국 물권변동이론을 등기절차에서 구현하는 방법에
차이가 있을 뿐 등기관의 심사업무의 내용 내지 성격 일반에 대하여 우리
나라와 일본에서 소개되어 있는 것과 같이 형식적 심사주의와 실질적 심
사주의라는 입법주의 분류는 하고 있지 않다.[77]

---

77) 등기관의 심사에 관하여 설명하고 있는 독일의 여러 문헌에서 등기관의 심사의
성격에 관하여 형식적 심사주의 내지 실질적 심사주의로 분류하고 있는 경우는 없는
것으로 보인다. 오히려 독일에서 등기소의 심사의무는 적법주의(Legalitätsprinzip)에
서 그 법적 근거를 가진다고 한다. Staudinger/Gursky(2007) §873 Rn. 234. 적법
주의에 의하면 등기소는 등기신청의 적법성을 심사하여야 하고 등기부의 진정성
을 유지하여야 하므로, 등기부를 부진정하게 만드는 것에 협력하여서는 안되
고, 신청된 등기를 실행함으로 인하여 등기부가 부진정하게 된다는 것이 등기소에
명확하게 알려져 있다면 그 등기신청을 각하하여야 한다고 한다. Kuntze/Ertl/
Hermann/Eickmann(주 74), Einl. Rn. C10. 우리나라 통설이 설명하는 형식적 심
사주의와는 달리 실체법상의 법률관계와 다른 등기를 실행하여서는 안된다고 본다.

III. 스위스

　통설은 스위스 등기법이 實質的 審査主義를 취하고 있다고 한다.[78] 스위스에서 법률행위에 의한 등기에 대하여는 등기의 신청(Anmeldung)[79]과 채권계약 두 가지가 있을 때 등기소가 등기를 하게 된다. 이에 따라 등기소가 등기를 하기 위하여는 ① 등기신청인의 처분권과 ② 법적 근거에 대한 증명서를 심사하여야 한다(스위스 민법 제965조 제1항).

　첫째로 처분권에 대하여는 등기신청인이 등기부상 처분권자인지 여부만을 심사하면 된다(스위스 민법 제965조 제2항).[80] 스위스에서는 등기의 신청은 단순히 등기관에 대한 절차적 의사표시에 불과하기보다는 등기된 소유권에 대한 실체적인 처분으로서 단독행위에 해당한다고 보고 있다.[81] 따라서 당해 등기에 의하여 등기부상 불이익을 받는 등기의무자만 등기신청권을 가지고 등기권리자는 신청권이 없다.[82]

　둘째로 법적 근거에 대한 심사를 살펴보면 다음과 같다. 법적 근거는 물권변동을 생기게 하는 권리의무를 근거지우는 원인관계인 채권계약이고 그 채권계약은 공증을 필요로 하는데, 이 공증은 등기를 하기 위한 요건에 그치는 것이 아니라 원인행위 자체가 구속력을 가지기 위한 요건이다. 법적 근거에 대한 심사는 채권계약이 유효하기 위하여 요구되는 방식, 즉 공정증서로 작성되어 있는지 여부를 심사하면 된다(스위스 민법 제965조 제3항).[83] 방식이 구비되어 있지 않거나 제출된 증명으로부터 원인관계의

---

78) 郭潤直(주 1), 38면; 鈴木祿彌(주 27), 107면.
79) 등기의 신청은 동시에 물권행위로 보고 있다.
80) 郭潤直, "登記原因證書의 公證", 民事判例研究[IX], 博英社, 1997, 314면.
81) 尹眞秀, "物權行爲 概念에 대한 새로운 接近", 民法論攷 II, 博英社, 2008, 349면.
82) 石川清, スイス土地登記法概論, 登記インターネット 120號(2009年 12月號), 民事法情報センター, 50면.
83) 石川清, スイス土地登記法概論, 登記インターネット 121號(2010年 1月號), 民事法情報センター, 96면.

존재가 명확하지 않으면 신청을 각하하게 된다.[84]

결국 통설이 스위스가 實質的 審査主義를 취한다고 보고 있지만 원인행위가 유효하기 위하여 필요한 방식을 갖추었느냐 하는 점에서 공정증서에 의하여 이루어졌는가를 심사함에 그치고 있다.[85]

IV. 검토

1. 형식적 심사주의의 발생배경

이상에서 검토한 결과 등기관의 심사의 성격에 관한 입법주의로서의 형식적·실질적 심사주의의 분류는 독일과 스위스의 입법례에서 전형적으로 나타나는 특성, 즉 등기관의 심사대상에 원인행위인 채권행위도 포함하는지 여부에 관한 절차적·실체적 적법주의의 영향을 받아 일본의 학자들이 고안해 낸 개념임을 알 수 있다. 독일에서의 절차적·실체적 적법주의가 일본에서 형식적·실질적 심사주의로 탄생하게 된 것이다. 그리고 그 이론이 그대로 우리나라에 도입되었다.

본래 독일의 입법주의가 일본에서 형식적·실질적 심사주의로 탄생하게 된 배경은 부동산물권변동에 관한 입법의 특수성에 기인하는 것으로 보인다. 일본은 부동산물권변동에 관하여 실체법인 민법은 의사주의를 취하는 프랑스 민법을 계수하였음에 반하여 등기절차법인 부동산등기법은 성립요건주의를 취하는 독일의 토지등기법의 영향을 받았다. 이러한 배경에서 실체법상 물권변동이론과 등기절차의 관계를 논리적으로 설명하기 위한 방안으로 고안된 이론으로 보인다.

---

84) 鈴木祿彌(주 27), 108면.

85) 金滉植, "物權法의 改正方向", 民事判例研究[Ⅶ], 民事判例研究會 編, 1985, 290면.

2. 물권변동이론의 등기절차에의 구현모습과 등기관의 심사업무

가. 독일에서의 절차적 적법주의와의 비교

이와 같이 우리나라와 일본에서는 독일의 절차적 적법주의를 형식적 심사주의와 같은 개념으로, 실체적 적법주의를 실질적 심사주의와 동의어로 사용하고 있다.[86] 그러나 독일에서의 절차적 적법주의 내지 실체적 적법주의의 개념은 우리나라와 일본에서 말하는 형식적 심사주의 내지 실질적 심사주의와 같은 개념이 아니다. 그것은 등기관의 심사업무의 내용에 관한 분류가 아니라 물권변동이론의 등기절차에의 구현 모습에 따른 분류일 뿐이다. 實體的 適法主義는 등기절차에서 물권적 합의 자체를 증명하게 하고 節次的 適法主義는 물권적 합의에 갈음하여 등기승낙이라는 절차법상의 의사표시[87]를 증명하게 한다. 이것을 등기관의 심사의 측면에서 보면 등기관의 심사의 대상에 원인행위인 채권행위 또는 물권적 합의도 포함되느냐 아니냐의 문제가 될 수도 있다. 그러나 어느 경우에나 등기관의 심사업무의 내용은 다르지 않다.

이처럼 독일에서의 적법주의의 분류는 등기관의 심사업무에 관한 것이 아니라 물권변동이론의 등기절차에의 구현 모습에 따른 분류임에도 우리나라와 일본에서는 양자를 같은 개념으로 사용하고 있다. 물권변동이론의 등기절차에의 구현 모습을 등기관의 심사문제로 받아들여 입법주의를 분류하고 있는 것이다.

---

86) 郭潤直(주 80), 304면; 法務部, 各國의 不動産登記制度, 法務資料 第190輯, 1995, 15-16면; 洪性載, "독일의 부실등기 방지제도", 慕原 金旭坤敎授 停年退任 紀念 論文集 契約法의 課題와 展望, 三知院, 2005, 399면; 幾代通(주 38), 16면; 鈴木祿彌(주 27), 102면 참조.

87) 田山輝明, "西ドイツの不動産登記制度", 登記研究300號記念 不動産登記의 諸問題 上卷, 1974, 64면은 물권적 합의를 실체법상의 의사표시, 등기승낙을 절차법상의 의사표시라고 한다.

나. 입법례에 따른 등기관의 심사업무의 내용 비교

통설에 의하면 형식적 심사주의로 독일의 일반적인 등기를, 실질적 심사주의로 독일에서의 소유권의 이전 및 지상권의 설정·양도의 등기, 스위스의 경우를 든다. 그런데 이들 사이에 과연 어떠한 차이가 있는가?

독일의 경우를 보아도 일반적인 등기의 경우와 소유권·지상권의 경우 등기관의 심사업무에 차이가 없다. 전자는 등기신청시 등기승낙서를 제출하게 하고 후자는 물권적 합의서면을 제출하게 한다. 양자 모두 공증을 필요로 한다. 양자 사이에 차이가 있다면 물권변동이론과 등기절차의 관계에서 물권변동이론을 등기절차에 반영하는 모습이 다를 뿐, 등기관의 심사업무의 내용에 차이가 있는 것은 아니다.[88] 이와 같이 독일에서 절차적 적법주의를 취하는 토지등기법 제19조의 경우나 실체적 적법주의를 취하는 토지등기법 제20조의 경우에 원인행위 내지 물권적 합의를 심사한다는 점을 제외하고는 등기관의 심사의 내용이 다르지는 않다.

나아가 통설이 실질적 심사주의를 취하는 것으로 분류하는 스위스 등기법에서도 등기관의 심사방법은 형식적 심사주의를 취하는 것으로 분류하는 독일에서와 다르지 않다. 원인행위에 관한 자료를 제출하므로 그것이 심사의 대상이 된다는 점을 제외하고는 형식적 심사주의인 독일과 다른 점 없이 간단하다.[89] 심사의 대상을 제외하고는 심사의 내용은 차이가 없어 이것을 가지고 심사업무에 관한 입법주의를 분류하기는 어렵다.

이와 같이 독일과 스위스에서 적법주의에 대한 분류는 물권변동이론의 등기절차에의 구현모습에 따른 분류일 뿐이다. 우리나라와 일본에서 소개되어 있는 것과 같이 등기관의 심사업무의 내용에 관한 입법주의의 분류

---

88) 어느 경우에나 등기소는 등기부의 적법성을 준수하여야 하는 의무를 지고, 어떠한 등기의 실행으로 인하여 등기부를 부진정하게 만드는 데에 협력하여서는 안되므로, 어떠한 등기신청이 다른 점에서는 법적 요건을 구비하더라도 그 신청에 따라 등기를 실행하면 등기부를 부진정하게 만든다는 것이 등기소에 명확하다면 등기를 실행하여서는 안된다는 점은 마찬가지이다.

89) 郭潤直(주 64), 113-114면.

는 아니다.

3. 일본에서의 논의와 우리나라에의 도입

독일에서의 절차적·실체적 적법주의의 영향을 받아 일본에서 등기관의 심사업무의 성격에 관한 입법주의로 형식적·실질적 심사주의라는 분류를 하게 되었고, 그것이 우리나라에 도입되었음을 지적하였다. 이와 같은 입법주의는 일본에서의 문제상황을 해결하기 위한 노력에서 생겨난 것이다. 그런데 우리나라는 여러 사정이 일본과 다름에도 일본에서의 논의를 그대로 받아들였다. 구체적으로 보면 다음과 같다.

첫째로, 일본은 부동산물권변동에 관하여 우리와는 다른 입법의 특수성이 있다. 부동산물권변동에 관한 실체법에서는 의사주의를 취하는 프랑스법을 계수하면서 그 절차법인 물권변동의 공시제도에 대하여는 성립요건주의 내지 등기주의를 취하는 독일법의 영향을 받아 부동산등기법을 제정하였다. 우리와 달리 형식적 심사주의가 생겨날 배경이 있다. 그러나 우리나라는 물권변동과 등기절차에 관한 그러한 입법의 특수성이 없다.

둘째로, 등기원인증서의 제출에 관한 실무운영의 차이로 인하여 등기원인증서 심사에도 차이가 있었다. 등기절차에서 등기의 진정성을 보장하기 위하여는 등기의 기초가 되는 등기원인에 대한 심사가 필수적이다. 그럼에도 오히려 등기절차에서 그 동안 등기원인에 대하여는 경시되어온 경향이 있었다. 그 경향은 우리나라에서보다 일본이 심하였다. 종래 우리나라와 일본의 부동산등기법은 등기원인을 증명하는 서면이 없거나 제출할 수 없는 경우에는 신청서 부본을 제출할 수 있게 하고 있었다. 일본에서는 이 규정을 관대하게 해석하여 운영하였고 그 결과 등기원인을 증명하는 서면을 첨부하지 아니하고 등기를 신청하는 경우가 상당한 비율이 되었다고 한다.90)

---

90) 일본에서의 실태조사에 따르면 등기원인증서(매도증서 포함)가 첨부된 비율이 55.1%라고 한다. 清水響, "新不動産登記法の概要について", 平成16年 改正不動

매도증서조차 첨부하지 않는 경우가 상당한 비율이었다. 그 경우에는 등기원인에 대한 심사가 불가능하다. 이러한 사정이라면 등기원인에 대한 심사가 의미가 없다. 따라서 형식적 심사주의라고 이름붙일 수도 있었다.

그러나 우리나라에서는 그렇게 관대하게 해석하고 운영하지 않았다.[91] 1990년 제정된 「부동산등기 특별조치법」에서 계약을 원인으로 소유권이전등기를 신청하는 경우에는 반드시 계약서를 제출하도록 하고 있기 때문에 계약을 원인으로 하는 소유권이전등기신청의 경우에는[92] 신청서 부본을 제출하는 경우는 없다. 그 이전에도 매도증서를 제출하는 관행은 있었어도 신청서부본으로 갈음하지는 않았다. 이러한 실무운영상의 차이로 일본에서는 등기원인에 대한 심사 자체가 이루어질 수 없었기 때문에 형식적 심사주의이론이 설득력이 있을 수 있으나, 우리나라는 등기원인에 대한 심사가 반드시 이루어졌다.[93]

셋째로, 일본에서 등기는 이미 발생한 물권변동을 제3자에게 대항하기

産登記法と登記實務(解說編), 2005(平成17年), 52면. 자세한 내용은 제5장 제3절에서 다룬다.

91) 우리나라에서는 「부동산등기 특별조치법」의 제정으로 1990년부터 계약을 원인으로 하는 소유권이전등기신청시 계약서 제출을 의무화하고 실무도 이를 엄격히 해석하여 오고 있었다. 관대하게 신청서 부본의 제출을 인정하여 온 일본과는 다르다. 그리하여 우리나라에서는 등기원인증서 대신에 신청서 부본을 제출하는 현상이 실무상 거의 없었다고 볼 수 있다. 예를 들어, 법원행정처, 등기선례요지집 제2권 47항(88. 10. 25. 등기 제587호 대구직할시주택개발공사사장 대 법원행정처장)은 부동산등기 특별조치법이 시행된 1990. 9. 2. 이후에는 계약서를 분실하였다고 하더라도 신청서 부본을 제출하여 소유권이전등기를 신청할 수 없다고 하고, 법원행정처, 등기선례요지집 제3권 제53항(90. 11. 12. 등기 제2195호)은 아파트 분양자 명의로 발행된 "아파트분양계약사실증명원"을 등기원인을 증명하는 서면으로 제출할 수는 없다고 한다.

92) 계약을 원인으로 하는 소유권이전등기 외의 경우에도 신청서부본을 제출하는 경우는 거의 없다.

93) 물론 양당사자가 허위의 등기원인증명서면을 첨부하여 등기를 신청하는 경우를 생각할 수는 있다. 그러나 이 경우는 통정허위표시로서 선의의 제3자에게 대항하지 못하므로(민법 제108조 제2항) 거래의 안전이 문제되지도 않는다.

위한 요건에 불과하나, 우리나라에서는 등기를 함으로써 비로소 물권변동의 효력이 생긴다. 이 점에서 등기절차에 어떤 의미를 부여하거나 등기절차에서 실체법상의 법률관계를 고려할 필요성이 일본보다는 더 크고, 물권변동과 등기절차에 관한 논의가 일본에서보다는 더 필요하다.

이와 같이 우리나라는 일본과는 여러 가지 사정이 다르므로 종래 일본에서 형성된 입법주의 분류나 형식적 심사주의이론을 우리나라에 그대로 받아들이는 것은 적절하지 않다. 게다가 일본에서는 형식적 내지 실질적 심사주의의 분류기준이나 그 개념정의에 관한 불명확성과 혼란스러움을 지적하는 견해가 많이 있고 이를 개선하려는 노력이 있어왔다. 그에 반하여 우리나라에서는 그에 관한 인식이나 논의조차 없는 실정이다. 사정이 이러함에도 일본에서의 형식적 심사주의 이론을 그대로 도입하여 우리 등기제도를 운영하는 것은 적절하지 아니한 것으로 보인다.

제3절
형식적 심사주의에 대한 검토

I. 우리 부동산등기법의 해석론

1. 부동산등기법의 해석에 관한 종래의 견해

가. 학설

등기관의 심사에 관하여 직접적으로 정하고 있는 법령의 규정은 없다.[94] 다만, 신청의 각하에 관하여 규정한 부동산등기법 제29조(개정 전 제55조) 각호의 각하사유의 검토·분석을 통하여 이를 해석할 수 있을 뿐이다.

우리 부동산등기법상 등기관의 심사의 성격에 관한 견해들을 살펴보면 다음과 같다. 제1절에서 살펴본 형식적 심사주의의 개념에 관한 견해에 따라 설명방법이 약간씩 다르다.

---

94) 2011년 전부개정 전의 부동산등기규칙 제73조는 "등기관이 신청서를 받은 때에는 지체 없이 신청에 관한 모든 사항을 조사하여야 한다"고 규정하였으나, 현행 규칙에서는 삭제되었다. 삭제 이유를 언급하고 있는 문헌은 보이지 않으나, 개정작업을 담당한 실무자에게 구두로 문의하였더니 당연한 규정이어서 삭제하였다고 한다. 일본의 부동산등기규칙에 같은 규정이 있는데, 2004년의 전부개정시에도 삭제되지 않아 현행 부동산등기규칙에 그대로 남아 있다. 일본 부동산등기규칙 제57조 참조.

1) 우선 심사의 대상을 기준으로 입법주의를 분류하는 통설은 우리 법이 형식적 심사주의를 취하고 있는 것으로 보고 있다. 대표적인 견해를 소개하면 다음과 같다.95)

> 부동산등기법 제55조가 열거하는 것은, 단순한 형식적 절차적 사항(관할·등록세의 납부 등)뿐만 아니라, 실질적·실체법적 사항도 포함하고 있다. 즉, 실질적 내지 실체법적 사항도 심사의 대상으로 하고 있다고 할 수 있다. 등기권리자와 등기의무자의 공동신청을 요구하고, 등기필증 그리고 등기의무자의 인감증명 등을 제출케 하고, 무엇보다도 등기원인을 증명하는 서면의 제출을 요구한다. 이들은 모두가 등기신청의 실체법상의 원인의 존부와 그 효력을 심사케 하기 위한 것이라고 할 수 있다. 그렇다면, 심사의 범위 내지 대상이라는 점에서 볼 때, 실질관계도 이를 심사의 대상으로 하고 있는 데서, 우리의 등기법은 이른바 실질적 심사주의에 의하고 있다고 할 수 있을 것 같이 보인다. 그러나, 문제는 부동산등기법이 등기신청에 제출할 것을 요구하는 그러한 서면으로 등기원인의 실체법적 효력의 유무를 과연 판정할 수 있느냐에 있다. 등기원인을 증명하는 서면을 제출케 하고 있다고 하지만, 그것은 증거력이 약한 사서증서에 지나지 않기 때문이다. 따라서, 실질적·실체법적 사항도 심사의 대상이 된다고 하지만, 그 심사방법이 증거력이 약한 사문서의 제출에 그치고 있어서 매우 소극적이다. 뿐만 아니라, 등기원인을 증명하는 서면을 반드시 모든 경우에 제출하여야 하는 것도 아니다. 그리고 보면, 등기원인의 실체법적 효력까지도 심사케 하려는 것이 우리의 등기법의 의도였다고는 할 수 있으나, 그 의도의 실현에 있어서는 너무나 미온적이고 철저하지 못하여, 실질적으로는 그러한 실질적 사항의 심사를 포기하고 있다고도 할 수 있다. (…96)) 그러므로, 비록 하나의 예외적인 경우가 있기는 하나, 우리의 등기법은 기본적으로는 역시 형식적 심사주의의 테두리를 벗어나지 못하고 있다고 말할 수 있다.
>
> 위에서 검토한 점을 종합해서 볼 때, 현행법 아래에서 등기공무원이 하는 심사는, 구분건물의 표시사항에 관한 실질적 조사라는 하나의 특수예외가 인정

---

95) 郭潤直(주 1), 227-228면.
96) 중략한 부분은 인용자가 생략한 부분이다. 이하 같다.

되어 있기는 하나, 이를 제외한 그 밖의 등기신청에 있어서는 모두가 서면심리에 의존하는 것이고, 또한 그 서면심리도 주로 절차상 요구되는 서면이 갖추어져 있는지의 여부를 살피는 것이어서, 일반적으로 지적하는 바와 같이 이른바 형식적 심사주의(형식적 적법주의)의 범위를 벗어나지 못하고 있다고 하여야 한다.[97]

간략히 요약하면, 우리 법상 실질적·실체법적 사항도 심사의 대상이 되지만 심사방법이 매우 소극적이어서 그 의도의 실현이 미온적이고 철저하지 못하므로 형식적 심사주의의 테두리를 벗어나지 못한다는 것이다. 그 이유로는 등기원인을 증명하는 서면으로 사서증서를 제출하게 하고, 그나마도 신청서부본으로 갈음할 수 있게 한 점을 든다. 그러면서 "형식적 심사주의에서는 허위의 등기가 발생할 위험이 매우 커서 문제"라고 하며,[98] 이 문제를 해결하는 가장 적당한 방법은 "등기원인을 증명하는 서면의 공증"이라고 한다.[99]

다른 견해들도 대체로 이와 마찬가지로 실질적·실체법적 사항도 심사의 대상이 되지만 그 심사의 방법이 불완전하기 때문에 형식적 심사주의로 보아야 한다거나, 각하사유를 한정적으로 열거하고 있고 서면만에 의하여 심사할 뿐이므로 형식적 심사주의로 보아야 한다는 것이다.[100]

그런데 이들 견해들은 심사주의의 분류는 심사의 대상으로 설명하면서 우리법의 입장은 심사의 대상과 심사의 방법을 가지고 설명하고 있어 논리적으로는 일관되지 않은 모습을 보여주고 있다.

---

97) 인용된 부분 중 각하사유를 규정한 부동산등기법 제55조는 2011년 부동산등기법의 전부개정에 의하여 제29조로 바뀌었다. 그리고 종전에 예외적으로 구분건물의 표시사항에 대한 심사를 규정한 부동산등기법 제56조의 2도 개정법에서 삭제되었다. 그러므로 이제는 이 견해에서 말하는 예외적인 경우는 없어졌다.

98) 郭潤直(주 1), 228면.

99) 郭潤直(주 1), 229면.

100) 金相容(주 1), 151면; 金曾漢·金學東, 物權法, 博英社, 1998, 70면; 송덕수(주 1), 103면; 오시영(주 1), 147면; 李英俊(주 1), 227면.

2) 형식적 심사주의의 개념에 관하여 심사의 방법을 기준으로 입법주의를 분류하는 견해는 우리법의 입장을 다음과 같이 설명한다.

① 우리 법에서 형식적 절차적 사항뿐만 아니라 실질적인 실체법적 사항도 심사하되 신청정보 및 첨부정보와 등기기록만을 기초로 심사하므로 형식적 심사주의를 취한다고 본다.101)

② 등기를 신청하는 경우에 등기원인을 증명하는 서면을 제출할 것을 요구하고 있기 때문에 실질적인 실체법상의 사항도 심사의 대상으로 하고 있으나, 등기신청을 부적법한 것으로서 각하하여야 할 경우를 한정적으로 규정할 뿐만 아니라 그 방법으로서는 서면심사를 원칙으로 하고 있기 때문에 실질적 심사권을 인정하고 있는 것으로는 볼 수 없다는 것이다.102)

3) 한편 형식적 심사주의의 개념에 관하여 복합적인 기준으로 형식적 심사주의를 설명하는 견해에서는 우리 법상 등기관은 형식적 심사권을 가진다고 설명하고 있으나, 별다른 근거는 밝히고 있지 않다.103)

어느 견해에 의하든 입법주의의 분류기준에 관한 설명과 우리법의 입장에 관한 설명이 명확하게 일관되지 않음을 알 수 있다.

나. 판례

판례는 우리법이 형식적 심사주의를 취하고 있다고 보면서, 심사의 대상과 심사의 방법 모두를 가지고 형식적 심사주의를 설명하고 있다.104)

---

101) 사법연수원(주 12), 56면.

102) 金容漢(주 14), 121면.

103) 양창수·권영준(주 16), 87면.

104) 판례는 등기관의 심사권한에 관하여 "등기관은 등기신청에 대하여 부동산등기법상 그 등기신청에 필요한 서면이 제출되었는지 여부 및 제출된 서면이 형식적으로 진정한 것인지 여부를 심사할 권한을 갖고 있으나 그 등기신청이 실체법상의 권리관계와 일치하는지 여부를 심사할 실질적인 심사권한은 없으므로, 등기관으

이것으로 보아 등기관의 심사업무의 성격에 관한 입법주의 분류기준에 관한 학설의 견해 중 세 번째 견해, 즉 심사의 대상과 방법을 복합적으로 고려하는 견해를 취하고 있음을 알 수 있다.

다. 구분건물의 표시에 관한 등기관의 조사권 규정 삭제

1984. 4. 10. 부동산등기법의 개정에 의하여 1동의 건물을 구분한 건물에 관하여 등기관이 건물의 표시에 관한 사항을 조사할 수 있도록 하는 규정이 신설되었다(제56조의 2[105]). 이 규정을 근거로 통설은 우리 부동산등기법이 "예외적으로" 구분건물의 표시에 관한 등기에 대하여 실질적 심사주의를 취하였다고 보고 있었다.[106]

그러나 이 규정은 2011년 부동산등기법 전부개정시 삭제되었다.[107] 따

로서는 오직 제출된 서면 자체를 검토하거나 이를 등기부와 대조하는 등의 방법으로 등기신청의 적법 여부를 심사하여야'한다고 하거나(대법원 2005. 2. 25. 2003다13048 판결; 대법원 2007. 6. 14. 2007다4295 판결), "등기공무원은 등기신청에 대하여 실체법상의 권리관계와의 일치 여부를 심사할 실질적 심사권한은 없고 오직 신청서 및 그 첨부서류와 등기부에 의하여 등기요건의 충족 여부를 심사할 형식적 심사권한 밖에는 없는 것이어서 그 밖에 필요에 응하여 다른 서면의 제출을 받거나 관계인의 진술을 구하여 이를 조사할 수는 없다"고 한다(대법원 1990. 10. 29. 90마772 결정). 판례의 자세한 입장은 제4장 제2절에서 검토한다.

105) 제56조의2(등기관의 조사권)
① 등기관은 1동의 건물을 구분한 건물에 관한 등기신청을 받은 경우에 필요하면 그 건물의 표시에 관한 사항을 조사할 수 있다.
② 제1항의 조사를 할 때 필요하면 그 건물을 조사하고 건물의 소유자나 그 밖의 관계인에게 문서의 제시 요구와 질문을 할 수 있다. 이 경우 해당 공무원은 그 권한을 표시하는 증표를 지니고 이를 관계인에게 내보여야 한다.
106) 郭潤直(주 1), 228면.
107) 그 폐지의 취지는 다음과 같다. "구분건물의 표시에 관한 등기관의 실질적 심사권은 「집합건물의 소유 및 관리에 관한 법률」 시행 초기 구분건물 판단기준의 혼선 문제를 해결하려고 도입한 제도인바, 「집합건물의 소유 및 관리에 관한 법률」이 안정적으로 시행되고 있고, 원칙적으로 구분건물인지 여부는 건축물대장

라서 종래의 문헌에서 우리 부동산등기법이 예외적으로 실질적 심사주의를 취하고 있다고 설명하는 부분은 더 이상 유지될 수 없게 되었다.

2. 종래의 견해에 대한 검토

종래 학설과 판례는 우리 부동산등기법이 형식적 심사주의를 취하고 있다고 보고 있는 근거로 ① 등기원인에 대하여 공증을 요하지 않고 사서증서에 의하도록 한 점과 ② 신청서 부본으로 갈음할 수 있도록 한 점을 제시한다. 이 점에 대하여 검토해보자.

1) 먼저 등기원인에 대한 공증제도가 도입되어 있지 않고 사서증서에 의하도록 하고 있어 형식적이라는 점을 보자.

종래 등기절차에서 특히 소유권이전의 경우에 당사자 사이에서 체결된 실제의 계약서와는 별도로 등기신청용으로 작성된 등기원인증서를 제출하여 온 거래관행이 있었다. 그런데 이와 같은 관행이 생겨난 원인은 무엇일까? 통설이 주장하는 것처럼 등기원인증서에 대한 공증제도가 도입되지 않았기 때문일까? 그 원인은 다음 두 가지로 볼 수 있다. 종래 등기절차에서 요구하는 등기원인증서에 대한 엄격한 요건을 맞추기 위한 것과 세금을 줄이려는 의사 때문이다.

등기원인은 등기의 기초이다. 그럼에도 종래 등기원인증서에 대하여는 등기의 진정성 보장기능보다는 등기필증 작성기능에 비중을 두었다. 그러다 보니 엄격한 형식적 요건을 요구하게 되었고 그 요건을 맞추기 위하여 등기원인을 증명하는 자료는 등기신청용으로 별도로 작성하여야 한다는 점을 자

소관청에서 판단하는 것이 타당하며, 구분건물의 표시에 관한 등기관의 실질적 심사권을 그대로 유지할 경우 건축물대장에는 일반건물로 되어 있는 것이 등기부에는 구분건물로 표시될 수 있어 거래의 불안을 야기하기 때문"이다. 법원행정처, 개정 부동산등기법 및 개정 부동산등기규칙 해설, 2011, 6면.

연스럽게 받아들이게 되었다. 그 점은 세금을 줄이려는 당사자의 의사에도 합치하였다. 그리하여 그것이 관행이 되었다. 이러한 관행이 가능하였던 것은 실체법상의 법률관계와 등기절차의 유리이었고, 그것은 등기절차에서는 양자의 연결고리인 등기원인에 대한 경시경향으로 나타났다.[108]

이와 같은 사정에서는 아무리 등기원인에 대하여 공증을 하게한들 당사자 사이에서 실제로 작성된 계약서를 공증하는 것이 아니라 등기신청용으로 작성되는 계약서를 공증할 수밖에 없다.

2) 다음으로 등기원인을 증명하는 자료를 신청서 부본으로 갈음할 수 있게 한 점에 관하여 살펴보자. 종래의 부동산등기법은 등기원인을 증명하는 서면을 첨부하게 하면서도 이를 필수적인 것으로 하지 않고 등기원인증서를 제출할 수 없는 경우에는 신청서 부본으로 갈음하게 하였다. 앞서 살펴본 것처럼 일본의 실무에서는 이 규정을 관대하게 해석하여 운영하였고 그 결과 등기원인증서에 갈음하여 신청서 부본을 제출하는 비율이 상당히 높았다. 등기원인을 증명하는 자료를 제출하지 않고 신청서 부본을 제출하는 경우에는 등기원인에 대한 심사가 불가능하다. 이런 사정이라면 형식적 심사주의이론이 타당할 수 있을 것이다. 그러나 우리나라에서는 그렇게 관대하게 해석하여 운영하지는 않았다. 그리하여 실무상 등기원인증서로서 매도증서를 제출되는 관행은 있었어도 신청서 부본으로 갈음하는 현상은 없었다. 그러므로 신청서 부본으로 갈음할 수 있는 제도에 근거하여 형식적 심사주의라고 하는 것은 일본에서는 몰라도 우리나라에서는 적절하지 아니하였다.

3) 더구나 최근에 우리나라와 일본에서는 부동산등기법을 전부 개정하면서 등기필증제도를 폐지하고 등기원인증서를 신청서의 부본으로 갈음할 수 있게 한 규정을 삭제하였다. 그리하여 등기원인을 증명하는 자료의 기능과 요건도 종래와 달라졌고, 등기원인을 증명하는 자료의 제출도 필수적으로 되었다. 즉, 종래 형식적 심사주의로 해석하는 근거가 된 규정이

---

108) 이 점에 관하여 자세한 내용은 제5장 제3절에서 다룬다.

모두 없어졌다. 게다가 최근 우리나라에서도 이중계약서 제출관행에 대한 사회적 인식이 바뀌어 가고 있을 뿐만 아니라, 부동산 거래신고제도의 시행으로 등기신청용으로 별도로 등기원인증서를 작성하여 제출하는 관행이 개선되었다.

법령의 개정과 사회적 관행의 변화에 따라 종래의 규정과 관행에 기초한 형식적 심사주의이론도 재검토되어야 하는 것이 아닌가 생각된다.

3. 부동산등기법의 바람직한 해석론

우리 부동산등기법의 해석론으로서도 종래의 통설과 같이 우리법의 입장을 꼭 그렇게 소극적으로만 해석하여야 하는 것은 아니다.

부동산등기법에 의하면 「등기원인」 또는 「등기원인 및 그 연월일」은 등기사항[109]의 하나이다(제34조 6호, 제40조 제1항 5호, 제48조 제1항 4호). 따라서 등기를 신청하는 경우에는 등기원인과 그 연월일을 신청정보의 내용으로 등기소에 제공하여야 하고(법 제24조, 규칙 제43조 제1항 5호), 등기원인을 증명하는 정보를 신청정보와 함께 첨부정보로 등기소에 제공하여야 한다(법 제24조, 규칙 제46조 제1항 1호).[110] 그리고 등기원인에 대하여 제3자의 허가, 동의 또는 승낙이 필요한 경우에는 이를 증명하는 정보도 제공하여야 한다(규칙 제46조 제1항 2호).

---

109) 여기서 "등기사항"은 강학상 말하는 등기사항이 아니라 등기기록에 기록하는 사항이라는 의미로 사용된다. 종래 부동산등기법은 강학상 등기사항이라는 용어와 구별하여 등기부에 기재할 개개의 사항을 "등기의 기재사항"이라고 표현하였으나(개정 전 부동산등기법 제57조), 전부개정된 부동산등기법은 등기기록에 기록할 사항을 등기사항이라고 표현하고 있다.

110) 전부개정 전의 부동산등기법은 첨부서면에 관하여 법에서 규정을 두고 있었으나(제40조), 전부개정시 조문체계 정비차원에서 법에서는 등기사항 위주로 규정하고 구체적인 등기신청절차나 등기실행방법은 규칙에서 규정하도록 하고 있다. 따라서 구체적인 첨부자료에 대하여는 규칙에서 정하고 있다(법 제24조 제2항, 규칙 46조).

등기를 신청하는 경우에 첨부하여야 할 이들 각종 자료는 등기의 신청이 공시의 대상인 실체법상의 권리관계에 부합하는지 여부를 심사하기 위한 것이다. 그리고 이 때의 등기원인을 증명하는 정보는 적법 유효한 것을 의미하므로 그것에 무효·취소의 원인이 있어서 적법·유효하지 않다면 이들 정보가 첨부되어 있지 않은 것으로 보아야 할 것이다. 심사의 결과 공시의 대상인 법률관계의 존재가 입증되지 않는 경우에는 「신청정보와 등기원인을 증명하는 정보가 일치하지 아니한 경우」(법 제29조 8호) 또는 「등기에 필요한 첨부정보를 제공하지 아니한 경우」(법 제29조 9호)를 이유로 각하하여야 할 것이다.

판례는 등기관의 심사업무의 내용에 대하여 "등기신청에 필요한 서면이 제출되었는지 여부 및 제출된 서면이 형식적으로 진정한 것인지 여부"를 심사할 권한은 있으나 "실체법상의 권리관계와 일치하는지 여부"는 심사할 수 없다고 하는데, 논리적으로 납득이 되지 않는다. 등기원인을 증명하는 정보를 제출하게 하는 이유는 그것에 의하여 공시의 대상인 실체법상의 법률관계를 심사하게 하기 위한 것이다. 그런데 그것이 제출되었는지 여부 및 제출된 내용이 형식적으로 진정한 것인지 여부만 심사하고 실체법상의 권리관계에 관하여는 심사하지 말라는 것은 그 취지에도 맞지 않는다.

이와 같이 현행 부동산등기법의 해석상으로도 형식적 심사주의를 취하고 있다고 보아야 하는 것이 아님을 알 수 있다.[111]

---

111) 참고로, 소유권보존등기는 현행법 아래에서도 통설의 분류에 따를 때 소위 실질적 심사주의를 취하는 경우에 해당된다고 할 수 있다. 소유권보존등기는 ① 토지대장, 임야대장 또는 건축물대장에 최초의 소유자로 등록되어 있는 자 또는 그 상속인, 그 밖의 포괄승계인, ② 확정판결에 의하여 자기의 소유권을 증명하는 자, ③ 수용으로 인하여 소유권을 취득하였음을 증명하는 자, ④ 특별자치도지사, 시장, 군수 또는 구청장의 확인에 의하여 자기의 소유권을 증명하는 자(건물의 경우)가 신청할 수 있다(법 제65조). 이들 4가지 경우에 첨부정보로서 등기소에 제공하여야 하는 소유권의 증명자료들은 모두 통설에서 말하는 실질적 심사(대장의 작성, 확정판결, 수용, 시장·군수·구청장의 확인)의 결과 발급되는 자료들이다. 외국의 예와 비교하면 등기원인에 대한 공증을 하는 경우와 같다. 이

II. 등기제도의 이상과 절차적 정의

1. 등기제도의 이상과 형식적 심사주의

가. 등기제도의 두 가지 이상과 형식적 심사주의

등기제도는 두 가지 모순되는 이상을 가지고 있다. 정확과 신속이 그것이다. 실체법상의 법률관계를 정확하고 신속하게 공시하여야 하는 것이 등기제도의 이상이다. 그중 후자를 위하여 주장된 것이 소위 형식적 심사주의이다. 전자를 위한 수단으로는 다른 제도들이 마련되어 있음은 앞 장에서 살펴보았다.

그러나 형식적 심사주의가 추상적 일반적으로 너무 강조되다 보면 신속을 해하지 않으면서도 정확을 기할 수 없게 된다. 양자를 균형 있게 고려하는 해석과 제도운영이 필요하다. 그럼에도 부실등기가 행하여질 우려가 있다는 사정을 알고 있어도 형식적 심사만 하여 등기신청을 수리하라고 하는 것은 납득이 되지 않고, 그렇게 하여야 할 필요성이나 실익이 있는지도 의문이다. 형식적 심사주의의 논리에 따르면 첨부서류가 허위임이 밝혀져도(예를 들어, 인감증명이 위조되었음이 다른 사정으로 밝혀져도) 형식적으로 서류만 갖춰지면 등기절차에서는 등기신청을 수리하여야 하고, 나중에 소송을 통하여 말소하도록 하라고 하게 된다. 그렇다면 국가가 그 막대한 예산과 인력을 들여 등기제도를 유지할 필요가 있는가 하는 의문이 생긴다.

이와 같이 등기제도의 두 가지 요청 중 신속을 저해하지 않으면서도 정확을 기할 수 있는 방법이 가능함에도 굳이 정확성의 요청을 포기해버리는 형식적 심사주의의 논리는 등기제도의 이상에 비추어보아도 납득하기

렇게 본다면 우리 법이 형식적 심사주의를 취한다고 일반화하여 단정적으로 말할 수 있는 것이 아니다. 적어도 소유권보존등기에 대하여는 통설의 주장에 따르더라도 이미 실질적 심사주의를 취하고 있기 때문이다.

어렵다. 형식적 심사주의는 실체관계에 부합하는 등기를 구현하기 위하여 극복하여야 하는 논리이다.

나. 형식적 심사주의에 대한 전형적 오해

1) 등기제도의 이상과 관련하여 소위 형식적 심사주의 내지 실질적 심사주의에 대한 전형적인 설명으로 다음과 같은 견해를 들 수 있다. 그대로 인용하면 다음과 같다.[112]

> 양주의를 비교한다면, 전자는 등기신청이 있을 때 그 신청이 등기절차상 요구되는 일정한 요건 즉 형식을 구비하였는가를 심사하는데 그치고 그 신청이 유효한 원인행위에 기한 것인가는 이를 심사하지 않는 까닭에, 그러한 원인행위가 없는 등기신청이나 무효한 원인행위에 기한 신청이 있더라도 그 신청이 所要의 형식을 갖춘 것이면 등기공무원은 등기를 하여야 하므로, 이는 허위의 등기의 성립을 방지하는 데는 무력하다. 이에 반하여 후자에 있어서는 등기신청의 所要의 형식을 갖추고 있는가를 심사할 뿐만 아니라 그 신청이 유효한 원인행위에 기하였는가도 심사하게 된다. 그러므로 … (중략) …허위의 등기는 충분히 방지되는 결과가 된다. 따라서 진정한 권리관계에 부합하지 않는 등기를 예방하는 방법으로서는 가장 적합하다고 할 것이다. 그러나 그 반면에 등기절차의 지연을 가져와 거래의 신속을 해한다는 단점이 있다. 그런데 독일법과 瑞西法은 특수한 기술적 제도를 둠으로써 전기와 같은 양주의의 단점을 시정제거하고 있다. 그 결과 독일법은 형식적 합법주의를 취하면서도 동일한 주의를 채용하고 있는 우리의 현행법과는 다르게 진정한 권리관계에 부합하지 않는 등기의 성립을 방지하고 있다.

2) 이러한 설명의 문제점을 지적하면 다음과 같다.

① 형식적 심사주의에서는 "그 신청이 유효한 원인행위에 기한 것인가

---

112) 郭潤直(주 64), 112면. 이 글은 원래 1959년에 서울대 「법학」지에 발표된 글이어서 다소 오래전에 쓰여진 글이기는 하나 형식적 내지 실질적 심사주의에 대한 전형적인 이해를 보여주는 글로서 현재에도 일반적으로 이해되고 있는 바와 크게 차이가 나지 않는다고 보여진다.

는 이를 심사하지 않는"다는 주장을 보자.

이 점에 관하여 논란의 소지는 있으나 원인행위가 유효한지에 대하여 전혀 심사를 하지 않는 것은 아니라는 점을 지적할 수 있다. 등기원인을 증명하는 자료를 제출하게 하고 있고, 등기원인에 대하여 제3자의 허가, 동의 또는 승낙이 필요한 경우에 이를 증명하는 자료를 제출하게 하고 있다. 모두 유효한 원인행위에 기한 것인지를 심사하기 위한 것이다. 이 점은 다음 장에서 구체적으로 살펴본다.

② 형식적 심사주의는 "허위의 등기의 성립을 방지하는 데는 무력하다"는 주장을 보자.

이 점에 대하여는 소위 형식적 심사주의하에서도 허위등기의 방지에 관하여 손을 놓고 있는 것이 아니라 진정성 확보수단을 갖추고 있어서 허위등기의 성립에 무력하지는 않다는 점을 지적할 수 있다.[113]

③ 실질적 심사주의하에서는 "허위의 등기는 충분히 방지되는 결과"가 되고 "따라서 진정한 권리관계에 부합하지 않는 등기를 예방하는 방법으로서는 가장 적합하다"는 주장을 보자.

이른바 실질적 심사주의를 취한다고 하더라도 부실등기를 방지하기는 현실적으로 어렵다.[114] 고도의 위조기술에 의하여 각종 서면을 위조하는 것을 모두 잡아내는 것은 상식적으로도 기대하기 어렵고, 실제로 소위 실질적 심사주의를 취하였다고 평가되던 구분건물 표시등기가 부실한 구분건물등기를 방지하는데 전혀 기여하지 못하고 오히려 사문화되어 폐지되었음을 보면 명확해진다. 나아가 통설이 등기절차와 대비하여 실질심사를 취하는 것으로 보고 있는 소송절차에서도 상급심에서 사실오인 등으로 판결이 파기되기도 하고 재심으로 취소되기도 한다. 이렇게 보면 실질심사가 그렇게 허위의 등기를 충분히 방지하거나 그에 가장 적합한 제도는 아

---

113) 이 점에 관하여는 제6장 제2절에서 등기말소 등 판결을 분석하여 부실등기의 현황을 알아본다.

114) 李英俊(주 1), 201면.

님을 알 수 있다. 아무리 실질적 심사주의를 취한들 부실등기의 발생을 막
기는 어렵다.

④ 독일법과 스위스법은 "특수한 기술적 제도를 둠으로써 양주의의 단
점을 제거 시정하고 있"고 "우리 현행법과는 다르게 진정한 권리관계에 부
합하지 않는 등기의 성립을 방지하고 있다"는 주장을 보자.

앞에서 살펴보았듯이, 우리 현행법도 진정한 권리관계에 부합하지 않는
등기의 성립을 방지하기 위한 기술적 제도를 두고 있다. 이 점은 독일법이
나 스위스법과 우리법이 다르지 않다. 다른 점이 있다면 그 기술적 제도의
내용이 무엇인가 하는 점일 뿐이다. 허위의 등기를 방지하는 제도를 두고
있다는 점은 다르지 않다.

이와 같이 등기제도의 이상과 관련한 형식적 내지 실질적 심사주의에
대한 설명이 대단히 형식적 인식에 기초한 것임을 알 수 있다.

2. 절차적 정의와 형식적 심사주의

가. 등기절차와 절차적 정의

등기법은 실체법인 민법에 대하여 절차법이라고 할 수 있다. 절차법의
존재의의는 절차를 통하여 실체를 구현하는 것이다. 그런 의미에서 실체
적 정의에 못지않게 절차적 정의도 중요하다.[115] 절차를 공정하게 정립할
필요가 있다. 그것은 등기절차에서도 마찬가지이다.

등기절차에서도 실체적 법률관계를 정확하고 신속하게 구현할 수 있도
록 등기절차를 정비함으로써 부진정한 법률관계를 어느 정도 걸러줄 수
있다면 분쟁해결절차인 소송으로 가는 사건을 줄일 수 있다. 완벽하지는

---

115) 鄭泰旭, "節次的 正義에 관한 硏究─法節次에 관한 正義哲學的 基礎─", 서울대
    학교대학원 법학박사학위논문, 1995, 206면은 종래 법절차의 가치는 실체적 정
    의를 위한 도구로서의 합목적성에서 구해졌으나, 이제 법절차는 실체적 정의를
    위한 종적 지위에서 벗어나고 있다고 한다.

않더라도 그렇게 함으로써 등기절차는 절차법으로서의 의미를 가질 수 있다. 그런데 종래의 우리 등기절차에서는 형식적 심사주의라는 원칙의 영향으로 절차적 정의를 구현하려는 노력을 등한시하여 왔다. 그 결과 현재의 등기절차가 절차적 정의를 실현하기에 충분한지 의문이다. 짧은 처리시간, 처리사건 수 등에서도 그러하고, 등기관의 직급이나 직무교육 등 절차를 운영하는 사람의 전문성 측면에서도 그러하다.116)

형식적 심사주의이론은 등기절차에서의 절차적 정의라는 면에서도 바람직하지 않다. 이제는 형식적 심사주의라는 추상적 일반적 틀로써 등기절차를 성격지으려 하지 말고, 실체법상의 법률관계를 정확하고 신속하게 공시할 수 있도록 실체법상의 법률관계와 등기절차를 유기적으로 연계하여 고려하려는 노력과 그러한 기초 위에서 등기관의 심사업무의 내용을 구체적이고 체계적으로 정립하고 그럼으로써 등기의 진정성을 높이는 방안을 차근차근 모색해 보려는 노력이 필요하다.117)

나. "형식적"이라는 용어의 문제점

등기관의 심사업무에 관하여 형식적 내지 실질적 심사주의라는 입법주의로 분류하고 있으나, 형식과 실질 또는 절차와 실체를 명확히 구분할 수 있는지도 의문이다. 일반적으로 등기절차를 재판절차와 대비하여 형식적 절차라고 하는데 과연 형식적이라는 용어가 옳은 것인지 살펴보자. 여기

---

116) 등기실무의 현실은 다음 Ⅲ항에서 자세히 살펴본다.

117) 예를 들면 가처분에 관하여도 종래 별다른 연구가 없었으나, 최근에 많은 연구가 이루어짐으로써 가처분제도가 크게 개선된 점을 참고할 수 있다. 가처분제도의 개선에 관한 연구로는 裁判資料 제45輯 保全訴訟에 關한 諸問題[上], 法院行政處, 1989; 裁判資料 제46輯 保全訴訟에 關한 諸問題[下], 法院行政處, 1989; 裁判資料 제109輯 民事執行法 實務硏究[민사집행법커뮤니티 연구자료집], 法院圖書館, 2006; 재판자료 제117집 민사집행법 실무연구Ⅱ, 법원도서관, 2009; 民事判例硏究會, 民事判例硏究[XXXⅡ], 2010; 民事實務硏究會, 民事裁判의 諸問題 第20卷, 2011 참조.

에서 "형식적"이란 무엇을 뜻하는가?

그것을 절차적인 사항만을 심사한다는 의미로 이해할 수도 있다. 초기의 일본 판례와 실무는 그렇게 보았다. 그러나 이러한 입장이 잘못되었음은 그 뒤 실체법적인 사항도 심사의 대상으로 하는 것으로 판례와 실무가 변경된 사실에서 알 수 있다.[118] 심사의 내용에 대하여는 다음 장에서 자세히 분석하는데, 절차적 사항만이 아니고 실체적 사항도 심사하는 것은 명백하다. 독일에서의 절차적·실체적 적법주의에 영향을 받아 형식적 심사주의라는 용어가 일본에서 만들어졌으나, 굳이 번역하자면 오히려 "형식적"이라는 용어에 대신 "절차적"이라는 용어를 사용하는 것이 옳을 것이다.[119]

신청사건의 "내용"을 심사하지 않고 외형적인 것만 심사하는 것이라면 형식적 심사라는 표현을 쓸 수 있을 것이다.[120] 그러나 등기신청에 대한 심사에서 주된 심사대상은 당해 신청의 내용이다. 그러므로 이 또한 적절한 표현은 아니다. 재판절차에서 형식적이란 용어를 사용하는 예로 민사소송법에서 형식적 당사자개념,[121] 형식적 형성의 소,[122] 형식적 증거력[123]

---

118) 자세한 내용은 제4장 제2절에서 살펴본다.

119) 金滉植(주 85), 287면에서는 formell, materiell을 형식적, 실질적이라는 용어가 아니라 절차적, 실체적이라는 용어로 번역하고 있다.

120) 국어사전에는 "형식적"이라는 말을 "사물이 외부로 나타나 보이는 모양을 위주로 하는. 또는 그런 것"으로, "형식"을 "① 사물이 외부로 나타나 보이는 모양 ② 일을 할 때의 일정한 절차나 양식 또는 한 무리의 사물을 특징짓는 데에 공통적으로 갖춘 모양"으로 정의하고 있다. 표준국어대사전, 국립국어연구권 엮음, 1999.

121) 실체법과는 관계 없이 자기의 이름으로 판결을 요구하는 사람과 그 상대방을 당사자로 보는 소송법상의 개념을 말한다. 李時潤, 新民事訴訟法, 博英社, 2008, 114면.

122) 형식은 소송사건이지만 실질은 비소송사건인 경우를 말한다. 구체적으로 어떠한 내용의 권리관계를 형성할 것인가를 법관의 자유재량에 일임하고 있는 소이다. 李時潤(주 121), 180면.

123) 증거를 대는 자가 주장하는 특정인의 의사에 기하여 문서가 작성된 것을 의미하는 개념이다. 문서가 특정인의 의사에 의하여 작성된 것을 의미하고 그 기재내용이 진실하다는 것을 의미하지는 않는다. 그러므로 허위내용의 이력서라도 형식적 증거력을 가질 수 있다. 李時潤(주 121), 449면; 호문혁, 민사소송법, 제8

등을 들 수 있다. 그러나 모두 사안의 내용과 관련하여 사용되는 개념은 아니다. 이들 용어에서는 사안의 내용을 문제삼지 않는다는 의미로 형식적이라는 표현이 사용되고 있다. 형식적 심사의 전형적인 예로는 계약서의 검인을 들 수 있다.[124] 검인절차에서는 계약서의 내용을 심사하지 않는다. 그러나 등기절차는 내용을 심사하여야 하므로 검인절차와 같이 볼 수 없다.

일본의 일부 학설이 주장하는 창구적 심사라는 표현도 적절해 보이지는 않는다. 민사소송절차에서 접수창구에서는 소장의 접수시 필수적 기재사항의 기재 여부, 필수적 첨부서류의 구비 여부, 관할의 유무 등 형식적 사항만 심사한다.[125] 창구에서의 심사는 사안의 내용 자체를 심사하지 않는다. 그러나 등기절차에서의 심사는 그 성격이 전혀 다르다. 사안의 내용 자체를 심사하여야 하기 때문이다. 이 표현도 오해를 초래하기 쉽다.

이렇게 보면 등기신청사건의 내용을 심사하여 수리 여부를 결정함으로써 실체법상의 권리관계를 공시하는 역할을 하는 등기절차에서의 등기관의 심사업무를 "형식적" 업무라고 성격규정하는 것은 절차적 정의의 관점에서도 바람직하지 않다.

3. 재판절차와 등기절차의 비교

1) 등기절차를 형식적 심사주의라고 하면서 그와 대비하여 설명하는 것이 재판절차이다. 그렇다면 재판절차는 실질적 심사주의를 취하는 절차인가?

재판절차에서도 반드시 실체법상의 법률관계를 그대로 구현하는 것도 아니다. 우선 변론주의를 보자. 변론주의에 의하여 사실자료는 당사자가 수

판, 법문사, 2010, 537면.

124) 검인신청을 받은 시장 등은 계약서 또는 판결서 등의 형식적 요건의 구비 여부만을 확인하고 그 기재에 흠결이 없다고 인정한 때에는 지체없이 검인을 하여 검인신청인에게 교부하도록 법령에서 규정하고 있다(「부동산등기특별조치법에 따른대법원규칙」 제1조 제3항).

125) 법원행정처, 법원실무제요 민사소송[III], 2005, 30-31면.

집·제출해야 하므로, 당사자가 승소에 필요한 사실이 있더라도 이를 변론에서 주장하지 않으면 법원은 그 사실이 존재한다는 것을 다른 경로를 통해서 알았다 하더라도 이 사실을 인정할 수 없다.126) 또한 당사자 사이에 다툼이 없는 것은 증거조사를 할 필요 없이 그대로 사실로 인정하여야 한다. 법원은 당사자의 자백에 구속된다. 그 밖에 실기한 공격방어방법, 기판력에 의하여 당사자 사이의 실체법상의 법률관계가 그대로 구현되지 않을 수 있다. 오히려 피고의 실질적 지위에 대하여는 재판절차에서 심리결과와 다르게 등기절차에서 심사하는 경우도 있다.127) 그리고 판결편취 등의 사유가 있어 재심이나 추완항소에 의하여 확정판결의 내용이 바뀔 수도 있다. 따라서 확정판결에 따라 등기를 하여도 실체법상 법률관계에 부합하지 아니할 수 있다.

이와 같이 판결절차와 대비하더라도 등기절차를 형식적 심사절차라고 규정짓기는 어렵다.128) 오히려 등기는 당사자의 공동신청이 원칙이므로 민사소송과 비교한다면 재판에서의 자백과 같은 것이다. 재판절차에 비추어 등기사건을 심리하자면 당사자가 일치하여 진술하고 있으므로 심사 자체를 하지 말고 수리하여야 하는 것이 논리적이다.

2) 보전처분의 경우는 어떠한가? 보전처분의 신청 중 가압류와 다툼의 대상에 관한 가처분은 변론을 거치지 않고 서면심리에 의해서만 재판할 수도 있고 변론을 거쳐 재판할 수도 있다(민사집행법 제280조 제1항, 제301조). 실무상 보전처분의 신속성과 밀행성의 요구 때문에 통상 서면심리만으로 심리하고 이것으로 불충분한 경우에 심문절차를 열고 있으나 변

---

126) 호문혁(주 123), 366면.

127) 예를 들어, 판례는 상속재산을 둘러싼 소송의 확정판결에 상속관계에 대한 설시가 있다고 하더라도 그 부분에 등기관에 대한 어떤 기속력이 인정되는 것은 아니고(대법원 1995. 1. 20.자 94마535 결정), 상속재산을 둘러싼 소송에서 상속분의 주장이 받아들여져 판결로 확정된 바 있다 하더라도 등기관이 상속등기를 함에 있어서는 그 확정판결의 기판력이 미칠 여지가 없다고 하여(대법원 1990. 10. 29.자 90마772 결정), 등기관이 상속인 및 상속지분을 판단하여야 한다고 한다.

128) 다만, 직권탐지주의를 취하는 사항에 대하여는 실질적 심사를 한다고 할 수 있을 것이다.

론을 거치는 예는 거의 없다고 한다.129) 보전소송에서는 피보전권리와 보전의 필요성을 소명하여야 한다. 보전소송절차에서의 사실인정은 증명 대신 소명에 의하는데(민사집행법 제279조 제1항, 제301조), 서면심리의 원칙에 의하여 신청서에 첨부된 소명방법인 서면만으로 신청의 당부를 심리한다.130) 등기신청에 대한 심사에서와 마찬가지로 서면심리에 의하고 소명만으로 충분함에도 보전처분에서의 신청의 당부에 대한 이러한 심리를 형식적 심리라고 하지는 않는다.131)

그런데 보전처분에서 신청의 당부에 대하여 심리하기에 앞서 재판장이 신청서의 형식적 적법 여부를 심사하여야 한다. 즉 재판장은 신청서에 소정의 인지를 붙였는지, 소정의 기재사항이 적혀 있는지를 살펴 흠이 있는 경우에는 상당한 기간을 정하여 보정하도록 명하여야 한다.132) 이와 같이 신청서의 기재사항 등의 방식의 구비 여부를 심사하는 것을 형식적 심사라고 한다.133) 이러한 방식의 구비 여부 심사는 신청의 당부를 심리하기에 앞서 형식적 사항을 심리하는 것이고, 그 내용에 대하여 심리하는 것이 아니다. 그런데 등기신청사건에서 등기관의 심사는 등기신청의 내용을 수리할지 여부를 심사하는 것이다.

이와 같이 등기절차에서의 심사를 형식적 심사라고 하는 것은 보전처분과 비교하여도 명백히 부당하며, 오해의 소지가 크다.

3) 등기관의 심사업무의 내용이 재판절차와 결정적으로 다른 점은 관계인의 진술을 구하여 이를 조사할 수 없다는 것, 즉 당사자의 변론 및 증인신문 절차가 없다는 점이다.

---

129) 법원행정처, 법원실무제요 민사집행[IV] -보전처분-, 2003, 66면.

130) 법원실무제요 민사집행[IV](주 129), 67-68면.

131) 법원실무제요 민사집행[IV](주 129), 66면은 이러한 심리에 관하여 설명하면서 제목을 "실질적 심리"라고 붙이고 있다.

132) 법원실무제요 민사집행[IV](주 129), 64면.

133) 법원실무제요 민사집행[IV](주 129), 64면도 이러한 심사에 관하여 설명하면서 제목을 "형식적 심사"라고 붙이고 있다.

그러나 이 점을 이유로 등기절차를 형식적 심사라는 원칙으로 성격짓는 것은 적절하지 않다. 이해관계가 대립되는 당사자 사이의 분쟁을 해결하는 재판절차에서는 당사자의 변론과 증인신문을 통하여 실체관계를 확정하는 절차가 필요하다. 그에 반하여 등기절차에서는 이해관계가 대립하는 두 당사자가 일치하여 등기를 신청하므로 굳이 당사자나 증인의 진술을 듣는 절차가 필요하지 않다. 그러므로 등기관의 심사의 "소극성"을 등기절차의 불완전성을 보여주는 것으로 이해하여서는 안된다.

이와 같이 재판절차와 대비되는 등기절차의 본질을 이해하지 않고 재판절차와 형식적으로 비교하여 등기절차를 형식적 심사주의라고 성격지을 것은 아니다.

Ⅲ. 형식적 심사주의와 등기실무

1. 형식적 심사주의이론이 등기실무에 미친 영향

종래의 형식적 심사주의이론은 등기실무에 크게 영향을 미쳐 실무운영을 형식적인 절차로 흐르게 하였다. 그리하여 등기절차를 이론적이고 체계적으로 정립하려는 노력을 등한시하게 만들었고 그 결과 실체법상의 법률관계와 등기절차의 괴리를 초래하게 되었다. 또한 인적·물적 운영에서도 영향을 미쳐 기계적인 업무처리에 머무르게 하여 왔다. 한 마디로 등기제도의 발전을 가로막는 장애물로 기능하여 왔다. 실무운영과 관련하여 몇 가지를 살펴보면 다음과 같다.

① 등기사건 처리시간 제한

등기실무에서 등기신청서 접수 후 등기를 완료하는 때까지의 처리시간을 제한하고 있다. 종래 "늦어도 접수 후 24시간 이내에" 등기필증을 작성하여 교부하도록 하여 오다가,[134] 현재는 이를 다소 완화하여 "늦어도 오전에 제출된 사건에 대하여는 다음날 18시까지, 오후에 제출된 사건에 대하여는 다음 다음날 12시까지" 등기필정보를 작성하여 교부하도록 하고 있다.[135] 아주 짧은 시간 내에 등기사건의 모든 처리절차를 마치도록 하고 있다. 등기절차는 형식적이고 기계적인 절차라는 인식이 바탕에 깔려 있는 것으로 생각된다.[136]

② 등기소 인력의 정원 배정과 처리사건 수

등기소의 인적 배치의 현실을 보면 이 점이 확연히 드러난다. 대법원 등기예규는 1일 평균 1인당 70건 내지 80건의 등기신청사건을 기준으로 1명의 등기관을 지정하도록 하고 있으나,[137] 인력운용부서에서는 1인당 120건을 기준으로 정원을 배정하고 있다고 한다.[138] 기준이 이 정도이니 실제는 이보다 더 많은 사건을 처리하는 경우도 많은 것이 현실이었다. 이런 현실에서 충실한 심사를 기대하기 어렵다는 것은 설명을 필요로 하지 않는다.

③ 등기관의 직급과 직무교육

독일에서는 등기업무를 법관이 처리하다가 1969년 사법보좌관법의 제정으로 1970년부터 사법보좌관이 처리하고 있다. 반면 우리나라에서는 등

---

134) 「부동산등기신청사건 처리지침」(2005. 2. 22 제정 대법원 등기예규 제1097호). 이 때 처음으로 규정이 만들어진 것이 아니고 그 이전부터 있어온 규정을 통합한 것이다.

135) 「부동산등기신청사건 처리지침」이 2007. 2. 23 대법원 등기예규 제1167호로 개정되면서 변경되었다.

136) 아마도 처리시간을 제한하는 또다른 이유는 종래 등기소의 고질적인 "급행료" 관행을 없애려는 의도도 있는 것으로 생각된다.

137) 「등기관 지정요령」(2011. 10. 11. 개정 대법원 등기예규 제1364호). 이 예규는 1973년에 제정되었다.

138) 법원직원의 정원배정을 담당하는 부서인 법원행정처 조직심의관실에 구두로 문의하여 답변을 받은 내용이다.

기업무를 7급 공무원(주사보)부터 처리하도록 하고 있다. 그런데 7급 공무원으로 승진하여 등기업무를 독자적인 권한과 책임으로 처리하기까지의 담당업무나 직무교육에서도 전문지식을 양성할 수 있는 시스템은 갖추어져 있지 않다. 9급 공무원으로 임용되어 7급으로 승진하기까지[139] 필수적으로 이수하여야 하는 직무교육은 한 차례뿐이다. 그것도 승진을 위하여 이수해야 하는 과정일 뿐 충실한 교육이 어려운 내용뿐이다.[140] 다만, 최근에 들어와서 등기직렬을 신설하여 등기직렬 공무원에서 등기관을 지정하도록 법률이 개정되었고, 직무교육도 강화해가고 있는 추세이다.

2. 판례의 형식적 심사주의이론과 등기실무의 괴리

형식적 심사주의의 영향으로 실체법상의 법률관계를 등기절차에 구현하게 하는 이론적이고 체계적인 노력은 부족하였으나, 그럼에도 실무에서는 구체적 타당성이라는 면에서 실체법상의 법률관계에 부합하는 공시제도를 구현하기 위한 노력을 하여왔다. 그러한 노력은 개별적인 사안에서 형식적 심사주의이론에 의할 때 불합리한 결과가 발생하는 것을 방지하기 위하여 이루어져 왔다. 그 결과 판례의 형식적 심사주의이론과 실무가 일치하지 않는 면이 있게 되었다 그러나 이러한 노력에 관하여 이론적이고 체계적으로 검토하려는 시도는 아직 없었다. 이러한 실무의 입장을 이론적 체계적으로 분석하고 발전시킴으로써 추상적 일반론인 형식적 심사주의의 틀에 더 이상 집착하지 말고 등기의 진정성을 강화하는 내용으로 제도를 개선해 나가는 노력이 필요하다.[141]

---

139) 법원내부 자료에 의하면 2012년 기준으로 평균 11년 9개월 정도 소요되는 것으로 보고 있다. 그나마 승진적체가 심하여져 승진소요기간이 늘어난 것이고 그 전에는 이보다 더 빨랐다. 승진소요 최저연수는 9급에서 8급이 2년, 8급에서 7급이 2년 6월이어서, 7급까지는 4년 6월이다(법원공무원규칙 제32조 제1항).

140) 2주 일정으로 이루어지는 실무교육인데, 그 기간에 10개가 넘는 과목을 교육하므로 충실한 교육이 이루어지기는 어렵다.

3. 손해배상책임 및 자의적인 업무처리 우려

형식적 심사주의와 등기실무와의 관계에서 고려하여야 할 또 다른 점으로는 등기관의 책임문제와 자의적인 업무처리의 우려를 들 수 있다.

1) 먼저 등기관의 손해배상책임 우려에 대한 문제를 살펴보자. 통설처럼 형식적 심사주의를 취한다면 실무상 등기관의 책임소지가 줄어들 수 있다. 실체관계와 무관하게 절차적으로 몇 가지 서류만 구비되면 기계적으로 등기를 수리하면 되기 때문이다. 그에 반하여 실체관계를 심사하게 할 경우 등기관이 분쟁에 휘말릴 우려가 있다. 분쟁을 해결하는 업무절차가 아닌 등기절차에서 등기관이 분쟁의 중심에 서게 될 위험이 있다. 이를 우려하여 등기관이 등기업무처리에서 극도로 위축되거나 소극적으로 될 수도 있다.[142] 이 점을 해결하기 위하여 등기관에 대한 책임보험가입제도(법 제13조)를 시행하고 있으나 충분한 해결책은 되지 못한다.[143]

그러나 이 점은 형식적 심사주의를 취하는 현재에도 여전히 문제된다.[144]

---

141) 제4장에서 그러한 실무의 노력의 구체적인 내용을 분석해본다.

142) 실무상 이 점도 충분히 고려하여야 한다. 짧은 시간에 복잡한 법률문제가 내포된 등기사건을 스스로 판단하여 등기사건을 처리하여야 하고, 문제가 생기면 민원에 시달릴 뿐만 아니라 국가배상소송을 당하거나 등기관 개인이 구상을 당할 수 있다는 압박감이 등기관으로 하여금 업무처리에 극도로 소극적이 되게 할 수 있다.

143) 책임보험의 보험금이 점차 증액되어 2013년 현재 등기관 1인당 7억까지 늘어났으나 현재의 부동산시가를 고려할 때 이 금액만으로는 충분히 보장된다고 보기는 어렵다.

144) 아무리 형식적 심사주의라도 실체법상의 법률관계에 부합하지 않는 허위의 등기가 이루어졌을 경우 일반인들은 등기관을 상대로 책임을 물으려 한다. 나중에 소송에서 책임이 없는 것으로 결론이 나더라도 그 과정에서 등기관들이 겪게 되는 고통은 이루 헤아릴 수 없다. 그리하여 실무에서 등기관들은 애매한 사건이나 문제가 되는 등기신청사건에 대하여는 형식적 심사주의에 따라 업무를 처리하기보다는 실체관계가 무엇인가를 발견하려 애쓴다. 당사자 또는 대리인이나 관계인에게 전화를 하거나 관계기관에 문의를 한다. 그 결과 신청내용이 진실이라는 심증이 생기면 등기를 수리하고 진실이 아닐지도 모른다는 심증이 생기면

2) 이어서 국가배상책임과의 논리적 정합성의 문제를 지적할 수 있다. 통설이 취하는 형식적 심사주의에 의하면 심사자료(신청서 및 첨부서류와 등기부) 외의 것을 이용하여 등기신청을 심사할 수 없으므로, 예를 들어 수사기관에서 등기신청 관련 서류가 위조되었다는 연락이 와도 해당 등기신청을 각하하여서는 아니되고 수리하여야 하는 것이 논리적이다. 따라서 논리적으로 보면 그러한 사안에서 등기신청을 각하한다면 그것은 형식적 심사주의에 위배되는 것이기 때문에 등기관은 고의에 의한 불법행위책임을 져야 할 것이다.

그러나 부진정한 등기를 방지한 행위가 불법행위가 되고 부진정한 등기가 될 줄을 알면서도 이를 그대로 실행하여야 적법한 행위가 된다는 논리는 상식적으로 납득하기 어렵다. 절차의 신속과 정확 중 신속을 위한 것이 형식적 심사주의라지만 그다지 절차를 번거롭게 하지 않으면서도 알 수 있는 사항에 대하여까지 과연 이렇게 하여야 하는지 의문이다.

3) 반면에 지나친 재량을 줄 경우 자의적인 업무처리도 생길 수 있다. 충분한 자질과 능력을 구비하지 못할 경우 자의적인 업무처리로 오히려 등기의 진정을 해하는 결과가 될 수도 있다.[145]

4) 이와 같은 배상책임문제나 자의적인 업무처리의 우려 문제를 해결하기 위하여는 종래와 같은 형식적 심사주의라는 추상적 원칙에서 벗어나서 등기관의 심사의 구체적 내용을 보다 구체적이고 체계적으로 정립하는 등 등기절차를 정비하고, 동시에 적정한 사건처리수를 배정하고, 등기관의 직급, 실무교육 등 등기관의 자질을 높이도록 보완할 필요가 있다.

이런저런 이유를 들어 등기신청을 수리하지 않으려고 한다. 그러므로 사실상은 실체관계를 발견하려고 직권으로 조사를 하는 결과가 된다. 즉, 애매한 사건이나 의심스러운 사안에서는 배상책임문제를 우려하여 실질심사를 하게 되는 경향도 있다.

145) 자의적인 업무처리는 예전에 급행료 관행을 둘러싸고 많이 발생하였던 문제이기도 하다.

제4절
결어

1. 등기의 진정성 보장의 기초는 실체법상의 법률관계와 등기절차의 밀접한 연계이다. 이 장에서는 실체법상의 법률관계와 등기절차를 연결짓는 역할을 하는 등기관의 심사업무의 성격에 관한 입법주의로서 종래 통설이 분류하고 있는 형식적 심사주의와 실질적 심사주의에 대하여 살펴보았다. 대부분의 국내문헌에서는 이런 분류를 당연한 것으로 받아들이고 그에 따라 우리 법의 입장을 형식적 심사주의로 설명하고 있다. 이 점에 관하여 의문을 제기하는 견해는 없다.

그런데 형식적 심사주의에 대한 개념정의를 자세히 들여다보면 그 설명이 명확하지 않고 일관성이 없다. 이 점은 우리에게 영향을 미친 일본에서의 논의를 보면 더 한층 혼란스럽고, 형식적 심사주의에 대하여 의문을 제기하는 견해가 오래전부터 주장되어 왔으며, 최근에는 형식적 내지 실질적 심사주의 분류 자체를 부정하는 견해도 제기되고 있다.

2. 등기관의 심사업무에 관하여 다른 나라의 제도를 살펴보아도 심사업무 자체에 관하여 입법주의를 분류할 수 있을 만한 특징이 되는 차이점은 발견할 수 없다. 독일에서의 절차적·실체적 적법주의의 영향을 받아 일본에서 형식적·실질적 심사주의라는 개념이 생겨났고 그것이 우리나라에 그

대로 도입되었다. 그런데 獨逸에서의 節次的·實體的 適法主義는 등기절차
에서 실체법상의 법률행위인 채권행위나 물권행위 자체를 증명하게 할 것
인가 아니면 실체법상의 법률행위인 물권적 합의에 갈음하여 등기승낙이
라는 등기절차법상의 의사표시에 관하여 증명하게 할 것인가 하는 문제,
즉 物權變動理論의 登記節次에의 具現 모습에 따른 분류이다. 등기관의
심사업무에 관한 입법주의 분류가 아니다.

우리나라나 일본의 통설은 독일이 원칙적으로 형식적 심사주의를 취하
고 예외적으로 부동산소유권이전의 경우에는 실질적 심사주의를 취하며,
스위스법이 실질적 심사주의를 취한다고 설명한다. 그러나 통설이 형식적
심사주의로 분류하는 경우는 등기절차에서 물권적 합의 자체에 관한 증명
대신에 등기승낙이라는 등기절차법상의 의사표시에 관하여 증명하게 하는
경우이고, 실질적 심사주의로 분류하는 경우는 채권행위 내지 물권적 합
의라는 실체법상의 의사표시에 관하여 증명하게 하는 경우일 뿐이다. 물
권변동이론의 등기절차에의 구현모습이 다를 뿐 등기관의 심사업무의 내
용에 차이가 있는 것은 아니다.

3. 우리 부동산등기법의 해석론으로서도 반드시 형식적 심사주의를 취하
여야 하는 것도 아니다. 우리 부동산등기법에 대한 보다 적극적인 해석을
통하여 실체법상의 법률관계를 등기절차에 반영할 수 있도록 등기관의 심사
업무에 관한 이론구성을 할 수 있다. 더구나 종래 통설이 형식적 심사주의
를 취하는 근거로 되었던 규정들이 현행 부동산등기법에서 개정되었다.

형식적 심사주의는 실체법상의 법률관계를 정확하고 신속하게 공시한
다는 등기제도의 이상에 비추어 볼 때 신속을 저해하지 않으면서도 정확성
을 포기해 버리는 논리로서 이해하기 어렵고, 절차적 정의라는 면에서도 바
람직하지 않다.

형식적 심사주의이론은 등기실무에도 크게 영향을 미쳐 실무운영을 형식
적인 절차로 흐르게 하였고, 등기제도의 발전을 가로막는 요인이 되었다.

소송절차나 보전처분절차와 비교하여도 등기절차를 형식적 심사주의라고 부를 만한 이유는 찾기 어렵다.

4. 결국 등기절차에서 큰 원칙의 하나로 자리잡고 있는 형식적 심사주의라는 개념은 일본에서의 부동산물권변동에 관한 입법의 특수성에서 비롯된 개념인데, 사정이 다른 우리나라에도 그대로 도입되었다. 그렇다고 명확히 정립된 개념도 아니고, 이를 정치하게 정립하거나 발전시킬 필요성도 보이지 않는다. 여기에 집착하여서는 등기제도의 발전을 기대할 수 없다. 이제는 형식적 심사주의라는 추상적이고 일반적인 틀로써 등기절차를 억지로 성격지으려 하지 말고 등기관의 심사에 관한 내용을 구체적이고 체계적으로 정립하려는 노력과 그 바탕 위에서 등기의 진정성을 높이는 방안을 차근차근 모색해 보는 노력이 필요하다.

제4장
등기관의 심사업무의
구체적 내용 분석

제1절
서설

───────────────────────────────

제3장에서 등기관의 심사업무에 관한 기본원칙으로 자리잡아 온 형식적 심사주의에 대한 일반론으로 그 개념과 다른 나라의 제도, 그리고 우리 부동산등기법의 해석론을 살펴보았다. 그 결과 형식적 심사주의의 개념도 명확히 정의되지 않고 있고, 다른 나라의 제도를 살펴보아도 형식적 심사주의라는 원칙을 찾아볼 수 없을 뿐만 아니라 우리 법의 해석론으로서도 형식적 심사주의라는 원칙을 이끌어낼 수 없음을 알 수 있었다.

그렇다면 등기관의 심사업무에 관한 우리 현실은 어떠한가? 과연 우리 현실에서의 등기관의 심사업무의 구체적 내용을 살펴볼 때 형식적 심사주의가 구체적 사안에서 그대로 관철되고 있는가? 아직까지 국내에서는 등기관의 심사업무의 내용에 대하여 체계적으로 자세히 언급한 문헌은 보이지 않는다.[1] 여기서 형식적 심사주의를 우리 현실에서 검증해 보기 위하

───────────────────────────────

1) 등기관의 심사업무의 내용에 관하여 체계적으로 언급하고 있는 국내문헌은 보이지 않는다. 일본의 문헌 중에 심사의 구체적 내용을 자세히 다루고 있는 문헌으로는 法務省法務總合研究所에서 편찬한 「實務解說 權利の登記」라는 책자가 있다. 이 책에서는 「申請에 대한 審査」라는 제목 아래 심사의 대상과 심사의 방법으로 나누어 종래의 통설에 따라 몇 가지 선례와 사례를 예로 들어 설명하고 있다. 法務省法務總合研究所 編, 實務解說 權利の登記, 日本加除出版株式會社, 1995, 402-462면.

여 등기관의 심사업무에 관한 일반론에서 더 나아가서 등기관의 심사업무의 구체적 내용을 분석해 보고자 한다.

등기관의 심사업무의 내용을 분석하기 위하여는 먼저 우리법의 규정에 서부터 살펴보는 것이 순서이겠으나, 우리 법의 해석론은 제3장에서 검토하였으므로 여기서는 다시 언급하지 않는다. 이 장에서는 형식적 심사주의를 취하는 종래의 학설과 판례의 입장에 따라 등기관의 심사업무의 내용을 검토한 후, 등기실무를 통하여 실제 우리 현실에서의 등기관의 심사업무의 구체적 내용을 분석하여 보고자 한다.[2]

---

2) 등기관의 심사의 내용은 무엇을 심사하느냐(심사의 대상), 무엇을 가지고 심사 하느냐(심사의 자료), 그리고 어떻게 심사하느냐(심사의 방법)로 구분하여 볼 수 있다. 이 중 심사의 방법에 관하여는 실무적인 내용일 뿐만 아니라 여러 실무서 에 잘 정리되어 있는 내용 외에 달리 논란이 될 만한 것이 없으므로 제2절에서 간략히 소개하는 정도로 그치고 이 장에서는 심사의 대상과 심사의 자료를 중심 으로 검토하고자 한다.

제2절
학설과 판례의 분석 ─────────────

I. 학설

1) 등기관의 심사의 내용이 구체적으로 어떤 모습인지 관하여 설명한 대표적인 견해를 소개하면 다음과 같다.

실질적 심사를 하게 되는 특수한 경우를 제외한 그 밖의 일반적 경우에는, 등기공무원은 오직 신청서류와 등기부만에 의하여 심사하여야 하고, 그 밖의 서면에 의한 심사는 하지 못한다. 또한 신청을 위하여 출석한 자나 기타의 자에 대한 구두심문도 하여서는 안 된다. 이와 같이 신청서류와 등기부의 기재만으로써 심사한다는 것은, 바꾸어 말해서 신청서류의 진정성을 조사한다는 뜻이다. 즉, 신청서류가 작성명의인에 의하여 진실로 작성된 것인지를 조사하여야한다. 그렇다고, 그들 서류가 진정하다는 적극적 확신을 얻을 수 있을 정도의 심사주의의무가 있는 것은 아니다. 결국, 등기공무원은 통상의 주의를 가지고 있었다면 그 부진정함을 쉽게 알 수 있는 것을 보아 넘겨서는 안 되는정도의 주의의무가 있다고 말할 수 있다. 구체적 판정방법으로서는 첨부서류·등기부·인영의 상호대조 등을 들 수 있다. 등기공무원이 이러한 주의의무를 게을리하고, 그로 말미암아 손해를 받은 자가 있는 때에는, 그 자는 국가배상법에 의하여 국가에 대하여 손해배상을 청구할 수 있음은 물론이다.[3]

────────────────

[3] 郭潤直, 不動産登記法, 新訂修正版, 博英社, 1998, 230-231면. "실질적 심사를 하

2) 그 외에 등기업무 주무부서인 법원행정처에서 발간한 실무지침서 중 등기관의 심사에 관한 설명을 요약하면 다음과 같다.[4]

먼저, 「형식적 심사의 범위」라는 제목 아래, ① 「서면심사의 원칙」이라는 소제목에서, 신청인이 제출한 신청서류에 의하여만 등기의 수리 여부를 판단하여야 한다고 하면서, ㉠ 법 소정의 신청서 및 첨부서면의 제출 여부, ㉡ 제출된 서면이 작성명의인에 의하여 작성된 것인지 여부, ㉢ 신청서의 기재가 등기부 및 다른 첨부서류와 부합하는지 여부를 심사하여 신청의 수리 여부를 결정하도록 하고 있고, 실체사항을 확인하기 위하여 당사자 또는 대리인에 대하여 증명을 요구하거나 심문할 수 없고, 현장확인이나 사실조회 등을 할 수도 없다고 한다. ② 「실체관계 심사의 배제」라는 소제목에서, 실제 법률관계가 존재하는지, 실체법상 유효한지 여부는 심사의 대상이 아니라고 하면서, 다만 그 등기가 실체법상 허용되는가에 대하여는 심사하여야 한다고 설명한다. 이어서 ③ 「등기심사의 소극성」이라는 소제목에서, 등기신청내용과 실체권리관계가 일치한다는 적극적 확신을 요하는 것이 아니라, 신청서와 첨부서면 및 등기부에 의하여 그 신청의 형식적 적법성만 인정되면 그에 따른 등기를 하여야 한다는 것이 심사의 소극성이라고 설명한다.

또한 「신청서 및 첨부서면의 조사방법」이라는 제목 아래 그 구체적 방법을 나열하고 있다.[5]

게 되는 특수한 경우를 제외한 그 밖의 일반적인 경우"에 관하여 설명하고 있으나, 실질적 심사를 하게 되는 특수한 경우란 전부 개정 전의 부동산등기법 제56조의 2에서 규정한 구분건물의 표시사항에 대한 심사를 의미하는데, 이 규정은 현행 부동산등기법에서는 삭제되었으므로 이제는 불필요한 표현이 된다. 제3장 제3절 중 Ⅰ 참조.

4) 법원행정처, 부동산등기실무[Ⅰ], 2007, 434-435면.

5) 나열된 사항들은 대부분 단순한 실무적 기술적 내용들이다. 간략히 요약하면 다음과 같다. 1) 「신청서와 등기부의 대조」를 위하여 부동표시의 부합 여부의 대조, 등기의 목적인 권리표시의 부합 여부 대조, 등기의무자 표시의 부합 여부 대조, 등기권리자 표시와 부합 여부의 대조를, 2) 「첨부서류와 등기부의 대조」

II. 판례의 입장

1. 심사의 내용에 관한 판례의 입장

판례에 의하면 "등기관은 등기신청에 대하여 부동산등기법상 그 등기신청에 필요한 서면이 제출되었는지 여부 및 제출된 서면이 형식적으로 진정한 것인지 여부를 심사할 권한을 갖고 있으나 그 등기신청이 실체법상의 권리관계와 일치하는지 여부를 심사할 실질적 심사권한은 없으므로, 등기관으로서는 오직 제출된 서면 자체를 검토하거나 이를 등기부와 대조하는 등의 방법으로 등기신청의 적법 여부를 심사하여야 할 것"이라고 하거나,[6] "등기공무원은 등기신청에 대하여 실체법상의 권리관계와 일치하는지 여부를 심사할 실질적 심사권한은 없고 오직 신청서 및 그 첨부서류와 등기부에 의하여 등기요건에 합당하는지 여부를 심사할 형식적 심사권한 밖에는 없는 것이어서",[7] "그 밖에 필요에 응하여 다른 서면의 제출을 받거나 관계인의 진술을 구하여 이를 조사할 수는 없"다고 한다.[8] 이러한 판례의 입장은 오랜 기간 계속 반복되어 확고한 판례법을 형성하고 있다.

일본의 판례도 우리 판례와 같은 입장을 취하고 있다.[9] 다만, 일본의

를 위하여 등기필증에 기재된 등기의무자 등과 등기부상의 등기의무자 등의 대조, 등기상 이해관계인의 승낙서 등과 등기부의 대조, 대장과 등기부의 부동산 표시와 소유자표시의 대조를 하도록 하고, 3) 마지막으로 「신청서와 첨부서류의 대조」를 하는 것으로 열거하고 있다. 부동산등기실무 I](주 4), 440-445면.

6) 대법원 2005. 2. 25. 선고 2003다13048 판결; 대법원 2007. 6. 14. 선고 2007다 4295 판결

7) 대법원 1966. 7. 25. 선고 66마108 판결; 대법원 1987. 9. 22. 선고 87다카1164 판결; 대법원 1989. 3. 28. 선고 87다카2470 판결; 대법원 1995. 1. 20.자 94마 535 결정; 대법원 2008. 3. 27.자 2006마920 결정; 대법원 2010. 3. 18.자 2006 마571 전원합의체 결정; 대법원 2011. 6. 2.자 2011마224 결정

8) 대법원 1990. 10. 29.자 90마772결정; 대법원 2008. 12. 15.자 2007마1154 결정.

9) 일본 최고재판소는 "登記官吏는 당해 申請書 및 附屬書類에 관하여 登記申請이

하급심 판결 중에는 제한적으로 신청 외 자료를 심사의 자료로 활용할 필
요성을 언급한 판결이 있다.[10]

2. 판례의 내용 분석

가. 등기관의 심사의 성격에 관한 입법주의

등기신청에 대하여 실체법상의 권리관계와 일치하는지 여부를 심사하는
것은 「실질적 심사」에 속하고, 신청서 및 그 첨부서류와 등기부에 의하여
등기요건에 합당하는지 여부를 심사하는 것은 「형식적 심사」에 속한다고
한다. 즉, 등기관의 심사에 관한 형식적 심사주의와 실질적 심사주의의 분
류를 채택하면서 우리법이 형식적 심사주의를 취하고 있음을 밝히고 있다.

나. 등기관의 심사의 내용

판례는 심사의 대상과 심사의 자료 내지 방법 모두를 가지고 심사의 내
용을 설명하고 있다.

1) 심사의 대상에 대하여는, 「부동산등기법상 그 등기신청에 필요한 서
면이 제출되었는지 여부 및 제출된 서면이 형식적으로 진정한 것인지 여
부」 또는 「등기요건에 합당하는지 여부」를 심사의 대상으로 하는 것이 형

形式上의 要件을 구비하고 있는가 아닌가 하는 소위 形式的 審査를 할 수 있는
것에 머무르고, 나아가 그 등기사항이 眞實인가 아닌가 하는 소위 實質的 審査
를 할 권한을 가지는 것은 아니다"라고 한다. 일본 最高裁判所 第1小法廷 昭和
35年(1960年) 4月 21日(最高裁判所 民事判例集 14卷 6號 963면, 判例時報 222號
19면). 이 판례에 관한 해설로는 山口智啓, "不動産登記實務基礎講座 第15回 登
記官の審査權", 月刊 登記情報 495號(2003年 2月號), 80면 이하 참조. 우리나라
에서는 형식적 심사주의의 입장을 설시하고 있는 대법원판결이 많이 있으나, 부
동산등기에 관하여 형식적 심사주의를 취하고 있음을 설시하고 있는 일본 최고
재판소의 판결은 이 판결 하나밖에 보이지 않는다.

10) 이에 관하여 자세한 것은 제3절 Ⅲ의 3. 참조.

식적 심사이며,「실체법상의 권리관계와 일치하는지 여부」를 심사하는 것
이 실질적인 심사라고 한다.

2) 심사의 자료 내지 방법에 대하여는,「오직 제출된 서면 자체를 검토
하거나 이를 등기부와 대조하는 등의 방법으로」또는「오직 신청서 및 그
첨부서류와 등기부에 의하여」만 심사하여야 하고,「그 밖에 필요에 응하
여 다른 서면의 제출을 받거나 관계인의 진술을 구하여 이를 조사할 수는
없」다고 한다. "오직" 이들 서면만에 의하여 심사하여야 한다고 강조한 취
지로 보아 다른 자료에 의한 심사를 전혀 인정하지 않겠다는 의도를 보여
주고 있다.

다. 심사의 내용에 대한 논리구성

판례는 심사의 대상의 제약으로 인하여 심사의 자료 내지 방법이 제약
되는 것으로 설명한다. 즉, 실체법상의 권리관계와 일치하는지 여부를 심
사할 수 없기 때문에 오직 제출된 서면 자체를 검토하거나 이를 등기부와
대조하는 등의 방법으로 등기신청의 적법 여부를 심사하여야 한다고 한다.

Ⅲ. 판례의 입장의 변천

1) 심사의 대상에 관한 판례의 입장의 변화를 살펴본다. 일본에서는 초
창기에 한 때 판례와 등기실무가 심사의 대상은 절차법적 사항만이고 실질
적 내지 실체법적 사항은 대상이 되지 않는 것으로 보고 있었으나,11) 현재

---

11) 이에 관한 판례로서는 重利의 特約의 등기에 관한 일본 大審院의 결정이 있다.
신청인이 저당권의 등기를 신청하면서 重利의 特約에 대하여도 아울러 등기를
신청하였다. 그런데 등기소에서는 이 특약을 등기하지 아니하였다. 신청인은 특
약사항의 등기가 누락되었다는 이유로 경정등기를 신청하였으나 등기관은 이를
각하하였다. 각하의 이유는 중리의 특약의 실체법상의 효력을 고려하여 그 등기
가 허용되지 않는다고 한 것이다. 신청인은 각하결정에 불복하였고 원심은 각하

는 실체법상의 사항도 심사의 대상이 되는 점에 관하여 다툼이 없다.12)

심사의 대상에 관한 우리나라 판례는 처음에는 등기관은 "등기신청이 있는 경우에 당해 등기원인의 실질적 요건을 심사함이 없이 다만 그 외의 형식적 요건만을 심사하여 그것이 구비되어 있으면 가사 실질적 등기원인에 하자가 있다 하더라도 그 등기신청을 받아들여 등기하여야 함은 부동산등기법 제55조에 의하여 명백"하다고 하여,13) 실질적인 사항은 심사의 대상이 될 수 없는 것으로 보았다.

그러다가 상속등기신청에 관한 사안에서 판례의 입장의 미묘한 변화가 생긴다. 대법원은 "상속재산을 둘러싼 소송의 확정판결에 상속관계에 대한 설시가 있다 하더라도 그 부분에 등기공무원에 대한 어떤 기속력이 인정되는 것은 아니어서, 등기공무원으로서는 형식적 심사권의 범위 내에서 적법하게 그 확정판결이 부동산등기법 제46조 소정의 상속을 증명함에 족한 서면인지 여부를 심사할 수 있을 뿐만 아니라, 제출된 서면을 종합하여 객관적으로 상속인의 범위 및 상속지분을 판단할 수 있"다고 하여 실체법상의 법률관계인 상속인의 범위와 상속분에 대하여 심사하여야 하는 것으로 보고 있다.14)

결정이 정당하다고 판단하였다. 일본 대심원은 등기관의 심사권은 실체법상의 사항에는 미치지 않는다고 하면서 원심을 파기하였다. 대심원의 판시는 다음과 같다. "본래 登記官吏는 오직 형식상의 사항을 조사하여야 하는 것이고 중리의 특약이 유효한가 아닌가 및 저당권의 효력이 미치는 범위 여하라고 하는 것과 같은 실질상의 사항을 심사하여 신청의 허부를 결정할 수는 없다." 大審院 1913 年(大正2年)6月21日決定(民錄19-466). 이에 관한 해설로는 實務解說 權利の登記 (주 1), 407면 참조.

12) 實務解說 權利の登記(주 1), 410면.

13) 대법원 1966. 7. 25.자 66마108 결정; 대법원 1987. 9. 22. 선고 87다카1164 판결. 부동산등기법 제55조는 2011년 법 전부 개정에 의하여 제29조로 변경되었다.

14) 대법원 1995. 1. 20.자 94마535 결정. 대법원 1990. 10. 29.자 90마772 결정도 같은 취지이다. 90마772 결정의 사안은 다음과 같다. 신청인이 산정한 상속분이 그 상속재산을 둘러싼 소송에서 받아들여져 판결로 확정되었음에도 등기관이 이와 다른 상속분을 내세워 등기신청을 각하하였다. 이에 신청인은 등기관의 그러

한편 상업등기에 관한 사안에서 판례의 표현에 미묘한 변화가 있었다. 형식적 심사권의 내용에 관하여 종래와 같이 판시하면서도 "원칙적으로"라는 표현을 추가하였다.[15) 예외적으로는 그렇지 않다는 뉘앙스가 느껴지기는 하나 그 판결에서 달리 이에 관하여 언급하지는 않았다.

그러다가 국세와 가등기로 담보된 채권과의 관계에 대한 국세기본법 제35조 제2항 본문과 단서의 해석을 둘러싸고 판례가 많은 변화를 보여주고 있다. 이 판결에서는 등기관의 심사권과 관련하여 두 가지 변화가 보인다. 첫째는 형식적 심사권에 관한 일반론을 판시하면서 "원칙적"으로라는 표현을 붙임과 동시에 등기관의 심사사항에 "등"을 붙여 종래의 판결보다 그 심사대상을 넓게 볼 여지를 남기고 있다는 점이다.[16) 둘째는 국세기본법의 위 규정과 관련하여 위 조항은 그에 해당하는 "가등기의 권리자가 그 재산에 대한 체납처분에 대하여 그 권리를 주장할 수 없다는 실체법상의 효력을 규정한 것이지만, 등기절차에서 위 규정의 실효성을 확보하기 위하여는 그에 필요한 범위 내에서 등기관에게 가등기와 압류등기 사이의 실체법상의 우열 여부를 심사할 수 있도록 할 필요가 있다"고 하여 실체법상의 법률관계를 심사할 수 있다는 것을 정면에서 인정하였다. 그러면서 이와 배치되는 종전의 결정 내지 판결들을 변경하고 있다. 이 결정에

한 결정은 확정판결의 기판력에 저촉될 뿐만 아니라 등기관의 형식적 심사권의 범위를 넘어 실체법상의 권리관계까지 심사한 것이 되어 부당하다는 이유로 이의신청한 사건이다.

15) 대법원 2008. 12. 15.자 2007마1154 결정. "원칙적으로 등기공무원은 등기신청에 대하여 실체법상의 권리관계와 일치하는지 여부를 심사할 실질적 심사권한은 없고 오직 신청서 및 그 첨부서류와 등기부에 의하여 등기요건에 합당하는지 여부를 심사할 형식적 심사권한밖에는 없다."

16) 대법원 2010. 3. 18.자 2006마571 전원합의체 결정은 "원칙적으로 등기관은 등기신청에 대하여 부동산등기법상 그 등기신청에 필요한 서면이 제출되었는지 여부 및 제출된 서면이 형식적으로 진정한 것인지 여부 등 그 등기신청이 신청서 및 그 첨부서류와 등기부에 의하여 등기요건에 합당한지 여부를 심사할 형식적 심사권한밖에 없"다고 한다.

관하여는 마지막 항에서 자세히 분석하기로 한다.

2) 다음으로 심사의 자료 내지 방법에 관한 판례의 입장의 변화를 살펴본다. 판례는 계속하여 「오직 제출된 서면 자체를 검토하거나 이를 등기부와 대조하는 등의 방법으로」 또는 「오직 신청서 및 그 첨부서류와 등기부에 의하여」만 심사하여야 하고, 「그 밖에 필요에 응하여 다른 서면의 제출을 받거나 관계인의 진술을 구하여 이를 조사할 수는 없」다고 하여 왔다. "오직" 이들 서면만에 의하여 심사하여야 한다고 강조하고 있다.

그러다가 가등기와 체납처분에 의한 압류 사이의 우열에 관한 국세기본법 제35조 제2항의 해석에 관한 위 사안에서 가등기와 압류등기 사이의 실체법상의 우열 여부를 심사할 수 있도록 하기 위하여 그 심사의 자료 내지 방법에 관하여 종래와는 다른 입장을 밝히고 있다. 즉, 소유권이전청구권 보전의 가등기 이후에 국세·지방세의 체납으로 인한 압류등기가 마쳐지고 위 가등기에 기한 본등기가 이루어지는 경우, 등기관은 체납처분권자에게 부동산등기법 제58조(개정 전 제175조)에 따른 직권말소통지를 하여 체납처분권자가 국세 등과 가등기의 우열에 관한 소명자료를 제출하면 그에 관하여 실질적으로 다툼이 있는지 여부를 보고 직권말소 여부를 결정하여야 한다고 판시하였다.[17) 직권말소 사안에 관한 것이기는 하나 오로지 첨부자료 등에 의하도록 한 종래의 입장에서 벗어나서 실체법상의 법률관계를 심사할 수 있는 방향으로 한 발 나아간 입장을 밝히고 있다. 이 점에 관하여도 마지막 항에서 자세히 검토하기로 한다.

3) 이상과 같이 판례의 입장을 살펴보면 비록 미묘하기는 하나 심사의 대상 내지 자료를 점점 넓혀 왔음을 알 수 있다. 그 이유는 문제가 된 사안을 구체적으로 검토해 보면 종래의 형식적 심사주의이론으로 설시했던 추상적 일반론으로는 설명이 되지 않고 합리적 결론을 도출할 수 없기 때문이 아닌가 생각된다. 그렇다면 판례의 입장은 앞으로도 문제될 때마다 계속 확대될 것이라는 것을 예측할 수 있게 된다.

---

17) 대법원 2010. 3. 18.자 2006마571 전원합의체 결정.

Ⅳ. 판례이론에 대한 검토

판례의 입장은 언뜻 보기에는 등기관의 심사의 내용에 관하여 명쾌하면서도 구체적으로 언급한 것처럼 보인다. 그러나 자세히 들여다보면 여러 의문점이 생긴다.

1. 논리구성

판례는 심사의 대상의 제약으로 인하여 심사의 자료 내지 방법이 제약되는 것으로 설명한다. 즉, 실체법상의 권리관계와 일치하는지 여부를 심사할 수 없기 때문에 오직 제출된 서면 자체를 검토하거나 이를 등기부와 대조하는 등의 방법으로 등기신청의 적법 여부를 심사하여야 한다고 한다.

과연 그러한가? 오히려 그 반대로 이해하여야 할 것이다. 절차적 사항만이 아니라 신청시에 제출한 자료에 의하여 심사가 가능하면 실체법적 사항도 심사하여야 하는 것으로 이해하는 것이 타당하다. 별도의 자료가 없이 신청서 및 첨부서면만으로 심사가 가능한 경우에도 굳이 「그 등기신청이 실체법상의 권리관계와 일치하는지 여부」를 아예 심사의 대상에서 제외하여 심사하지 말라고 할 근거나 필요성이 없다. 따라서, 판례의 이론구성과는 반대로 심사의 자료의 제약으로 심사의 대상이 제한되는 것으로 이해하는 것이 바람직하다.[18]

2. 심사의 대상

1) 판례는 「등기관은 등기신청에 대하여 부동산등기법상 그 등기신청에

---

18) 심사의 자료의 제한으로 인한 심사의 대상의 제한에 관하여는 제3절 Ⅲ 중 "2. 심사의 자료에 의한 심사의 대상의 제한" 부분 참조.

필요한 서면이 제출되었는지 여부 및 제출된 서면이 형식적으로 진정한 것인지 여부를 심사할 권한을 갖고 있으나 그 등기신청이 실체법상의 권리관계와 일치하는지 여부는 심사할 수 없다고 한다.

그런데 이러한 판례의 이론은 그 자체로서 모순이고 첨부정보 제출의 목적에도 어긋난다. 등기는 실체법상의 권리관계를 등기부에 공시하기 위한 것이므로 실체법상의 권리관계에 부합하는지 여부는 당연히 심사하여야 한다. 그것을 심사하게 하기 위하여 각종 첨부자료의 제출을 요구하는 것이다. 각종 서면을 비롯한 첨부자료를 제출하게 하는 이유가 실체법상의 권리관계와 일치하는지 여부를 심사하기 위한 것인데, 필요한 서면의 제출 여부만 확인하고 실체법상의 권리관계에 대하여는 심사하지 말라는 것은 그 자체로서 모순이고 첨부자료 제출의 목적에도 어긋나는 해석이다.

이러한 판례의 견해는 통설과도 다르다. 통설에 의하면 우리 법상 실질적·실체법적 사항도 심사의 대상이 된다고 본다. 다만, 그 방법이 소극적이고 미온적이어서 우리법이 형식적 심사주의의 테두리를 벗어나지 못한다고 함은 앞에서 살펴보았다.[19]

2) 다음으로 판례는 「등기공무원은 등기신청에 대하여 실체법상의 권리관계와 일치하는지 여부를 심사할 실질적 심사권한은 없고 오직 신청서 및 그 첨부서류와 등기부에 의하여 등기요건에 합당하는지 여부」를 심사할 수 있다고 한다.

심사의 대상을 「실체법상의 권리관계」가 아니라 「등기요건에 합당한지 여부」라고 하였는데, "등기요건에 합당한지 여부"가 무엇을 의미하는지 분명하지 않다. 문언상으로 보아서는 등기의 요건을 실체법상의 권리관계와 대비되는 개념으로 사용하고 있는 듯하다. 그러나 실체법상의 법률관계를 등기부에 공시하여야 하는 것이 등기제도의 목적이므로 등기의 요건은 실체법상의 법률관계라고 하여야 한다. 따라서 등기의 요건을 실체법상의 권리관계와 대비되는 개념으로 보는 것은 옳지 않다.

---

19) 제3장 제3절 참조.

3) 판례는 심사의 대상이 「부동산등기법상 그 등기신청에 필요한 서면이 제출되었는지 여부 및 제출된 서면이 형식적으로 진정한 것인지 여부」이고 「실체법상의 권리관계와 일치하는지 여부」는 아니라고 한다. 그런데, 심사의 대상이 이것들만 있고 다른 사항은 없는지도 의문이다. 제3절에서 살펴보겠지만 실무에서는 심사의 대상으로 신청인 본인의 확인, 필요서면 등 첨부자료의 제출 여부, 제출자료의 적격성의 확인, 그 자료의 형식적 진정의 확인, 실체법상 또는 절차법상 허용 여부, 원인행위인 법률행위의 존재 여부 및 그에 대한 제3자의 승낙, 그밖에 실체법상의 법률관계 내지 사실관계 등을 심사하고 있어 심사의 대상이 단순히 판례가 나열한 사항에 한정되지 않는다. 최근의 판례에서는 이 점을 의식한 듯한 판시사항의 변화가 있다.[20]

4) 「실체법상의 권리관계와 일치하는지 여부」를 아예 심사의 대상에서 제외하고 있는 일반론 설시도 문제이다. 신청정보와 함께 등기소에 제공된 "등기원인을 증명하는 정보"를 보고 판단할 수 있는 사항이라면 등기관이 판단할 수 있고 판단하여야 한다. 이런 의미에서 심사의 자료에 의하여 심사가 가능한지 여부를 묻지 않고 실체법상의 권리관계에 관한 사항을 심사의 대상에서 제외하는 판례의 일반론 설시는 구체적 타당성을 가지기 어렵다. 판례도 구체적인 사안에서 불합리해 보이는 결과가 생길 우려가 있는 경우에 실체법상의 법률관계도 심사하도록 판시사항에도 미묘한 변화가 있었음은 이미 살펴본 바와 같다.[21]

5) 형식적 심사주의에 관한 판례의 일반론은 구체적 사안에서의 판례의 입장과 일치하지 않아 논리적 일관성이 없다. 예를 들어 가등기에 의한 본등기와 중간압류등기의 말소에 관한 전원합의체 결정에서 알 수 있듯이 판례의 일반론은 구체적인 사안에서 그대로 관철되지 못하고 있고, 오히

---

20) 대법원 2010. 3. 18.자 2006마571 전원합의체 결정을 예로 들 수 있다. 앞의 판례의 입장의 변천에 관한 항목 참조.
21) 앞의 판례의 입장의 변천에 관한 항목 참조.

려 구체적 사안에서는 실체법상의 법률관계를 심사하기 위한 필요성이라는 관점에서 판단하고 있음을 알 수 있다. 구체적인 내용은 다음 항에서 살펴본다.

3. 심사의 자료

판례는 심사의 자료와 관련하여 「오직 신청서 및 그 첨부서류와 등기부」에 의하여만 심사하여야 하고 「그 밖에 필요에 응하여 다른 서면의 제출을 받거나 관계인의 진술을 구하여 이를 조사할 수 없」다고 한다. "오직"이라는 표현까지 사용하면서 강조하고 있다.

여기서 문제는 첨부자료인데, 수 많은 등기유형에 대하여 각 등기유형별로 어떤 자료를 첨부하여야 하는지가 미리 확정되어 있지 않다는 데에 문제가 있다. 부동산등기법이나 부동산등기규칙에는 포괄적 추상적으로만 규정하고 있어[22] 과연 어떠한 자료를 제출하게 하여야 하는지 판단하기 어려운 경우가 많다. 예를 들면, "등기원인을 증명하는 정보"를 등기소에 제공하도록 규정하고 있을 뿐 구체적으로 어떤 정보가 이에 해당하는지를 규정하고 있지는 않다. 그것은 등기관이 구체적 사안에서 어떤 자료가 등기원인을 증명하기에 충분한 자료인지를 판단하여 결정할 문제이다.[23] 구체적 사안에서 어떤 자료를 첨부하여야 하는지가 미리 명확히 규정되어 있지 않다면 첨부자료만 가지고 심사하라는 판례의 설명은 공허한 내용이 된다.

판례의 입장과는 달리 등기실무에서 법령의 근거 없이 등기예규에 의하

---

22) 이해하기 쉬운 예를 들면, 주소확인이 필요한 경우 주민등록등본을 제출하라고 규정하지 않고 "주소를 증명하는 정보"를 제출하게 한다든가, 대리인에 의하여 등기를 신청하는 경우에는 위임장을 제출하라고 하지 않고 "그 권한을 증명하는 정보"를 제출하도록 하는 것과 같다.

23) 일본 부동산등기령은 별표로서 75개의 등기유형별로 신청정보와 첨부정보를 나열하고 있음에도 불구하고 등기원인을 증명하는 정보에 관하여는 구체적으로 나열하지 않고 단순히 "등기원인을 증명하는 정보"를 첨부하도록 규정하고 있다.

여 각종 첨부서면을 제출하도록 하는 예가 있고, "필요에 의하여 관계인의 진술을 구하여 이를 조사"하도록 하는 경우도 있다.24) 예를 들면, 등기신청서의 조사시 첨부서면이 위조문서로 의심이 가는 경우에는 신청인 또는 대리인에 알려 그 진위 여부를 확인하여 처리하고 각종 등·초본 및 제증명의 정상 발급 여부를 확인하도록 하고 있다.25) 그렇다고 이러한 실무운영이 잘못된 것이라거나 현행법상 허용되지 않는다고 단정하기도 어렵고, 판례의 일반론에 맞추어 운영하도록 등기예규를 변경하는 것이 옳은지도 의문이다. 오히려 이러한 예규의 내용을 법령에 규정하도록 하는 것이 바람직할 것이다.

판례도 첨부서면이 위조 또는 변조되었으리라는 의심을 가질 수 있는 경우에 "이러한 의심을 합리적으로 해소함에 필요한 다른 보완자료의 제출을 요구하지 않은 채" 등기신청을 수리한 경우에는 형식적 심사의무를 다하였다고 할 수 없다고 한다.26) 또한 다음 항에서 검토하듯이 가등기에 의한 본등기와 중간압류등기의 말소에 관한 결정에서 실체법상의 효력을 심사하기 위하여 첨부자료 외의 자료를 활용하도록 하고 있다.

이러한 등기실무의 체계적 이론정립에 관하여는 다음 장에서 자세히 검토하기로 한다.

V. 가등기에 의한 본등기와 중간압류등기의 말소에 관한 최근의 전원합의체 결정 검토

1. 사안의 개요

등기관의 심사와 관련하여 주목할 만한 대법원 전원합의체결정이 최근

---

24) 자세한 내용은 제3절 참조.

25) 등기부위조관련 업무처리지침(2011. 1. 11. 대법원 등기예규 제1377호) 제4조 참조.

26) 대법원 2007. 12. 28. 선고 2006다21675 판결.

에 나왔다. 등기관의 형식적 심사와 실체법상의 권리관계에 관한 결정인데,27) 그 내용을 분석하면 다음과 같다.

(1) 등기부의 기재

이 사건 부동산에 관하여 다음과 같은 등기가 순차적으로 마쳐져 있다.

　① 소유권보존등기
　② 매매예약을 원인으로 한 소유권이전청구권가등기
　③ 가처분등기
　④ 체납처분에 의한 압류등기(대한민국)
　⑤ 체납처분에 의한 압류등기(구리시)
　⑥ 강제경매개시결정등기
　⑦ 가등기에 기한 본등기

(2) 등기신청 및 등기관의 조치

개정 전 부동산등기법 아래에서는 가등기에 기한 본등기(⑦)가 마쳐진 경우에 그 가등기 후 본등기 전에 행하여진 중간등기(③, ④, ⑤, ⑥)는 효력을 상실하게 되므로 등기관은 개정 전 법 제175조 내지 제177조28)에 의하여 직권으로 말소하여야 한다는 것이 판례의 입장이다.29) 판례에 따라 등기관은 위 부동산등기법의 규정에 의하여 위 중간처분의 등기명의인들

---

27) 대법원 2010. 3. 18.자 2006마571 전원합의체 결정.

28) 개정 전 법 제175조 내지 제177조는 2011년 법 개정에 의하여 법 제58조로 변경되었다.

29) 판례는 "소유권이전 청구권 보전을 위한 가등기는 부동산의 물권 변동에 있어 순위 보전의 효력이 있는 것이므로 그 가등기에 기한 소유권이전의 본등기가 마쳐진 경우에는 그 가등기 후 본등기 전에 행하여진 압류·가압류·가처분등기 등 중간 등기는 가등기권자의 본등기 취득으로 인한 등기순위와 물권의 배타성에 의하여 실질적으로 등기의 효력을 상실하게 되는 것이어서" 등기관은 개정 전 법 제175조 내지 제177조 및 제55조 제2호에 의하여 위 중간 등기를 직권으로 말소하여야 함이 원칙이라고 한다(위 2006마571 전원합의체 결정).

(③, ④, ⑤, ⑥)에 대하여 직권말소의 통지를 하였다. 통지를 받은 대한민국과 구리시는 이 사건 가등기는 담보목적의 가등기로서 국세기본법 제35조 제2항에 의하여 체납처분에 대하여 그 권리를 주장할 수 없다는 내용의 이의신청서를 제출하였다. 이에 따라 등기관은 대한민국 및 구리시의 압류등기를 포함한 중간등기 전부를 말소하지 아니하였다.

(3) 이의신청의 경과

본등기명의인들은 중간처분등기를 말소하지 아니한 것이 위법하다고 주장하며 이의신청을 하였고, 1심과 원심법원은 등기관의 처분이 정당하다고 판단하였다. 이에 대하여 대법원은 원심결정 중 구리시의 압류등기 (⑤)를 제외한 가처분등기, 대한민국의 체납처분 압류등기, 강제경매개시결정등기에 관한 부분을 파기하고 이 부분 사건을 원심으로 환송하였다.

2. 대법원의 판단

등기관의 심사권이 문제된 이 사건에 대한 대법원의 판단은 다음과 같다.
우선 형식적 심사주의에 관한 일반론을 다음과 같이 설시한다.
"원칙적으로 등기관은 등기신청에 대하여 부동산등기법상 그 등기신청에 필요한 서면이 제출되었는지 여부 및 제출된 서면이 형식적으로 진정한 것인지 여부 등 그 등기신청이 신청서 및 그 첨부서류와 등기부에 의하여 등기요건에 합당한지 여부를 심사할 형식적 심사권한밖에 없고, 실체법상의 권리관계와 일치하는지 여부를 심사할 실질적 심사권한은 없다."
그런데 대법원은 담보가등기와 국세 또는 지방세 압류등기와의 우열에 관한 구 국세기본법(2010. 1. 1. 법률 제9911호로 개정되기 전의 것) 제35조 제2항[30](지방세법 제31조 제4항 역시 위와 동일한 취지임)의 규정을 인용하면서, "이와 같이 <u>위 구 국세기본법 및 지방세법의 해당 조항은 위 규정에 해당하는 가등기의 권리자가 그 재산에 대한 체납처분에 대하여 그 권리를 주장할 수 없다는 실체법상 효력을 규정한 것이지만, 등기절차에서 위 규정의 실효성을 확보하기 위하여는 그에 필요한 범위 내에서 등기관에게 가등기와 압류등기 사이의 실체법상 우열 여부를 심사할 수 있도록 할 필요가 있다.</u> 그러나 부동산등기법상 등기관의 심사권은 형식적인 것에 한정되는 것이 원칙이므로 이러한 점을 감안하여 등기관의 심사 범위를 정하여야 한다."고 한다.

"그러므로 소유권이전 청구권 보전의 가등기 이후에 국세·지방세의 체납으로 인한 압류등기가 마쳐지고 위 가등기에 기한 본등기가 이루어지는 경우, 등기관은 체납처분권자에게 부동산등기법 제175조에 따른 직권말소 통지를 하고, 체납처분권자가 당해 가등기가 담보 가등기라는 점 및 그 국세 또는 지방세가 당해 재산에 관하여 부과된 조세라거나 그 국세 또는 지방세의 법정기일이 가등기일보다 앞선다는 점에 관하여 소명자료를 제출하여, 담보 가등기인지 여부 및 국세 또는 지방세의 체납으로 인한 압류등기가 가등기에 우선하는지 여부에 관하여 이해관계인 사이에 실질적으로 다툼이 있으면, 가등기에 기한 본등기권자의 주장 여하에 불구하고 국세 또는 지방세 압류등기를 직권말소할 수 없고, 한편 이와 같은 소명자료가 제출되지 아니한 경우에는 등기관은 가등기 후에 마쳐진 다른 중간 등기들과 마찬가지로 국세 또는 지방세 압류등기를 직권말소하여야 한다고

---

30) 제35조 (국세의 우선) 제2항
   ② 납세의무자를 등기의무자로 하고 채무불이행을 정지 조건으로 하는 대물변제의 예약에 의하여 권리이전 청구권의 보전을 위한 가등기(가등록을 포함한다. 이하 같다)나 그 밖에 이와 유사한 담보의 목적으로 된 가등기가 되어 있는 재산을 압류하는 경우에 그 가등기에 따른 본등기가 압류 후에 행하여진 때에는 그 가등기의 권리자는 그 재산에 대한 체납처분에 대하여 그 가등기에 따른 권리를 주장할 수 없다. 다만, 국세 또는 가산금(그 재산에 대하여 부과된 국세와 가산금은 제외한다)의 법정기일 전에 가등기된 재산에 대해서는 그러하지 아니하다.

봄이 상당하다"고 한다.31)

3. 검토

가. 문제의 배경

이 판례가 나오게 된 배경은 무엇일까? 직접적인 계기는 구 국세기본법 제35조 제2항이 신설되었기 때문이다.32) 그러나 이 규정을 위 판례의 내용과 같이 해석하게 된 데에는 등기예규의 영향이 컸다. 위 규정에 따른 등기절차에 관하여 종래 등기예규33)가 규정하고 있던 내용을 판례가 그대로 받아들인 것이다. 그러면서 그 과정에서 판례도 등기관의 심사문제에 관하여 다소 혼란스러운 모습을 보여주게 된다. 그 혼란을 어느 정도 정리하고 종전의 판례를 변경하면서 정리한 것이 위 전원합의체결정이다.

이 판례는 등기관의 심사업무에 관하여 몇 가지를 생각하게 해준다.

---

31) 이 결정에서 대법원 1989. 11. 2.자 89마640 결정과 그 밖에 이 결정의 견해와 다른 대법원의 결정 또는 판결들은 모두 이 결정의 견해에 배치되는 범위 내에서 이를 변경하였다.

32) 위 국세기본법 제35조 제2항은 1981. 12. 31. 법률 제3471호로 국세기본법이 개정되면서 신설되었다. 신설 당시에는 위 규정의 단서에 "납부기한으로부터 1년 전에"라는 규정이 있었으나, 헌법재판소가 1990. 9. 3. 89헌가95 결정으로 이와 동일한 취지로 규정되어 있던 같은 조 제1항 3호 중 "으로부터 1년"이라는 부분에 대하여 위헌결정을 하자, 1990. 12. 31. 법률 제4277호로 "법정기일 전에"로 개정되어 현재에 이르고 있다.

33) 85. 1. 22. 등기 제40호 각 지방법원장 대 법원행정처장 통첩(보통 이 예규를 504-2호로 부르는데, 그것은 정식 예규번호라기보다는 당시의 대법원예규집 등 기편의 일련번호 항을 예규번호로 불렀던 관행 때문이다). 이 예규는 1991. 6. 27. 등기 제1385호 각 지방법원장 대 법원행정처장 통첩(마찬가지 이유로 통상 등기예규 제370호로 통칭한다)에 의하여 위 위헌결정의 취지에 따른 법률개정내용이 반영되어 개정되었다.

나. 심사의 대상 문제

1) 첫째로, 등기관의 심사의 대상에 관한 형식적 심사주의이론과의 일관성 문제이다. 판례나 실무에서 등기관의 심사에 관하여는 흔히 다음과 같은 순서로 판단하고 있다. ① 등기신청에 필요한 서면의 제출 여부, 제출된 서면의 형식적 진정 여부와 같이 등기신청이 등기요건에 합당한지 여부를 심사하되 실체법상의 권리관계와 일치하는지 여부를 심사할 수 없다는 일반론을 설시한 후, ② 실체관계에 부합하는 등기가 이루어져야 한다는 논리를 펴고, ③ 이어서 구체적인 사안이 등기관의 심사 범위에 포함되는지 여부를 판단한다. 즉, 형식적 심사주의원칙을 일반론(①)으로 전제하면서도 실제로 등기관의 심사범위 내인지에 관한 판단(③)은 그 일반론이 아니라 실체관계에 부합하는 등기가 이루어져야 한다는 논리(②)에 비추어 결정한다.

이 사건에서도 마찬가지이다. 이 사건에서의 쟁점은 가등기와 체납처분에 관한 압류등기의 실체법상의 우열이 등기관의 심사범위인가 여부이다. 그런데 판례는 일반론을 설시하고(①), 이어서 국세기본법 및 지방세법의 규정이 실체법상 효력을 규정한 것이지만 등기절차에서 그 규정의 실효성을 확보하기 위하여 필요한 범위 내에서 심사가 필요하다고 한 후(②), 이 사안의 쟁점은 등기관의 심사범위에 속한다고 판단하고 있다(③).

정작 구체적인 사안에서 등기관의 심사범위인지 판단(③)을 등기관의 심사에 관한 일반론(①)과 연관지어 설명하고 있지 않다. 오히려 실체관계에 부합하는 등기가 이루어져야 한다는 논리(②), 즉 이 사안에서는 국세기본법 및 지방세법의 실체법상의 효력에 관한 규정의 실효성 확보라는 측면에서 판단하고 있다.

그런데 판례의 논리가 일관성이 있으려면 이 사건에서의 쟁점은 실체법상의 권리관계에 관한 사항이므로 심사의 대상이 아니라고 하여야 한다. 왜냐하면 판례에 의하면 「실체법상의 권리관계와 일치하는지 여부」는 심사의 대상이 아니고 「부동산등기법상 그 등기신청에 필요한 서면이 제출되었는지 여부 및 제출된 서면이 형식적으로 진정한 것인지 여부」만이 심사의 대상이기 때문이다. 그럼에도 이 결정에서 판례는 실체법상의 법률관계에 관한 이 사건 쟁점이 등기관의 심사대상에 포함된다고 판단하고 있다.[34]

2) 둘째로, 청구권보전의 가등기로 등기되어 있음에도 불구하고 체납관서에서 담보가등기라고 다투면 등기관은 이를 청구권보전의 가등기가 아니라 담보가등기로 보고 업무를 처리하여야 한다는 논리도 이해가 어렵다.

가등기 후에 국세압류등기가 된 상태에서 가등기에 기한 본등기를 하고 나서 중간등기의 말소 여부를 판단하기 위하여는 위 국세기본법 제35조 제2항과의 관계에서 다음 두 가지를 판단하여야 한다. 먼저 그 가등기가 담보가등기인가 순위보전가등기인가를 판단하고,[35][36] 이어서 담보가등기로 판단되면 위 국세기본법의 규정에 따라 납부기한을 따져 그 가등기가 우선하는지 압류등기가 우선하는지를 판단하여야 한다.

여기서 위 국세기본법의 규정이 적용되기 위하여는 그 가등기가 담보가등기로 인정되어야 한다. 그 가등기가 담보가등기인지 여부는 제출된 자

---

34) 그런데 설령 심사의 대상이 된다고 하더라도 판례의 입장에 의하면 심사의 자료는 "오직 신청서와 첨부서면 및 등기부"이어서 이들 자료만에 의하여 심사하여야 하는데, 이들 자료에 의하여는 판단할 수 없는 사항들이다.

35) 위 국세기본법의 규정은 담보가등기에 대하여만 적용되기 때문이다.

36) 이 사건에서 등기관이 담보가등기인지 여부를 심사하여야 한다면 그 심사의 대상에는 이론적으로 다음과 같은 3가지가 포함되어야 할 것이다. ① 소유권이전청구권 보전을 위한 가등기인지 또는 담보가등기인지 여부 ② 담보가등기로 인정된다면 가등기담보등에 관한 법률의 적용을 받는 가등기인지 또는 그렇지 아니한 가등기인지 여부 ③ 가등기담보법의 적용을 받는 가등기로 인정된다면 가등기담보법이 정한 청산절차를 거친 본등기인지 여부 등이다. 이 판결에서는 이들 사항 중 ① 소유권이전청구권 보전의 가등기인지 또는 담보가등기인지 여부만 등기관의 심사범위에 포함되는 것으로 보고, 그 가등기가 가등기담보법의 적용을 받는 가등기로서 가등기담보법 소정의 청산절차를 거친 것인지 여부는 심사할 사항이 아니라고 판단하고 있다. 文丁一, "가등기에 의한 본등기를 할 때 중간등기의 직권말소 여부", 대법원판례해설 제83호 2010년 상, 법원도서관, 442-443면, 476-477면.

료만으로는 등기관이 판단한 수 없는 사항이다.37) 그런데 이 사건에서 가
등기에 기하여 본등기를 한 등기관은 일단 직권말소통지를 하고, 그에 따
라 체납처분권자가 당해 가등기가 담보가등기라는 소명자료를 제출하여
다투면 본등기권자의 주장 여하에 불구하고 이를 담보가등기로 보고 압류
등기를 말소하지 말라는 것이다. 등기부에 청구권보전의 가등기로 등기되
어 있고, 가등기권자의 주장도 이 가등기는 청구권보전의 가등기이므로
국세기본법의 위 규정이 적용되지 않는다는 것이다. 그럼에도 그 가등기
가 담보가등기이므로 위 국세기본법의 규정이 적용된다고 압류권자가 이
의를 진술하면 압류권자의 주장에 따라 업무를 처리하라는 것이다. 법률
관계의 당사자인 가등기권자의 주장보다는 제3자인 압류권자의 주장을 우
선시하라는 것인데, 이해하기 어려운 논리이다. 이를 심사권과 관련하여
표현하면 위 가등기를 담보가등기로 인정하는 것은 형식적 심사범위 안에
속하므로 허용되고, 순위보전의 가등기로 인정하는 것은 형식적 심사권을
벗어나므로 허용되지 않는다는 이상한 논리가 된다.38)

다. 심사의 자료 문제

심사의 자료 문제와 관련하여 살펴보자. 판례는 등기관의 심사에 관한
일반론으로 "오직 신청서 및 그 첨부서류와 등기부에 의하여" 심사하여야
하고 "그 밖에 필요에 응하여 다른 서면을 제출받거나 관계인의 진술을 구
하여 이를 판단할 수 없다"고 한다. 그런데 이 사건에서는 이러한 형식적
심사주의 일반론을 전제로 설시하면서도,39) 이해관계인에게 직권말소통지

---

37) 물론 신청정보와 함께 등기소에 제공된 등기원인을 증명하는 정보를 보고 판단
    할 수 있는 사항이라면 등기관이 판단할 수 있고 판단하여야 한다. 이런 의미에
    서 심사의 자료에 의하여 심사가 가능한지 여부를 묻지 않고 「실체법상의 권리
    관계와 일치하는지 여부」를 아예 심사의 대상에서 제외하는 판례의 일반론은 문
    제가 있음을 앞에서 지적하였다.

38) 金鍾大, "假登記에 기한 本登記가 경료된 경우 중간의 國稅押留등기의 처리방
    법", 判例研究[IV], 釜山判例研究會, 1994, 390면.

를 하여 체납관서에서 제출한 서류를 보고 직권말소 여부를 판단하여야 한
다고 한다. 신청서, 첨부서류 및 등기부가 아닌 체납관서에서 제출한 서면
을 보고 판단하라는 것이다.[40] 형식적 심사주의의 논리에 따르면 신청서와
첨부서류 및 등기부에 의하여 심사할 수 없는 것은 심사하지 말고 등기신청
을 수리하여야 한다. 그것이 논리적이다. 그럼에도 판례는 그렇게 판단하지
않고 그 외의 자료를 요구하여 그 자료에 의하여 심사하라고 하고 있다.[41]
형식적 심사주의이론에 비추어보면 논리적으로 설명이 되지 않는다.

　더구나 부동산등기법이 직권말소통지에 대하여 당사자의 이의절차라는
제도를 둔 제도적 취지는 이해관계인에게 말소 전에 그 사실을 알려 시정
할 것은 시정하고 불복이 있는 경우에는 관할 법원에 이의할 수 있도록
알릴 필요에 의한 것이지, 등기관으로 하여금 사안의 실체를 판단하기 위
한 자료를 수집하여 실질적 심사를 하게 하기 위한 것은 아니다.[42] 이 또
한 형식적 심사주의이론과 논리적으로 일관성이 없다.

---

39) 이 부분 형식적 심사권에 관한 판례의 일반론 설시는 종래의 판례의 입장에 비
　　하여 상당히 표현이 완화되어 있다.

40) 물론 이 사안에서 가등기에 기한 본등기는 당사자의 신청에 의한 것이므로 위 일반
　　론이 적용되나 본등기 후 중간처분등기를 말소하는 것은 당사자의 신청에 의한 등
　　기가 아닌 직권말소등기이므로 위 일반론이 적용되지 않는다고 할 수도 있다. 그렇
　　다면 위 일반론을 판단의 전제로 설시할 필요가 없는데도 설시하였다는 것이 된다.

41) 심사의 대상과 심사의 자료 내지 방법 사이의 논리구성도 문제이다. 앞에서 언
　　급하였듯이 판례는 일반론에서는 심사의 대상이 절차적 사항으로 제한되므로 심
　　사의 자료 내지 방법도 제한되는 것으로 설명한다. 그러면서도 구체적 판단내용
　　에서는 심사자료의 제약으로 인하여 심사의 대상이 제한되는 것으로 판단하고
　　있어 일반론 설시와 구체적 판단내용이 배치된다. 즉, 판례는 일관되게 실체법
　　상의 권리관계와 일치하는지 여부를 심사할 수 없기 때문에 오직 제출된 서면
　　자체를 검토하거나 이를 등기부와 대조하는 등의 방법으로 등기신청의 적법 여
　　부를 조사하여야 한다고 한다. 그런데 이 사안처럼 구체적으로 문제될 경우에는
　　심사의 자료 내지 방법을 "감안"하여 심사범위를 정하여야 한다고 한다.

42) 金鍾大(주 38), 386면, 390면.

4. 개정 부동산등기법상 가등기에 의한 본등기절차와의 관계

이 결정에서는 구체적 사안에서 등기관의 심사범위 여부를 판단함에 있어서 형식적 심사주의이론과 관련지어 판단하고 있는 것이 아니라 가능한 실체법상의 법률관계를 등기부에 반영할 필요성에 비추어 판단하고 있음을 알 수 있다.

그런데 이 판례에 따르면 다음과 같은 공시상의 문제점이 있다. 이 결정에 따라 등기를 할 경우 등기 전후의 등기부의 기재를 보면 다음과 같다.

[본등기 전]

   ① 갑구 1번 : 소유권보존등기
   ② 갑구 2번 : 매매예약을 원인으로 한 소유권이전청구권가등기
   ③ 갑구 3번 : 가처분등기
   ④ 갑구 4번 : 체납처분에 의한 압류등기(대한민국)
   ⑤ 갑구 5번 : 체납처분에 의한 압류등기(구리시)
   ⑥ 갑구 6번 : 강제경매개시결정등기

[본등기 후]

   ① 갑구 1번 : 소유권보존등기
   ② 갑구 2번 : 매매예약을 원인으로 한 소유권이전청구권가등기
                   소유권이전등기(가등기에 의한 본등기)
   ⑤ 갑구 5번 : 체납처분에 의한 압류등기(구리시)

이 기재에서 공시상의 혼란이 일어남을 알 수 있다. 본래 구리시의 압류등기는 갑구 1번 등기명의인에 대한 압류이다. 그런데 이 결정에 따라 등기를 하게 되면 등기부의 기재상 위 압류등기가 갑구 2번 소유권의 등기명의인에 대한 압류로 공시된다. 공시상 혼란이 있음을 알 수 있다.

이러한 공시상의 혼란을 개선하기 위하여 2011년 개정된 부동산등기법에서 가등기에 의한 본등기를 한 경우 가등기 이후의 등기를 말소하는 절

차에 관한 규정을 신설하였다(법 제92조). 신설규정에 따르면 가등기에 의한 본등기를 하였을 때에는 대법원규칙으로 정하는 바에 따라 가등기 이후에 된 등기로서 가등기에 의하여 보전되는 권리를 침해하는 등기를 직권으로 말소하도록 하였다. 종전에는 등기관이 직권 말소하겠다는 통지를 한 후 소정의 기간을 기다려 직권말소를 하도록 하였는데, 개정법에서는 본등기를 함과 동시에 직권말소를 하도록 개정하였다. 그럼에도 불구하고 개정 부동산등기규칙은 종전 법률 아래에서의 위 전원합의체 결정의 취지를 그대로 반영하여 가등기 후 본등기 전에 마쳐진 체납처분으로 인한 압류등기에 대하여는 개정 전과 마찬가지로 직권말소통지를 한 후 이의신청이 있으면 대법원예규로 정하는 바에 따라 직권말소 여부를 결정하도록 하고 있다(규칙 제147조 제2항). 개정 부동산등기법의 취지와는 맞지 않는다.[43]

5. 소결

이와 같이 판례의 형식적 심사주의이론은 구체적인 사안에 적용했을 때 일반국민의 상식, 등기관의 정의감에 부합하지 아니한다. 그리하여 판례도 구체적인 사안에서 문제될 때에는 등기관의 심사에 관하여 종래부터 판시한 일반론에 의하여 판단을 하지 않고 가능한 한 실체관계를 등기부에 반영할 필요성에 비추어 심사범위를 판단하고 있음을 보았다. 특히 2010. 3. 18.자 전원합의체 결정은 종래의 형식적 심사주의 일반론을 수정하여 실체법상의 효력을 등기절차에서 확보하고자 한 점에서 긍정적으로 평가할 수 있다.

판례와 같이 형식적 심사주의라는 추상적이고 일반적인 원칙에 의하여 등기관의 심사의 모든 경우를 설명하기에는 문제가 있다. 등기의 진정성

---

43) 이러한 문제점의 해결에 관하여는 제5장 제4절 III 참조.

강화를 위해서는 종래의 형식적 심사주의이론을 극복하고, 등기관의 심사의 내용을 분석하여 각 개별적 항목별로 기준을 정립하려는 노력이 필요하고 바람직한 것으로 보인다.

Ⅰ. 서설

판례의 입장으로 대표되는 형식적 심사주의이론에서는 심사의 대상에 대하여 「부동산등기법상 그 등기신청에 필요한 서면이 제출되었는지 여부 및 제출된 서면이 형식적으로 진정한 것인지 여부」 또는 「등기요건에 합당하는지 여부」를 심사할 수 있으나, 「실체법상의 권리관계와 일치하는지 여부」는 심사할 수 없다고 한다.

또한 등기의 진정성 보장의 기초가 되는 심사의 자료에 관하여 판례는 「오직 신청서 및 그 첨부서류와 등기부에 의하여」 심사하여야 한다고 한다. 따라서 「그밖에 필요에 응하여 다른 서면의 제출을 받거나 관계인의 진술을 구하여 이를 조사할 수 없다.」

심사의 대상과 심사의 자료에 관한 이러한 판례의 입장에 문제가 많다는 점을 앞 절에서 살펴보았다. 그리하여 등기실무에서는 판례의 입장과는 다르게 실체법상의 법률관계도 심사하게 하고 그 심사의 자료도 여러 자료를 제출하도록 하는 경우가 있다. 주로 실체관계를 반영하고자 하는 현실적 필요성에 응하여 생겨난 경우라고 할 수 있다. 일본의 하급심 판결 중에는 신청 외의 자료를 예외적으로 심사의 자료로 삼을 수 있다고 한 경우가 있다.

이 절에서는 심사의 내용에 관하여 심사의 대상과 심사의 자료로 나누어 등기실무가 어떻게 운영되고 있는지를 등기예규와 등기선례 등을 통하여 구체적으로 분석하여 형식적 심사주의이론과 비교해 보고자 한다.

II. 심사의 대상과 등기실무

1. 당사자 본인의 확인

부동산등기법은 등기의 진정성 확보방안의 하나로 출석주의 원칙을 채택하고 있다. 당사자 또는 대리인이 직접 출석하여 등기를 신청하게 하고, 출석자가 본인임을 엄격히 확인하도록 하고 있다.

이 때 확인할 사항은 두 가지이다. 하나는 신청인이 등기의무자 또는 등기명의인인지를 확인하는 것이고, 다른 하나는 출석한 자가 본인인지를 확인하는 것이다. 당사자 본인의 확인은 신분증에 의할 수 밖에 없으나, 등기절차에서는 그 외에도 인감증명서와 등기필정보(종전의 등기필증) 제도를 두어 당사자 확인을 보다 더 확실히 하고 있다.

당사자 본인의 확인에 대하여는 판례나 실무가 엄격하게 해석하고 있다.[44] 판례는 상속재산에 대하여 확정판결에 의하여 등기를 신청하는 경우라도 상속인이 정당한 상속인인지 여부를 판결과는 별도로 등기관이 확인하도록 하고 있고,[45] 등기예규도 판결에 의한 등기신청시 피고의 등기부상 주소가 판결문에 병기되어 있더라도 등기관은 피고가 등기부상 등기의무자와 동일인인지 여부를 심사하도록 하고 있다.[46] 최근의 판결에서는 등기

---

44) 여기서는 심사의 대상과 관련된 내용만 언급한다. 심사의 구체적 방법이나 자료에 관하여는 다음 항목인 III에서 살펴본다.

45) 예를 들어, 대법원 1995. 1. 20.자 94마535 결정 등.

필증이 멸실되어 공증받은 위임장을 제출한 경우 등기관은 등기의무자 본인이 직접 출석해 공증을 받은 것인지를 확인해야 한다고 보아 등기의무자의 확인을 엄격히 하도록 하고 있다.[47]

2. 필요서면 등 첨부자료의 확인

가. 필요한 자료의 제출 여부 확인

우선 등기신청에 필요한 서면 또는 정보가 제출되었는지 여부를 확인하여야 한다. 다만, 부동산등기관련 법령에서 필요한 서면 및 정보를 정하고 있으나, 구체적으로 어떤 서면 또는 정보를 제출하여야 하는지가 반드시

---

46) 「판결 등 집행권원에 의한 등기의 신청에 관한 업무처리지침」(2011. 10. 11. 개정 대법원 등기예규 제1383호) 5의 사항은 "판결문상의 피고의 주소가 등기부상의 등기의무자의 주소와 다른 경우(등기부상 주소가 판결문에 병기된 경우 포함)에는 동일인임을 증명할 수 있는 자료로서 주소에 관한 증명을 제출하여야 한다"고 규정하고 있다.

47) 대법원 2012. 9. 13. 선고 2012다47098 판결. "등기의무자로 하여금 등기필증을 제출하게 하는 취지는 등기로 인하여 기존의 권리를 잃게 되는 신청인이 진정한 등기의무자인지 여부를 등기관이 확인할 수 있게 함으로써 허위의 등기를 예방하고 등기의 진정을 확보하는 데 있다. 등기필증을 제출하여야 하는 등기신청에서 그 등기필증이 멸실된 경우 등기의 진정성을 확보하기 위하여 위 법 규정과 같은 등기의무자의 본인 확인이 필요하게 된다. 등기필증이 멸실된 경우 등기의무자 또는 그 법정대리인의 등기소 출석의무를 갈음하는 구 부동산등기법 제49조 제1항 단서 후단의 '공증'이란 등기의무자가 그 부동산의 등기명의인임을 확인하는 서면에 대한 공증이 아니고, 신청서 또는 위임장에 표시된 등기의무자의 작성 부분(기명날인 등)이 등기의무자 본인이 작성한 것임을 공증하는 것을 의미하고, 등기의무자의 위임을 받은 대리인이 출석하여 공증을 받을 수는 없다. 따라서 등기관은 등기필증이 멸실되어 신청서 또는 위임장의 공증서가 제출된 경우 등기의무자 본인이 출석하여 공증을 받은 것인지를 확인하여 등기업무를 처리하여야 할 직무상 의무가 있고, 위와 같은 요건을 갖추지 못한 때에는 구 부동산등기법 제55조에 따라 필요한 서면의 보정을 명하거나 등기신청을 각하하여야 한다."

명확한 것은 아님은 앞에서 언급하였다. 이 문제는 심사의 자료와도 관련
되므로 다음 절에서 상세히 다루기로 한다.

나. 첨부자료의 적격성의 확인

제출된 서면 또는 첨부정보가 법령에 의하여 엄격한 방식이 정하여져
있는 경우는 물론 방식이 정하여져 있지 않아도 당해 서면이 필요한 취지
를 고려하여 일정한 내용을 구비할 것이 요구되는 경우가 있다. 그러한 경
우에는 방식 내지 일정한 내용이 구비되어 있어야 한다.[48] 적격성 심사라
고 하여 형식적 요건만 심사하여서는 아니되고 그 내용도 살펴보아야 한
다. 그런데 형식적 심사주의의 영향 때문인지 실무상 등기신청서에 첨부하
는 각종의 보증서 및 증명서 등에 관하여 그 내용이 이러한 요건을 갖추었
는지를 심사하지 아니한 채 보증서 내지 증명서라는 형식만 갖추면 등기를
수리하는 경우가 종종 있다.[49] 형식적 심사주의에 대한 오해에서 비롯된
것이기는 하나 형식적 심사주의가 실무에 미친 영향의 하나로 보인다.

다. 형식적 진정의 확인

다음으로 제출된 서면 또는 정보가 그 작성명의인의 의사에 의하여 작
성된 것인가를 확인하여야 한다. 위조된 등기필증이나 인감증명서 등을
첨부하여 등기가 이루어진 사안에서 국가배상책임 여부가 문제된 경우를
판례에서 많이 찾아볼 수 있는데, 그러한 사안은 심사의 대상으로서 형식
적 진정의 심사가 문제되는 경우이다.

이 경우 등기관이 어느 정도까지 심사하여야 하는가 하는 문제, 다시

---

48) 實務解說 權利の登記(주 1), 432면.
49) 종래 실무에서 관행적으로 많이 행하여졌다. 이러한 경우가 판례의 사안에서 나
타나기도 한다. 대법원 2007. 12. 28. 선고 2006다21675 판결; 대법원 2003. 11.
13. 선고 2001다37910 판결 등 참조. 이들 판례의 구체적 내용은 심사의 자료
부분에서 살펴본다.

말하여 형식적 진정의 확인에 관하여 어느 정도의 주의의무를 부담하는가 하는 점이 문제로 된다. 이 점에 관하여 종래 "진정하다는 적극적 심증을 얻을 것까지는 필요하지 않고, 명백히 의심이 드는 것, 즉 등기관이 통상의 주의만 기울이면 위조된 것을 용이하게 알 수 있는 것을 간과하지 않는 정도의 주의"가 요구된다고 보고 있다.[50] 판례도 마찬가지이다. 위조된 서면에 의한 등기신청을 수리한 등기관의 과실에 관한 판결에서 대법원은 "등기업무를 담당하는 평균적 등기관이 보통 갖추어야 할 통상의 주의의무만 기울였어도 제출 서면이 위조되었다는 것을 쉽게 알 수 있었음에도 이를 간과한 채 적법한 것으로 심사하여 등기신청을 각하하지 못한 경우에 그 과실을 인정할 수 있다"고 한다.[51]

3. 실체법상 또는 절차법상 허용 여부 심사

실체법상 또는 절차법상 허용될 수 없는 사항에 대한 등기신청은 이를 수리하여서는 아니된다. 등기관은 실체법적인 사항을 심사하기 위하여 해당 법률과 법률행위에 대하여 해석을 하고 법률관계를 판단하여야 한다.

이 중 등기신청이 그 취지 자체에 의하여 법률상 허용될 수 없음이 명백한 경우는 "사건이 등기할 것이 아닌 경우"(법 제29조 제2호)에 해당함을 이유로 각하하여야 한다. 이 점에 관하여는 기존의 여러 문헌에 잘 정리되어 있으므로 여기서는 간략히 나열한다.[52]

우선, 절차법상 등기가 허용되는지 여부에 관하여, 등기능력 있는 물건 또는 권리인지 여부, 구분건물의 전유부분과 대지권의 분리처분 금지에 위반한 신청인지 여부 등을 심사하여야 한다. 판례에 의하면 가등기에 기

---

50) 實務解說 權利의登記(주 1), 436면.
51) 대법원 2005. 2. 25. 선고 2003다13048 판결; 대법원 2007. 12. 28. 선고 2006다21675 판결 등.
52) 자세한 내용은 부동산등기실무 I](주 4), 453-458면 참조.

한 본등기금지가처분은 부동산등기법상 등기사항으로서의 처분의 제한이라고 볼 수 없으므로 등기할 사항이 아니라고 한다.53)

다음으로, 실체법상 등기가 허용되는지 여부에 관하여, 공유부동산에 대하여 5년을 넘는 기간의 불분할약정의 등기인지 여부, 농지를 목적으로 하는 전세권설정등기인지 여부, 공유지분 중 일부만에 대한 소유권보존등기, 공유지분에 대한 지상권·전세권·임차권의 설정등기, 이미 용익물권이 설정된 부분에 대한 이중용익물권설정의 등기인지 여부 등을 심사하여야 한다.

4. 등기원인(법률행위)에 대한 심사

가. 등기원인(법률행위)의 존재 여부 및 유효 여부 심사

등기를 신청하는 경우에는 등기원인을 증명하는 정보를 첨부정보로서 등기소에 제공하여야 한다(규칙 제46조 제1항 1호). 따라서 등기관은 등기신청에 대하여 법률행위 등 등기의 원인이 존재하는지 여부와 실체법상으로 유효한 것인지 여부를 심사하여야 한다. 판례가 형식적 심사주의의 일반론으로 설시하듯이 「등기신청에 필요한 서면이 제출되었는지 여부」만 심사하는 것은 아니다.

종래 등기절차에서의 등기원인에 대한 경시경향으로 인하여 등기원인의 심사에 관한 논의가 그다지 이루어지지 않았다. 등기절차에서의 등기원인의 심사에 관하여는 제5장 제3절에서 자세히 다루기로 하고, 여기서는 등기예규와 선례에 나타난 몇 가지 사례를 소개한다.

① 법률행위에 의한 물권변동 및 법률의 규정에 의한 물권변동

법률행위에 의한 물권변동의 경우는 물론 법률의 규정에 의한 물권변동의 경우에도 등기원인을 심사하여야 한다. 예를 들어, 상속에 의한 등기에

---

53) 대법원 1978. 10. 14.자 78마282 결정.

서는 상속이 있는지 여부, 상속인 및 상속지분을 심사하여야 하고, 토지수용으로 인한 등기에서는 재결 등이 있고 그에 따라 보상금을 지급하였는지를 심사하여야 한다.[54]

② 공유물분할에 따른 등기

공유물분할에 따른 등기신청이 있는 경우 당사자 사이에 적법한 공유물분할이 있는지 여부 및 그 공유물분할의 방법이 실체법상 허용되는 것인지 여부도 심사하여야 한다. 그것이 전면적 가액보상에 의한 분할에 따른 등기신청인 경우 또는 1개의 공유부동산 중 일부를 단독소유로 나머지를 공유 그대로 존속시키는 방식에 의한 공유물분할인 경우 등에서 그것이 실체법상 허용되는지 여부도 심사하여야 한다.[55] 실체법상 허용되지 않는 공유물분할이라면 적법한 공유물분할이 있다고 볼 수 없기 때문에 허용 여부의 심사는 곧 적법한 공유물분할이 있는지 여부에 대한 심사가 된다.

③ 상속재산 협의분할

상속재산 협의분할에 따른 등기신청이 있을 경우 상속재산 분할협의가 있었는지 여부[56] 및 그 협의분할이 유효한 것인지 여부를 심사하여야 한다.[57]

---

54) 등기선례요지집 제3권 500항; 등기선례요지집 제5권 342항.

55) 예를 들어, 등기선례요지집 제6권 284항, 제285항 등. 이에 관하여는 부동산등기실무 I I(주 4), 322면 이하 참조.
　梁彰洙, "全面的 價額補償에 의한 共有物分割判決과 登記問題", 民法研究 第9卷, 2009, 134면은 여기서 더 나아가서 실체법상 허용되고 판결로 확정된 경우라도 부당한 결과가 생기는 경우에는 등기관은 그 판결에 따른 등기신청을 수리하여서는 안된다고 한다. 구체적으로 보면 공유물분할판결의 주문에서 "1. 갑 부동산을 A 소유로 한다. 2. A는 B에게 ○○원을 지급하라."고 하였을 경우, 이 판결에 따라 A는 단독으로 B로부터의 지분이전등기를 신청할 수 있게 되는 반면, B는 A에 대하여 그 판시의 금전의 지급을 청구할 수 있는 채권적 권리를 가지게 된다. 이러한 결과는 부당하므로 등기관은 위 판결에 따른 등기신청을 수리하여 등기를 하여서는 안된다고 한다.

56) 부동산등기선례요지집 제8권 192항(2006. 12. 15. 부동산등기과-3672 질의회답)

그런데 상속재산 협의분할과 관련하여서는 실체법인 민법에서도 논의가
다양하여 정리되지 않은 부분이 많다. 그렇다고 하여도 등기관은 이 부분
에 대하여 심사하고 판단을 하여야 한다.

④ 유증에 의한 등기

등기예규에 의하면 유증으로 인한 소유권이전등기 신청시 첨부된 유언
검인조서등본에 출석한 상속인들이 유증에 대하여 다툼이 있는 사실이 기
재되어 있는 경우에는 유언내용에 따른 등기신청에 이의가 없다는 상속인
들의 동의서(인감증명서 첨부)를 첨부하도록 하고 있다.[58] 이것은 적법한
유증이 있는지 여부를 심사하게 하기 위한 것이다.

⑤ 친권자와 그 자 사이의 이해상반행위 심사

법정대리인인 친권자와 그 자 사이에 이해상반되는 행위 또는 법정대리
인인 친권자가 그 친권에 따르는 수인의 자 사이에 이해상반되는 행위를

은 공동상속인 전원이 분할협의에 참가하여 합의하였는지 여부를 심사하도록 하
고 있다.

57) 등기선례요지집 제2권 267항(공동상속인 중의 일부가 상속재산을 받지 않기로
하는 협의분할에 의한 재산상속등기의 가부)(89. 7. 7. 등기 제1319호) 공동상속
인 전원이 참가하여 그 중 1인만이 상속재산 전부를 받고 나머지 상속인들은 상
속재산을 받지 않기로 하는 상속재산의 분할협의를 한 경우에도 그러한 협의분
할에 따른 재산상속등기를 할 수 있다.
참고로, 등기실무에서 등기선례를 특정하는 방법으로 편의상 등기선례요지집의
권호와 항목 번호를 같이 사용하여 "등기선례 2-267"과 같이 약술하여 사용하기
도 한다. 이런 특정방법은 대법원 홈페이지 종합법률정보에서 관리자가 등기선
례를 전산정보처리조직에 입력할 때 그와 같이 입력하였기 때문에 등기선례를
검색할 때에도 그와 같이 검색어를 입력하여야 검색이 가능하도록 되어 있어서
그런 것으로 보인다. 그러나 편의상 그렇게 하는 것일 뿐 그것이 공식적인 선례
번호는 아니다.

58) 「유증으로 인한 소유권이전등기 신청절차에 관한 예규」(2001. 6. 28. 개정 대법
원 등기예규 제1024호).

함에는 특별대리인을 선임하여 그 자가 법률행위를 하여야 한다(민법 제921조). 따라서 등기관은 등기신청된 법률행위가 이해상반 행위인지 여부 및 특별대리인 선임 여부 등을 심사하여야 한다. 대법원 등기예규에서는 이해관계의 상반 여부에 관하여 구체적인 예를 들고 있다.[59]

⑥ 신탁목적에 반하는 등기의 신청시 그 허용 여부 판단

신탁등기가 마쳐진 부동산에 대하여 수탁자를 등기의무자로 하는 등기의 신청이 있을 경우 등기관은 그 등기신청이 신탁목적에 반하는지 여부를 심사하여 신탁목적에 반하는 등기신청은 수리하여서는 아니된다.[60] 따라서 신탁등기된 부동산에 대한 등기신청이 있을 경우 신탁원부상의 신탁목적을 확인하고 그 목적에 반하는지 여부를 판단하여야 한다.

나. 등기원인에 대한 제3자의 동의·승낙 등 심사

등기를 신청하는 경우에는 등기원인을 증명하는 정보와 더불어 등기원인에 대하여 제3자의 허가, 동의 또는 승낙이 필요한 경우에는 이를 증명하는 정보를 등기소에 제공하여야 한다(규칙 제46조 제1항 2호). 따라서 등기관은 등기원인을 증명하는 정보 또는 그 정보를 기재한 서면에 의하여 등기원인에 대하여 심사하여야 하고,[61] 그 등기원인에 대하여 행정관청의 허가 또는 다른 제3자의 동의 등이 법률행위의 요건인 경우에는 그 허가 등의 유무에 대하여도 심사하여야 한다.[62]

---

59) 「미성년자의 대리인에 의한 등기신청에 관한 업무처리지침」(등기예규 제1088호) 참조.
60) 「신탁등기사무처리에 관한 예규」(2012. 6. 29. 개정 대법원 등기예규 제1473호) 참조.
61) 등기원인의 심사에 관한 자세한 내용은 제5장 제3절에서 검토하기로 한다.
62) 구체적으로 예를 들면 다음과 같은 사항들이 포함된다. 토지거래 허가가 필요한 경우라면 그 토지가 토지거래허가구역 내에 소재하고 있는지 여부, 면적 등이 허가대상에 해당하는지 여부, 허가대상인 거래계약인지 여부 등을 심사하여야 하고, 공익법인의 기본재산의 변경이 수반되는 등기신청이라면 그 법인이 공익법인인지 여부, 등기신청 대상 부동산이 기본재산인지 여부, 주무관청의 허가가 필요한 대상인지 여부 등을 심사하여야 한다.

5. 그 밖의 실체법상의 법률관계 내지 사실관계에 대한 심사

가. 실체법상 법률관계의 심사

등기관이 원인행위에 대한 심사 결과 원인행위가 존재하고 그것이 유효하다고 판단하였더라도 그것만으로 심사업무가 끝나는 것은 아니다. 그 외에 그 원인행위와 등기신청을 둘러싼 실체법상의 법률관계에 대하여도 판단하여야 한다.

예를 들면, 가등기에 의한 본등기를 하는 경우 가등기 이후에 된 중간등기에 대하여 "가등기에 의하여 보전되는 권리를 침해하는 등기"인지 여부를 심사하여 그 말소 여부를 결정하여야 한다. 또한 처분금지가처분등기가 된 후 가처분채권자가 그 권리를 실현하는 등기를 신청하는 경우 그 가처분등기 이후에 된 등기에 대하여도 "가처분채권자의 권리를 침해하는 등기"인지 여부를 심사하여 그 말소 여부를 판단하여야 한다. 이러한 심사는 실체법상의 법률관계에 대한 심사를 수반한다. 종래 실무에서는 이에 관한 등기예규를 제정하여 시행하고 있었는데,63) 2011년 개정된 부동산등기법과 규칙은 그 주요한 내용을 법률 내지 규칙에 규정하기에 이르렀다.64)

가등기와 국세기본법에 의한 압류등기의 실체법상의 우열에 관한 심사

---

63) 가등기에 관하여는 「가등기에 기한 본등기를 한 경우에 직권말소하여야 하는 등기에 대한 예규」가 있었다. 이 예규는 1997. 11. 21. 등기예규 제897호로 제정된 후 여러 차례 개정되었고, 2011년 부동산등기법 전부 개정에 따른 예규 정비시 2011. 10. 12. 등기예규 제1408호 「가등기에 관한 업무처리지침」에 흡수되면서 폐지되었다.

가처분에 관하여는 「처분금지가처분권리자의 승소판결에 의한 소유권이전등기 또는 소유권말소등기에 따른 당해 가처분등기 및 그 가처분등기 이후의 제3자 명의의 등기의 말소절차에 관한 예규」가 있었다. 이 예규는 1997. 9. 11. 등기예규 제882호로 제정된 후 여러 차례 개정되었다가 부동산등기법 전부개정에 따라 2011. 10. 12. 등기예규 제1408호로 개정되어 시행되고 있다.

64) 가등기에 관하여는 법 제92조, 규칙 제147조 내지 제150조, 가처분에 관하여는 법 제94조, 규칙 제151조 내지 제154조.

에 대하여도 등기예규에서 규정을 두고 있었는데, 나중에 대법원판결에 반영이 되고 규칙에 규정되기에 이르렀음은 이미 살펴보았다.[65]

동시사망으로 추정되는 경우 대습상속의 가부에 관하여도 대법원판례가 나오기 전에 등기관이 판단을 하였다.[66]

나. 사실관계에 대한 심사

등기실무에서 등기관에게 사실관계에 대한 판단을 하도록 하는 경우가 있다. 주로 당사자의 동일성과 관련된 사안에서 그러한 경우가 많다. 당사자의 인적 동일성에 대하여는 구체적 개별적 사안에서 등기관이 알아서 판단하라는 취지로 등기선례가 다수 제정되어 있다.[67]

특히 상속으로 인한 소유권이전등기를 신청함에 있어 등기부상 등기명의인(피상속인)의 주소가 가족관계등록부 등의 기재와 다른 이유 등으로 동일인임을 증명할 수 없는 경우 각종 제출서면에 의하여 동일인인지 여부를 당해 등기관이 판단하도록 하고 있는 예가 많다.[68] 판결에 의하여 소유권이전등기를 신청하는 경우 판결에 기재된 피고와 등기부에 기재된 등기의무자가 동일인임을 증명하는 경우[69] 또는 토지대장에 의하여 소유

---

65) 제2절 참조. 이 사안에서 등기관이 심사하여야 할 것은 가등기와 국세기본법에 의한 압류등기의 우열뿐만 아니라 그 가등기가 담보가등기인지 여부도 판단하여야 함을 살펴보았다.

66) 대법원 2001. 3. 9. 선고 99다13157 판결 참조. 이 판결은 미합중국 자치령 괌(Guam)의 니미츠 언덕(Nimitz Hill)에서 한 가족 전원이 함께 탑승중이던 항공기의 추락사고로 모두 사망한 사안인데, 그 상속등기와 관련하여 동시사망의 경우 대습상속이 가능한지 여부가 문제되었다. 그 상속등기 신청에 대하여 등기관이 가능하다고 판단하여 등기를 수리하였고, 다른 당사자가 그 등기의 말소등기 청구소송을 제기하여 그 판단에 대하여 다투게 되었다.

67) 재외국민과 등기의무자의 동일성 판단(부동산등기선례요지집 제7권 75항, 77항), 보존등기신청인과 대장상 소유자(부동산등기선례요지집 제8권 155항), 피상속인과 등기명의인(부동산등기선례요지집 제7권 169항), 등기명의인 표시변경·경정(부동산등기선례요지집 제8권 111항) 등이 있다.

68) 법원행정처, 부동산등기선례요지집 제7권 169항(2002. 6. 25. 등기 3402-349 질의회답).

권보존등기를 신청하는 경우 대장상 명의인이 보존등기신청 명의인과 동일인인지 여부가 명확하지 아니한 경우[70]도 그러하다.

또한 농지의 취득에 따른 소유권이전등기를 신청할 때에는 농지취득자 격증명을 첨부하여야 하는데, 여기의 농지는 그 법적 지목 여하를 불문하고 실제의 토지현상이 농작물의 경작 등으로 이용되고 있는가의 여부에 따라 결정되어야 한다는 현황주의를 취하고 있다. 이에 따라 실무에서는 등기신청의 목적물인 토지가 농지인지 여부를 심사하도록 하고 있다.[71]

이 문제는 심사의 자료와 밀접한 관계가 있어 심사의 자료 부분에서 자세히 검토하기로 한다.

---

69) 부동산등기선례요지집 제7권 75항(2003. 4. 17. 부등 3402-221 질의회답); 같은 요지집 제77항(2003. 5. 2. 부등 3402-249 질의회답)

70) 부동산등기선례요지집 제7권 155항(2005. 1. 13. 부등 3402-21 질의회답).

71) 등기선례요지집 제2권 630항; 등기선례요지집 제3권 851항; 등기선례요지집 제4권 704항; 등기선례요지집 제5권 738항 등.

Ⅲ. 심사의 자료와 등기실무

1. 종래의 형식적 심사주의이론으로 설명되지 않는 실무 운영

가. 당사자나 대리인 본인의 확인

부동산등기법은 등기의 진정성 확보방안의 하나로 출석주의 원칙을 가지고 있다. 당사자 또는 대리인이 직접 출석하여 등기를 신청하게 함으로써 본인의 확인에 의하여 진정성을 보장하려는 구조를 취하고 있다. 이러한 확인의 자료는 신분증에 의할 수밖에 없으나, 등기절차에서는 그 외에 인감증명서와 등기필정보(종전의 등기필증) 제도에 의하여 당사자 확인을 보다 더 확실히 하고 있다.

주목할 만한 것은 등기필정보를 등기소에 제공할 수 없는 경우 본인 확인의 방법이다. 이 때에는 다음 세 가지 방법 중 하나에 의하여 본인이 등기를 신청한다는 것을 확인한다. 등기의무자가 등기소에 직접 출석하여 등기관으로부터 확인을 받는 것이 원칙적인 방법이나, 그 밖에도 변호사나 법무사가 대리인인 경우 대리인이 등기관을 대신하여 확인하게 하는 방법 또는 신청서에 공증을 받는 방법으로 갈음할 수 있게 하고 있다(법 제51조).[72]

확인의 구체적인 방법을 보면 단순한 형식적 확인이라고 보기에는 어려운 면이 있다. 등기관 또는 위임에 의한 대리인은 주민등록증, 외국인등록증, 국내거소신고증, 여권 또는 운전면허증에 의하여 본인 여부를 확인하고 조서를 작성하여야 한다(규칙 제111조 제1항). 등기예규는 한 걸음 나

---

72) 이 제도는 일본 부동산등기법에도 영향을 주었다. 그 결과 2004년 부동산등기법 전부개정시 보증서제도를 폐지하고 우리나라 제도와 유사한 자격자대리인에 의한 본인확인제도(제23조)를 신설하였다. 七戸克彦, "不動産登記法の改正－その 物權變動論に及ぼす影響について－", 月刊 登記情報 502號(2003. 9.), 24면에서는 이를 "일본법을 계수한 한국법으로부터의 역계수라는 점에서 비교법적으로도 주목할 만한 사례"라고 한다.

아가 확인조서 또는 확인서면을 작성할 때에는 특기사항란에 신체적 특징 등을 반드시 기재하여야 하며 우무인을 날인하게 하여야 하고 신분증의 사본을 첨부하도록 하고 있다.73) 판례에 의하면 이 때 법무사나 변호사가 당사자를 확인하는 것은 "원칙적으로 등기관이 수행하여야 할 확인업무를 등기관에 갈음하여 행하는 것"이며, "그와 같은 확인과정에서 달리 의심할 만한 정황이 있는 경우에는 가능한 여러 방법을 통하여 본인 여부를 한층 자세히 확인할 의무가 있다"고 한다.74)

이와 같이 본인확인에 있어서 종래의 형식적 심사주의이론이 말하는 것처럼 단순히 필요한 서면이 제출되었는지 여부만을 심사하는 것이 아니라 당사자 확인을 통한 등기의 진정성 확보라는 필요에 응하여 다른 서면을 제출받는 등 가능한 여러 방법을 이용하도록 하고 있다.

나. 건물로서의 등기능력 여부 심사

우리 민법상 '토지 및 그 정착물'을 부동산으로 하고 있다(제99조 제1항). 토지의 정착물 가운데 토지와는 별개의 독립한 부동산으로 다루어지는 가장 주요한 것이 건물이다. 건물로 인정되는 때에 비로소 하나의 독립한 물건으로 다루어져서 독립한 권리의 객체가 되고 거래의 대상이 된다. 그리고 건물등기부에 등기될 수 있다. 따라서 건물등기부에 건물로서 등기를 하기 위하여는 건물로서의 요건을 갖추어야 한다. 건물은 건축물대장에 등록되기는 하나, 토지와는 달리 대장에 등록됨으로써 건물로서의 요건을 갖추는 것은 아니고, 또한 건축법상 건축물은 건물보다 넓은 개념으로서 건물만이 건축물대장에 등록되는 것도 아니다.75)

---

73) 「등기필정보가 없는 경우 확인조서 등에 관한 예규」(2011. 10. 11. 개정 대법원 등기예규 제1360호) 참조.

74) 대법원 2000. 7. 28. 선고 99다63107 판결; 대법원 2007. 6. 14. 선고 2007다 4295 판결.

75) 건축물이 무엇인지에 관하여는 건축법 제2조가 규정하고 있다. 건축물을 "토지에 정착하는 공작물 중 지붕과 기둥 또는 벽이 있는 것과 이에 딸린 시설물, 지하나

그런데 건물 여부를 판단하는 기준에 관하여 우리 법은 규정을 두고 있지는 않다. 결국 사회통념에 따라서 결정하여야 한다. 판례에 의하면 최소한의 기둥과 지붕, 그리고 주벽이 갖추어지면 된다고 한다.[76]

이러한 실체법상의 원칙에 따라 등기절차에서도 이를 심사하게 하고 있다. 건축법상 건축물에 관하여 건물로서 소유권보존등기를 신청한 경우, 등기관은 그 건축물이 토지에 견고하게 정착되어 있는지(정착성), 지붕 및 주벽 또는 그에 유사한 설비를 갖추고 있는지(외기분단성), 일정한 용도로 계속 사용할 수 있는 것인지(용도성) 여부를 당사자가 신청서에 첨부한 건축물대장등본 등에 의하여 종합적으로 심사하도록 하고 있다.[77]

그런데 등기예규는 여기서 한 걸음 더 나아가서 심사하게 하고 있다. 즉, "건축물대장등본 등에 의하여 건물로서의 요건을 갖추었는지 여부를 알 수 없는 경우, 등기관은 신청인으로 하여금 소명자료로서 당해 건축물에 대한 사진이나 도면을 제출하게 하여 등기능력 없는 건축물이 건물로서 등기되지 않도록 주의를 기울여야 한다"고 규정하고 있다.[78] 실체법상 건물로서의 요건 여부를 심사하게 하기 위하여 판례의 일반론 설시와 달리 "그 밖에 필요에 응하여 다른 서면의 제출"을 받게 하고 있음을 알 수 있다.

다. 등기원인에 대한 제3자의 허가 등 심사

① 토지거래허가에 대한 심사

토지거래허가구역 안에 있는 토지에 관하여 일정한 거래계약을 체결하

고가의 공작물에 설치하는 사무소·공연장·점포·차고·창고, 그밖에 대통령령으로 정하는 것"이라고 정의하고 있다. 건물 이외에 시설물 등이 포함됨을 알 수 있다.

76) 대법원 1986. 11. 11. 86누173판결; 대법원 1996. 6. 14. 94다53006판결; 대법원 2001. 1. 16. 2000다51872판결; 대법원 2003. 5. 30. 2002다21592판결.

77) 「등기능력 있는 물건 여부의 판단에 관한 업무처리지침」(2004. 10. 1. 제정 대법원 등기예규 제1086호) 1항

78) 「등기능력 있는 물건 여부의 판단에 관한 업무처리지침」(2004. 10. 1. 제정 대법원 등기예규 제1086호) 1항

려는 당사자는 시장·군수 또는 구청장의 허가를 받아야 하고 허가를 받지 아니하고 체결한 토지거래계약은 그 효력이 발생하지 아니한다(「국토의 계획 및 이용에 관한 법률」 제118조). 따라서 허가구역 안에 있는 토지에 관하여 그러한 거래계약을 원인으로 하는 등기를 신청하는 경우에는 토지거래허가를 증명하는 서면을 제출하여야 한다.

토지거래허가구역은 5년 이내의 기간을 정하여 국토교통부장관(예외적으로 시도지사)이 지정하고 관보에 고시한다. 허가구역 내에서도 일정한 면적 이하의 토지에 대하여는 허가를 필요로 하지 않는다. 그런데 해당 토지가 허가구역 내의 토지인지는 관보의 고시내용이나 토지이용계획 확인서를 보아야 알 수 있고, 허가 대상 면적이 얼마인지도 관보를 보아야 한다. 신청서 및 첨부서류와 등기부에 의하여는 이를 심사할 수 없는 사항이다. 그럼에도 이들 허가를 증명하는 자료를 첨부하였는지를 심사하게 하는 것은 종래의 형식적 심사주의이론으로는 논리적으로 설명할 수 없다.

② 농지의 등기에 대한 심사

농지의 취득에 따른 소유권이전등기를 신청할 때에는 농지취득자격증명을 첨부하여야 한다. 여기의 농지는 그 법적 지목 여하를 불문하고 실제의 토지현상이 농작물의 경작 등으로 이용되고 있는가의 여부에 따라 결정되어야 한다는 현황주의를 취하고 있다.[79)]

---

79) 농지법 제2조는 농지를 다음과 같이 정의하고 있다.
　1. "농지"란 다음 각 목의 어느 하나에 해당하는 토지를 말한다.
　가. 전·답, 과수원, 그 밖에 법적 지목(지목)을 불문하고 실제로 농작물 경작지 또는 다년생식물 재배지로 이용되는 토지. 다만, 「초지법」에 따라 조성된 초지 등 대통령령으로 정하는 토지는 제외한다.
　나. 가목의 토지의 개량시설과 가목의 토지에 설치하는 농축산물 생산시설로서 대통령령으로 정하는 시설의 부지
　판례도 현황주의원칙을 취하고 있다(대법원 1997. 12. 23. 선고 97다42991 판결; 대법원 1999. 2. 23.자 98마2604 결정).

이에 따라 등기관은 등기신청의 목적물인 토지가 농지인지 여부를 심사하여야 한다. 그러나 농지 여부를 심사할 수 있는 자료가 법정되어 있는 것이 아니다. 여기서 등기실무상 어떤 자료에 의하여 농지 여부를 심사할 수 있는지에 관하여 많은 질의가 있었고 그에 따라 등기선례가 다수 제정되어 있다.[80]

농지와 관련하여서는 농지인지 여부의 심사만이 문제되는 것은 아니다. 농지취득자격증명을 첨부하지 아니하고 등기를 신청할 수 있는 많은 예외사유가 법률에 규정되어 있다.[81] 그 예외사유에 해당하는지 여부도 등기관이 심사하여야 한다. 그 심사의 자료가 되는 첨부서면도 법정되어 있는 것이 아니다. 등기관이 필요하다고 생각되는 자료를 제출하게 하여 심사하여야 한다.

이와 같이 농지 등기의 심사에 관한 실무의 처리도 판례로 대표되는 종래의 형식적 심사주의이론으로는 논리적으로 설명하기 어렵다.

③ 이사와 회사간의 거래행위에 따른 등기신청

이사 등이 회사와 거래를 하기 위하여는 미리 이사회의 승인을 받아야 한다(상법 제398조). 따라서 이사와 회사간의 거래를 내용으로 하는 등기를 신청하는 경우에는 등기관은 이사회의 승인이 있었는지 여부를 심사하여야 한다. 종래 등기예규는 그렇게 보고 있었다.[82]

---

80) 어떤 자료에 의하여 농지의 현황을 심사할 것인지에 관하여 수많은 질의들이 있고 이에 관한 회신이 등기선례라는 형태로 제정되어 있다(등기선례요지집 제2권 630항; 등기선례요지집 제3권 851항; 등기선례요지집 제4권 704항; 등기선례요지집 제5권 738항; 등기선례요지집 제6권 549항 등). 그러나 이에 관한 심사의 어려움이 있어 등기업무 주무부처인 법원행정처에서 농지업무 주무부처인 농림축산식품부와 협의하여 농지취득자격증명의 반려시 농지 여부에 관한 자격증명의 미발급사유를 유형화하여 기재하도록 하였고(농림축산식품부예규 제3호 농지취득자격증명발급심사요령 제9조), 등기소에서는 이 미발급사유의 기재를 보고 농지 여부를 판단하도록 하고 있다. 부동산등기실무 I I(주 4), 256-257면.
81) 농지법 제6조 제2항, 제8조 참조.

그런데 최근에 이를 심사하지 않는 것으로 등기예규가 개정되었다.[83] 개정 이유를 밝히고 있는 자료를 찾을 수 없으나, 상법이 개정되어 이사회의 승인을 받아야 하는 경우가 늘어났는데 이들 경우를 모두 심사할 수 없기 때문에 전부 심사하지 않는 것으로 개정된 것으로 보인다. 등기의 진정성 확보를 포기한 점에서 문제가 있어 보인다. 모든 경우를 심사할 수 없다 하더라도 심사의 자료에 관한 보다 구체적인 기준을 세워 등기의 진정성을 확보하려는 노력이 필요한 것으로 생각된다.

라. 법인 아닌 사단의 등기신청에 대한 심사

법인 아닌 사단 또는 재단은 그 명의로 부동산에 관한 등기를 할 수 있다. 그러나 법인 아닌 사단은 그 실체를 공시할 수 있는 방법이 없어 그 소유 부동산에 대한 등기절차에서도 그 실체를 확인할 수 있는 마땅한 방법이 없는 것이 큰 문제이다. 그리하여 실무에서는 그 진정성을 확보하기 위한 방안을 여러 가지로 강구하여 오고 있다.

그 중의 하나로 대표자를 확인하는 방법을 들 수 있다. 종래 법인 아닌 사단이나 재단에 속하는 부동산의 등기는 그 대표자나 관리인이 신청하도록 하고 있다(법 제26조). 법인 아닌 사단 등의 등기의 진정을 확보하기 위하여는 대표자나 관리인을 확인하는 것이 중요하다. 그리하여 종래부터 법인 아닌 사단이나 재단이 등기를 신청함에는 대표자 또는 관리인을 증명하는 서면을 첨부하도록 하고 있다(규칙 제48조). 문제는 대표자 또는 관리인을 증명하는 서면이 무엇이냐는 것이다. 이에 관하여 등기예규는 "정관 기타의 규약에서 정한 방법에 의하여 대표자 또는 관리인으로 선임되었음을 증명하는 서면"을 제출하도록 하고 있었다.[84]

---

82) 대법원 등기예규 제765호.
83) 「상법」 제398조의 적용이 있는 경우의 등기업무처리지침(2012. 4. 3. 개정 대법원 등기예규 제1444호)
84) 「법인 아닌 사단의 등기신청에 관한 업무처리지침」(2004. 12. 24. 대법원 등기

사원총회의 결의에 관하여도 마찬가지의 문제가 있다. 총유물의 관리 및 처분은 사원총회의 결의에 의한다(민법 제276조 제1항). 따라서 법인 아닌 사단이 그 소유의 부동산을 처분하고 등기의무자로서 그에 따른 등기를 신청하는 경우에는 사원총회의 결의서를 첨부하여야 한다(규칙 제48조).

그러나 이것만으로 대표자를 확인하거나 사원총회의 결의가 있다는 것을 확인하기에는 부족하다고 보여 등기예규를 개정하여 이러한 사실을 증명하는 서면에는 "그 사실을 확인하는데 상당하다고 인정되는 2인 이상의 성년자가 사실과 상위 없다는 취지와 성명을 기재하고 인감을 날인하여야 하며, 날인한 인감에 관한 인감증명을 제출"하도록 하고 있다.[85]

이와 같이 등기의 신청에는 "첨부서류"가 명확히 구체적으로 법정되어 있는 것이 아니고 개별적 구체적 사안별로 등기관이 판단하여 필요한 서면을 제출하게 함을 알 수 있다. 즉, 실무에서는 판례의 입장과는 달리 "그 밖에 필요에 응하여 다른 서면의 제출을 받"아 오고 있음을 알 수 있다.[86] 등기의 진정성을 확보하기 위한 노력의 하나로 보여지는데, 종래의 형식적 심사주의이론으로는 논리적으로 설명이 되지 않는다.

마. 첨부서면을 위조한 등기신청이 있는 경우의 심사

1) 판례에 의하면 위조된 서면에 의한 등기신청 사안에서 평균적 등기관이 보통 갖추어야 할 통상의 주의의무만 기울였어도 서면이 위조 또는 변조되었으리라는 의심을 충분히 가질 수 있다고 볼 수 있는 경우에, "이러한 의심을 합리적으로 해소함에 필요한 다른 보완자료의 제출을 요구하

예규 제1092호).

85) 「법인 아닌 사단의 등기신청에 관한 업무처리지침」(2006. 8. 8. 개정 등기예규 제1143호 및 2011. 10. 12. 대법원 등기예규 제1435호).

86) 개정 예규는 등기의 진정을 확보하자는 실무상 필요에 의하여 제정된 것이나, 법령에 근거가 없는 문제점이 있었다. 그리하여 2011년 규칙의 전부 개정시에 이에 관한 규정을 신설하여 "법인 아닌 사단이나 재단의 등기신청에서 대법원예규로 정한 경우"에는 인감증명을 제출하도록 하였다(규칙 제60조 제1항 8호).

지 않은 채 그 제적등본 등의 서류가 적법한 것으로 심사하여 각 그 등기 신청을 수리"하였다면 형식적 심사의무를 다하였다고 볼 수 없다고 한다.[87] 그러므로 판례에 의하더라도 "의심을 충분히 가질 수 있는 경우"에는 "다른 보완자료의 제출을 요구"하여야 한다는 것이다. 그런데 이렇게 보면 형식적 심사주의에 관한 판례의 일반론과는 부합하지 않게 된다. 결국 판례도 구체적 사안에 들어가서는 형식적 심사주의 일반론과는 다른 설시를 하고 있음을 알 수 있다.

2) 등기예규도 마찬가지이다. 등기관은 등기신청서 조사시 첨부서면이 위조문서로 의심이 가는 경우에는 신청인 또는 대리인에게 알려 그 진위 여부를 확인하여 처리하도록 하고 있다.[88] 나아가 관계기관에 조회하여 확인할 것도 간접적으로 규정하고 있다.[89] 판례가 "오직 신청서 및 그 첨부서류와 등기부에 의하여" 심사하여야 하고, "그 밖에 필요에 응하여" "관계인의 진술을 구하여 이를 조사할 수 없"다고 하고 있음에도 등기예규는 필요에 응하여 관계인의 진술을 구하여 이를 조사하게 하고 있다. 위조문서에 의한 부실등기를 방지하고자 하는 조치이다. 종래의 형식적 심사주의이론으로는 논리적으로 설명이 되지 않는다.

3) 나아가 이와 같이 조사한 결과 첨부서면이 위조되었다는 것을 확실하게 알게 되었을 경우 어떻게 처리해야 하는가? 종래의 형식적 심사주의 일반론에 의한다면 그런 경우는 각하사유로 규정되어 있지 않으므로 이를 수리할 수밖에 없다고 설명하는 것이 논리적일 것이다. 그렇다면 예를 들

---

87) 대법원 2007. 12. 28. 선고 2006다21675 판결.
88) 「등기부위조관련 업무처리지침」(2011. 10. 11. 개정 대법원 등기예규 제1377호) 제4조 제2항.
89) 「등기부위조관련 업무처리지침」제5조 제1항은 첨부서면을 위조하여 등기가 이루어진 경우에 관하여 "등기된 사항이 위조된 첨부문서(공문서에 한함)에 의하여 이루어진 사실이 발급기관에의 조회 등을 통하여 확인된 경우 등기관은 등기기록 표제부의 좌측 상단에 위조된 문서에 의하여 등기된 사항이 있다는 취지를 부전할 수 있다"고 규정하고 있다.

어 인감증명 발급관서에 조회하여 그 날짜에 그 명의인의 인감증명이 발급된 사실이 없음이 확인된 경우와 같이 첨부서면이 위조되었음을 알게 되었을 때에도 그대로 등기신청을 수리하고 당사자로 하여금 말소소송을 제기하도록 하게 하여야 할 것이다.[90] 그러나 이것이 옳은 조치인지는 의문이다. 이러한 해석으로는 등기의 진정성을 기대하기가 어렵다.

오히려 이러한 문제는 적극적인 해석을 통하여 해결할 수 있다. 등기신청시에 첨부정보를 제공하도록 한 경우 그 첨부정보는 진정한 첨부정보를 의미하므로, 첨부서면이 위조되었음을 등기관이 명확히 알게 되었을 때에는 첨부서면이 첨부되지 않은 것으로 보고 등기신청사건을 각하할 수 있다고 해석하여야 한다. 등기실무가 그렇게 하고 있다. 적극적 해석을 통하여 부실등기를 방지하고 있는 실무운영의 한 예이다.

바. 가등기와 처분제한등기에서의 실체법상의 법률관계 심사

① 가등기에 의한 본등기와 중간압류등기의 말소

앞에서 가등기에 의한 본등기와 중간의 압류등기의 말소에 관한 최근의 전원합의체 결정에서도 실체법상의 법률관계를 등기절차에 구현하기 위하여 개별적 사안에서 종래의 형식적 심사주의이론과는 달리 판단하고 있음을 알 수 있다.[91]

② 가처분등기에서의 가처분채권자의 권리 침해 여부

처분금지가처분등기가 된 후 가처분채권자가 그 권리를 실현하는 등기를 신청하는 경우, 그 가처분등기 이후에 된 등기에 대하여는 "가처분채권자의 권리를 침해하는 등기"인지 여부를 심사하여 그 말소 여부를 판단하

---

90) 더구나 진정한 권리자는 굳이 번거로운 민사소송을 제기할 필요를 느끼지 않을 수 있다. 위조문서에 의한 등기는 절대적 무효이므로 그대로 두어도 이를 믿은 제3자가 불측의 손해를 볼 수는 있어도 진정한 권리자는 손해가 없기 때문이다.

91) 제2절 참조.

여야 한다(법 제94조 제1항). 그런데 가처분권리자가 승소판결에 의하지 아니하고 가처분채무자와 공동으로 가처분에 기한 소유권이전등기를 신청하는 경우, 그 소유권이전등기가 당해 가처분에 기한 것이라는 소명자료를 첨부하여 그 가처분등기 이후에 마쳐진 제3자 명의의 등기의 말소를 신청할 수 있다. 이 때 그 소유권이전등기가 당해 가처분의 피보전권리를 실현하는 것인지를 등기관이 판단하여야 하나, 그 소명자료로 구체적으로 어떤 것을 제출하여야 하는지 법정되어 있지 않다. 등기선례에서는 그러한 자료의 예로서 그러한 사실이 나타나는 가처분신청서 사본 등을 들고 있다.[92]

사. 사실관계의 심사

① 당사자의 동일성 심사

앞에서 심사의 대상문제에서 검토하였듯이 등기관이 사실관계에 대하여 심사하여야 하는 경우도 있다. 주로 당사자의 동일성 판단 등에서 그러하다. 그런데 이러한 경우 어떠한 자료에 의하여 사실관계인 동일성 여부를 심사할 것인지가 법정되어 있지 않아 개별적 사안에서 등기관이 판단하여야 하는 경우가 많다. 몇 가지 예를 들어본다.

판결에 의하여 소유권이전등기를 신청하는 경우 판결에 기재된 피고의 주소가 등기부상 등기의무자의 주소와 다른 때 어떠한 자료에 의하여 피고와 등기의무자가 동일인인지 여부를 심사할 것인지는 미리 법정되어 있지 않다. 구체적으로 어떠한 자료에 의하여 이를 인정할 것인지는 등기관이 판단하도록 하고 있다.[93] 상속으로 인한 소유권이전등기사건에서 등기부상

---

92) 등기선례요지집 제6권 489항; 부동산등기선례요지집 제7권 426항 등.
93) 부동산등기선례요지집 제7권 75항, 제77항은 그 자료로는 등기의무자의 주소에 관한 서면이 보통일 것이나, 주소에 관한 증명을 제출할 수 없는 경우 그 사실을 확인하는데 상당하다고 인정되는 자의 보증서면과 그 인감증명 및 기타 보증인의 자격을 인정할 만한 서면(예컨대 공무원재직증명서, 변호사등록증서사본, 법무사자격증사본 등)을 제출하였다면 그러한 자료로 볼 수 있을 것이지만 구체적인 것은 등기신청을 심사하는 등기관이 판단하도록 하고 있다.

등기명의인(피상속인)의 주소가 가족관계등록사항증명서상의 기재와 다른 경우 어떠한 자료에 의하여 동일인임을 심사할 것인지도 마찬가지이다.[94]

또한 등기명의인 표시변경·경정의 등기를 신청하는 경우 변경 또는 경정 전후의 등기명의인의 동일성이 인정되어야 하므로 그 동일성을 증명하는 시·구·읍·면의 장의 서면 또는 이를 증명함에 족한 서면을 제출하여야 한다.[95] 예를 들어 종중의 명칭을 변경하는 등기명의인표시변경 또는 경정등기를 신청하는 경우 양 종중이 동일하다는 서면으로 종중의 규약이나 결의서, 기타 증명서면을 제출하도록 하고 등기관이 그 제출된 서면을 종합적으로 심사하여 인격의 동일성 여부를 판단하도록 하고 있다.[96]

그 밖에도 이와 같이 어떠한 자료에 의하여 동일성을 판단할지를 등기관에게 맡기고 있는 등기선례가 많다.[97] 이들 여러 실무례에서는 사실관계인 동일성 여부를 등기관이 심사하도록 하고 있고, 그 심사의 자료인 첨부서면도 명확히 법정되어 있지 않아 등기관이 구체적인 사안에서 개별적으로 판단하여 보완을 요구할 수 있도록 하고 있다. 즉, 판례의 일반론과는 달리 필요에 응하여 다른 서면을 제출받게 하고 있다. 더구나 판례는 "오직 신청서 및 그 첨부서류와 등기부에 의하여" 심사하도록 하고 있는

---

94) 부동산등기선례요지집 제7권 169항은 동일인임을 증명할 수 있는 자료로서 피상속인의 주소를 증명하는 서면 등을 제출하여야 하는데 그러한 자료를 발급받을 수 없는 경우에는 마찬가지로 그 사실을 확인하는데 상당하다고 인정되는 자의 보증서면과 인감증명서 및 보증인의 자격을 인정할 만한 서면을 제출할 수 있을 것이나 그러한 서면에 의하여 동일인임이 인정된다고 보아 등기신청을 수리할지 여부는 등기관이 판단하도록 하고 있다.

95) 「경정등기절차에 관한 업무처리지침」(2011. 10. 12. 대법원 등기예규 제1421호) 참조. 개정 전 부동산등기법 제48조는 등기명의인의 표시의 변경 또는 경정의 등기를 신청하는 경우에는 신청서에 그 표시의 변경 또는 경정을 증명하는 시·구·읍·면의 장의 서면 또는 이를 증명할 수 있는 서면을 첨부하도록 규정하였으나, 개정 법에서는 삭제되었다. 개정법에서는 종전과는 달리 이것이 등기원인을 증명하는 정보에 해당하므로 별도의 규정을 둘 필요가 없기 때문이다.

96) 부동산등기선례요지집 제8권 111항.

97) 예를 들어 소유권보존등기신청에 관한 부동산등기선례요지집 제8권 155항 등 참조.

데, 그러자면 첨부서면이 명확히 전제되어야 가능하다. 그런데 이러한 실무례에서 알 수 있는 것처럼 첨부서류가 미리 법정되어 있지 않으므로 첨부서류만에 의하여 판단하라는 말이 무의미하게 된다.

참고로, 동일인보증서와 관련하여 형식적 심사주의가 실무에 미친 부정적인 영향을 지적하고자 한다. 등기명의인 표시변경등기 등에 있어 실무에서 동일인보증서가 종종 사용되고 있다. 이 경우 그 보증서의 내용을 보고 동일인인지 여부를 심사하여야 함에도 종래 실무에서 동일인 보증서가 외형상 형식만 갖추고 있으면 그 내용을 심사하지 않고 수리하여 등기를 실행하는 경우가 많이 있었다. 판례의 형식적 심사주의 일반론 설시에 따라 첨부서면의 구비 여부만을 심사함에 따라 생겨난 관행이 아닌가 생각된다.98)

② 유증에 의한 등기신청의 심사

유증으로 인한 소유권이전등기 신청시의 첨부서면에 관하여는 대법원등기예규에서 정하고 있다.99) 유언증서가 자필증서, 녹음, 비밀증서에 의한 경우에는 유언검인조서등본을 첨부하도록 하고 있다. 그런데 위 예규에 의하면 검인기일에 출석한 상속인들이 "유언자의 자필이 아니고 날인도 유언자의 사용인이 아니라고 생각한다"는 등의 다툼 있는 사실이 기재되어 있는 검인조서를 첨부한 경우에는 유언내용에 따른 등기신청에 이의가 없다는 그 상속인들의 동의서(인감증명서 첨부)를 첨부하도록 하고 있다.

이것도 판례의 설시와는 달리 등기의 진정성을 확보하기 위한 필요에 응하여 이의를 제기한 상속인들의 동의서와 인감증명이라는 별도의 서면을 제출하게 하고 있는 경우이다. 등기의 진정성을 확보하기 위한 등기실무의 노

---

98) 대법원 2003. 11. 13. 선고 2001다37910 판결과 대법원 2007. 12. 28. 선고 2006다21675 판결은 실무상 많이 사용되는 동일인보증서가 형식적 심사주의이론의 영향을 받아 어떻게 혼란을 일으키는지를 보여주는 좋은 사안들이다.

99) 「유증으로 인한 소유권이전등기 신청절차에 관한 예규」(2001. 6. 28. 개정 대법원 등기예규 제1024호).

력의 하나이나, 종래의 형식적 심사주의이론으로는 설명할 수 없다.

③ 외국인의 토지취득과 외국인이 아니라는 소명의 제출

외국인이 일정한 지역 내의 토지를 취득하는 경우에는 토지취득계약을 체결하기 전에 시장·군수 또는 구청장으로부터 토지취득의 허가를 받아야 한다(외국인토지법 제4조 제2항). 따라서 이들 외국인이 소유권의 취득등기신청을 함에 있어 시장 등의 토지취득허가서를 첨부하여야 한다. 그런데 외국인토지법은 단체의 경우 외국의 법령에 의하여 설립된 법인은 물론 국내법에 의하여 설립된 법인 또는 단체라도 일정한 경우에는 외국인으로 보도록 하고 있다(외국인토지법 제2조 제2호 나목, 다목, 라목).[100]

그러나 단체 명의로 소유권취득등기를 하는 경우에 그 단체가 외국인으로 간주되는 단체인지 여부를 알 수 없다. 여기서 대법원 등기예규는 국내법에 의하여 설립된 법인 또는 단체가 토지에 대한 소유권취득등기를 신청하는 경우, 등기관은 그 법인이나 단체가 외국인토지법상 외국법인 또는 단체인지 여부가 의심스러울 때에는 일정한 형식의 진술서를 제출케 한 후 등기를 하도록 하고 있다.[101] 또한 허가가 필요한 지역인지 여부를 확인하

---

100) 제2조(정의)

이 법에서 "외국인"이란 다음 각 호의 어느 하나에 해당하는 개인·법인 또는 단체를 말한다.
1. 대한민국의 국적을 보유하고 있지 아니한 개인
2. 다음 각 목의 어느 하나에 해당하는 법인 또는 단체
가. 외국의 법령에 따라 설립된 법인 또는 단체
나. 사원 또는 구성원의 2분의 1 이상이 제1호에 해당하는 자인 법인 또는 단체
다. 업무를 집행하는 사원이나 이사 등 임원의 2분의 1 이상이 제1호에 해당하는 자인 법인 또는 단체
라. 제1호에 해당하는 사람이나 가목에 해당하는 법인 또는 단체가 자본금의 2분의 1 이상이나 의결권의 2분의 1 이상을 가지고 있는 법인 또는 단체. 이 경우 자본금액 또는 의결권의 수를 산정함에 있어서 주식회사의 무기명주식(무기명주식)은 이를 제1호에 해당하는 사람이나 가목에 해당하는 법인 또는 단체가 가지고 있는 것으로 본다.

게 하기 위하여 소명자료로 토지이용계획확인서를 첨부하도록 하고 있다.
이러한 예규의 내용은 판례가 금지하는 "필요에 응하여 다른 서면의 제
출을 요구하는" 경우에 해당하므로 형식적 심사주의에 관한 판례의 일반
론에 명백히 배치된다. 등기의 진정을 확보하고자 하는 실무계의 노력의
하나로 볼 수 있다.

2. 심사의 자료에 의한 심사의 대상의 제한

판례는 심사의 대상과 심사의 자료의 관계에 관하여, 심사의 대상이 제
한되므로 심사의 자료가 한정된다는 논리구조를 취하고 있다. 그러나 이
점은 그 반대로 심사의 자료가 제한되므로 그에 따라 심사의 대상이 제한
되는 것으로 이해하여야 한다는 점은 앞에서 지적하였다.102) 심사의 자료
가 제한되므로 실체관계에 대한 심사가 제한된다. 이와 관련한 실무사례
를 몇 가지 살펴보고자 한다.

가. 채권자대위에 의한 등기신청

종래 등기실무에서 금전채권자는 대위에 의한 등기신청을 할 수 없는
것으로 보았다.103) 금전채권이 피보전채권인 경우 채권자대위권을 행사하
기 위하여는 그 요건의 하나로 채무자의 무자력을 요하는데 형식적 심사
권을 가지는 등기관이 채무자의 무자력 여부를 심사할 수 없으므로 채권

---

101) 「외국인의 토지에 대한 소유권의 취득등기절차에 관한 예규」(2011. 10. 11. 개
    정 대법원 등기예규제1392호).
102) 제2절 참조.
103) 법원행정처, 등기선례요지집 제3권, 315항(등기청구권을 가지지 아니하는 일반
    채권자에 의한 대위등기 신청 가부)(92. 6. 9. 등기 제1235호) "어느 부동산에
    대하여 특정의 등기청구권을 갖지 아니하는 일반채권자는 채무자의 제3자에 대
    한 확정판결에 기한 등기신청을 막바로 대위할 수 없다." 등기선례요지집 제5권
    169항도 같은 취지이다.

자대위에 의한 등기신청 자체를 하지 못하도록 한 것이다.

그러나 이것은 등기관의 심사업무에 대한 오해이다. 심사할 수 없는 사항이 있다고 등기신청사건의 처리 자체를 거부하는 것은 맞지 않는다. 가능하면 심사할 수 있는 자료를 제출하도록 방안을 모색해 보고 그래도 심사할 수 있는 자료제출이 어려워 심사할 수 없다면 심사하지 말고 등기신청사건을 처리하여야 한다. 그것이 논리적이다. 최근의 등기예규는 이 점을 바로잡아 금전채권자도 대위에 의하여 등기를 신청할 수 있는 것으로 개정되었고,[104] 그 이후 등기선례도 변경되었다.[105]

나. 말소회복등기의 자발성 문제

판례는 말소회복등기란 실체적 이유에 기한 것이건 절차적 이유에 기한 것이건 불문하고 말소등기나 기타의 처분이 무효인 경우에 하는 등기이므로 어떤 이유이건 당사자가 자발적으로 말소등기를 한 경우에는 말소회복등기를 할 수 없다고 한다.[106] 판례에 의하면 법률상 원인 없이 착오 또는 기망에 의하여 말소한 경우와 같이 임의적 자발적 말소가 아닌 때에만 말소회복을 할 수 있다.

그러나 등기절차에서는 회복의 대상인 말소등기가 당사자의 진의에 기

---

104) 「채권자대위에 의한 등기절차에 관한 사무처리지침」(2001. 4. 13. 제정된 대법원 등기예규 제1019호. 이 예규는 2011. 10. 12. 제1432호로 개정되었음) 중 3항은 대위의 기초인 권리가 금전채권인 때에는 당해 금전채권증서를 첨부하여 대위등기를 신청할 수 있도록 하였다.

105) 등기선례요지집 제6권 160항(2001. 5. 28. 등기 3402-366 질의회답)
"일반채권자가 대위에 의하여 채무자 명의의 소유권이전등기를 할 수 있는지 여부(적극)
부동산에 대하여 소유권이전등기절차를 명하는 승소의 확정판결을 받은 갑이 그 판결에 따른 소유권이전등기절차를 취하지 않는 경우, 그 갑에 대한 금전채권이 있는 자는 대위원인을 증명하는 서면인 소비대차계약서 등을 첨부하여 위 판결에 의한 갑명의의 소유권이전등기를 갑을 대위하여 신청을 할 수 있다."

106) 대법원 1990. 6. 26. 선고 89다카5673 판결.

한 자발적인 것이었는지 아니면 착오 또는 기망에 의한 부적법한 것이었는지 여부를 판단할 방법이 없다. 그러므로 당사자가 "신청착오" 또는 '합의해제의 무효'등을 등기원인으로 하여 말소회복등기를 신청하면 등기관은 당사자가 자발적으로 말소등기를 신청하였는지를 심사할 필요 없이 그 회복등기신청을 수리하여야 한다.[107] 위 판례의 취지 역시 당사자가 임의적이고 자발적으로 공동신청에 의하여 어떤 등기를 말소한 후에는 그 등기의 말소회복을 소로써 구할 수 없다는 의미이지 공동신청에 의하여 말소회복등기를 하는 것까지 막는 것은 아닌 것으로 보인다.[108]

다. 확정된 후 10년이 경과된 판결에 의한 등기신청

확정된 후 10년이 경과하여 소멸시효 완성의 의심이 드는 판결에 의하여 등기신청을 할 경우, 어떻게 하여야 할 것인가? 실무에서는 이 경우 등기신청을 수리하도록 하고 있다.[109] 비록 판결이 확정된 후 10년이 경과하여 소멸시효 완성의 의심이 있다 하더라도 등기관으로서는 시효의 중단 여부 등을 심사할 수 없기 때문에 그 등기신청을 수리하여야 한다는 것이다.[110]

라. 진정명의 회복을 원인으로 하는 소유권이전등기의 심사

판례는 진정한 등기명의 회복을 등기원인으로 한 소유권이전등기를 인정하고 있다. 즉, "자기 앞으로 소유권을 표상하는 등기가 되어 있었거나

---

107) 법원행정처, 부동산등기실무[II], 2007, 89-90면. 이 점 실무에서 종래 혼란이 있었다. 실무에서는 위 판례의 취지와 등기절차와의 관계에 대하여 정확히 인식하지 못한 채 말소등기가 "해지" 등을 원인으로 하여 이루어져 있으면 자발적으로 말소등기가 행하여진 것으로 보고 말소회복등기를 수리하지 않으려는 경향이 있었다.

108) 부동산등기실무[II](주 107), 90면.

109) 「판결 등 집행권원에 의한 등기의 신청에 관한 업무처리지침」(2011. 10. 11 개정 대법원 등기예규 제1383호) 2항의 라; 부동산등기실무[I](주 4), 341면.

110) 부동산등기실무[I](주 4), 341면. 그렇다면 제척기간이 경과한 후에 등기를 신청한 경우에는 어떤가 하는 문제가 있다. 제척기간에 대하여는 시효와 다르게 중단이나 정지제도가 없기 때문이다. 아직 실무에서 정리되지 않은 부분이다.

법률의 규정에 의하여 소유권을 취득한 자가 진정한 등기명의를 회복하는 방법으로는 현재의 등기명의인을 상대로 그 등기의 말소를 구하는 외에 진정한 등기명의 회복을 등기원인으로 한 소유권이전등기절차의 이행을 직접 구하는 것도 허용되어야 한다"고 한다.[111]

이 판결에 따라 등기예규가 제정되어 있다. 그런데 등기예규상으로 판결에 의한 경우와 공동신청의 경우 그 요건이 일부 다르게 규정되어 있다. 판결에 의한 경우에는 "이미 자기 앞으로 소유권을 표상하는 등기가 되어 있었거나 법률의 규정에 의하여 소유권을 취득한 자"가 현재의 등기명의인을 상대로 진정명의회복을 등기원인으로 한 판결을 받아 등기신청을 한 경우 그 등기신청을 수리하도록 하고 있다. 반면에 공동신청의 경우는 "이미 자기 앞으로 소유권을 표상하는 등기가 되어 있었던 자 또는 지적공부상 소유자로 등록되어 있었던 자로서 소유권보존등기를 신청할 수 있는 자"가 현재의 등기명의인과 공동으로 등기신청을 한 경우에 수리하도록 하고 있다.[112]

이렇게 등기예규가 판결에 의한 경우와 공동신청의 경우에 그 요건을 달리 규정한 것도 등기관의 심사와의 관계 때문인 것으로 보인다. "이미 자기 앞으로 소유권을 표상하는 등기가 되어 있었던 자"인지는 등기관이 심사할 수 있는 사항이다. 그러나 "법률의 규정에 의하여 소유권을 취득한 자"인지 여부는 등기관이 심사의 자료만으로 판단하기가 어렵다. 그리하여 공동신청의 경우에는 법률의 규정에 의하여 소유권을 취득한 자 중 "지적공부상 소유자로 등록되어 있던 자로서 소유권보존등기를 신청할 수 있는 자"가 신청하는 경우에만 수리하도록 규정하고 있다. 이 경우는 첨부 자료에 의하여 등기관이 심사할 수 있기 때문이다. 이와 같이 심사의 자료에 의하여 심사의 대상이 달라지는 것을 알 수 있다.

---

111) 대법원 1990. 11. 27. 선고 89다12398 전원합의체 판결.
112) 「진정명의 회복을 등기원인으로 하는 소유권이전등기절차에 관한 예규」(2011. 10. 11. 대법원 등기예규 제1376호) 1항 및 2항 참조.

3. 일본에서의 신청 외 자료의 심사자료 활용 논의 검토

가. 서설

형식적 심사주의라는 추상적인 원칙의 틀에서 벗어나 구체적인 사안에서 실체법상의 법률관계에 부합하는 등기제도를 구현하기 위한 방안을 유형화해나가는 작업이 필요함은 앞 장에서 살펴보았다. 그 한 예로 부실등기가 발생하기 쉬운 사례에 대하여는 이를 유형화하여 그에 상응하는 사실조사를 할 수 있도록 함으로써 등기의 신속성의 요구를 해치지 않으면서도 실체관계에 부합하는 등기를 구현하도록 할 필요가 있다.

이와 관련하여 실무에서 등기신청의 당사자 중 일방이 직접 등기소에 출석하여 현재 등기소에 접수되어 있는 등기신청사건 또는 조만간 신청이 있을지도 모르는 등기사건을 수리하지 말도록 요청하는 경우가 종종 있다. 이러한 경우는 대부분 다음과 같다. 첫째는 등기신청 자체를 위임한 일이 없다는 주장이다.[113] 둘째로는 등기신청을 위임한 것은 맞는데, 그 후 대금지급의무 불이행 등 다른 사정이 생겨 위임을 철회한다는 것이다. 그러니 등기신청이 접수되더라도 또는 이미 접수된 등기신청사건을 수리하지 말라는 것이다. 셋째는 처분행위에 하자가 있다는 내용이다.[114]

그 밖에 등기신청이 부적법하다는 것을 등기관이 직무상 경험에 의하여 알게 되는 경우도 있다. 예를 들어 전에 처리한 사건을 통하여 또는 수사기관의 통보에 의하여 신청된 등기가 허위임을 알게 된 경우이다.

---

113) 예를 들어, 등기신청시의 첨부서면 중 하나인 인감증명서를 발급받아 신청인인 대리인에게 교부한 사실 자체가 없다든가, 인감증명서가 발급된 것은 맞는데 자기 몰래 발급받아 제출된 것이라든가(배우자의 경우에 주로 이런 주장을 한다), 저당권설정을 위하여 등기신청에 필요한 서류를 교부하였는데 소유권이전등기를 신청하였다고 하는 경우 등이다.

114) 예를 들면 총유재산의 처분에 필요한 총회의 결의에 하자가 있어 정관상 결의요건을 충족하지 못하였는데 대표자가 결의서를 허위로 작성하여 등기신청을 하였다는 것이다.

이러한 경우 종래의 형식적 심사주의 논리에 따르면 그 등기신청을 수리할 수밖에 없다. 등기관은 신청서, 첨부서면 및 등기부에 의하여 심사하여야 하는데, 이들 사안에서 등기신청서의 기재와 첨부서면상으로는 하자가 없기 때문이다. 그러나 그러한 처리는 등기의 진정성 보장면에서 문제가 있고, 상식적으로도 납득하기 어렵다.

국내에서는 아직 이에 관하여 언급한 문헌을 찾을 수 없으나 일본에서는 하급심 판결과 몇몇 문헌에서 이와 같은 경우에 관하여 다루고 있고 그 결과는 일본의 부동산등기법 전부개정시에 제도화되기에 이르렀다. 일본에서의 논의를 살펴보고 이에 관하여 검토해 보고자 한다.

나. 일본에서의 신청 외 자료의 심사자료 활용 논의

(1) 판례와 학설

종래의 통설과 판례가 취하는 형식적 심사주의의 불합리 내지 문제점을 개선하기 위한 시도로 예외적으로 제한적인 범위에서 신청 외 자료를 심사자료로 활용하자는 견해가 일본의 학자 내지 실무자 사이에서 주장되어 왔고, 몇몇 하급심 판결에서도 이러한 경향을 볼 수 있다.[115]

먼저 이러한 입장을 취한 일본의 하급심 판결들을 살펴보자.

① 大阪高判 昭和 57年(1982年) 8月 31日 判決은 수사기관 등으로부터 당해 등기신청이 허위라는 취지의 연락을 받은 경우 등기신청에서 고려하여야 하고 그것이 형식적 심사주의와 모순되지 않는다고 한다.[116]

---

115) 이러한 판례와 학설에 대하여는 山口智啓(주 9)의 논문에 잘 정리되어 있다. 이하는 그 내용을 참고하였다. 이 문제는 "등기관이 심사에 있어서 신청 외의 자료 내지 정보를 이용할 수 있는가? 그리고 이용할 수 있다고 하는 경우 그 대상은 어떠한 것인가?"하는 문제로 표현할 수 있다고 한다. 山口智啓(주 9), 91면.

116) 이 판결은 "각 서면의 외형상, 신청인 내지 신청의 내용에 관하여 용이하게 의심을 품게 하는 사정이 있는 경우, 또는 이것이 반드시 용이하지 않은 사항이라도, 수사관 등으로부터 당해 등기신청이 허위라는 취지의 연락이 있는 경우에는, 부동산등기제도에 있어서의 권리변동의 공시의 중요성에서, 이런 특단의 사정이

② 千葉地裁 平成 11年(1999年) 2月 25日 判決은 등기관은 등기의 심사과정에서 직무상 알게 된 자료로부터 당해 등기신청 또는 그 부속서류의 형식적 진정에 명백한 의심이 생긴 경우에는, 예외적으로 그런 사실을 당해 등기신청서 또는 그 부속서류의 적법성 판단의 한 요소로 할 수 있으며, 이들 자료를 판단의 기초로 하는 심사방법을 채용할 수 없다고 하는 것은 부동산등기제도의 기능에 반할 뿐 아니라 등기관에게 부실, 무효의 등기를 강요하는 것으로 되어 불합리하다고 한다.117)

③ 東京地裁 平成 12年(2000年) 10月 25日(東京高裁 平成 13年 3月 1日) 判決에서 2심인 동경고등법원은, 등기관이 사용할 수 있는 자료는 원칙적으로 신청서, 첨부서면 및 등기부에 한정되나, 등기관은 직무수행에서 첨부서류상 알 수 있고 확실히 파악하고 있는 사항에 관하여는 직무상 지득한 사실로서 등기신청의 심사에서 참작하는 것은 지장이 없고, 당사자도 그 존재에 의문을 품지 않은 것이므로 등기절차의 지체를 초래하는 것은 아니라고 판시하였다.118)

없는 통상의 경우 이상으로, 그 등기신청에 관한 심사를 보다 신중히 하여 부진정한 서류에 기한 등기신청을 각하하여야 할 주의의무가 있다고 이해되고, 이런 주의의무의 가중은 형식심사권과 전혀 모순되지 않는다"고 한다.

117) 이 사건에서 진정한 소유자가 아닌 자가 부정하게 인감증명서를 취득하여 등기신청을 하였는데, 진정한 소유자의 신청을 받은 시청 직원이 등기관에게 그 등기신청을 수리하지 말도록 요청하고, 등기신청을 수임한 사법서사도 진정한 소유자와 의뢰인이 다르다는 것을 등기관의 면전에서 인정하였다. 그럼에도 등기관은 형식적 심사주의의 논리에 따라 이 신청을 수리하여 등기를 실행한 사안이다.

118) 이 판결의 사안은 다음과 같다. 甲은 1998년 10월 12일자 자필증서에 의한 유언서를 첨부하여 자기를 단독상속인으로 하는 상속등기를 11월 1일에 신청하였다. 그러나 첨부된 유언서에는 甲과 乙에게 상속시킨다고 기재되어 있어 등기관은 등기신청과 상속을 증명하는 서면이 부합하지 아니하여 상속을 증명하는 서면이 첨부되어 있지 않다는 이유로 그 등기신청을 각하하였다. 甲은 같은 해 11월에 다시 재산의 전부를 甲에게 상속시키는 것으로 하는 1983년 5월 23일자 유언서를 첨부하여 상속등기를 신청하였다. 등기관은 전의 신청서에 첨부되었던 유언

이에 관한 학설 내지 실무자의 주장을 살펴보면 다음과 같다.

① 먼저 당사자의 불수리신고 등을 근거로 수리 여부를 결정할 수는 없으나, 「공지의 사실이나 관공서로부터의 통지를 참작하는 것은 허용되는 경우가 예외적으로 있다」는 견해가 있다.[119] 이 견해에 의하면 등기신청이 범죄행위에 의하여 이루어졌다든가 판결정본의 사본의 제공이나 경찰로부터의 통지에 의하여 상당히 개연성이 높다고 인정되는 경우에는 신청서 및 그 첨부서류를 정사하여야 하는 고도의 주의의무가 생긴다고 한다.[120]

서를 기억하고 있어 뒤의 신청서에 첨부된 유언서의 날짜가 더 오래되었으므로 새로운 유언서에 저촉되어 이 또한 상속을 증명하는 서면으로 볼 수 없다고 각하하였다. 여기서 신청인은 각하처분의 취소를 구하는 소를 제기하였다.

이에 대하여 1심판결은 다음과 같이 판단하였다. 등기관의 심사는 유언서가 실체법상 유효한 유언서인가 아닌가에 관하여 심사하는 것은 그것이 서면심사의 방법의 범위에서 행해지는 한 허용되고, 그 심사의 대상이 되는 자료는 동일 부동산의 동일 등기원인에 기한 동일 신청인으로부터의 등기신청이, 그 10일 전에 동일 등기관이 심사하여 각하한 경우 그 첨부자료로부터 파악한 지식, 정보수집 등을 굳이 제외하고 심사하여야 한다고 이해할 이유는 없고, 이것에 의하여 등기절차의 지체를 초래하는 것이 아니며, 오히려 진실의 권리관계를 등기부에 반영시킨다고 하는 부동산등기제도의 취지에도 부합한다는 것이다. 그리하여 뒤의 신청서에 첨부된 유언서의 기재내용이 그 작성일이 더 오래되고 내용에 있어서도 신유언서와 저촉하므로 이를 상속을 증명하는 서면으로 볼 수 없다고 한 것은 등기관의 심사권의 범위를 일탈한 것은 아니라고 한다. 이러한 이유로 원고의 청구를 기각하였다.

119) 林良平·青山正明 編, 不動産登記法, 注解不動産法6, 青林書院, 1992, 328면(永井紀昭 집필부분).

120) 注解不動産法6(주 119), 328면. 같은 견해로서 「신청서면 이외의 사실이나 상황에서 서면의 진정성을 의심하게 하는 경우」에는 통상보다 고도의 주의의무를 가지고 조사할 필요가 있다는 견해도 있다. 그러나 이런 조사는 어디까지나 서면의 진정성을 판단하기 위한 것이고 그 이상으로 사실의 진부를 조사할 수는 없다고 한다. 伊藤進, "登記官の注意義務と不動産登記制度", 登記研究 503號(平成元年12月號), 1989, 4면.

② 신청 외의 자료가 사문서인 경우에는 그 문서가 진정한지 여부를 판단하는 것은 등기관의 형식적 심사에서 벗어나므로 이것을 심사자료로 할수 없으나, 신청 외의 자료가 등기소에 보관되어 있는 자료이든가 공문서인 경우에는 이것을 심사의 대상으로 할 수 있고, 그 결과 등기신청이 부적법한 것이 명백한 경우에는 수리할 수 없다는 견해도 있다.121)

③「등기관이 그 직무수행 과정에서 알 수 있게 된 사실에 관하여는 이것을 문서의 작성의 진정인정에 사용」하는 것은 등기가 진실의 권리관계와 일치하는 것을 제도적으로 담보하기 위하여 각종의 증명서 제출을 요구하고 있는 부동산등기법의 취지에서 인정된다는 견해가 있다.122) 예를들어, 수사당국으로부터의 정보제공이나 신청인인 본인의 신고 등에 의하여 인감증명서나 신청서가 작성명의인인 신청인 본인의 관여 없이 제3자에 의하여 취득되거나 작성되었다는 것이 명백하게 된 경우 등이다.123)

④ 등기관의 형식적 심사권을 경직되게 해석하지 말고「특별한 사정이 있는 경우에는 신청 외 자료를 심사자료로 하는 것도 형식적 심사권의 범위 내에 속한다고 해석하거나 행정관으로서의 등기관의 행정지도의 범위내에서 허용된다」고 하는 견해도 있다.124)

(2) 일본 부동산등기법의 개정

(가) 등기관에 의한 본인확인

일본은 2004년 부동산등기법 전부개정시에 신청절차의 편리성을 높이기 위하여 출석주의를 폐지함에 따라 등기의 정확성을 확보하고자 등기관

---

121) 畦地靖郎, "登記官の審査權について", 民事硏修 昭和 61年 3月號, 1986, 20-21면.
122) 小林久起, "登記申請に對する登記官の審査", 新不動産登記講座③ 總論Ⅲ, 日本評論社, 1998, 177면.
123) 小林久起(주 122), 177면.
124) 佐藤勇, "登記官の審査權", 不動産登記制度と實務上の諸問題(下), 79면.

에 의한 본인확인절차를 더 강화하기에 이르렀다.[125] 그리하여 위 논의에
서 제기된 사유들을 유형화하여 그 사유에 해당하는 경우에는 등기관에
의한 심사를 한층 강화하도록 하였다.[126]

그 내용은 다음과 같다. 등기관은 등기의 신청이 있는 경우 신청인으로
되어야 하는 자 이외의 자가 신청한다고 의심함에 족한 상당한 이유가 있
다고 인정되는 경우에는, 그 신청을 각하하여야 하는 경우를 제외하고는
신청인 또는 그 대표자 또는 대리인에 대하여 출석을 요구하여 질문하거
나 문서의 제시 그 밖에 필요한 정보의 제공을 구하는 방법에 의하여 당
해 신청의 권한의 유무를 조사하도록 하고 있다(일본 부동산등기법 제24
조).[127] 여기서 「신청인으로 되어야 하는 자 이외의 자가 신청한다고 의
심함에 족한 상당한 이유가 있다고 인정되는 때」에 해당하는 경우에 관하
여 실무 지침은 이를 유형화하여 예시하고 있다.[128]

---

125) 鎌田薫·寺田逸郎 編, 新基本法 コンメンタール 不動産登記法, 別册 法學セミナー
no.206, 日本評論社, 2010, 89-90면.

126) 형식적 심사주의와 실질적 심사주의로 분류하는 통설에 따른다면 당사자 본인
확인에 관하여는 실질심사권을 인정한 것으로 보게 될 것이다. 淸水響, "新不動
産登記法の槪要について", 平成16年 改正不動産登記法と登記實務(解說編), 2005
(平成17年), 33면. 또한, 신청인이 등기신청권한을 가지는 자인가 아닌가에 관하
여 등기관에게 일정 정도 능동적인 심사 가능성이 긍정된다고 보는 견해도 있
다. 山野目章夫, 不動産登記法, 商事法務, 2009, 139면.

127) 등기관에 의한 본인확인에 관하여 자세한 것은 鎌田薫·寺田逸郎(주 125), 89면
이하; 小宮山秀史, "不動産登記法の改正に伴う登記事務の取扱について", 平成16
年 改正不動産登記法と登記實務(解說編), 2005(平成17年), 316면 이하 참조.

128) 不動産登記事務取扱手續準則(平成 17年 2月 25日 法務省 民二第456號 民事局長
通達) 제33조는 다음과 같은 경우를 들고 있다.
(1) 수사기관 그 밖의 관공서로부터 부정사건이 발생할 우려가 있다는 뜻의 통
보가 있는 때
(2) 신청인으로 되어야 하는 자 본인으로부터 신청인으로 되어야 하는 자를 가
장한 자가 신청한다는 뜻 또는 그 우려가 있다는 뜻의 신고(부정등기방지신고)
가 있어, 상당하다고 인정하여 부정등기방지신고편철장에 기재한 경우에 당해
신고에 관한 등기신청이 있는 때

(나) 부정등기방지 신고제도

위 유형 중의 하나가 부정등기방지 신고이다. 이 부정등기방지 신고제도는 등기실무에서 종종 접하게 되는 당사자의 신청을 제도화하여 규정한 점에 의의가 있다. 즉 종래 등기명의인 등으로부터 인감증명 등 첨부서면의 위조 등을 이유로 등기신청을 수리하지 말도록 하는 당사자의 신고 등을 유형화하여 제도화한 것이다.

이 신고는 등기명의인 또는 그 대표자 혹은 대리인이 출석하여 하여야 한다. 서면에 의하여야 하고, 일정한 자료를 첨부하여야 한다. 그 신고가 상당하다고 인정하는 때에는 그 신고에 관한 등기의 신청이 신고일부터 3개월 이내에 있는 경우, 그 신고를 계기로 하여 본인확인조사를 하도록 하고 있다.[129]

다. 검토

일본에서의 이러한 논의는 어떻게 평가하여야 할까? 우선, 종래의 형식적 심사주의의 문제점과 불합리성을 개선하려는 시도는 바람직한 것으로 보인다. 그리고 그 주장 내용도 옳다.

문제는 그 논리구성에 있다. 형식적 심사주의의 틀 안에서 개선방안을 찾다보니 형식적 심사주의이론과 모순되고 논리적으로 설명되지 않는 난

---

(3) 동일 신청인에 관한 다른 부정사건이 발각된 때

(4) 전의 주소지에 통지를 한 경우에 등기의 완료 전에 당해 통지에 관한 등기신청에 대하여 이의신고가 있는 때

(5) 등기관이 등기식별정보의 오류를 원인으로 하는 보정 또는 취하 또는 각하가 여러 차례 반복된 것을 안 때

(6) 등기관이 신청정보의 내용으로 된 등기식별정보를 제공할 수 없는 이유가 사실과 다른 것을 안 때

(7) 이상의 경우 외에 등기관이 직무상 알 수 있었던 사실에 의하여 신청인으로 되어야 하는 자를 가장한 자가 신청하는 것을 의심함에 족한 객관적이고 합리적인 이유가 있다고 인정되는 때

129) 자세한 규정내용은 不動産登記事務取扱手續則(주 128) 제35조(不正登記防止申出) 참조.

점이 있다. 등기부와 신청서 및 첨부서면만에 의하여 심사하여야 한다는 것이 소위 형식적 심사주의인데, 필요하면 이들 외의 자료도 참고하여 심사하라고 하는 것은 형식적 심사주의원칙과 논리적으로 부합한 설명이 되지 않는다. 필요하면 참고하라는 것은 예외적이 아니라 원칙적으로 참고하라는 이야기가 되기 때문이다. 필요한 경우라는 사례 자체가 예외적으로만 존재하기 때문이다. 이런 예외적인 경우에 이를 심사할 수 있다는 것은 전체적으로 보았을 때 원칙적으로 심사할 수 있다는 의미가 된다.[130] 예외적인 사례를 예외적으로 본다는 것은 그것이 일반적 원칙적이라는 말이 된다. 그러므로 등기신청이 수리될 경우 부진정한 등기가 되는 것이 명백히 밝혀지는 경우에 그 등기신청을 수리하여서는 안된다는 것을 두고 예외적 제한적으로 그렇다고 할 것이 아니고 원칙적으로 그렇다고 논리구성을 하여야 자연스러운 것이다.

이러한 주장을 보다 논리적으로 체계화하여 이론구성하려면 종래의 형식적 심사주의라는 추상적 일반적 설명의 틀에서 벗어나야 한다. 그래서 그 주장내용을 그대로 수용하여 등기관의 심사의 내용을 구체적이고 체계적으로 정립해 나가는 것이 바람직하다. 종래의 통설·판례가 주장하는 형식적 심사주의를 전제하지 않으면 논리적으로 자연스럽게 설명된다.

---

130) 민사소송에서 자백이 이루어지는 경우는 소수이다. 전체적으로 보아 자백에 구속력이 인정되어 그대로 사실인정이 이루어지는 경우는 예외적이다. 그렇다고 하여 자백의 구속력이 예외적으로 인정된다고 말하지 않는다.

제4절
결어 ────────────────────────────────

1. 이 장에서는 등기관의 심사업무의 구체적 내용에 관하여 종래의 형식적 심사주의에 따른 학설과 판례의 입장을 검토하고, 등기실무를 분석하여 보았다. 종래 등기실무에서는 개별적인 사안에서 형식적 심사주의이론에 따를 때 실체법상의 법률관계를 등기부에 공시하지 못하는 불합리한 결과가 발생할 경우, 등기의 진정성 보장 측면에서 실체법에 의한 법률관계를 등기절차에 반영하게 하기 위한 여러 노력을 하여왔다. 그 결과 등기실무의 운영은 종래의 형식적 심사주의 일반론과는 거리가 생기게 되었다. 판례도 구체적 사안에서는 형식적 심사주의 일반론에서 벗어나 실체법상의 법률관계를 등기부에 반영하고자 하는 경향을 보여주고 있음을 알 수 있다.

이 장에서 검토한 등기관의 심사업무의 구체적 내용을 심사의 대상과 심사의 자료로 나누어 정리하면 다음과 같다.

2. 심사의 대상에 대하여 판례는 「부동산등기법상 그 등기신청에 필요한 서면이 제출되었는지 여부 및 제출된 서면이 형식적으로 진정한 것인지 여부」만 심사할 수 있고 「실체법상의 권리관계와 일치하는지 여부」는 심사할 수 없다고 한다.

그런데 판례의 입장은 그 자체로서 모순이고 첨부자료 제출의 목적에도 어긋난다. 등기는 실체법상의 권리관계를 공시하기 위한 것이고 그것을 심사하게 하기 위하여 각종 첨부자료의 제출을 요구한다. 그럼에도 첨부 자료가 제출되었는지와 형식적으로 진정한지 여부만 심사하고 실체법상의 권리관계에 대하여는 심사하지 말라는 것은 모순이다. 또한 첨부자료만 보고도 충분히 심사할 수 있는 사항조차도 실체법상의 권리관계라는 이유로 심사를 하지 말라는 논리도 이해하기 어렵다.

등기실무를 분석한 결과 판례의 설시처럼 필요서면의 제출 여부 및 그 형식적 진정만 심사하는 것이 아님을 알 수 있다. 첨부자료의 심사는 물론 나아가서 신청된 등기의 내용의 실체법상 또는 절차법상 허용 여부, 법률행위 등 등기원인의 존재 여부 및 유효 여부, 실체법상의 법률관계 내지 사실관계도 심사하도록 하고 있다. 형식적 절차적인 사항만이 아니라 실체법적인 사항과 사실관계까지도 모두 심사하게 하고 있다.

3. 심사의 자료에 관하여도 마찬가지이다. 판례에 의하면 등기관은 「오직 신청서 및 그 첨부서류와 등기부」에 의하여 심사하여야 하고, 「그 밖에 필요에 응하여 다른 서면의 제출을 받거나 관계인의 진술을 구하여 이를 조사할 수는 없」다고 한다.

그런데 구체적으로 살펴보면 수 많은 등기유형에 대하여 각각의 등기유형별로 어떤 자료를 첨부하여야 하는지가 구체적으로 법령에 미리 규정되어 있지 않고 규정할 수도 없다. 법령에는 포괄적 추상적으로만 규정하고 있어 구체적 사안에서 어떠한 자료를 제출하게 하여야 하는지는 등기관이 어떤 자료가 등기의 요건을 증명하기에 충분한 자료인지를 판단하여 결정하여야 한다. 구체적 사안에서 어떤 자료를 첨부하여야 하는지가 미리 명확히 규정되어 있지 않다면 첨부자료만 가지고 심사하라는 판례의 설명은 공허한 내용이 되고, 문제의 해결에 별다른 기준이 되지 못한다.

그 결과 판례에서도 구체적 사안에서 형식적 심사주의에 관한 일반론이 일관되게 관철되지 못하고 있어 논리적 일관성이 없다. 그 대표적인 예로 가등기에 의한 본등기와 중간 압류등기의 말소에 관한 최근의 전원합의체 결정을 들 수 있다. 이 결정에서 등기관의 심사범위 여부를 판단함에 있어서 형식적 심사주의이론의 일반론에 비추어 판단하지 않고 가능한 실체법상의 법률관계를 등기부에 반영할 필요성에 비추어 판단하고 있음을 살펴보았다.

등기실무에서는 오직 신청서 및 그 첨부서류와 등기부에 의하여 심사하여야 한다는 판례의 입장과는 다르게 실체법상의 법률관계를 심사하게 하기 위하여 필요에 응하여 각종의 자료를 제출하도록 하고 있다. 그 결과 종래의 형식적 심사주의이론은 우리 현실과는 부합하지 않는 추상적 이론에 머물게 되었다. 종래의 형식적 심사주의이론은 등기의 진정이라는 면에서 이론적으로도 문제가 있을 뿐만 아니라 더 이상 우리의 등기현실을 설명할 수도 없다. 이러한 현실에서 일본에서는 부실등기가 발생하기 쉬운 사례를 유형화하여 그에 해당하는 경우에는 신청 외 자료도 심사자료로 활용하여야 한다는 논의가 있어왔고, 이것이 2004년 부동산등기법 전부개정시에 반영되기에 이르렀다. 그러나 종래의 형식적 심사주의의 틀 안에 머물러 있는 한 이를 논리적으로 설명하기에 어려움이 있다.

4. 이와 같은 실무운영은 실체법상의 법률관계에 부합하는 등기를 구현함으로써 등기의 진정을 확보하려는 노력의 결과로 볼 수 있다. 이제는 우리 현실과 동떨어진 형식적 심사주의라는 추상적 설명의 틀에서 벗어나서 우리 현실에서의 개별적 구체적 사례를 세심하게 분석하여 실체법상의 법률관계에 부합하는 등기를 구현하기 위한 심사업무의 구체적 내용을 하나씩하나씩 세워나갈 필요가 있다. 그렇게 함으로써 등기의 진정성을 높일 수 있도록 하여야 한다.

제5장
등기관의 심사업무에 관한
새로운 접근

제1절
실체법상의 법률관계와 등기절차의
연계 필요성

등기의 진정성이란 무엇인가? 등기는 실체법상의 법률관계를 공시하기 위한 것이므로 등기의 진정성 내지 정확성은 실체법상의 법률관계를 정확히 공시함으로써 이루어진다. 그러자면 위조된 서면에 의한 허위의 등기도 방지하여야 하겠으나, 실체법상의 법률관계를 그대로 공시할 수 있도록 공시제도도 더 정교해져야 한다. 실체법상의 법률관계가 등기제도의 미비로 충분히 공시되지 못한다면 그 또한 정확한 공시는 아니다. 실체법상의 법률관계를 정확하게 공시할 수 있는 공시제도가 개발되면 될수록 등기부의 진정성과 정확성은 더 높아질 것이다.

나아가 등기제도는 단순히 실체법상의 권리를 공시하는데 머무르지 않고 실체법상의 권리의 실현에 영향을 미친다. 상품으로 말하면 포장이라기보다는 디자인이라고 할 수 있고, 이를 어떻게 디자인하여 나타낼 것인가 하는 문제는 그 상품의 성능에 영향을 미칠 수도 있는 문제이다.[1]

이런 면에서 보면 그 동안 우리 민법학은 등기절차에 관심이 적었고 등기실무에서는 형식적 절차라는 인식의 영향을 받아 실체법에 대한 고려가 미약하였다. 그러다보니 상호 연계하여 생각하는 모습을 보기 어려웠다.

---

1) 제2장 제1절 참조.

앞으로는 "실체민법과 등기법을 유기적으로 관련지어 파악"[2]하려는 노력이 필요하다.[3] 등기의 진정성은 단순히 위조된 서면에 의한 등기를 방지한다는 소극적 차원을 넘어 실체법상의 권리관계를 정확히 반영하는 공시제도를 구현한다는 적극적인 차원으로 나아가야 할 것이다.

등기의 진정성 강화를 위하여는 어떤 획기적인 방안만 찾기보다는 형식적 심사주의의 틀을 벗고 "등기관에게 제공되는 각종 자료의 내용을 풍부하게 할 수 있도록"[4] 작은 것에서부터 하나씩하나씩 보완해나가는 노력이 필요하다. 해석론에서는 물론 입법정책적으로도 소위 형식적 심사주의의 틀을 벗어나 실체법상의 법률관계를 그대로 구현하기 위한 제도적 개선방안을 찾아나갈 필요가 있다.[5]

그동안 형식적 심사주의에 너무 얽매여 이러한 노력을 기울이기보다는 등기의 진정성을 높이기 위한 방안으로 등기원인증서의 공증이 주로 주장되었다. 그러나 아무리 등기원인증서를 공증한들 위조된 서면에 의한 부실등기를 방지하기는 어렵고, 실체법상의 법률관계와 등기절차의 연계가 전제되지 않는다면 공증방안이 시행된들 그것이 진정성 강화에 어느 정도 효과가 있을지는 의문이다.

이 장에서는 "실체법과 등기실무가 지향해야 하는 이러한 협력에의 노

---

2) 幾代通, 不動産登記法[新版], 法律學全集25-II, 有斐閣, 1971, 舊版はしがき, 3면; 山野目章夫, 不動産登記法, 商事法務, 2009, 서문.

3) 등기청구권에 관하여 실체법상의 법률관계와 등기절차법의 양자가 접촉하는 곳에서 불가피적으로 생기는 문제로서 실체법적인 것과 절차법적인 것의 교착관계를 합리적으로 이해할 필요성을 지적하고 그러한 측면에서 검토를 한 문헌으로 幾代通, 登記請求權―實體法と手續法の交錯をめぐって―, 有斐閣, 1979 참조.

4) 小宮山秀史, "登記原因證明情報の必須化について", 登記研究 704號(平成18年10月號), 2006, 186면.

5) 「동산·채권 등의 담보에 관한 법률」의 제정과정에서 실질과 형식의 괴리를 초래하지 않도록 공시문제도 고려하여 검토가 이루어진 점은 좋은 예이다. 金載亨, "「동산·채권 등의 담보에 관한 법률」 제정안의 구성과 내용", 民法論IV, 博英社, 2011, 239면.

력"6)의 하나로 실체법과 등기절차의 유기적 연계라는 관점에서 심사업무
와 관련하여 몇 가지 논의를 전개하고자 한다. 우선 형식적 심사주의의 틀
을 벗고 등기관의 심사업무에 관하여 새롭게 접근할 경우 심사업무의 내
용을 어떻게 설명하여야 할지 시도해 보고자 한다. 그리고 등기관의 심사
업무에서 중요한 비중을 차지하는 등기원인에 대한 심사문제에 대하여 살
펴보고자 한다. 등기원인은 실체법상의 부동산물권변동이론과 등기절차를
연결짓는 개념인데, 개정 부동산등기법에서 그 등기절차상 취급에 큰 변
화가 있었다. 마지막으로 단순히 신청서와 첨부자료를 신중히 조사한다는
소극적 차원을 넘어서 등기관의 심사에서 부실등기가 걸러질 수 있도록
하는 제도의 정비와 해석론이 필요하다는 점에서 실체법리와 절차법리의
균형적 고려와 관련한 몇 가지 문제를 검토해 보고자 한다.

---

6) 鈴木祿彌, "建物合體に關する法律案をめぐつての實體民法學的考察", ジュリスト
   No.1021(1993. 4. 15.), 110면. 이 글에서는 그러한 노력의 하나로 건물 합체에
   관한 일본 민법 개정안을 들고 있다.

제2절
심사업무의 내용에 대한 새로운 설명 —————

Ⅰ. 새로운 설명의 필요성

앞의 장에서 살펴보았듯이 등기관의 심사업무에 관하여 등기실무는 판례의 형식적 심사주의이론과 달리 실체법상의 법률관계를 구현함으로써 등기의 진정을 확보하려고 노력하고 있다. 이와 같은 등기실무의 노력을 어떻게 평가하여야 할까? 등기실무가 판례에 어긋나므로 판례에 맞추어 운영되도록 하여야 할까? 예를 들어, 법령이 아닌 등기예규에서 규정하고 있는 첨부자료에 관하여 이와 같은 예규는 법적 근거도 없고, 판례의 형식적 심사주의이론에도 벗어나므로 구속력이 없다고 보아야 할까?

그렇게 보는 것은 바람직하지는 않다.[7] 형식적 심사주의에 관한 판례의 일반론은 문제가 많을 뿐만 아니라 개별적 사안에서 살펴볼 때 논리적으로 일관성도 없으며, 판례도 가등기에 의한 본등기와 압류등기의 말소 사건에서 보듯이 구체적인 사안에서 문제될 때 예규의 입장을 받아들이고 있다. 판례의 입장은 등기의 진정성 보장이라는 면에서 새롭게 정리되어야

---

7) 논리적으로만 보면 이러한 등기예규에 따라 업무를 처리하여 판례의 일반론과 달리 필요에 응하여 다른 자료의 제출을 요구하고 이를 제출하지 않을 경우 등기신청을 수리하지 않는다면 등기관의 위법행위가 되어 국가배상책임이 발생한다고 보게 될 것이다.

할 것이다. 그렇다면 등기실무의 노력을 더 발전시켜 나아가야 할 것이다.

그러나 등기실무도 그때그때 개별적 사례에서 문제될 때마다 실체법상의 법률관계를 공시하려는 노력을 하고 있을 뿐 심사업무의 내용에 관하여 체계적으로 설명하고 있지는 않다.

종래의 형식적 심사주의 일반론과 등기실무의 운영 사이의 혼란을 피하고 실체법상의 법률관계를 그대로 공시하여 등기의 진정성을 강화하기 위하여는 심사업무의 내용을 논리적이고 체계적으로 정립할 필요가 있다. 이 절에서는 실체법상의 법률관계를 구현하려는 실무의 노력을 발전시켜 논리적이고 체계적으로 등기관의 심사업무의 내용을 설명할 수 있는 새로운 접근을 시도해 보고자 한다. 제2장에서 검토하였듯이 등기의 진정성 보장의 기초는 실체법상의 법률관계를 등기절차에 반영하여 양자를 유기적으로 연계하는 것이다. 우리나라와 일본을 제외한 다른 나라에서는 그렇게 하고 있다. 우리나라와 일본에서는 그것이 유리되어 있다. 여기서 새로운 설명의 기초는 양자의 유기적 연계가 되어야 한다. 이하에서 등기관의 심사업무의 내용을 심사의 대상과 심사의 자료로 나누어 새롭게 설명해보고자 한다.

II. 심사의 대상에 대한 새로운 설명

1. 심사의 대상 : 등기의 요건(실체법상의 법률관계)

가. 등기의 요건

등기를 신청하는 때에는 신청인은 대법원규칙으로 정하는 신청정보 및 첨부정보를 등기소에 제공하여야 한다(법 제24조 제1항). 이에 따라 부동산등기규칙은 등기를 신청하는 경우에 첨부하여야 할 각종 자료에 관하여 규정하고 있다(규칙 제46조).

이와 같은 첨부자료는 등기의 요건을 심사하기 위한 것이다. 등기의 요건에 해당하는 이상 심사의 대상에 제한이 없다. 등기신청사건의 수리 여부 결정을 위하여 필요한 사항이면 실체법적 사항이든 절차법적 사항이든 모두 심사의 대상이 된다.[8] 등기는 실체법상의 권리관계를 등기부에 공시하기 위한 것이므로 실체법상의 권리관계에 부합하는지 여부는 당연히 심사하여야 한다.

여기서 등기의 요건이란 무엇인가? 판례는 "등기공무원은 등기신청에 대하여 실체법상의 권리관계와 일치하는지 여부를 심사할 실질적 심사권한은 없고 오직 신청서 및 그 첨부서류와 등기부에 의하여 등기요건에 합당하는지 여부를 심사할 형식적 심사권한 밖에는 없다"고 하여 등기의 요건을 실체법상의 권리관계와 대비되는 개념으로 사용하고 있는 듯하다. 그러나 등기란 실체법상의 법률관계를 등기부에 공시하기 위한 것이므로 등기의 요건은 "실체법상의 법률관계"가 되어야 한다. 그러므로 등기관은 실체법상의 법률관계가 있는지 여부를 요건사실에 의하여 심사하여야 한다. 여기서 실체법상의 법률관계가 적법하게 성립하고 효력을 발생하기 위한 요건사실이 등기의 요건이라고 하여야 한다.[9]

---

8) 독일에서도 등기소의 심사의무는 적법주의(Legalitätsprinzip)에서 그 법적 근거를 가진다고 한다. Staudinger/Gursky(2007) §873 Rn. 234. 이 적법주의는 두 가지 의미를 포함하는데, 하나는 등기소는 등기신청의 법률적합성을 심사하여야 하므로, 실체법이든, 절차법이든, 공법적인 방법이든 관련 법규정을 고려하여야 한다는 것이고, 다른 하나는 등기소는 등기부의 진정성을 유지하여야 하고 등기부를 부진정하게 만드는 것에 협력하여서는 안되므로 신청된 등기를 실행함으로 인하여 등기부를 부진정하게 한다는 확신을 가졌을 때에는 신청을 각하하여야 한다는 것이다. Kuntze/Ertl/Hermann/Eickmann, Grundbuchrecht, 6. Aufl., 2006, Einl. Rn. C10.

9) 물론 절차법상 등기의 요건은 등기관련 법령에서 규정하는 요건을 구비하여야 한다는 것이다. 여기서는 물권변동이론과 등기절차의 연계라는 측면에서 검토하고 있으므로 실체법상의 등기의 요건을 위주로 설명하고 있다. 독일에서도 실체적 부동산법과 절차적 부동산법의 분리의 원칙에 상응하게 입법자는 실체법에서의 등기의 요건과 절차법에서의 등기의 요건을 구별하여 규율하고 있다고 한다.

심사의 대상이 되는 실체법상의 법률관계에는 채권행위는 물론 물권적 합의도 포함된다.[10] 원인행위인 채권행위는 등기원인을 증명하는 정보에 의하여 직접 심사하게 되나, 물권적 합의는 이를 직접 심사하기보다는 등기필정보와 인감증명 등의 첨부자료의 제출을 통하여 간접적으로 심사하게 된다고 할 수 있다.

이와 같이 해석하면 실체법상의 법률관계와 등기절차를 연계하여 고려할 수 있게 되고, 등기제도의 취지에도 부합한다.

나. 법적 근거

이와 같이 해석하는 법적인 근거는 무엇인가? 그 근거는 신청정보 및 첨부정보 제공에 관한 규정(법 제24조 제1항, 규칙 제46조)에서 찾아야 할 것이다. 등기를 신청하는 때에 각종 신청정보 및 첨부정보를 등기소에 제공하도록 하는 이유는 등기의 요건, 즉 등기의 신청이 공시의 대상인 실체법상의 권리관계에 부합하는지 여부를 심사하기 위한 것이다. 심사의 결과 공시의 대상인 법률관계의 존재가 입증되지 않는 경우에는 "신청정보와 등기원인을 증명하는 정보가 일치하지 아니한 경우"(법 제29조 8호) 또는 "등기에 필요한 첨부정보를 제공하지 아니한 경우"(법 제29조 9호)를 이유로 각하하여야 할 것이다.

Staudinger/Gursky(2007) §873 Rn. 46 참고.

10) 독일에서는 원인행위는 물론이고 물권행위도 심사의 대상 자체가 아니다. 등기관은 등기의무자의 등기승낙 여부만 심사하면 된다. 다만, 소유권이전의 합의와 지상권의 설정, 이전에 대하여는 물권적 합의가 심사의 대상이다. 그러나 이 경우에도 등기관은 물권적 합의가 공정증서로 행하여졌는가를 심사할 뿐 직접 등기관이 물권적 합의를 심사하지는 않는다. 물권적 합의 자체는 공증인의 면전에서 행하여지고 공증인이 이를 심사한다.
이에 반하여 우리나라에서는 등기관이 등기원인에 대하여 심사를 하여야 한다. 등기원인을 증명하는 정보를 기재한 서면을 제출하게 하고 있기 때문이다.

2. 개별적 고찰

가. 심사자료와의 관계에서의 한계

등기관은 등기신청과 관련하여 심사할 수 있는 사항은 모두 심사하여야 하고 그것이 실체법상의 사항이라고 하여 심사하지 말아야 하는 것은 아니다. 그러나 심사자료에 제한을 받아 심사할 수 없는 한계가 있다. "등기절차에서 등기의 적법성을 위하여 요구되는 자료는 등기소의 인식가능성에 한계를 지어준다."[11] 심사의 대상은 심사의 자료에 의하여 심사하기 때문에 심사의 자료가 제한되면 심사의 대상도 제한된다. 이와 같이 심사자료에 의한 "인식가능성의 제한(Beschränkung der Erkenntnismöglichkeiten)"[12]에 의하여 심사의 대상이 제한될 수 있다.

나. 가치판단을 요하는 사항 등

1) 등기신청의 수리 여부를 결정하기 위하여 판단하여야 하는 법률문제에 관하여 실체법상의 해석이 나뉘어 명확하지 아니하거나 판례도 없는 경우에는 어떻게 하여야 하는가? 이 경우에도 등기관은 합리적으로 판단하여 등기신청의 수리 여부를 결정하여야 할 것이다.[13]

2) 등기관이 등기원인을 증명하는 서면의 기재에 의하여 현저히 불공정한 법률행위인지 여부 또는 사회질서 위반인지 여부에 대하여 심사할 수 있는가?

이 점에 관하여는 독일에서 약관규제법 위반과 관련하여 논의가 있으므로 독일의 예를 살펴보도록 한다. 독일에서는 신청된 등기가 양속 위반 또

---

11) Schöner/Stöber, Grundbuchrecht, 14. Aufl., 2008, Rn. 210.

12) Schöner/Stöber(주 11), Rn. 217.

13) 동시사망으로 추정되는 경우에 대습상속이 인정되는가 여부가 문제된 사안에서 아직 대법원판례가 나오기 전에 그렇게 처리한 예가 있음은 앞에서 살펴보았다. 제4장 각주 66 참조.

는 신의칙에 반한다는 확실한 인식을 가지게 되었을 때에만 등기신청을 각하할 수 있다고 한다.[14] 예를 들어, 범죄에 대한 대가나 오로지 성적인 봉사에 대한 대가로서의 부동산의 양도는 무효로 본다.[15]

등기절차에서 등기의 적법성을 위하여 요구되는 자료는 등기소의 인식 가능성에 한계를 지으므로 등기소는 원칙적으로 실체적 법률관계와 신의 성실(§242 BGB) 및 양속위반(§138 BGB)와 같은 일반적 법개념 위반에 대한 최종적인 판단을 할 수 없다. 그러한 문제에 대한 결정은 통상 등기소에서는 권한이 없는 전체적인 사실관계와 모든 상황을 인식한 가치판단을 전제로 하기 때문이다.[16] 그러나 독일에서도 등기승낙서에 포함되어 있는 계약조항의 인식과 해석으로부터 판단을 할 수 있는 경우에는 약관의 금지조항(§309 BGB) 위반 여부에 대하여 심사할 수 있다고 한다.[17] 즉, 심사의 자료의 제한으로 인하여 심사가 제한될 수는 있어도 처음부터 실체적 사항은 심사의 대상에서 배제되는 것이 아니다.

다. 심사의 대상의 구체적 범위

1) 등기원인을 증명하는 정보(예를 들어 매매계약서 등)의 기재사항 중 등기사항이 아닌 사항에 대하여도 등기관이 심사를 하여야 하는가? 등기관은 등기의 요건, 즉 등기의 수리 여부 결정에 필요한 범위에서 심사하고 판단하면 족하다고 하여야 한다. 등기의 수리 여부와 관계 없는 사항에 대하여는 심사할 수 없다고 보아야 할 것이다.

2) 등기신청의 대상이 되는 법률관계를 둘러싼 각종 행정적 사항도 심사의 대상은 아니라고 보아야 한다. 예를 들어 각종 신고를 요하는 경우

---

14) Meikel-Böttcher, Grundbuchrecht Kommentar Band 1, 8. Aufl., 1997, Einl H RnNr 84.

15) BGHZ 53, 376.

16) Schöner/Stöber(주 11), Rn. 210.

17) Schöner/Stöber(주 11), Rn. 217.

이들 신고까지 이행하였는지를 등기관이 심사하여야 하는 것은 아니다.[18]

3) 심사의 구체적 사항은 앞의 장에서 등기실무를 분석하면서 나열한 사항과 같다.

Ⅲ. 심사의 자료에 관한 새로운 설명

1. 심사의 자료 : 등기의 요건(실체법상의 법률관계)의 입증 자료

가. 등기절차에서의 증거법의 문제

심사의 자료는 등기의 진정성을 보장하기 위한 기초가 된다. 그것은 소송법에 비유하자면 증거자료로 볼 수 있다. 현행법은 등기의 진정을 보장하기 위한 방안의 하나로 심사의 자료로서 각종 첨부서면 또는 첨부정보를 제출하도록 하고 있다.[19] 그 중요한 자료가 등기원인을 증명하는 정보,

---

18) 법 제29조 제10호는 신청의 각하사유의 하나로 "취득세, 등록면허세(등록에 대한 등록면허세만 해당한다) 또는 수수료를 내지 아니하거나 등기신청과 관련하여 다른 법률에 따라 부과된 의무를 이행하지 아니한 경우"를 규정하고 있다. 전단은 각종 금전적 납부의무를 불이행한 경우를 규정하고 있어 그 의미가 명확하나, 후단은 그 의미가 명확하지 아니하다. 후단의 규정만 보아서는 등기신청과 관련된 각종 행정적 규정을 이행하지 아니한 경우도 각하사유로 보아야 하지 않는가 하는 의문이 생길 수 있다.

그러나 "부과"라는 단어의 주된 의미가 "세금이나 부담금 따위를 매기어 부담하게 함", "국가 또는 지방자치단체가 공조공과를 특정인에게 할당하여 부담시키는 것"을 의미하고(국립국어연구원, 표준국어대사전, 1999; 법제처, 법령용어사례집(상), 2002, 693면 참조), 전단과 후단을 연계하여 해석하면 후단의 규정은 등기신청과 관련한 각종 금전적 납부의무에 관한 규정으로 보는 것이 타당하다. 현재 후단에 해당하는 금전납부의무로는 주택법의 규정에 의한 국민주택채권 매입이 있다.

19) 종래에는 등기신청서의 첨부서면을 법에서 규정하였다(개정 전 법 제40조). 2011년 전부개정시에 조문체계 정비차원에서 첨부정보에 관한 사항을 규칙에 위임하

인감증명과 등기필정보(종래의 등기필증) 등이다(규칙 제46조).

등기신청서에 첨부하여야 하는 정보 중 다른 정보는 논란의 여지가 비교적 적다.[20] 문제는 「등기원인을 증명하는 정보」이다. 부동산등기법과 부동산등기규칙에 의하면 등기를 신청하는 경우에는 「등기원인을 증명하는 정보」를 등기소에 제공하여야 한다(법 제24조, 규칙 제46조 제1항 1호). 그런데 「등기원인을 증명하는 정보」를 구체적으로 법령에서 나열하는 것은 불가능하다.[21]

등기원인증명정보의 해석 문제, 즉 등기신청시 어떠한 자료를 제출하여야 하는가 하는 문제는 기본적으로 등기제도의 취지에서 그 답을 얻어야 할 것이다.[22] 등기는 실체법상의 법률관계를 등기부에 공시하는 제도이다. 여기서 공시의 대상인 실체법상의 법률관계가 등기의 요건이 되어야 함은 앞에서 살펴보았다. 그러므로 등기부에 등기를 하기 위하여는 공시의 대상인 실체법상의 법률관계에 관한 자료가 등기소에 제공되어야 한다. 즉, 등기의 요건인 실체법상의 법률관계에 관한 요건사실을 입증하는 자료가 등기신청시에 제출되어야 한다. 이 점에서 이 문제는 등기절차에서의 증거법의 문제라고 할 수 있다.[23]

였다(법 제24조 제2항 및 규칙 제46조).

20) 등기신청시의 첨부자료에 관하여 규칙 제46조에서 규정하고 있는데, 등기원인을 증명하는 정보를 제외하고는 다른 자료는 비교적 명확하다.

21) 일본에서도 2004년 부동산등기법 전부 개정시에 不動産登記令(平成 16年 12月 1日 政令 第379號) 별표에서 75개의 다양한 등기유형별로 첨부정보를 자세히 열거하고 있으면서도 등기원인을 증명하는 정보에 대하여는 구체적으로 나열하지 못하고 "등기원인을 증명하는 정보"로만 기재하고 있다.

22) 등기원인증명정보에 관한 구체적 검토는 제3절 참조.

23) 小林久起, "登記申請に對する登記官の審査", 新不動産登記講座③ 總論Ⅲ, 日本評論社, 1998, 159면은 등기관의 심사를 둘러싼 문제는 등기절차의 증거법의 문제와 등기에 관한 기본적인 제도의 취지목적의 이해에 관한 문제로서 이들의 개별 구체적인 검토가 필요하다고 한다.

나. 증명의 방법과 입증의 정도

증명의 방법에 관하여 법률에서 정한 증거방법과 절차가 있다면 그에 따라야 하는 것은 민사소송과 마찬가지이다.[24) 그것이 없으면 자유로운 증명으로 족하다고 보아야 한다. 우리 부동산등기법상 채권행위는 등기원인을 증명하는 정보를 통하여,[25) 물권적 의사표시는 등기필정보 등을 통하여 심사하도록 하고 있는 것으로 해석하여야 함은 제2장에서 검토하였다.

이 경우 등기의 요건에 대한 입증의 정도는 어떠한가? 소송절차에서는 당사자 사이에 분쟁이 있는 것을 전제로 하므로 사실에 관하여 엄격한 증명이 필요하다. 그러나 등기는 법률에 다른 규정이 없으면 이해가 대립하는 두 당사자가 공동으로 신청하여야 한다(법 제23조 제1항). 공동신청하는 등기의 경우 당사자 사이의 법률행위에 대하여는 엄격한 증명까지 요구할 필요가 없고[26) 소명만으로도 충분하다고 할 것이다.[27) 그러나 공동신청의 경우라도 당사자 사이의 법률행위가 아닌 사항, 즉 등기원인에 대한 제3자의 허가나 승낙 등의 사항, 법률의 규정에 의한 물권변동 및 단독신청하는 등기에 대하여는 소명만으로 부족하고 등기의 요건에 대한 증명을 필요로 한다고 하여야 할 것이다.

---

24) 증명의 방법에는 엄격한 증명과 자유로운 증명이 있다. 엄격한 증명은 법률에 정해진 증거방법에 의하여 법률에 정해진 절차에 의하여 행하는 증명을 말하고, 자유로운 증명은 증거방법과 절차에 있어서 법률규정의 구속을 받지 않는 증명을 말한다. 호문혁, 민사소송법 제8판, 法文社, 2010, 449-450면.

25) 등기원인증명정보의 증명에 관한 상세한 내용은 제3절에서 검토한다.

26) 민사소송절차에서 당사자가 공동으로 일치하여 진술한 사실은 입증 자체가 필요 없는 사실로서, 법원과 당사자를 구속한다. 따라서 법원은 증거조사 없이 자백한 내용대로 사실을 인정해야 하고, 당사자도 자신이 한 자백을 함부로 취소하지 못한다. 호문혁(주 24), 461면.

27) 증명은 요증사실의 존부에 관하여 확신을 갖게 된 상태 또는 그러한 확신을 갖게 하는 입증행위를 말하고, 소명은 주장사실이 맞을 것이라는 짐작이 들 정도의 믿음을 야기시키기만 해도 충분한 정도의 입증행위 또는 그로 인한 법원의 輕信 상태를 말한다. 호문혁(주 24), 450면.

이와 같이 등기절차의 성격에 따라 민사소송과는 다른 증명의 방법과 입증의 정도가 적용될 뿐이지, 종래의 형식적 심사주의이론에서 설명하듯이 아예 실체법상의 법률관계를 심사하지 않고 형식적으로 첨부서류의 구비 여부만을 심사하는 것에 그치는 것은 아니다.

다. 법적 근거

이와 같은 해석의 법적인 근거는 어디서 찾을 것인가? 등기는 실체법상의 권리관계를 등기부에 공시하기 위한 제도이다. 실체법상의 권리관계를 공시하기 위하여는 등기를 담당하는 기관이 이를 심사하여야 한다. 그러기 위하여 각종 자료를 등기소에 제공하게 하는 것이다. 등기를 신청하는 때에 각종 신청정보 및 첨부정보를 등기소에 제공하도록 한 것(법 제24조 제1항, 규칙 제46조)은 등기의 요건을 심사하여 등기의 진정성을 확보하기 위한 것이다. 종래의 형식적 심사주의이론이 이해하듯이 단순히 자료만 첨부되어 있으면 된다는 의미가 아니다. 그러한 자료는 등기의 요건인 실체법상의 법률관계를 입증하기에 충분한 적법 유효한 것이어야 한다. 등기의 요건인 실체법상의 법률관계를 뒷받침할 수 없는 자료라면 이를 첨부한 것으로 볼 수 없다. 따라서 첨부된 자료에 의하여 등기의 요건인 실체법상의 법률관계가 입증되지 않는다면 그 등기신청은 "신청정보와 등기원인을 증명하는 정보가 일치하지 아니한 경우"(법 제29조 8호) 또는 "등기에 필요한 첨부정보를 제공하지 아니한 경우"(법 제29조 9호)에 해당하여 각하되어야 한다.

2. 심사자료의 구체적 범위

가. 진정성과 효율성의 조화

부동산등기는 실체법상의 권리관계를 정확하고 신속하게 공시함으로써 진정한 권리자를 보호하고 거래의 안전을 통하여 제3자를 보호하는 기능을 가진다. 여기서 등기제도는 정확성과 신속성이라는 두 가지의 모순되는 이상을 가지고 있다. 실체법상의 법률관계를 그대로 정확하게 등기부에 반영하되 부동산거래의 신속성을 저해하지 않도록 함으로써 상반되는 두 가지 이상을 실현하여야 한다. 여기서 등기관의 심사문제에 있어서는 진정성과 효율성을 조화시켜야 한다.

이 때 다음과 같은 점을 고려하여야 한다. 장기간에 걸쳐 대립당사자의 공격방어에 기초하여 심사하는 재판절차에서도 처분권주의와 변론주의에 의하여 제한된 범위에서 심사를 한다. 그에 반하여 단시간 내에 신청의 수리 여부를 결정하여야 하는 등기업무의 특성도 고려하여야 한다. 이를 무리하게 확대할 경우 배상책임 등을 우려한 등기관의 업무처리의 경직화를 초래할 수 있다. 또한 등기실무 운영의 개선이 필요한 점도 지적할 수 있다. 현재 등기업무는 종래의 형식적 심사주의이론의 영향을 받아 단순히 기재사항이나 첨부서면의 첨부 여부 심사에 머무르는 것을 전제로 운영되고 있다고 보여진다. 등기절차를 단순한 형식적인 행정절차에 머무르게 할 것이 아니라 실체법과 절차법을 연계하여 등기의 진정성을 강화하기 위하여는 등기관의 직급의 상향, 적절한 직무교육의 필요성, 1인당 처리건수의 적정한 배정 등의 운영상의 개선이 필요하다.

나. 신청 외 자료와 심사의 자료

종래의 형식적 심사주의이론에 의하면 당해 신청서 및 첨부자료와 등기부만에 의하여 심사하도록 하고 있다. 기본적으로 심사의 자료는 당사자가 당해 등기신청시에 첨부한 자료가 될 것이다. 그러나 이상에서 검토한 심사자료에 관한 새로운 설명에 의하면 심사자료는 이것에 한정되지 않는다. 그렇다면 그 밖에 자료로는 어떠한 것을 활용할 수 있을까? 이것에 관하여는 일본에서의 신청 외 자료의 심사자료에 관한 논의와 독일에서의 논의를 참고할 수 있다.

일본에서는 신청 외 자료라도 공지의 사실, 관공서로부터의 통지, 등기
관이 직무수행과정에서 알게 된 사실 등을 심사의 자료로 삼을 수 있도록
하자는 논의가 있다.[28]

독일에서는 등기관은 등기부를 부진정하게 만드는 것을 알면서 그에 기
여하여서는 안되므로, 등기관은 부진정함을 알고 있는 등기를 실행해서는
안된다고 보고 있다.[29] 이것은 절차적 적법주의를 취하는 독일 토지등기
법 19조의 경우이든 실체적 적법주의를 취하는 20조의 경우이든 마찬가지
이다. 형식적으로는 적법하여도 당해 신청을 실행한다면 그 등기가 부진
정하게 된다는 것을 확실한 지식에 의하여 등기관이 알고 있는 경우에는
그 등기를 실행하여서는 안된다. 이 때 확실한 지식은 확정된 사실 또는
공정증서, 공문서 또는 소송기록이나 경험법칙에 의하여 얻은 지식이어야
한다.[30] 이 점은 우리에게도 그대로 적용된다. 등기기록 등 등기소에 비
치된 정보, 신청인으로 제공된 정보, 등기관에게 공지의 사실 등을 심사의
자료로 할 수 있다.[31] 종래의 형식적 심사주의이론에 따르면 이것이 논리
적으로 설명이 되지 않는다.

일본과 독일에서의 논의를 고려하면 신청 외 자료의 심사자료 활용에
대하여는 다음과 같이 정리할 수 있다. 기본적으로 등기관의 심사의 자료
는 당사자가 당해 등기신청시에 첨부한 자료가 될 것이다. 그러나 공지의
사실, 관공서로부터의 통지, 등기관이 직무수행과정에서 알게 된 사실 등
신청 외 자료도 심사의 자료로 삼을 수 있다. 새롭게 정립한 심사의 자료
에 관한 기준에 의하면 이러한 자료를 심사의 자료로 삼는 것도 논리적으
로 자연스럽게 설명이 가능하다.

---

28) 이에 관하여는 제4장 제3절 Ⅲ의 3 참조.

29) Kuntze/Ertl/Hermann/Eickmann(주 8), Einl. Rn. C10; Schöner/Stöber(주 11), Rn. 209.

30) 石川淸, スイス土地登記法槪論, 登記インターネット 120號(2009年 12月號), 121
號(2010年 1月號), 民事法情報センター, 142면.

31) 小宮山秀史, "登記原因證明情報の必須化について", 登記硏究 704號(平成18年10
月號), 2006, 164면.

다. 등기절차의 성질에 따른 심사자료의 제한

당사자 사이의 분쟁을 전제로 하여 이를 해결하는 절차인 소송절차와는 달리 이해관계가 대립되는 두 당사자가 일치하여 공동으로 등기를 신청하는 절차의 성질상 등기절차에서는 당사자의 변론이나 증인신문을 통하여 사실관계를 확정하는 절차가 마련되어 있지 않다. 따라서 당사자의 공격방어나 증인신문 등을 통하여 입증할 수 있는 사항에 대하여는 등기관이 심사할 수 없는 한계가 있다는 점은 앞에서 살펴보았다.[32] 이것은 민사소송에서의 자백의 구속력에 상응하는 것으로 볼 수 있다. 절차의 성질상 그러한 것이므로 이를 이유로 등기절차를 형식적 심사주의라고 할 것은 아니다.

이러한 점에서 본다면 쟁송적 성격의 업무를 등기관이 판단하게 하는 것이 옳은가 하는 문제제기에 대한 답변도 도출될 수 있다. 등기절차의 성격상 증인신문 등의 절차를 개시하여 심사할 수는 없으나, 심사자료로 판단할 수 있는 사항에 대하여는 심사하여야 한다.

예를 들면, 유증으로 인한 소유권이전등기신청이 있을 경우 그것이 포괄유증인가 특정유증인가를 판단하여야 하고 그에 따라 해당 요건을 갖추었는지를 심사하여야 한다. 그러나 구체적인 사안에서 그것이 명확하지 않은 경우가 있다.[33] 그러한 경우라 하더라도 등기관은 1차적으로 결정하여야 한다. 심사의 자료 범위 내에서 판단하여야 하되, 이것을 심사하게 하기 위하여 별도의 심사절차를 개시할 수는 없다.

---

32) 자세한 내용은 제3장 제3절 II 중 "3. 재판절차와 등기절차의 비교", 제4장 제3절 III 중 "2. 심사의 자료에 의한 심사의 대상의 제한" 부분 참조.

33) 윤진수, 민법 IV 가족법(하)-상속법-, 서울대학교 법학대학원, 2011, 219면. 판례는 유증한 재산이 증여문서에 개별적으로 표시되었다는 사실만으로 특정유증이라고 단정할 수 없고, 상속재산이 모두 얼마나 되느냐를 심리하여 다른 재산이 없다고 인정되는 경우에는 이를 포괄적 유증으로 볼 수도 있다고 한다. 대법원 1978. 12. 13. 선고 78다1816 판결; 대법원 2003. 5. 27. 선고 2000다73445 판결.

라. 보정명령과의 관계

이러한 심사자료만으로 등기의 요건인 실체법상의 법률관계가 입증되지 않는 경우 신청인에게 입증의 자료를 추가로 제출할 것을 요구할 수 있고, 설명을 요구할 수 있다. 나아가 가능하면 설명서 등도 요구할 수 있다. 이것은 보정을 요구하는 형태로 행하여지게 된다.

3. 심사권한과 심사의무의 관계

통상 등기관의 심사권한과 심사의무의 범위가 같은 것으로 보고 있으나, 경우에 따라 심사권한과 심사의무를 분리하여 심사권은 있으나 심사의무는 없는 것으로 보는 해석도 생각해 볼 수 있다.[34] 특히 신청 외 자료를 심사의 자료로 삼는 경우 신청 외 자료까지 모두 심사할 의무를 부담시키는 것은 논리적으로도 설명하기 곤란하다. 이것은 상식적으로 생각하여도 그러하다. 등기신청사건 처리에서 심사의 자료는 당해 사건의 신청서 및 첨부자료 등에 의하여야 할 것이다. 그런데 등기관이 이전에 처리한 사건을 통하여 알게 된 사실을 다른 사건의 신청사건 처리시에 고려하는 것을 의무로 보기는 어렵다.[35] 그것은 등기의 진정성 확보라는 관점에서 인정되는 권한으로 이해하여야 할 것이다.[36]

---

34) 法務省法務總合研究所 編, 實務解說 權利の登記, 日本加除出版株式會社, 1995, 425면
35) 이것은 특히 상업등기에서 그러한 예가 많다. 예를 들면, 거의 매일 임원변경등기신청이 접수되는 경우도 있다. 회사 내에서 분쟁이 생겨 서로 대립되는 그룹이 있어 어느 한 편에 속하는 사람이 임원으로 선임되는 등기를 하면 그 다음날 다른 그룹에 속하는 사람을 임원으로 선임하는 등기를 다른 그룹사람들이 신청한다. 기존의 형식적 심사주의의 논리에 따르면 그러한 등기신청을 모두 수리하여 거의 매일 임원변경등기를 하여야 한다.
36) 독일에서도 등기관은 어떠한 경우에도 원인행위를 심사할 의무를 지지 않는다고 한다. 鈴木祿彌, 抵當制度の硏究, 一粒社, 1968, 106면은 일본 문헌에서 통상 독일의 등기관은 실질적 심사권을 가지지 않는다고 설명하고 있는데, 이것은 정확하지 않고 실질적 심사의무를 지지 않는다고 해야 한다고 보고 있다. 郭潤直,

이러한 해석은 등기관의 손해배상책임이라는 문제와 관련하여서도 필요하다. 손해배상책임을 의식한 등기업무처리의 경직화 내지 지연을 방지하기 위하여도 신청 외의 자료를 심사의 자료로 삼는 경우는 심사권한은 있으나 심사의무는 없으므로 이를 간과하고 처리하여도 주의의무 위반은 아니라고 보아야 할 것이다.[37] 등기의 진정의 담보에 대하여 등기관의 심사권이 하고 있는 제도적 역할에 비추어 볼 때 국가배상법상의 책임의 존부의 판단은 권한의 존부와는 다른 차원에서 논의되어야 할 것이다.[38]

IV. 입법론

1) 우리 부동산등기법령은 등기관의 심사업무에 관한 규정을 두고 있지 않다. 물론 이 절의 앞부분에서 검토하였듯이 심사업무에 관한 이상의 새로운 설명은 우리 현행법의 해석론으로서도 가능하다. 그러나 실체법상의 법률관계를 공시하는 등기절차의 핵심이 되는 등기관의 심사문제에 관하여 부동산등기법령에서 전혀 규정을 두고 있지 않은 것은 입법적으로 미비한 것으로 생각된다.

"不動産物權變動에 있어서의 公信의 原則에 關하여", 厚巖 民法論集, 1991, 113면은 "여하한 경우에도 소위 원인행위(채권행위)는 심사의 대상이 되지 않는다"고 하고 있으나, "심사의무를 지지 않는다"고 표현하는 것이 정확할 것이다. 등기관은 의심스러운 때에는 원인관계를 심사하고 그 결과 발견한 의문점을 당사자에게 통지할 권리를 가지기 때문이다. 그러나 이러한 의문점을 이유로 신청을 각하할 수는 없다고 한다. 鈴木祿彌, 위의 책 105-106면.

37) 實務解說 權利의 登記(주 34), 424-425면.

38) 小林久起(주 23), 177면. Kuntze/Ertl/Hermann/Eickmann(주 8), Einl. Rn. C60에서는 등기소는 다른 등기용지나 원인행위에서 등기의 장애를 조사할 필요는 없는데, 이것이 독일 민법 제839조(공무상 의무의 위반에 대한 책임)에 관하여는 옳다고 하여도, 이러한 정보들이 일단 등기소에 알려지게 된 때에 등기소가 이러한 정보들을 사용하여서는 안된다는 결론을 이끌어내서는 안된다고 한다.

236 부동산등기의 진정성 보장 연구

2) 2011년 전부개정 전의 부동산등기규칙 제73조는 "등기관이 신청서를 받은 때에는 지체 없이 신청에 관한 모든 사항을 조사하여야 한다"고 규정하였으나, 현행 규칙에서는 삭제되었다.39) 일본 부동산등기규칙에도 같은 규정이 있었는데 2004년의 전부 개정시에 삭제되지 않았다.40) 우리 부동산등기법령에도 심사의 대상에 관하여 종전과 같은 규정을 두는 것이 바람직할 것으로 생각된다.

심사의 자료에 관하여도 마찬가지이다. 이상의 새로운 설명에 관한 논의를 더 발전시켜 등기절차에서의 절차적 정의를 구현한다는 관점에서 우리 부동산등기법령에서 이에 관한 규정을 신설하는 것도 좋은 방안이 될 것이다.41) 이 때 그 규정의 내용으로 "등기관은 등기신청의 내용이 진정하지 아니하다고 볼 상당한 이유가 있는 경우에는 이에 관하여 보정을 요구할 수 있다"는 규정을 생각할 수 있다.

그렇다면 심사의 대상 및 심사의 자료에 관한 내용을 합하여 부동산등기법 또는 부동산등기규칙에서 등기신청에 대한 심사에 관하여 다음과 같은 규정을 둘 수 있을 것이다. "제○○조(등기신청에 대한 심사) ① 등기관이 신청서를 받은 때에는 지체 없이 신청에 관한 모든 사항을 조사하여야 한다. ② 등기관은 등기신청의 내용이 진정하지 아니하다고 볼 상당한 이유가 있는 경우에는 이에 관하여 보정을 요구할 수 있다."

3) 등기에는 무수히 많은 다양한 유형이 있다. 등기의 진정성을 확보하기 위하여는 그 다양한 각 등기유형에 대하여 개별적 등기절차에서 이상에서 검토한 심사의 구체적 내용에 관한 일반원칙을 기초로 실체법상의 법률관계를 정확히 공시할 수 있는 절차를 꾸준히 찾아나가는 노력이 필요하다. 그리고 그 내용을 법령에 규정하여 근거규정을 둘 필요가 있다.

---

39) 이에 관하여는 제3장 제3절 I 의 1 참조.

40) 일본 부동산등기규칙 제57조.

41) 이에 관하여는 일본에서 2004년 부동산등기법 전부개정시에 신설된 제24조의 규정을 참고할 수 있을 것이다. 구체적인 내용은 제4장 제3절 III의 3 참조.

제4장에서 검토하였듯이 현재 실무에서 그렇게 하고 있다.[42] 그러나 그러한 실무의 노력은 개별적으로 행하여졌고 이론적 기초가 명확하지 아니하였다. 여기서 그러한 노력에 이론적 기초를 부여하고 체계적으로 설명하여 보았다. 형식적 심사주의이론의 틀을 벗어날 때 논리적으로도 자연스런 방안 제시가 가능할 것이다.

---

42) 이렇게 본다면 현재 등기예규에서 판례의 입장과 달리 필요에 응하여 첨부서류의 제출을 하도록 하는 것은 구체적인 사안에서 어떠한 자료를 제출하게 할지를 결정하여야 하는 등기관을 위하여 그 판단의 기준을 제시하는 것으로 해석할 수 있다.

제3절
등기원인에 대한 심사 ─────────

Ⅰ. 서설

등기원인을 증명하는 정보[43])의 중요성에 대하여 간략히 살펴보고자 한다. 등기의 진정성이란 실체법상의 법률관계를 정확하게 공시하는 것이고 이를 위하여 등기원인을 증명하는 정보를 제출하게 하고 있다. 등기신청

─────────

43) 2011년 개정 전의 부동산등기법은 "등기원인을 증명하는 서면"을 제출하도록 하고 있었다(제40조 제1항 2호). 종래에는 방문신청만이 가능하였기 때문에 서면을 제출하도록 하였는데, 등기업무의 전산화에 따라 전자신청제도가 도입되면서 방문신청과 전자신청에 공통적으로 사용할 수 있는 용어로 "등기원인을 증명하는 정보"라는 용어를 사용하게 되었다. 그러나 아직까지는 방문신청이 대부분을 차지하고 있고 방문신청의 경우에는 서면을 제출하고 있기 때문에, 방문신청에 대하여는 종래처럼 "등기원인을 증명하는 서면" 또는 약칭하여 "등기원인증명서면", "등기원인증서"라는 용어를 사용한다고 하여 틀린 표현은 아닐 것이다. 등기원인을 증명하는 정보는 등기원인을 증명하는 서면을 포함하는 보다 더 넓은 개념으로 볼 수 있을 것이다. 현행법에서도 방문신청에 대하여는 "첨부정보를 적은 서면"이라는 용어를 사용하고 있고(법 제24조 제1항 1호), 규칙(제66조 제목)이나 대법원 등기예규(2012. 4. 24. 개정 등기예규 제1448호 등기원인증서의 반환에 관한 업무처리지침)에서는 "등기원인증서"라는 표현을 여전히 사용하고 있다. 이 연구에서는 이해의 편의상 "등기원인을 증명하는 자료"라는 표현도 사용한다.

시에 제출하는 등기원인을 증명하는 정보는 실체법상의 법률관계와 등기절차를 연결짓는 개념이므로, 등기의 진정성을 확보하기 위하여는 등기원인에 대한 심사가 중요한 의미를 가진다.

그럼에도 종래 우리나라에서는 등기절차와 관련하여 등기원인증서의 공증론 외에는 이에 대한 연구가 미흡하였다.[44] 그러다보니 2011년 개정된 부동산등기법에서 등기절차에서의 등기원인에 대한 취급에 큰 변화가 있었음에도 법 개정을 전후하여 이에 관한 검토가 충분히 있었던 것으로는 보이지 않는다.[45] 등기의 진정성을 강화하기 위하여는 등기절차에서 등기원인을 어떻게 다루어야 하는지를 체계적으로 정립하는 작업도 중요하다. 이에 대한 체계적인 이해 위에 공증론도 의미를 가질 수 있다.

이하에서는 등기절차에서의 등기원인의 취급에 대한 종래의 우리법의 입장을 살펴보고 현행 부동산등기법에서 등기절차상 등기원인에 대하여 어떻게 이해하여야 하는지에 대하여도 검토해 보고자 한다. 특히 개정 부동산등기법에서 새로이 도입한 등기원인증명정보제도에 대하여는 그것이 어떤 것이고 어떻게 운영해 나가야 하는지에 관하여 아직 명확히 정립되어 있지 않은 상태이므로 이에 대하여 자세히 검토하고자 한다.

II. 등기원인에 대한 법령의 규정

현행 부동산등기 관련 법령상 등기원인에 관한 규정은 다음과 같다.

---

44) 다음 항의 등기원인에 관한 법령의 규정에서 알 수 있듯이 종래 등기원인에 대하여는 대부분 실거래가 과세를 위한 규율에 중점을 두어왔다.

45) 일본에서는 법개정시 새로이 도입된 등기원인증명정보제도에 대하여 많은 검토가 이루어진 반면, 우리나라에서는 부동산등기법의 전부개정시 이에 관하여 검토한 문헌을 찾아볼 수 없다. 개정안을 담당했던 실무자에게 구두로 문의한 바에 의하면 전자신청제도의 시행에 따라 일본에서와 마찬가지로 종래의 등기필증을 폐지하면서 새로이 도입된 개념이고 따라서 그 요건도 종래와는 달리 보아야 한다는 정도 외에 더 이상의 검토는 없었다고 한다.

"등기원인" 또는 "등기원인 및 그 연월일"은 등기사항[46]의 하나이다(법 제34조 6호, 제40조 제1항 5호, 제48조 제1항 4호). 따라서 등기를 신청하는 경우에는 등기원인과 그 연월일을 신청정보의 내용으로 등기소에 제공하여야 하고(법 제24조, 규칙 제43조 제1항 5호), 등기원인을 증명하는 정보를 첨부정보로 등기소에 제공하여야 한다(법 제24조, 규칙 제46조 제1항 1호).[47] 그리고 등기원인에 대하여 제3자의 허가, 동의 또는 승낙이 필요한 경우에는 이를 증명하는 정보도 제공하여야 한다(규칙 제46조 제1항 2호).

「부동산등기 특별조치법」은 등기원인과 관련하여 다음과 같은 규정을 두고 있다. 부동산의 소유권이전을 내용으로 하는 계약을 체결한 자는 일정 기간 내에 소유권이전등기를 신청하도록 등기신청의무를 규정하고 있다(제2조). 아울러 계약을 원인으로 소유권이전등기를 신청할 때에는 당사자와 목적부동산 등 일정한 사항[48]이 기재된 계약서에 부동산의 소재지를

---

46) 여기서 "등기사항"은 강학상 말하는 등기사항이 아니라 등기기록에 기록하는 사항이라는 의미로 사용된다. 종래 부동산등기법은 강학상 등기사항이라는 용어와 구별하여 등기부에 기재할 개개의 사항을 "등기의 기재사항"이라고 표현하였으나(개정 전 법 제57조), 현행 부동산등기법은 등기기록에 기록할 사항을 등기사항이라고 표현하고 있다.

47) 2011년 개정 전의 부동산등기법은 첨부서면에 관하여 법에서 규정을 두고 있었으나(제40조), 전부개정시 조문체계 정비차원에서 법에서는 등기사항 위주로 규정하고 구체적인 등기신청절차나 등기실행방법은 규칙에서 규정하도록 하고 있다. 따라서 구체적인 첨부자료에 대하여는 규칙에서 정하고 있다(법 제24조 제2항, 규칙 46조).

48) 「부동산등기 특별조치법」 제3조 제1항에 의하면 계약서에는 다음 사항이 기재되어야 한다.
 1. 당사자
 2. 목적부동산
 3. 계약연원일
 4. 대금 및 그 지급일자 등 지급에 관한 사항 또는 평가액 및 그 차액의 정산에 관한 사항
 5. 부동산중개업자가 있을 때에는 부동산중개업자
 6. 계약의 조건이나 기한이 있을 때에는 그 조건 또는 기한

관할하는 시장 등의 검인을 받아 관할등기소에 이를 제출하도록 하고 있다 (제3조 제1항). 또한 등기원인에 대하여 행정관청에 신고할 것이 요구되는 때에는 소유권이전등기를 신청할 때에 신고를 증명하는 서면을 제출하도록 하고 있고(제5조 제2항), 부동산의 소유권이전을 내용으로 하는 계약을 체결한 자가 소유권이전등기를 신청함에 있어서 등기신청서에 등기원인을 허위로 기재하여 신청하거나 소유권이전등기 외의 등기를 신청하여서는 아니된다(제6조). 등기신청의무, 허위원인 기재 금지의 규정을 위반한 경우에는 과태료 처분 또는 징역 내지 벌금형의 형사처벌을 규정하고 있다.

「주택법」 제80조의2 제1항[49] 및 「공인중개사의 업무 및 부동산 거래신고에 관한 법률」 제27조 제1항[50]에서 정하는 계약을 등기원인으로 한 소

---

49) 제80조의2(주택거래의 신고)

"① 주택에 대한 투기가 성행하거나 성행할 우려가 있다고 판단되는 지역으로서 주택정책심의위원회의 심의를 거쳐 국토교통부장관이 지정하는 지역(이하 "주택거래신고지역"이라 한다)에 있는 주택(대통령령으로 정하는 공동주택으로 한정한다. 이하 이 장 및 제101조의2에서 같다)에 관한 소유권을 이전하는 계약(대가가 있는 경우만 해당하며, 신규로 건설·공급하는 주택을 신규로 취득하는 경우는 제외한다. 이하 "주택거래계약"이라 한다)을 체결한 당사자는 공동으로, 주택거래가액 등 대통령령으로 정하는 사항을 주택거래계약의 체결일부터 15일 이내에 해당 주택 소재지의 관할 시장·군수·구청장에게 신고하여야 하며, 신고한 사항을 변경하는 경우에도 같다. 다만, 주택거래신고지역으로 지정되기 전에 체결한 계약은 「부동산등기 특별조치법」 제3조 또는 「공인중개사의 업무 및 부동산 거래신고에 관한 법률」 제27조에 따른다."

50) 제27조(부동산거래의 신고)

"① 거래당사자(매수인 및 매도인을 말한다. 이하 이 조에서 같다)는 다음 각 호의 어느 하나에 해당하는 부동산 또는 부동산을 취득할 수 있는 권리에 관한 매매계약을 체결한 때에는 부동산 등의 실제 거래가격 등 대통령령이 정하는 사항을 거래계약의 체결일부터 60일 이내에 매매대상부동산(권리에 관한 매매계약의 경우에는 그 권리의 대상인 부동산) 소재지의 관할 시장·군수 또는 구청장에게 공동으로 신고하여야 한다. 다만, 거래당사자 중 일방이 신고를 거부하는 경우에는 국토교통부령으로 정하는 바에 따라 상대방이 단독으로 신고할 수 있다.

1. 토지 또는 건축물

2. 3. (생략)

유권이전등기를 신청하는 경우에는 시장·군수 또는 구청장에게 신고한 거래가액을 신청정보의 내용으로 등기소에 제공하고, 시장 등으로부터 제공받은 거래계약신고필증정보를 첨부정보로서 등기소에 제공하여야 한다(규칙 제124조). 이 경우[51] 등기관은 이 거래가액을 등기기록에 기록하여야 한다(법 제68조).

등기에 필요한 첨부정보의 하나인 등기원인을 증명하는 정보를 제출하지 아니한 경우 또는 신청정보와 등기원인을 증명하는 정보가 일치하지 아니한 경우에는 등기관은 신청을 각하하여야 한다(법 제29조 8호, 9호).

지상권, 지역권, 전세권, 임차권, 저당권의 등기를 할 때 등기원인에 존속기간, 지료와 지급시기, 민법이 규정하는 약정 등이 있는 경우에는 이를 기록하도록 하고 있다(법 제69조 단서, 제70조 단서, 제72조 단서, 제74조 단서, 제75조 제1항 단서).

신청서에 첨부된 등기원인을 증명하는 정보를 담고 있는 서면이 법률행위의 성립을 증명하는 서면이거나 그 밖에 대법원예규로 정하는 서면[52]일 때에는 등기관이 등기를 마친 후에는 이를 신청인에게 돌려주어야 한다(규칙 제66조 제1항).[53]

---

51) 관련규정이 상당히 복잡하여 어떤 경우인지 금방 알기 쉽지 않으나 이해의 편의를 위하여 간단히 정리하면, 주택거래신고지역(주택에 대한 투기가 성행하거나 성행할 우려가 있다고 판단되는 지역으로서 국토교통부장관이 지정하는 지역)에 있는 공동주택에 관한 소유권을 이전하는 계약(주택거래계약)으로서 대가가 있는 경우와 부동산 또는 부동산을 취득할 수 있는 권리에 관한 매매계약을 체결한 경우라고 할 수 있다.

52) 「등기원인증서의 반환에 관한 업무처리지침」(2012. 4. 21. 개정 대법원 등기예규 제1448호) 제2조는 그러한 서면으로서 "법률행위의 성립을 증명하는 서면과 법률사실의 성립을 증명하는 서면"을 들고, 제3조에서 구체적인 서면을 예시하고 있다.

53) 등기원인증서는 대부분 신청인이 돌려받기를 원하기 때문에 등기를 마치면 곧바로 신청인에게 돌려주고 있다. 물론 이 규정이 없어도 첨부서면의 원본 환부 청구 규정(규칙 제59조)에 의하여 원본을 돌려받을 수 있으나 위 규정에 의하여 처리할 경우 등기소에서의 업무가 크게 번잡해지기 때문에 별도의 규정을 두었

개정 전 부동산등기법은 등기원인을 증명하는 서면이 처음부터 없거나 그 서면을 제출할 수 없는 경우에는 신청서의 부본을 제출하도록 하고 있었고(제45조), 등기를 마쳤을 때에는 등기원인을 증명하는 서면 또는 신청서의 부본으로 등기필증을 작성하도록 하고 있었으나(제67조 제1항), 개정법에서는 모두 삭제되었다.

Ⅲ. 등기원인과 부동산물권변동이론

1. 등기원인의 의의

1) 여기서 등기원인이란 무엇을 뜻하는지를 살펴보자. 등기원인의 의미에 대하여는 "신청하는 등기를 법률상 정당하게 하는 법률상의 원인, 즉 권원"으로 보는 것이 일반적이다.[54] 그것은 법률행위인 경우도 있고, 상속, 경매, 취득시효, 건물의 증축, 오기 등 그 밖의 법률사실인 경우도 있다.[55] 법률행위에 의한 물권변동의 경우에는 등기함으로써 발생하게 될 물권변동을 정당화하는 원인이고, 법률행위에 의하지 않는 물권변동의 경우에는 등기 없이 이미 발생하고 있는 물권변동을 일어나게 한 원인, 즉 그 물권변동을 법률상 정당화하는 원인이다.[56]

우리 판례는 "소유권이전등기에 있어 등기원인이라고 함은 등기를 하는

다. 다만, 등기원인증서 중에는 해지증서와 같이 신청인이 그 반환의 필요성을 느끼지 못하여 이를 수령해가지 않는 경우가 있다. 따라서 신청인이 등기를 마친 때부터 3개월 이내에 수령하지 아니할 경우에는 폐기할 수 있도록 하고 있다 (규칙 제66조 제2항). 법원행정처, 개정 부동산등기법 및 부동산등기규칙 해설, 2011, 272면.

54) 郭潤直, 不動産登記法, 新訂修正版, 博英社, 1998, 190면; 송덕수, 물권법, 박영사, 2012, 97면.

55) 郭潤直(주 54), 191면.

56) 郭潤直, "登記原因證書의 公證", 民事判例研究[IX], 博英社, 1997, 309면.

것 자체에 관한 합의가 아니라 등기하는 것을 정당하게 하는 실체법상의 원인을 뜻하는 것"으로 보고 있다.[57]

2) 이러한 설명방식은 다소 추상적이어서 구체적으로 무엇인지 금방 떠오르지 않는다. 이를 쉽게 이해하기 위하여는 등기원인의 의미를 실체법상의 법률관계와 등기절차의 유기적인 연계라는 측면에서 생각할 필요가 있다. 등기란 실체법상의 법률관계를 공시하는 제도이므로 등기가 유효하기 위하여는 실체법상의 법률관계가 존재하여야 한다. 실체법상의 법률관계 없이 등기만이 존재할 수는 없다. 그것은 법률행위일 수도 있고, 그 밖의 것일 수도 있다. 이와 같이 "등기를 하게 되는 근거가 되는 실체법상의 법률관계"[58]가 등기원인이라고 정의할 수 있다.[59] 이렇게 본다면 등기원인은 실체법상의 법률관계와 등기절차를 연결짓는 중요한 수단의 하나가 된다. 실체법상의 법률관계와 등기절차의 유기적 상호연계라는 측면에서 등기원인을 이해한다면 등기원인에 대한 절차법상의 취급도 이에 상응하여 비중 있게 고려하여야 한다. 그만큼 등기의 진정성 확보에 중요한 의미를 가지게 된다.

3) 그러면 등기절차와 연계되어 있는 실체법상의 법률관계인 등기원인

---

57) 대법원 1999. 2. 26. 선고 98다50999 판결("소유권이전등기에 있어 등기원인이라고 함은 등기를 하는 것 자체에 관한 합의가 아니라 등기하는 것을 정당하게 하는 실체법상의 원인을 뜻하는 것으로서, 등기를 함으로써 일어나게 될 권리변동의 원인행위나 그의 무효, 취소, 해제 등을 가리킨다")

58) 앞에서 언급하였듯이 엄밀하게 말하면 "실체관계"라는 표현과는 다른 용어이다. 제2장 각주 1) 참조.

59) 이것은 학설이 "신청하는 등기를 법률상 정당하게 하는 법률상의 원인"이라고 표현한 것과 판례가 "등기하는 것을 정당하게 하는 실체법상의 원인"으로 표현한 것과 같은 내용이나, 보다 구체적으로 이해할 수 있는 설명이 될 것이다. 왜냐하면 모든 등기는 실체법상의 법률관계가 있어서 이루어지게 된다. 그것이 법률행위에 의한 물권변동이든 그 밖의 원인에 의한 물권변동이든 실체법상의 법률관계 없이 등기만 있을 수는 없다. 또한 이러한 개념정의는 실체법상의 법률관계와 등기절차의 상호관계를 잘 나타내는 표현이다.

에 대하여 다른 나라에서는 어떻게 이해하고 있는지를 살펴보자.

원래 등기원인이라는 용어는 일본의 부동산등기법에서 사용하는 개념인데, 우리 부동산등기법도 그대로 사용하고 있다.[60] 등기원인에 대한 일본학자들의 개념정의를 보면 "등기하여야 할 변동의 원인인 법률행위 그 밖의 법률사실",[61] "등기를 필요로 하게 한 원인인 사실"[62] 등으로 설명하고 있다.[63] 일본에서는 2004년 부동산등기법 전부개정시에 등기원인의 의미에 대하여 법률에서 규정을 두어 "등기의 원인으로 되는 사실 또는 법률행위"를 말한다고 정의하고 있다(일본 부동산등기법 제5조 제2항 단서).

독일에서는 토지등기규칙(Grundbuchverfügung) 제9조에서 등기부의 제1구용지의 기재사항에 관하여 규정하면서 제4란에 "Auflassung의 일자 또는 그 밖의 등기의 근거(상속증명서, 유언서, 압류결정, 등기부 정정의 허가, 주무관청의 허가, 주무관청의 촉탁, 공용징수결정 등)" 등을 기재하게 하고 있는데,[64] 여기서 Auflassung 또는 등기의 근거(Grundlage der Eintragung)가 우리의 등기원인에 유사한 것으로 볼 수 있다.[65]

스위스 민법은 "등기기입, 변경, 말소와 같은 등기부상의 처분은 언제나 처분권과 법적 근거에 관한 증명에 의하여서만 할 수 있다"고 규정하고 있

---

60) 郭潤直(주 56), 307면.

61) 杉之原舜一, 不動産登記法, 日本評論社, 1938(昭和13年), 202면.

62) 幾代通(주 2), 113면.

63) 이미 발생하고 있는 권리변동의 원인이라고 보는 점에서 우리와 차이가 있다. 우리나라와 달리 의사주의를 취하고 있기 때문이다. 郭潤直(주 56), 308면.

64) "d) in Spalte 4: der Tag der Auflassung oder die anderweitige Grundlage der Eintragung (Erbschein, Testament, Zuschlagsbeschluβ, Bewilligung der Berichtigung des Grundbuchs, Ersuchen der zuständigen Behörde, Enteignungsbeschluβ usw.), der Verzicht auf das Eigentum an einem Grundstück (§ 928 Abs. 1 BGB)[1] und der Tag der Eintragung."

65) 등기부의 양식 중 "등기의 근거(Grundlage der Eintragung)"라는 난이 있다. Johann Demharter, Grundbuchordnung, 26. Aufl., 2008, S.1108 이하 참조.

는데(제965조 제1항),[66] 여기의 법적 근거(Rechtsgrund)가 우리의 등기원인에 상당하는 것으로 보인다. 그리고 스위스에서는 물권행위의 유인성을 인정하고 있어 여기의 법적 근거는 원인행위인 채권계약으로 보고 있다.[67]

2. 물권변동이론과 등기원인

1) 다음으로 등기를 하게 되는 실체법상의 근거인 등기원인에 대하여 물권변동이론과 관련하여 어떻게 설명할 수 있는지 살펴보고자 한다.[68] 민법 제186조는 "부동산에 관한 법률행위로 인한 물권의 득실변경은 등기하여야 그 효력이 생긴다"고 규정하고 있는데, 이 문제는 여기의 법률행위를 어떻게 이해할 것인지와 관련되어 있다.

물권변동에 있어 등기원인이 무엇이냐에 관하여는 법률행위에 의하지 않은 경우와 법률행위에 의한 경우로 나누어 볼 수 있다. 법률행위에 의하지 않은 물권변동의 경우에 등기원인은 이미 발생하고 있는 물권변동을 일어나게 한 원인이라고 보는데 이견이 없다.[69] 법률행위에 의한 물권변동의 경우에 등기원인이 무엇이냐에 관하여는 견해가 나뉜다. 물권행위의 무인성 여부와 관련 있다고 보아 무인성을 인정한다면 물권행위가 등기원인이라고 보아야 하고 유인성을 인정한다면 물권행위가 아니라 물권행위를 하게 된 원인이 되는 원인행위 또는 그의 무효·취소·해제 등이 등기원인이라고 새겨야 한다고 보는 견해가 있다.[70] 그러나 물권행위의 무인성

---

66) ZGB §965 ① Grundbuchliche Verfügungen, wie Eintragung, Änderung, Löschung dürfen in allen Fällen nur auf Grund eines Ausweises über das Verfügungsrecht und den Rechtsgrund vorgenommen werden..

67) 郭潤直(주 56), 314면.

68) 七戶克彦, "不動産登記法の改正 ―その物權變動論に及ぼす影響について―", 月刊 登記情報 502號(2003. 9.), 32면.

69) 郭潤直(주 54), 191면.

70) 郭潤直(주 54), 191면; 송덕수(주 54), 98면.

을 인정하면서도 등기원인은 채권행위라는 견해도 있고,[71] 물권행위의 유인성을 주장하면서도 등기원인은 물권행위라고 보는 견해도 있다.[72] 또한 실체법적 등기원인과 절차법적 등기원인을 구별하여 전자는 물권적 합의이고 후자는 부동산등기법상 등기원인으로서 원인행위인 채권행위라고 보는 견해도 있다.[73]

민법 제186조의 "법률행위"에 관하여는 종래 물권행위 개념을 인정하는 견해에서는 이를 물권행위를 의미하는 것으로 보는 것이 일반적이다.[74] 그 근거로는 이를 채권행위로 보게 되면 물권의 포기와 같이 채권행위 없이 물권행위만이 행하여진 경우[75]에는 이 규정을 적용할 수 없어서 문제이기 때문이라 한다.[76]

그러나 이러한 예외적인 현상을 일반화하여 원인행위인 채권행위는 물권변동의 요건이 아니라고 이해할 것은 아니다.[77] 채권행위가 선행하지

---

71) 姜台星, 物權法, 新版, 大明出版社, 2004, 171면.

72) 金相容, 物權法, 法文社, 2003, 144면.

73) 金曾漢·金學東, 物權法, 博英社, 1998, 68면; 李相泰, 物權法, 法元社, 2004, 89면; 李英俊, 物權法, 全訂新版, 博英社, 2009, 225면. 홍성재, 物權法, 개정판, 대영문화사, 2010, 250-253면은 실체법상 등기원인과 절차법상 등기원인을 구분하여 설명하면서 실체법상 등기원인은 물권적 의사표시를 포함하는 채권행위라고 한다.

74) 郭潤直, 物權法[民法講義 II], 博英社, 2003, 53면; 金相容(주 72), 104면; 金曾漢·金學東(주 73), 43면; 송덕수, 新민법강의, 제6판, 박영사, 2013, 525-526면; 李英俊(주 73), 61면. 홍성재(주 73), 225면은 물권적 의사표시를 포함하는 채권행위라고 한다.

75) 견해에 따라서는 채권계약이 선행함이 없이 물권계약이 독립하여 행하여지는 경우가 있다고 하면서, 지상권·전세권·저당권 등의 제한물권의 설정계약을 예로 들기도 한다. 金曾漢·金學東(주 73), 50면. 그러나 이러한 경우에도 그러한 제한물권을 설정하기로 하는 채권계약이 있고 그에 따라 물권적 합의가 행하여지는 것으로 보아야 한다. 尹眞秀, "物權行爲 槪念에 대한 새로운 接近", 民法論攷 II, 博英社, 2008, 353면 각주 112) 참조.

76) 송덕수(주 74), 525면.

77) 洪性載, "民法 第186條 所定의 "法律行爲"의 解釋", 私法研究 第3輯, 1995, 26면.

않는 경우는 예외적이고 이런 예외적인 경우에 위 제186조의 법률행위를 물권행위로밖에 볼 수 없다고 하여 그것만으로 채권행위가 선행하는 원칙적인 경우에까지 항상 물권행위로 보아야 하는 것은 아니다.[78]

2) 실체법상의 법률관계와 등기절차의 유기적 연계라는 관점에서 본다면 물권변동의 요건이 등기원인이 되어야 한다. 그것은 물권행위의 무인성 인정 여부와 관계가 없다. 등기원인은 등기의 기초이자 등기의 진정성 보장의 기초가 되는 등기절차적 개념이다. 통설처럼 물권변동의 요건을 물권행위라고 본다면 등기원인은 물권행위가 되어야 한다. 물권변동의 요건도 아닌 채권행위가 갑자기 등기절차에서 등기의 기초로 될 수는 없다. 채권행위를 등기원인으로 보는 것은 채권행위도 물권변동의 요건의 하나로 볼 때 가능하다.

이런 관점에서 채권행위가 있고 그 채권행위의 이행으로서 물권행위가 행하여지는 경우에는 채권행위도 물권변동의 요건의 하나가 되어야 함을 지적하였다.[79] 이렇게 이론구성한 뒤에야 비로소 등기원인은 채권행위가 된다고 설명할 수 있다. 채권행위가 선행하는 경우에 있어서 당사자의 의사를 보면 채권행위를 하고 그 이행으로 물권행위를 하므로 그 중심이 되는 행위는 채권행위이고 물권행위는 그 이행행위일 뿐이다. 독일민법 제873조와 같이 명문의 규정으로 이행행위를 물권변동의 요건으로 규정하지 않은 우리법상 이행행위를 원인행위로 보기는 어렵다. 이렇게 보면 물권변동이론과 등기절차와의 연계가 자연스럽게 이루어진다. 그리고 채권행위 없이 물권행위만이 존재하는 경우에는 이를 물권행위로 보아야 하는 점은 당연하다.[80]

실체법적 등기원인과 절차법적 등기원인을 구별하여 설명하는 견해는 옳지 못하다.[81] 등기원인은 등기절차상 필요에서 나온 절차법상 개념이

---

78) 尹眞秀(주 75), 354면.
79) 제2장 제3절 II 참조.
80) 尹眞秀(주 75), 354면.

다. 실체법적 등기원인이라는 개념은 부적절하다. 등기원인은 하나만 존재하여야 한다.

3. 물권변동이론과 등기절차의 유리

등기원인은 등기의 진정성 보장의 기초가 되고, 등기절차와 부동산물권변동을 연결짓는 개념이 된다. 그러나 앞서 제2장에서 지적한 것처럼 우리나라에서는 부동산물권변동이론과 등기절차가 밀접하게 연계되지 않고 유리되어 있으며, 그 중심에 놓여있는 것이 등기원인이다.

우리 학설의 다수의 견해는 민법 제186조의 "법률행위"를 물권행위 내지 물권적 의사표시를 의미한다고 보고, 그 결과 부동산등기에서의 등기원인은 물권행위이며, 등기의 실체적 유효요건으로 물권행위와 등기가 내용적으로 부합하여야 한다고 이론구성하고 있다. 물권변동이론에서 물권행위 내지 물권적 의사표시를 중시한다.

이렇게 물권행위가 물권변동의 중심개념이라면 등기절차에서도 당연히 그에 관하여 심사하여야 함에도 그 동안 물권행위의 심사에 관하여는 전혀 논의가 없었다. 물권행위의 개념 및 시기에 관하여 아직도 견해가 합치되지 않고 논란이 계속되고 있어 심사할 수 없다고 보는 것이 정확할 것이다. 오히려 판례와 실무는 채권행위를 원인행위로 보고 채권행위를 심사하게 하고 있다. 이와 같이 실체법상의 물권변동이론과 등기절차가 유리된 구조에서 형식적 심사주의이론이 생겨날 수 있었고 또 그것이 이런 현실을 유지 내지 촉진시켜 왔다고 할 수 있다.

---

81) 송덕수(주 54), 98면은 실체법적인 것과 절차법적인 것으로 구분하는 견해는 물권행위의 독자성을 인정하는 입장에서 물권행위를 등기원인으로 주장하다가 부동산등기 특별조치법이 법률행위에 의한 물권변동의 주요한 경우에 등기원인을 증명하는 서면으로 검인계약서를 요구하여 종래와 같이 설명할 수 없게 되자, 가공의 개념을 만들어 탈출구로 삼은 것이라고 한다.

IV. 등기절차에서의 등기원인증서에 대한 경시 경향

1. 등기원인증서의 첨부에 관한 규정의 연혁

2011년 전부 개정 전의 부동산등기법은 등기를 신청할 때에는 등기원인을 증명하는 서면을 제출하도록 하되(제40조 제1항 2호), 등기원인증서가 처음부터 없거나 이를 제출할 수 없는 경우에 신청서 부본으로 갈음할 수 있게 하였으며(제45조), 등기를 마쳤을 때에는 등기원인을 증명하는 서면 또는 신청서의 부본을 이용하여 등기필증을 작성하여 등기권리자에게 교부하도록 하고 있었다.(제67조). 이 세 가지 규정은 종래의 우리 법이 등기원인증서에 대하여 취한 태도를 보여주는 대표적인 규정이다.

이 규정이 생기게 된 연혁을 살펴보자. 등기신청시에 등기원인을 증명하는 서면을 첨부하게 한 것은 일본의 부동산등기법이 우리나라에 의용되면서부터이다. 여기서 일본 부동산등기법에서의 등기원인증서의 첨부에 관한 규정의 연혁을 살펴볼 필요가 있다.

일본에서는 江號期 이래 名主加判制度와 明治 초기의 공증제도인 奧書割印制度에서 부동산거래에는 증서를 작성하도록 하였다.[82] 1886년(明治 19년) 제정된 구 등기법에서는 일본 고래의 奧書割印制度 등을 고려하여 계약서 등 증서 그 자체를 제출하고[83] 그 증서에 기하여 등기를 하도록 하는 기본구조를 취하고 있었고,[84] 1890년(明治 23년) 제정된 구 민법에

---

82) 藤原勇喜, "物權變動原因の公示と登記原因證明情報(上)(登記原因證明情報の役割と機能)", 登記硏究763號(平成 23년 9月號), 2011, 45면.

83) 구 등기법 제14조 제1항은 "토지 건물 선박의 매매 양여에 관하여 등기를 신청하는 때에는 계약자 쌍방이 출석하여 그 증서를 제시하여야 한다"고 규정하였다.

84) 藤原勇喜(주 82), 47면. 또한 이 당시의 「登記法取扱規則」 제25조는 "등기를 위하여 제출된 계약서에는 등기를 마친 후에 등기관이 이것에 등기물건의 번호를 기재하고 날인하여 본인에게 환부하여야 한다"고 규정하고 있었다. 여기에는 "등기필의 뜻을 기재하여"라는 문구가 없었고 등기필증을 받고자 하는 자는 등

서도 매매계약이나 저당권설정의 방식에 관하여 공정증서 또는 사서증서에 의하도록 하여 증서의 작성을 의무지우는 규정을 두고 있었다.[85] 그러나 구 민법은 법전논쟁으로 그 시행이 연기되었다. 그 후 1896년(明治 29년) 공포된 현행 민법의 제정시에는 이에 관한 어떠한 규정도 두지 않았고,[86] 1899년(明治 32년) 제정된 부동산등기법은 등기원인증서의 제출을 원칙으로 하되 신청서 부본으로 갈음할 수 있게 하였다.[87] 입법 당시에는 등기원인증서가 극히 중요시되어 신청서 부본은 어쩔 수 없는 경우에 예외로 허용되었으나,[88] 그 이후 신청서 부본으로 갈음할 수 있는 경우를 넓게 인정하게 되었다. 그리하여 신청서에 등기원인을 기재하고 원인증서가 있으면 제출하게 하였으나, 원인증서의 기능을 실체관계에 부합하는지 여부나 원인행위가 진정하게 성립하였는지 여부를 조사하게 하기 위한 것보다는, 신청서의 기재사항이 등기원인증서와 부합하는가 하는 신청서의 기재에 오류나 유루가 있는지를 체크하는 정도로 생각되게 되었다.[89][90]

기소에서 별도로 등기필의 증명서를 청구할 수 있었던 점으로 보아 이 때 제출하였던 증서는 그 이후에 제정된 부동산등기법에서와 달리 등기필증 작성과는 관계 없는 것이었다. 그리고 등기필증은 다음에 다른 등기를 신청할 때의 첨부서면도 아니었다. 甲斐道太郎, "「登記原因證書論」覺え書", 不動産登記制度100周年記念論文集 不動産登記をめぐる今日的課題, 法務省法務總合研究所 編, 1987, 361-362면.

85) 이에 관한 자세한 내용은 藤下健, "登記原因證書槪念形成史瞥見", 登記研究 601 號, 1998年(平成10年) 2月號, 62면 이하 참조.

86) 藤下健(주 85), 68면.

87) 甲斐道太郎(주 84), 363면은 증서를 등기신청의 필요첨부서면으로 규정하지 않고 신청서부본으로 대용할 수 있게 인정한 것은 민법이 계약을 낙성계약으로 한 것이 중요한 요인이 되었다고 한다.

88) 甲斐道太郎(주 84), 363면; 藤原勇喜(주 82), 50면.

89) 藤原勇喜(주 82), 52면. 또한 여기서 등기절차는 실체민법과 유리된 자기완결적 절차가 되었다고 한다. 藤原勇喜(주 82), 53면. 이 문헌은 明治 19年의 등기법의 입장을 "證書主義"로, 明治 32年의 부동산등기법의 입장을 "申請書主義"로 표현한다. 藤原勇喜(주 82), 38면, 47면.

90) 이러한 예의 하나로 등기기재례를 들 수 있다고 한다.

2. 등기원인증서의 역할과 기능

1) 2011년 전부개정 전의 부동산등기법은 등기를 신청할 때에 "등기원인을 증명하는 서면"을 제출하도록 하고 있었다. 이 등기원인증서는 두 가지의 기능을 하고 있었다.[91]

첫째는 眞正性 擔保機能이다. 등기관이 그것에 의하여 등기원인이 있었는지 여부를 알 수 있게 하고, 등기원인 없는 부진정한 등기의 신청을 예방하려는 것이다.[92] "등기원인의 존재와 진정을 추인하게 하기 위한 증거자료"[93]의 기능이다. 따라서 "신청서에 적힌 사항이 등기원인을 증명하는 서면과 일치하지 아니한 경우"에는 등기신청을 각하하도록 하고 있었다 (구 부동산등기법[94] 제55조 7호).

둘째는 登記畢證 作成機能이다. 등기를 마친 후에 등기관이 이것을 이용하여 등기필증을 작성하기 위한 것이다. 등기원인증서가 "등기필증의 소재로서 그대로 이용되는 것"[95]이다. 따라서 등기관이 등기를 마쳤을 때

明治 32년의 등기기재례는 「明治 32년 10월 6일 접수 제9호 明治 32년 10월 6일자 매도증서에 의하여 東京市 本鄕區 眞砂町 5번지 桑原直을 위하여 소유권취득을 등기하다」라고 되어 있었다.
그런데 昭和 54년의 기재례는 다음과 같이 되어 있었다.
「所有權移轉」
昭和 몇 년 몇 월 몇 일 접수 제 몇호
原因 昭和 몇 년 몇 월 몇 일 매매
所有者 어느郡市區 어느町村 몇 번지 아무개」
이 기재례의 변화에서 증서는 등기부상의 기재와 완전히 유리되게 되었고, 등기절차용 증서의 출현도 이러한 기재례의 변화와 무관하지는 않다고 한다. 藤原勇喜(주 79), 50면; 甲斐道太郎(주 81), 364면.

91) 甲斐道太郎(주 84), 353면.
92) 郭潤直(주 54), 198면.
93) 甲斐道太郎(주 84), 353면.
94) 법조문을 인용할 때 2011년 개정 전의 부동산등기법을 "구 부동산등기법"으로 표현한다. 이하 같다.
95) 甲斐道太郎(주 84), 353면.

에는 등기원인을 증명하는 서면 또는 신청서의 부본에 신청서의 접수연월일, 접수번호, 순위번호와 등기완료의 뜻을 적고 등기소인을 찍어 이를 등기권리자에게 교부하도록 하고 있었다(구 부동산등기법 제67조 제1항).

2) 그런데 2011년 개정 전 부동산등기법은 등기원인을 증명하는 서면이 처음부터 없거나 그 서면을 제출할 수 없는 경우에는 신청서의 부본을 제출하도록 규정하고 있었다(제45조). 이 때 제출하는 신청서 부본은 이것을 이용하여 등기필증을 작성하기 위한 것이므로 위 첫째의 기능인 진정성 담보기능은 가지지 않고 둘째의 기능인 등기필증 작성기능만을 가지게 된다. 이것을 보면 등기원인증서는 진정성 보장기능보다는 등기필증 작성기능이 주된 기능이었음을 알 수 있다. 등기원인증서가 단순히 심사의 편의의 문제에 머무르지 않고 실체법상의 물권변동이론과 등기절차와의 연계라는 측면에서 중요한 의의를 가짐에도,96) 종래 등기원인증서를 제출하게 하는 이유를 이와 같이 등기필증을 작성하기 위한 것으로 보고 있었다.97)

3. 종래의 등기원인증서의 요건

등기원인증서가 가지는 기능에서 종래 등기원인증서의 요건을 이끌어

---

96) 鎌田薫, "不動産登記制度の基本原理", 新不動産登記講座① 総論Ⅲ, 日本評論社, 1998, 36면.

97) 杉之原舜一(주 61), 204면은 신청서의 부본으로 용이하게 대체할 수 있으므로 결국 등기필증 작성기능 이외에는 이유가 없다고 한다. 幾代通・德本伸一, 不動産登記法[第四版], 法律學全集25-Ⅱ, 有斐閣, 1994, 129-130면은 등기관이 실질적 심사권을 가지고 있지 않고 등기의무자의 인감과 등기필증 제출에 관하여 엄격한 취급을 하고 있는 이상 등기의 진정성 보장기능은 설득력이 없고, 오히려 주된 이유는 신청인이 제출한 등기원인증서를 그대로 이용하여 등기필증을 작성함으로써 등기소의 사무부담을 경감시킨다는 편의에 있다고 한다. 또한 幾代通・浦野雄幸, 判例・先例 コンメンタール 新編 不動産登記法 2, 三省堂, 1999, 131면은 등기원인증서를 제출시키는 목적은 이것에 의하여 등기필증을 작성하는 것이고, 등기의 진정담보라는 목적도 부차적으로 있다고 한다.

내왔다. 이 요건은 등기원인증서의 적격성이라고도 한다. 등기원인증서는 등기원인의 성립을 심사하게 함으로써 등기의 진정성을 확보할 뿐만 아니라 이를 이용하여 등기필증을 작성할 수 있는 서면이어야 하므로 그 기재내용을 보아서 어떠한 부동산에 관하여 어떠한 내용의 등기가 되었는지를 분명하게 알 수 있는 것이어야 하였다.[98] 이로 인하여 종래 등기원인증서로서의 적격성에 많은 제약이 있었다.

등기원인증서로서의 적격성을 가지기 위하여는 ① 등기의 목적인 부동산의 표시, ② 그 권리에 관한 등기원인을 비롯한 등기사항, ③ 당사자인 등기권리자와 등기의무자의 표시가 기재되어 있어야 하였다.[99]

이와 같은 등기원인증서의 적격성에 관한 엄격한 형식상의 요건으로 인하여 등기원인을 증명하는 서면임에도 등기원인증서가 되지 못하는 경우도 있었다. 특히 등기필증 작성기능으로 인하여 등기원인증서가 되기 위하여는 등기부에 기재되는 사항이 하나의 서면에 모두 기재되어 있어야 한다는 형식적인 요건상의 제약이 생겼고, 그에 따라 많은 서면이 등기원인증서가 되지 못하였다. 예를 들어, 상속재산분할협의서나 유언증서 등은 등기원인일자(피상속인의 사망일)가 기재되어 있지 않을 뿐만 아니라 사망사실도 증명하지 못하므로 협의분할이나 유증을 원인으로 하는 등기신청시의 등기원인증서가 될 수 없다고 보았다.[100]

---

98) 법원행정처, 부동산등기실무 I I, 2007, 223면.

99) 부동산등기실무 I I(주 98), 223-227면.

100) 부동산등기실무 I I(주 98), 225면. 이들 서면은 "상속을 증명하는 서면"은 되어도 "등기원인을 증명하는 서면"은 되지 못하였다. 그럼에도 대법원 2004. 9. 3. 자 2004마599 결정은 "협의분할서를 등기원인을 증명하는 서면으로 제출하는 경우"라고 표현하거나, "협의분할에 의한 상속등기의 신청에서 그 등기원인을 증명하는 서면으로 제출된 확정판결의 이유 중에"라고 표현하여 이를 등기원인을 증명하는 서면으로 설시하고 있었다. 이 판례에 대한 해설도 마찬가지로 보고 있다. 成志鏞, "협의분할에 의한 상속등기를 신청함에 있어 그 등기원인을 증명하는 서면", 대법원판례해설 2004년 하반기(통권 제52호), 법원도서관, 2005 참고. 등기원인을 증명하는 서면에 대한 불완전한 이해의 한 단면을 보여준다.

또한, 상속을 원인으로 소유권이전등기를 신청하는 경우에 가족관계등록사항별증명서 및 제적등·초본은 등기원인인 상속 사실을 증명하는 서면이기는 하지만, 그것만으로는 어떤 부동산에 대하여 상속이 일어났는지를 알 수 없으므로 등기원인증서가 될 수 없다고 보았다.101)

게다가 당사자 사이에 작성된 실제 계약서는 법률을 잘 모르는 일반인이 작성하다 보니 이러한 엄격한 형식적 요건을 충족시키지 못하는 경우도 있어 그것으로 등기필증을 작성하기에 부적합하므로 등기절차용으로 별도의 계약서를 작성하는 관행까지 생겨나게 되었다.102)

4. 등기원인증서의 현실

1) 종래 우리나라에서는 부동산거래에서 등기원인증서가 차지하는 역할의 중요성에 비하여 실체법적으로나 등기절차적으로 그에 대하여 커다란 의미를 두지 않아온 것이 현실이라고 할 수 있다.

우선 실체법적으로 「부동산등기 특별조치법」이 등기원인 허위기재를 금지하고 그 위반에 대하여 형사처벌까지 규정하고 있음에도 우리 판례는 실제와 다른 등기원인에 의한 등기의 유효성을 인정하여 오고 있다.

그리고 등기절차적인 면에서 등기원인증서의 현실을 살펴볼 때 종래 등기실무에서 등기신청서에 첨부하는 등기원인증서는 당사자 사이에서 실제로 작성된 서면이 아니라 등기신청용으로 작성된 것을 제출하는 경우가 많았다. 그 주된 이유는 등기신청에 따른 세금을 줄여보려는 것이었다. 처

---

101) 부동산등기실무 I I(주 98), 223면. 그리하여 구 부동산등기법은 등기를 신청할 때 등기원인을 증명하는 서면을 첨부하도록 한 규정(제40조 제1항 2호)과는 별도로 상속의 경우에 상속을 증명하는 서면을 첨부하도록 한 규정을 따로 두고 있었다. 즉, 구 부동산등기법 제46조는 "등기원인이 상속인 경우에는 신청서에 상속을 증명하는 시·구·읍·면의 장의 서면 또는 이를 증명할 수 있는 서면을 첨부하여야 한다"고 규정하고 있었다.

102) 幾代通(주 2), 122면.

음에는 부동산의 매매에 있어서 등기원인을 증명하는 서면으로 매매계약서 대신에 「매도증서」를 작성하여 제출하는 것이 관행이었다.[103]

그러다가 1990년에 「부동산등기 특별조치법」이 제정·시행되면서 일정한 사항이 기재된 계약서에 검인을 받아 제출하게 함으로써 매도증서의 이용은 사라지게 되었다. 그러나 그 검인절차에서는 계약서 등의 형식적 요건의 구비 여부만을 확인하고 그 기재에 흠결이 없다고 인정한 때에는 지체없이 검인을 하도록 하여(「부동산등기 특별조치법에 따른 대법원규칙」 제1조 제3항), 당사자 사이에 작성된 실제 계약서가 아니라 등기용으로 작성된 계약서를 제출하는 관행이 그대로 유지되었다.[104] 그 이유는 부동산거래에 따른 각종 세금을 줄이려는 의도 때문이기도 하였으나,[105] 종래의 등기원인증서에 대한 엄격한 요건 때문이기도 하였다. 즉, 당사자 사이에 작성된 실제 계약서는 등기원인증서로서의 엄격한 형식적 요건을 충족시키지 못하는 경우도 있고 또 그것으로 등기필증을 작성하기에 부적합하여 등기절차용으로 별도의 계약서를 작성하는 관행이 생겨난 측면도 있었다.[106][107]

---

103) 郭潤直(주 54), 195면; 金鍾權, 新體系 不動産登記法, 韓國司法行政學會, 1976, 182면. 이것이 이용된 이유는 매도증서에 실제의 거래가액이 아니라 실제보다 적은 거래가액을 기재함으로써 세금을 적게 납부할 수 있었고, 또한 여기에 매수인의 성명과 대금액 및 계약일자를 기재하지 않고 백지식으로 작성하는 백지식 매도증서에 의하여 중간생략등기를 할 수도 있었기 때문이었다. 郭潤直(주 54), 196면.

104) 건설교통부, "부동산 거래질서 확립 및 투명성 확보방안 연구", 2003. 9., 94면에서는 이중계약서 작성의 요령을 모르면 능력 없는 사람이나 법에 대하여 무지한 사람으로 취급받는 것이 현실이라고 한다(국가기록원 홈페이지 http://contents.archives.go.kr/next/content/viewMain.do에서 검색).

105) 법원행정처, 개정 부동산등기법 해설, 2006, 9면.

106) 幾代通(주 2), 122면. 물론 대부분의 경우 실제의 계약서와 별도로 등기절차용으로 계약서를 다시 작성하는 것은 세금을 적게 내려는 목적 때문이기는 하나, 세금을 적게 내려는 목적이 없다 하더라도 종래 등기원인증서로 등기필증을 작성하였으므로 등기필증으로서의 그럴듯한 모양을 갖춘 계약서를 별도로 작성하여

그런데 「주택법」과 「공인중개사의 업무 및 부동산 거래신고에 관한 법률」108)의 개정에 의하여 2006. 1. 1.부터 부동산 거래신고제도가 도입되면서 부동산등기법도 개정되어 2006. 6. 1.부터 등기부에 거래가액을 기재하도록 하였다.109) 신고를 받은 시장 등은 관련 자료의 제출을 요구하는 등 필요한 조치를 취할 수 있게 하고110) 국토교통부장관은 신고받은 거래 내용을 부동산거래가격 검증체계에 의하여 그 적정성을 검증하고 이를 과세자료로 활용하도록111) 하는 등의 제도를 도입하였다.112) 이로 인하여 실거래가 신고가 이루어지게 되었고113) 이제는 등기신청시에도 당사자 사이에

등기신청용으로 첨부하였다.

107) 이것이 관행이 되다 보니 자격자대리인이 당사자에게도 알리지 않고 등기신청용 계약서를 작성하여 거래당사자도 알지 못하는 계약서가 등기신청시 제출되기도 하였다. 최근 고위공직자 인사청문회 등에서 세금을 회피하기 위한 이중계약서 (다운계약서) 문제가 제기되고 있는데, 이에 대하여 공직후보자들은 법무사가 등기용으로 작성한 계약서라서 몰랐다고 답변하고 있는 것은 이 관행 때문이라고 할 수 있다. 2012. 9. 18. 한겨레신문 12면; 2012. 11. 29. 조선일보 A4면 참조.

108) 「공인중개사의 업무 및 부동산 거래신고에 관한 법률」이 2005. 7. 29. 법률 제 7638호로 전부개정되어 공포되었고, 그중 부동산거래신고에 관한 제27조는 2006. 1. 1.부터 시행되었다.

109) 이에 관한 부동산등기법은 2005. 12. 29. 법률 제7764호로 개정되어 공포되었고 2006. 6. 1.부터 시행되었다. 부동산 거래의 투명성을 확보하기 위하여 매매를 원인으로 한 소유권이전등기를 신청하는 경우에는 거래신고필증에 기재된 거래 가액을 등기신청서에 기재하고, 신청서에 기재된 거래가액을 부동산등기부 갑구 의 권리자 및 기타사항란에 기재하도록 하였다.

110) 공인중개사의 업무 및 부동산 거래신고에 관한 법률 제27조의 2(신고내역 조사).

111) 공인중개사의 업무 및 부동산 거래신고에 관한 법률 제28조(부동산거래 신고가 격의 검증 등).

112) 이에 관하여는 제도 도입 당시의 건설교통부 정책연구용역보고서(주 104) 참조.

113) 단순히 등기부에 거래가액을 기재하게 한 것만으로 이러한 효과가 생긴 것이 아니다(법원행정처, 개정 부동산등기법 해설, 2006, 9면). 전국 시·군·구에 부동산 거래종합전산망인 부동산거래관리시스템을 운영하고 거래가액을 신고하게 하며, 자료 축적 후 거래가격정보를 공개하고, 이를 주변시세 등과 비교 검증하여 실거래가 신고가 아니라고 의심되는 사례에 대하여는 세무관서에 통보하게 하며,

체결된 실제의 계약서를 제출하는 관행이 형성된 것으로 보인다.[114]

2) 우리의 이러한 현실에 비하여 일본에서 등기절차에서의 등기원인에 대한 경시경향은 더 심하였다. 일본에서는 부동산물권변동에 관하여 프랑스 민법과 같이 의사주의를 채용하면서도 등기절차에서 물권변동의 원인인 계약의 공시를 경시하였다.[115] 물권변동에 관하여 의사주의를 취하므로 등기의 가부 및 그 내용을 심사함에 있어 등기원인을 확인할 필요가 있고 그 수단으로 등기원인을 증명하는 서면이 가장 중요한 의미를 가짐에도, 물권 내지 물권변동 자체를 등기하는 시스템에 가깝게 구성되어 있어 등기절차에서 등기원인증서에 그다지 중요성을 두지 않게 되고 등기원인 자체도 경시하는 경향이 있었다.[116]

2004년 전부 개정 전의 일본 부동산등기법은 등기원인을 증명하는 서면이 처음부터 존재하지 않거나 이를 제출할 수 없는 때에는 신청서의 부본을 제출하게 하고 있었다(제40조). 이 규정에 관하여 일본의 등기실무는 비교적 간단하게 신청서 부본에 의한 등기신청을 인정하여 오고 있었다.[117] 즉, 등기관에게는 형식적 심사권밖에 없으므로 용이하게 등기원인증서를 제출할 수 있는 경우에 이것을 제출하지 않는 것도 허용된다고 하고,[118] 등기원인증서의 부존재 또는 제출불능에 관하여 증명은 물론 소명도 필요하지 않고 신청서 부본에 의한 등기신청이 허용된다고 보고 있었다.[119]

허위신고를 한 중개업자 등에 대하여 처벌조항을 두는 등 실거래가 신고를 확보하기 위한 제도적 방안도 강구한 것이 주요한 이유로 보인다. 주택실거래가는 국토교통부 주택실거래가 홈페이지(http://rt.mltm.go.kr/)에서 조회할 수 있다.

114) 이에 관한 연구결과를 찾을 수는 없었고 실무에 종사하는 공인중개사나 법무사 등에게 구두로 문의한 결과이다.

115) 小粥太郎, "不動産登記法", 民法の争点, ジュリスト 增刊, 有斐閣, 2007, 103면.

116) 鎌田薫(주 96), 36-37면. 종래의 등기실무의 배경에는 등기원인 경시의 발상이 있다고 한다. 鎌田薫(주 96), 41면.

117) 甲斐道太郎(주 84), 354면.

118) 吉野衛, 注釋不動産登記法總論 [新版] 下, 1982(昭和57年), 195면; 幾代通·浦野雄幸(주 97), 131면.

그 결과 일본에서의 등기원인증서 첨부비율에 관한 실태조사에 따르면, 권리에 관한 등기(상속등기를 제외) 중 등기원인증서(매도증서를 포함)가 첨부된 비율이 55.1%에 불과하다고 한다. 유형별로는 (근)저당권설정등기의 경우가 98.4%, 매매에 의한 소유권이전등기의 경우가 55.1%라고 한다.120)

이리하여 예를 들어 매매에 의한 소유권이전등기의 등기원인증서로는 매매계약서를 제출하게 하는 것이 부동산등기법의 본래 취지임에도 "등기신청용으로 대리인에 의하여 작성된"121) 매도증서가 제출되는 것이 일반화되었다고 한다.122)

5. 등기원인증서의 문제점

이상의 논의 결과를 요약하면 등기원인과 관련한 등기절차상의 문제점은 다음과 같이 정리할 수 있다.

실체법상의 물권변동이론과 등기절차와의 이론적 연관성을 고려할 때 등기원인은 중요한 의미를 가짐에도 종래 등기절차에서 등기원인증서에 관하여는 등기의 진정성 보장기능보다는 등기필증 작성기능을 중요시하였

---

119) 甲斐道太郎(주 84), 354면.

120) 淸水響, "新不動産登記法の槪要について", 平成16年 改正不動産登記法と登記實務(解說編), 2005(平成17年), 52면. 2003년 5월에 전국 50개 등기소에서 10일간 실시한 샘플조사의 결과이다. 지역별로도 편차가 있다. 이 이전에도 이와 비슷한 조사가 있었는데, 저당권설정등기의 경우는 90% 전후로 높고, 소유권이전등기의 경우는 0% 내지 수%에 머무는 지역이 몇 군데 있다고 한다. 甲斐道太郎(주 84), 354면.

121) 甲斐道太郎(주 84), 355면.

122) 甲斐道太郎(주 84), 354-355면에 의하면 매매로 인한 소유권이전등기의 경우 등기원인증서의 75% 이상이 등기신청용으로 대리인에 의하여 작성된 매도증서가 제출된다고 한다. 幾代通(주 2), 122-123면에 의하면 매도증서에 기재되는 대금은 실제의 거래가액이 아니라 등록면허세의 과세표준으로서 등기소에서 인용될 액수를 기재하는 것이 보통인 것은 주지의 사실이고 "공연한 비밀"이라고 한다.

고, 그 결과 엄격한 형식적 요건을 요구하게 되어 당사사 사이에 작성된 실제의 등기원인증서보다는 등기용으로 작성된 서면을 제출하는 관행이 형성되었다. 이것이 종래의 "등기원인증서 문제의 중심적 문제점"[123]이 되었다. 그러다보니 일본에서는 등기원인증서의 제출을 폐지하자는 견해도 주장되었다.[124]

우리 부동산등기제도는 일본의 영향을 강하게 받아 등기원인에 대한 경시태도를 보여왔다. 그 결과 등기원인증서의 기능을 등기필증 작성에 둠으로써 지나치게 절차적 측면에 치중하였고, 물권변동이론과 등기절차가 서로 연계되지 못하고 유리되게 된 원인이 되었다. 이런 사고의 결과로 생겨나게 된 것이 형식적 심사주의이론이고 또 그것이 이러한 사고를 유지시켜 온 면이 있지 않나 생각된다.

이런 이유로 등기의 진정성을 등기신청의사의 확인을 통하여 이루려는 구조를 취하게 되었다. 그러나 등기신청의사가 진정하다고 하더라도 원인행위가 유효하게 존재하지 않으면 그 등기는 무효이다.[125] 등기원인이 가지는 의미에 비추어 볼 때 등기원인에 대한 경시태도는 등기의 진정성 보장이라는 점에서 바람직하지 않다. 그러므로 등기의 진정성 강화를 위하여는 등기원인에 대하여도 관심을 갖고 이를 중심으로 물권변동이론을 구성하고 등기절차에서도 이를 중심으로 절차를 설계할 필요가 있다.

---

123) 甲斐道太郎(주 84), 355면.

124) 幾代通(주 2), 122면은 두 가지 목적을 하나의 서면에 의하여 달성하려 하지 말고 각각의 목적을 구별하여 절차를 단순화하는 것이 합리적이라고 한다. 즉, ① 등기필증작성의 편의를 위하여 모든 신청에서 신청서 부본을 제출하게 하고, ② 등기원인이 법률행위거나 대립당사자의 공동신청의 경우에는 신청서 부본 외에 등기원인증서를 제출하게 하지 말고, ③ 단독신청의 경우에는 당해 등기원인을 증명함에 족한 서면을 제출하게 하고, ④ 어느 경우나 등기필증은 신청서부본으로 작성하게 하자고 한다.

125) 대법원 1999. 2. 26. 선고 98다50999 판결 참고.

V. 개정 부동산등기법과 등기원인증명정보

1. 등기필증제도의 폐지와 등기원인증명정보의 기능

개정 부동산등기법은 종래 등기원인을 증명하는 서면(구 부동산등기법 제40조 제1항 2호) 대신에 등기원인을 증명하는 정보라는 제도를 도입하였다(제24조, 제29조 8호 및 규칙 제46조 제1항 1호). 그러면서 등기원인증서가 처음부터 없거나 이를 제출할 수 없는 경우에 신청서 부본으로 갈음할 수 있게 한 규정(구 부동산등기법 제45조)과 등기원인증서 또는 신청서부본을 이용하여 등기필증을 작성·교부하게 하는 규정(구 부동산등기법 제67조)을 삭제하였다.

이러한 개정내용은 전자신청제도의 도입에 따라 방문신청과 전자신청에 공통적으로 적용되는 절차를 규정하기 위한 단순한 절차상의 개선으로 볼 수도 있으나, 등기의 진정성 강화라는 관점에서 중요한 의미를 가진다고 볼 수 있다. 종래의 등기원인증서의 주된 기능이 진정성 담보가 아니라 등기필증 작성이었고 그 제도운영도 그런 측면에 치중하여 왔다. 이제는 부동산등기법 개정으로 등기필증제도가 폐지되었다. 그리고 2006년부터 도입된 거래신고제도에 의하여 부동산거래(주로 매매)에서 등기신청용으로 계약서를 별도로 작성하던 관행도 거의 사라진 것으로 보인다.

이러한 등기절차상의 제도개선과 현실의 관행의 변화에 따라 새로이 도입된 제도가 단순한 절차나 용어의 변경에 머물게 하여서는 안된다. 실체법상의 법률관계와 연계하여 등기의 진정성 보장이라는 등기제도 본래의 목적에 기여할 수 있는 방향으로 나아갈 필요가 있다. 그러자면 우리 현실에 대한 정확한 이해와 새로 도입된 제도의 운영에 대한 충분한 검토와 논의가 있어야 할 것으로 보인다. 우선 등기원인을 증명하는 정보의 역할과 기능에 대한 새로운 이해가 필요하다. 개정 전의 부동산등기법에서는 등기원인증서의 중요한 기능이 등기필증 작성이었으나, 개정 부동산등기법에서는 등기필증제도가 폐지되어 등기필증 작성기능은 더 이상 의미를 가지지 않게 되었고, 등기원인증명정보는 등기의 진정성 담보기능만을 가지므로 보다 광범위하고 내용적으로도 풍부한 자료로 구성할 수 있게 되었다.[126]

그런데 등기원인에 대한 이와 같은 제도개선은 일본의 2004년 부동산등기법 전부개정의 내용들과 동일하다.[127] 일본에서는 이러한 개정에 관하여 많은 연구가 있었음에 반하여[128] 우리나라에서는 입법과정에서 이 점에 대하여 체계적인 검토가 없었던 것으로 보인다.[129]

2. 등기원인증명정보의 요건

가. 등기원인증명정보의 내용 : 등기원인의 증명

1) 등기원인은 등기의 근거로 되는 실체법상의 법률관계라고 할 수 있으므로 등기원인증명정보는 등기의 근거로 되는 실체법상의 법률관계를 증명하는 자료가 된다. 법률행위에 의한 물권변동의 경우에는 채권행위인

---

126) 小宮山秀史(주 31), 170면.

127) 다른 점이라고는 종래 등기필증에 갈음하여 도입된 제도인 등기필정보의 용어뿐이다. 일본법에서 이것을 "登記識別情報"(일본 부동산등기법 제21조)라고 표현하고 있는 것을 우리 법은 "등기필정보"(부동산등기법 제50조)로 표현하는 정도일 뿐이다.

128) 藤原勇喜, "物權變動原因の公示と登記原因證明情報(上)(登記原因證明情報の役割と機能)", 登記研究763號(平成 23年 9月號), 2011; 藤下健(주 85); 小宮山秀史(주 31); 清水響(주 120) 참조.

129) 등기원인증명정보의 제출을 의무화한 점에 관하여 입법과정에서 어떠한 검토가 있었는지에 관한 자료를 찾을 수 없고, 법개정 실무를 담당하였던 실무자들의 말에 의하면 일본 개정 법을 참고하여 종래의 "등기원인을 증명하는 서면"이라는 용어를 "등기원인을 증명하는 정보"라고 바꾸었을 뿐 이에 관한 별다른 검토는 없었다고 한다. 이에 반하여 일본은 등기업무의 전산화에 따라 등기원인증명정보제도를 도입하고 이를 의무화하면서 등기완료 후에도 이를 등기소에 보존하여 공개하도록 하고 있다.

원인행위의 성립을 증명하는 서면이 될 것이므로130) 매매계약서, 근저당
권설정계약서 등이 이에 해당된다. 다만 물권의 포기와 같이 원인행위가
없이 바로 물권행위만 존재하는 경우에는 물권행위가 될 것이다. 법률행
위에 의하지 않은 물권변동의 경우에는 그 요건사실이 등기원인증명정보
의 내용이 된다.131) 그 밖에 물권변동과 관계 없는 사실에 관하여는 그러
한 사실을 담고 있는 서면이나 자료이면 등기원인증명정보가 된다. 예를
들어 등기명의인표시변경이나 부동산표시변경에서 주민등록정보나 토지
대장정보도 종전과는 달리 등기원인증명정보에 해당한다.132)

  2) 문제는 보고서형식의 등기원인증명정보를 인정할 것인가이다. 처분
문서가 작성되는 경우에는 그 처분문서가, 처분문서가 작성되지 않는 경
우에는 그 요건사실을 증명하는 자료가 등기원인을 증명하는 정보가 되어
야 한다. 처분문서, 즉 그 서면에 의하여 법률행위가 행하여진 문서가 존
재하지 않는 경우에는 등기신청시에 심사자료로서 보고적인 증명정보(서
면 또는 전자적 기록)를 작성하여 등기소에 제공할 수 있다고 하여야 할
것이다.133)

---

130) 藤原勇喜, "物權變動原因の公示と登記原因證明情報(中)(登記原因證明情報の役割
    と機能)", 登記研究764號(平成 23年 10月號), 2011, 53면; 小宮山秀史(주 31),
    172면; 淸水響(주 120), 53면. 일본은 부동산물권변동에 관하여 의사주의를 취하
    므로 법률행위에 의한 물권변동의 경우 등기원인증명정보의 내용은 물권변동의
    원인행위와 그것에 의한 물권의 변동이라는 두 가지 요소로 구성된다고 보게 되
    고 이 두 가지를 증명하는 서면이 그 요건이 된다.
131) 藤原勇喜(주 130), 53면; 小宮山秀史(주 31), 172면; 淸水響(주 120), 53면.
132) 법원행정처, 개정 부동산등기법 및 부동산등기규칙 해설, 2011, 248면. 구 부동산
    등기법 제48조 제1항은 등기명의인 표시의 변경등기를 신청하는 경우에 그 변경
    을 증명하는 서면을 제출하도록 하고 있었다. 종전에는 이 서면이 등기원인증명
    서면이 아니었으므로 이러한 규정이 필요하였으나, 개정 법에서는 이들 서면은
    등기원인증명정보에 포함되므로 이 규정은 개정 규칙에서 삭제되었다. 위 해설,
    340면.
133) 藤原勇喜, "物權變動原因の公示と登記原因證明情報(下の2)(登記原因證明情報の
    役割と機能)", 登記研究766號(平成 23年 12月號), 2011, 77면.

그런데 처분문서가 작성되는 경우임에도 법률행위 후에 당사자가 등기신청용으로 등기원인의 발생근거인 구체적 사실의 존재를 증명하는 보고서 형식의 문서를 등기신청시에 새로 작성하여 제출한 경우에 그 형태의 자료도 등기원인증명정보로 볼 것인가?[134] 일본에서는 일반적으로 이와 같은 보고문서 형식의 등기원인증명정보도 인정되는 것으로 해석하고 있으나,[135] 우리나라에서는 「부동산등기 특별조치법」에서 계약을 원인으로 하여 소유권이전등기를 신청하는 경우에는 반드시 계약서를 제출하게 하고 있는 점과 일본과 달리 등기원인을 증명하는 자료에 관하여 비교적 엄격하게 운영해 온 현실 등을 고려하면 처분문서가 작성되는 경우에는 그 처분문서가 등기원인을 증명하는 정보가 되고 보고서 형식의 문서는 허용되지 않는다고 해석하여야 할 것이다.

나. 단일의 자료 여부

등기원인증명정보는 종래의 등기원인증명서면과 달리 등기필증 작성기능에서 유래하는 제약, 즉 단일의 서면에 등기사항이 모두 기재되어 있어야 한다는 엄격한 적격성의 제한에서 해방되었다. 따라서 하나의 서면이어야 할 필요는 없고 등기사항의 일부를 증명하는 자료라도 다수의 서면이나 자료가 합하여 전체로서 등기원인을 증명하는 것이면 모두 등기원인증명정보가 된다.[136] 예를 들어, 협의분할 또는 법정상속에 의한 상속등

---

134) 藤原勇喜(주 130), 53면.

135) 일본에서는 등기관에게는 형식적 심사권밖에 인정되지 않는 점을 생각할 때 처분문서의 형태로 물권변동의 존재를 나타내는 증거에 한정하지 않고, 등기신청을 위한 서면으로서 당사자가 작성한 것이면 모두 등기원인을 증명하는 정보가 된다고 보고 있다. 따라서 소위 매도증서와 같이 등기신청용으로 당사자가 작성한 정보라도 원인행위의 존재와 이것에 기초한 물권변동을 내용으로 하고 등기의무자가 그 내용을 확인하고 서명 날인한 것이면 등기원인을 증명하는 정보에 해당한다고 보고 있다. 淸水響(주 120), 54-55면.

136) 藤原勇喜(주 130), 39면, 53면.

기 신청시 가족관계등록에 관한 증명서, 협의분할서 등은 종래에는 등기원인증서가 되지 못하였으나 개정 법 아래에서는 이들 여러 서면이 모두 합하여져 등기원인증명정보가 된다.

종래에는 이와 같이 등기원인을 증명하는 서면임에도 엄격한 형식상의 적격성의 제한으로 인하여 등기원인증명서면이 되지 못하는 서면에 대하여 이를 신청서에 첨부하게 하기 위하여 별도의 규정이 필요하였다. 그러나 등기원인증명정보에 대한 이러한 제약이 없어짐으로 인하여 이들 서면도 등기원인증명정보에 포함되는 것으로 보게 되어 별도의 규정을 둘 필요가 없어진 규정도 있다.137)

다. 작성자와 서명 등

1) 등기원인증명정보의 작성명의인은 법률행위에 의한 물권변동의 경우에는 대상 부동산에 대한 처분권한이 있는 자이어야 한다. 대상 부동산이 회사의 소유인 경우에는 회사의 대표권을 가지는 임원, 대표권을 가지는 지배인 등이 작성하여야 한다. 일본에서는 반드시 등기권리자와 등기의무자가 공동으로 작성할 필요는 없고 적어도 등기의무자가 그 정보의 내용을 확인한 것을 알 수 있으면 등기원인증명정보로 인정된다고 하는데,138) 우리나라에서는 앞의 보고서형식의 경우와 마찬가지로 부정적으로 해석하여야 할 것이다.

일본에서는 단독신청의 경우에는 등기원인증명정보의 진실성을 담보하

---

137) 이에 따라 종전 부동산등기법의 규정 중 몇몇 규정이 삭제되었다. 구 부동산등기법 제46조가 등기원인이 상속인 때에는 상속을 증명하는 서면을 첨부하도록 규정하고 있었으나, 개정 부동산등기법 아래에서는 이들 서면은 모두 등기원인증명정보에 포함되므로 별도로 상속을 증명하는 서면을 제출하도록 하는 규정을 둘 필요가 없어 해당 조문은 삭제되었다. 개정 부동산등기법 및 부동산등기규칙 해설(주 132), 253면.

138) 小宮山秀史(주 31), 172면. 全國靑年司法書士協議會, 登記原因證明情報の書き方と記載例60,日本法令, 2005, 58면의 작성례 참조.

기 위하여 공적인 증명정보의 첨부를 요구하기도 한다.[139] 우리는 이러한 규정이 없으나 마찬가지로 해석하여야 할 것이다.[140]

2) 공증인 등 전문가에 의한 인증 등을 받아야 하는 것은 아니다. 그러나 당사자의 의사를 확인하게 하기 위하여 서명날인, 기명날인 또는 서명 등을 하여야 한다.[141] 당사자의 의사를 확인하는 방법의 하나로 서명을 필수적인 것으로 하는 방법도 고려할 수 있을 것이다.

첨부정보가 외국어로 작성된 경우에는 그 번역문을 첨부하여야 하나(규칙 제46조 제8항), 이 경우에도 그 번역에 대하여 공증을 필요로 하지는 않는다.

특기할 만한 것은 전자신청시 등기예규에서 일정한 경우에는 등기원인 증명정보를 스캔하여 제출할 수 있도록 하고 있다는 점이다.[142] 등기의

---

139) 鎌田薫·寺田逸郎 編, 新基本法 コンメンタール 不動産登記法, 別册 法學セミナー no.206, 日本評論社, 2010, 191면. 예를 들어 상속 또는 법인의 합병, 등기명의인의 성명, 명칭 또는 주소의 변경 또는 경정의 등기를 신청하는 경우에는 "市町村長, 등기관 그 밖의 공무원이 직무상 작성한 정보(공무원이 직무상 작성한 정보가 없는 경우에는 이것에 갈음하는 정보)"를 첨부하도록 하고 있다. 日本 不動産登記令 別表 22항 및 23항 참조.

140) 우리도 개정 전 부동산등기법 제48조 제1항에서 "등기명의인의 표시의 변경 또는 경정의 등기를 신청하는 경우에는 신청서에 그 표시의 변경 또는 경정을 증명하는 시·구·읍·면의 장의 서면 또는 이를 증명할 수 있는 서면을 첨부하여야 한다"는 규정을 두고 있었으나 개정 법에서 삭제되었다. 삭제이유는 개정법에 의하여 이들 서면은 등기원인을 증명하는 정보에 포함되므로 별도의 규정을 둘 필요가 없다는 것이다. 다만, 등기예규에서는 이러한 규정을 두고 있다. 등기예규 제1421호 참조.

141) 藤原勇喜(주 130), 57면; 小宮山秀史(주 31), 172면.

142) 신청인이 자격자대리인(변호사 또는 법무사)인 경우로서 국가, 지방자치단체 또는 공법인이 토지 등의 협의취득 또는 수용을 원인으로 소유권이전등기를 신청하는 경우나 법원행정처장이 지정하는 금융기관이 근저당권설정등기 등을 신청하는 경우 등에는 등기원인증명정보 등 첨부정보를 담고 있는 모든 서면을 스캔하여 제출할 수 있도록 하고 있다. 「전산정보처리조직에 의한 부동산등기신청에 관한 업무처리지침」(2011. 10. 12. 개정 대법원 등기예규 제1422호) 4항 참조.

진정성 확보에 문제가 없다고 생각되는 경우로 한정하고 있기는 하지만 사본에 의한 등기신청을 허용하고 있는 경우로 볼 수 있다. 이와 같이 스캔문서에 의한 등기신청을 허용할 경우 원본문서를 어떻게 처리할 것인지에 관하여는 전혀 언급이 없다. 원본의 보존의무 등에 관하여도 규정을 둘 필요가 있지 않은가 생각된다.

3)첨부정보로서의 등기원인을 증명하는 정보에 관하여 법률에서는 부동산등기법 제24조와 제29조의 기본적인 규정만 두고 그 구체적 내용은 대법원규칙으로 위임하고 있다. 시대의 변화에 따라 좀 더 융통성을 가지고 규율하고자 함이다.

라. 등기원인증명정보가 논리적으로 존재할 수 없는 경우

2011년 개정 전의 부동산등기법은 등기원인을 증명하는 서면이 처음부터 없거나 그 서면을 제출할 수 없는 경우에는 신청서의 부본을 제출하도록 규정하고 있었다(제45조). 그런데 개정 부동산등기법은 이 규정을 삭제하였고 예외규정을 두지 않았다. 따라서 규정상으로는 모든 경우에 반드시 이를 제출하여야 한다.

그러면 등기원인을 증명하는 정보가 논리적으로 존재할 수 없는 경우에는 어떻게 할 것인가 하는 문제가 있다. 우선 어떠한 경우가 여기에 해당하는가를 보자. 종래 등기원인증서가 처음부터 존재하지 않는 경우의 예로 시효취득, 진정명의회복, 혼동 등을 들고 있었다.

그런데 개정 부동산등기법에 의하면 이들 경우에 대하여 종전과는 달리 생각하여야 한다. 예를 들면, 시효취득에 대하여는 종전에는 등기원인증서가 있을 수 없었고 따라서 판결이 아닌 공동신청의 경우에는 신청서의 부본을 제출하게 하였으나, 개정법 아래에서는 등기관으로 하여금 등기원인인 시효취득의 요건사실에 관하여 심사할 수 있도록 할 필요가 있다. 그리하여 당사자가 시효취득의 요건사실을 기재하여 확인한 자료를 제출하여야 할 것이고, 등기원인증명정보가 존재하지 않는 경우로 볼 것은 아니다.[143]

진정명의회복의 경우에도 마찬가지이다. 종래에는 등기원인증서가 없다고 볼 수 있었다. 그러나 개정 부동산등기법 아래에서는 등기원인증명정보가 없다고 보기는 어렵다. 적어도 당사자 사이에서 그 요건사실에 해당하는 내용을 기재하고 확인한 자료를 첨부하여야 할 것이다.[144)]

혼동의 경우, 가처분등기 이후에 된 등기로서 가처분채권자의 권리를 침해하는 등기의 말소등기신청의 경우, 특별법에 의하여 어느 법인이 해산하고 그 재산을 다른 법인이 포괄적으로 승계하는 경우는 논리적으로 등기원인증명정보가 있을 수 없다고 볼 수 있다. 그렇다면 이와 같이 등기원인증명정보가 논리적으로 존재하지 않는 경우에는 어떻게 하여야 할 것인가? 일본법은 법령에서 별도로 정하는 경우에는 예외적으로 이를 제출하지 않도록 규정하고 있다.[145)] 우리나라에서는 규정상으로만 보면 예외규정이 없으므로 반드시 등기원인증명정보를 첨부하게 하여야 한다고 할 수도 있다. 그러나 논리적으로 불가능한 것을 요구할 수는 없으므로 이러한 경우에는 등기원인증명정보를 제출할 필요가 없다고 해석하여야 할 것이다. 다만, 어떤 경우가 그러한 경우에 해당하는지는 종래와 달리 신중하게 판단하여야 한다. 그러한 경우로는 등기의 진정성 보장이라는 측면에

---

143) 登記原因證明情報の書き方と記載例60(주 138), 58면의 작성례 참고. 우리나라 실무교재에서는 시효취득을 원인으로 하여 공동으로 소유권이전등기를 신청하는 경우에는 논리적으로 등기원인을 증명하는 정보가 있을 수 없는 경우로 보고 있으나(법원공무원교육원, 부동산등기실무, 2013, 92면), 종래의 등기원인증서와 달리 새로이 도입된 등기원인증명정보가 존재하는 경우로 보아야 할 것이다.

144) 藤原勇喜(주 133), 80면에서는 그러한 자료의 기재내용으로 ① 목적 부동산, ② 등기의무자인 등기명의인의 등기가 실체에 합치하지 않는 이유(예를 들면 허위표시, 원인행위의 취소 등), ③ 등기권리자에게 소유권이 있는 이유 등을 들고 있다.

145) 일본 不動産登記法 제61조는 "권리에 관한 등기를 신청하는 경우에는 신청인은 법령에 별도로 정한 경우를 제외하고 그 신청정보와 아울러 등기원인을 증명하는 정보를 제공하여야 한다"고 규정하고, 不動産登記令 제7조 제3항은 등기원인을 증명하는 정보를 제공할 것을 요하지 않는 경우로 소유권보존등기를 신청하는 경우, 민사보전법의 규정에 의한 처분금지의 등기 후에 된 등기의 말소를 신청하는 경우를 들고 있다.

서 신청인으로부터 자료제공이 없어도 등기관이 등기원인인 사실을 확인할 수 있는 경우라고 해석하여야 할 것이다.146)

3. 등기원인증명정보에 대한 심사

등기원인증명정보의 심사에 관한 부동산등기법의 규정으로는 신청의 각하사유를 규정한 제29조 각호 중「신청정보와 등기원인을 증명하는 정보가 일치하지 아니한 경우」(8호) 및「등기에 필요한 첨부정보를 제공하지 아니한 경우」(9호)를 들 수 있다. 따라서 심사에 관하여는 위 규정들을 중심으로 살펴보아야 한다. 위 규정들을 해석함에 있어서 종래의 형식적 심사주의의 입장처럼 소극적이어서는 안되며, 이 규정들을 적극적으로 해석함으로써 실체법상의 법률관계가 등기절차에 반영될 수 있도록 하여야 한다. 등기원인은 이 둘 사이의 연결고리이고 등기원인증명정보에 대한 심사는 이 둘 사이의 연계를 위하여 중요하기 때문이다. 등기신청시의 첨부정보로서의 등기원인을 증명하는 정보가 제공되었다고 볼 수 있기 위하여는 다음의 두 가지 사항이 충족되어야 한다.

가. 등기원인에 대한 요건사실

등기원인을 증명하는 정보에 대하여 등기관은 그것이 등기원인에 대한 요건사실을 증명하는 자료인지를 심사하여야 한다. 등기원인증명정보를 제출하게 하는 의미는 등기관으로 하여금 해당 법률행위 또는 법률사실의 요건을 심사하여 적법한 요건을 갖추었는지를 심사하라는 것이다. 그러기 위하여는 실체법상의 요건을 갖추었는지를 심사할 수 있는 자료를 등기소에 제공하여야 한다. 어떤 서면을 제공하여야 이런 요건이 구비된다고 볼 것인지는 등기관이 판단하여야 한다. 미리 구체적으로 첨부서면 하나하나

---

146) 小宮山秀史(주 31), 174면.

를 법령에서 규정할 수는 없다.[147]

이렇게 본다면 시효취득을 원인으로 소유권이전등기를 신청하는 경우에 등기원인증명정보가 없다고 해석하고 있는 실무의 태도[148]는 등기원인증명정보에 대하여 정확히 인식하지 못한 것으로 적절하지 않다. 개정 전 부동산등기법에서는 등기원인증서의 기능에 비추어 볼 때에 등기원인증서가 없다고 해석할 수 있다. 따라서 신청서 부본을 첨부하였어야 한다. 그러나 개정 부동산등기법에서 새로이 도입된 등기원인증명정보의 역할과 기능에 비추어 볼 때 등기관은 취득시효가 완성되었는지 여부를 심사하여야 한다. 그러자면 당사자가 취득시효에 관한 요건사실을 기재한 서면 등을 제출하여야 하고 등기관은 이것에 의하여 취득시효 완성 여부를 심사하여야 한다.

이렇게 이해하는 것이 실체법상의 법률관계를 등기절차에 그대로 반영하게 하여[149] 등기의 진정성을 보장할 수 있는 해석이다. 그것이 등기원인증명정보의 기능과 역할에 부합하고, 등기원인증명정보라는 새로운 제도에 대한 바람직한 이해이다.

나. 증명

등기원인을 "증명"한다는 것은 등기관에 대하여 등기원인의 존재를 합리적으로 설명하는 신청인의 활동이다.[150] 이 경우 등기원인, 즉 등기의 요

---

147) 이것은 마치 소송절차에서 요건사실은 제시할 수 있어도 그 요건사실을 입증하기 위하여 어떤 증거를 제출하여야 하는지 구체적으로 특정할 수 없는 것과 같다.

148) 법원공무원교육원(주 143), 92면.

149) 이렇게 이해하면 등기절차의 내용이 더욱 풍부하게 된다. 예를 들어, 제3자를 위한 계약이나 지위이전계약, 소유권이전청구권양도에 의한 등기절차를 논리적으로 설명할 수 있게 된다. 자세한 내용은 藤原勇喜, "物權變動原因の公示と登記原因證明情報(下の1)(登記原因證明情報の役割と機能)", 登記硏究765號(平成 23年 11月號), 2011, 46-47면 참조.

150) 山野目章夫(주 2), 297면.

건에 대한 입증의 정도는 어떠한가? 이에 관하여는 앞에서 살펴보았다.151) 소송절차에서는 당사자 사이에 분쟁이 있는 것을 전제로 하므로 사실에 관하여 엄격한 증명이 필요하다. 그러나 등기는 법률에 다른 규정이 없으면 이해가 대립하는 두 당사자가 공동으로 신청하여야 한다(법 제23조 제1항). 공동신청하는 등기의 경우에 당사자 사이의 법률행위에 관하여는 엄격한 증명까지 요구할 필요가 없다. 소명만으로도 충분하다고 할 것이다.152) 단독신청하는 등기에 대하여는 등기원인의 증명의 엄격성을 필요로 한다.153) 이 때에는 소명만으로 부족하고 등기의 요건에 대한 증명을 필요로 한다고 하여야 할 것이다.

4. 등기완료 후의 등기원인증명정보의 처리

현행 부동산등기규칙은 등기신청시에 등기소에 제공된 등기원인을 증명하는 정보를 담고 있는 서면이 법률행위의 성립을 증명하는 서면이거나 그 밖에 대법원예규로 정하는 서면154)일 때에는 등기관이 등기를 마친 후 신청인에게 돌려주도록 하고 있다(제66조). 그 이유는 등기원인증서는 대부분 신청인이 돌려받기를 원하기 때문이다. 물론 원본환부규정(규칙 제59조)에 의하여 반환할 수도 있으나 등기소의 업무번잡을 고려하여 등기를 마치면 곧바로 반환하도록 규정을 둔 것이다.155) 종전에는 등기신청서

---

151) 제2절 Ⅲ의 1 참조.
152) 소명은 증명보다는 낮은 정도의 개연성으로 일응 확실할 것이라는 추측을 얻게 한 상태 또는 그와 같은 상태에 이르도록 증거를 제출하는 당사자의 노력을 말한다. 법원행정처, 법원실무제요 민사집행[Ⅳ] -보전처분-, 2003, 75면.
153) 山野目章夫(주 2), 298면.
154) 대법원 등기예규는 법률행위의 성립을 증명하는 서면과 법률사실의 성립을 증명하는 서면으로 규정하고 있다. 「등기원인증서의 반환에 관한 업무처리지침」(2012. 4. 24. 개정 등기예규 제1448호).
155) 개정 부동산등기법 및 부동산등기규칙 해설(주 132), 272면.

에 첨부되어 제출된 계약서 등 등기원인증서에 접수인과 등기필인을 찍어 그것으로 등기필증을 작성하여 신청인에게 교부하였다. 그러므로 그 등기원인증서가 등기필증으로 계속 남아있고 다른 등기를 신청할 때 그 등기필증이 다시 등기소에 제출되어 등기의 진정성 확인에 사용된다.

그런데 현행법상으로는 등기소에 제공된 등기원인증서에 접수인을 찍는다든가 하는 어떠한 조치도 하지 않고 등기가 마쳐지면 그대로 신청인에게 반환한다. 그러다보니 그 계약서가 등기신청시에 제출된 계약서인지조차 알 수 없다. 등기원인증서가 등기의 진정에 기여하는 기능이 약해질 수 있다. 반면 일본 개정 법에서는 등기원인증명정보를 등기부의 부속서류로서 등기소에 보존하여 이해관계 있는 부분에 대하여 열람할 수 있게 하고 있다(일본 부동산등기법 제121조 제2항). 등기원인정보가 장래 분쟁이 생긴 경우에 등기원인의 존재를 나타내는 증거로서 기능하기 때문이다.156) 우리가 참고할 만한 규정이다.

---

156) 鎌田薫·寺田逸郎(주 139) 346면; 淸水響(주 120), 57면.

제4절
부동산등기에서의 실체법리와 절차법리 ─────

I. 등기절차와 절차적 정의

　실체법상의 법률관계를 정확히 공시하여 등기의 진정성을 강화하기 위하여는 실체법상의 물권변동이론과 등기절차를 상호연계하여 고려할 필요가 있다. 이 점은 등기관의 심사업무에 관하여도 마찬가지이다. 단순히 신청서와 첨부자료를 신중히 조사한다는 소극적 차원을 넘어 등기관의 심사에서 부실등기가 걸러질 수 있도록 실체법상의 법률관계를 정확히 공시할 수 있는 제도의 정비와 부동산물권변동에 관한 해석론이 필요하다. 즉, 절차적 정의의 관점에서 절차를 거치다보면 실질에 반하는 내용이 상당 부분 걸러지게 되도록 하는 절차의 정비와 이론이 필요하다. 그것이 절차법의 존재의의이다. 종래 형식적 심사주의이론 아래에서는 등기절차에서의 이러한 노력을 기대하기 어려웠다. 등기의 진정성을 강화하기 위하여는 등기원인에 대한 공증 논의보다는 이러한 노력이 더 필요하다.

　여기서는 위와 같은 노력이 필요한 몇 가지 예를 들어보고자 한다. 여기서 들고 있는 예들은 종래 실체법 논리 또는 등기절차적 논리만으로 논의되었던 사안들이다. 양자를 상호연계하여 고려할 필요가 있다는 점을 보여주기 위한 범위에서 간략히 몇 가지만 살펴보고자 한다.

II. 중간생략등기의 청구와 등기절차

1. 서설

등기가 유효하기 위하여는 등기의 내용이 법률행위의 내용과 일치하여야 한다. 이와 관련하여 논의되는 문제가 중간생략등기의 문제이다. 중간생략등기는 부동산이 전전 양도된 경우 중간자에게의 등기를 생략하고 최초양도인으로부터 막바로 최종양수인에게로의 이전등기를 하는 것을 말한다. 중간생략등기에서는 법률행위는 甲→ 乙→ 丙으로 있었으나 등기는 甲→ 丙으로 이루어지므로 법률행위와 등기의 내용이 일치하지 아니하는 경우의 하나이다.

중간생략등기와 관련하여서는 두 가지가 문제된다. ① 중간생략등기가 이미 이루어진 경우에 그것이 유효한가 하는 것과 ② 최종양수인은 최초양도인에 대하여 중간생략의 등기를 청구할 수 있느냐 하는 것이다. 두 가지 문제에 대하여는 이를 긍정하는 견해와 부정하는 견해가 있다. 판례는 3자간의 합의 유무에 불구하고 이미 이루어진 중간생략등기의 유효성을 인정하고 있다.157) 또한 최종양수인이 최초양도인에게 직접 그 소유권이전등기청구권을 행사하기 위하여는 관계당사자 전원의 의사합치, 즉 최초양도인, 중간자 및 최종양수인 사이에 합의가 있어야 한다는 입장이다.158)

판례에 의하면 3당사자 사이에 중간생략등기의 합의가 있으면 중간생략의 등기를 청구할 수 있다고 한다. 그렇다면 중간생략의 합의에 따른 중간

---

157) 판례는 3당사자 간에 중간생략등기의 합의가 있었던 경우는 물론, 당사자 전원의 의사합치가 없었던 경우에도 당사자 사이에 적법한 원인행위가 성립되어 일단 중간생략등기가 이루어진 이상 중간생략등기에 관한 합의가 없었다는 이유만으로는 중간생략등기가 무효라고 할 수는 없다고 한다. 대법원 2005. 9. 29. 선고 2003다40651 판결.

158) 대법원 1995. 8. 22. 선고 95다 15575 판결.

생략등기신청이 있을 때 그 등기신청을 수리하여야 할 것이다. 여기서는 이러한 실체법상의 논의에 따라 중간생략등기를 신청하는 경우에 등기절차상의 문제점을 검토해 보고자 한다. 그러함으로써 실체법이론만이 아니고 절차법상의 문제도 아울러 고려할 필요성을 지적하고자 한다.

등기절차상으로는 중간생략등기청구를 허용할 경우 등기원인과 그 일자는 어떻게 되고 등기원인을 증명하는 정보로는 무엇을 제출하여야 하는가 하는 점이 문제된다. 순서대로 살펴본다.

2. 중간생략등기에서의 등기원인

가. 문제점

등기를 신청하는 경우에는 「등기원인과 그 연월일」을 기재하여야 한다 (규칙 제43조 제1항 5호). 그런데, 중간생략등기를 하는 경우 최초양도인과 중간자, 중간자와 최종양수인 사이에 각각 법률행위가 존재하나 최초양도인으로부터 최종양수인에게 직접 등기를 할 수 있는 원인인 법률행위는 존재하지 않는다. 따라서 중간생략등기를 허용할 경우 등기절차에서 등기원인을 무엇으로 보아야 할 것인가 하는 점이 문제된다.[159]

나. 학설

이에 관하여 언급하고 있는 국내문헌을 찾지 못하였다. 이론상 중간생략등기청구를 인정하는 근거에 따라 달리 보게 될 것이다. 중간생략등기청구를 긍정하는 견해 중 채권양도설이나 물권적 기대권설 또는 제3자를

---

159) 뒤에서 언급하겠지만 등기실무에서는 「부동산등기 특별조치법」의 규정에 따라 중간생략등기를 수리하지 않고 있으므로, 중간생략등기는 공동신청에 의한 경우에는 이루어지지 않고 판결에 의한 경우에만 행하여지고 있다. 따라서 이 문제는 중간생략등기를 명하는 판결의 주문에서 그 등기원인과 일자를 어떻게 기재하여야 할 것인가의 문제라고 할 수 있다.

위한 계약설에 따른다면 최초양도인과 중간자 사이의 계약을 등기원인으로 보게 될 것이다. 처분권부여설에 의하면 명확하지 않다.

일본문헌에서 언급된 것으로는 ① 수차 상속이 있는 경우 피상속인으로부터 현재의 상속인에게로 직접 소유권이전등기를 인정하는 경우의 등기원인의 기재례를 참고하여 중간의 양도당사자 사이의 법률행위의 과정을 등기원인으로 열기하는 방법, ② 최종의 등기원인과 그 일자를 기재하는 방법, ③ 관계당사자간의 합의가 중간생략등기청구권의 발생근거라면 그 합의를 중간의 법률행위를 해제하고 최초의 자와 최종의 자 사이에 소유권이전의 법률행위가 된 것으로 의제하는 방법 등을 생각할 수 있다고 한다.160)

다. 판례의 입장

중간생략등기의 등기원인과 그 일자에 관하여 직접 언급하고 있는 판례는 보이지 않는다. 그러나 중간생략등기의 합의가 있음을 이유로 최종양수인의 최초양도인에 대한 중간생략등기청구를 인용한 판결이 있다. 그 판결의 주문에서 최초양도인과 중간자 사이의 매매 및 그 원인일자를 등기원인과 그 일자로 한 것이 있고, 중간자와 최종양수인 사이의 매매 및 그 일자를 등기원인으로 한 것이 있다.161)

라. 등기실무

우리나라의 등기실무에서는 이 점에 관하여 다룬 예규나 선례를 찾을 수 없다. 일본의 등기선례로서, 판결에서 등기원인을 명시하여 소유권이전등기절차를 명하고 있는 경우에는 판결이유중에서 중간생략등기임이 명백

---

160) 香川保一, 不動産登記法逐條解說(一), テイハン、2003, 325-326면.
161) 대법원 1993. 1. 26. 선고 92다39112 판결에서는 최초양도인과 중간자 사이의 매매 및 그 일자를 등기원인과 그 일자로 하고 있고, 대법원 2002. 6. 14. 선고 2000다69200 판결과 대법원 2008. 10. 23. 선고 2007다83410 판결에서는 중간자와 최종양수인 사이의 매매 및 그 일자를 등기원인과 그 일자로 하고 있다.

하다고 하더라도 주문에 기재된 등기의 원인 및 그 일자를 등기신청서에 기재하면 수리하여야 한다고 하는 것이 있고,[162] 주문에 등기원인의 명시가 없는 판결에 의한 경우라도 중간 및 최종의 등기원인에 상속 또는 유증이나 사인증여가 포함되어 있지 않은 때에는 최종의 등기원인 및 그 일자를 신청서에 기재한 때에는 수리하도록 한 것이 있다.[163]

현행 부동산등기법은 대지사용권의 이전등기에 대하여 예외적으로 중간생략등기를 허용하는 규정을 두고 있다(제60조, 개정 전 제57조의 3).[164] 이 규정에 의한 대지사용권의 이전등기의 경우 등기원인일자로는 최종양수인이 대지사용권을 취득한 날을 기재하도록 하고 있다.[165]

3. 등기원인을 증명하는 정보

가. 등기원인을 증명하는 정보

등기실무상 중간생략의 등기신청을 허용하지 않으므로 당사자의 공동신청에 의한 중간생략등기는 할 수 없고, 판결에 의하여 중간생략의 등기를 신청할 수밖에 없다. 만일 판례의 논리에 따라 중간생략등기청구를 허용할 경우 공동신청에 의한 중간생략등기에서는 등기원인을 증명하는 정보와 관련하여 다음과 같은 문제가 있다.

등기를 신청하는 경우에는 "등기원인을 증명하는 정보"를 등기소에 제공하여야 한다(규칙 제46조 제1항 1호). 그렇다면, 중간생략등기신청의 경우 등기원인을 증명하는 정보는 어떠한 것을 제공하여야 할 것인가? 최초

---

162) 昭和 35年 7月 12日 民事甲第1580號 法務省民事局長 回答.

163) 昭和 39年 8月 27日 民事甲第2885號 法務省民事局長 回答.

164) 개정 부동산등기법 및 부동산등기규칙 해설(주 132), 105면.

165) 그 등기원인으로 "○년 ○월 ○일(전유부분에 관한 소유권이전등기를 마친 날) 건물 ○동 ○호 전유부분 취득"이라고 기재하도록 하고 있다. 개정 부동산등기법 해설(주 105), 14면; 개정 부동산등기법 및 부동산등기규칙 해설(주 132), 105면.

의 계약서나 최종의 계약서를 제공할 경우 계약서상의 당사자가 등기권리
자나 등기의무자가 아니므로 "신청정보와 등기원인을 증명하는 정보가 일
치하지 아니한 경우"에 해당하여 당해 신청은 각하될 것이다(법 제29조 8
호). 최초양도인과 중간자, 중간자와 최종양수인 사이의 계약서를 각 제출
하는 방법을 생각할 수 있다. 그러나 이것만으로는 중간자의 동의가 있었
는지는 알 수 없고 또 두 개의 계약 중 어느 것이 등기원인인가 하는 문제
는 여전히 남는다.

나. 중간자의 동의를 증명하는 자료

판례에 의하면 관계당사자 전원의 합의가 있으면 중간생략등기청구가
허용된다고 한다. 그렇다면 중간생략등기를 신청할 경우 중간자의 동의를
증명하는 자료를 제출하게 하여야 할 것인데, 그 근거와 관련하여 문제가
있다. 중간자의 동의의 성격에 관하여 판례는 "이행의 편의상 최초의 매도
인으로부터 최종의 매수인 앞으로 소유권이전등기를 경료하기로 한다는
당사자 사이의 합의에 불과할 뿐"[166]이라거나, "중간등기를 생략하여도
당사자간에 이의가 없겠고 또 그 등기의 효력에 영향을 미치지 않게 하겠
다는 의미가 있을 뿐"[167]이라고 한다. 그렇다면 중간자의 동의는 등기원
인(예를 들어, 매매 등)의 요건도 아니고 그렇다고 등기원인에 대한 제3자
의 동의로서 필요한 것도 아니다. 중간자의 동의를 증명하는 자료를 제출
하게 할 근거를 찾기 어렵다.

4. 소결

중간생략등기에 관한 실정법상의 규율로서는 「부동산등기 특별조치법」

---

166) 대법원 1996. 6. 28. 선고 96다3982 판결; 대법원 2005. 4. 29. 선고 2003다
66431 판결.
167) 대법원 1979. 2. 27. 선고 78다2446 판결.

이 있다. 위 법은 종래 중간생략등기가 투기와 탈세의 수단으로 사용되어 오던 것을 막기 위하여 이를 금지하는 규정을 두고 있다(제2조 제1항 내지 제3항).168) 그리고 조세부과를 면하거나 법령의 제한을 회피할 목적 등으로 위 규정에 위반한 때에는 징역 또는 벌금의 형사처벌을 하도록 규정하고 있다(제8조 제1항). 판례는 이들 규정을 효력규정이 아니고 단속규정이라고 한다.169) 그러나 등기실무에서는 위 법의 규정에 따라 중간생략등기를 수리하지 않고 있다.170) 따라서 실무에서 중간생략등기는 공동신청에 의한 경우는 이루어지지 않고 판결에 의한 경우에만 이루어지고 있다.

판례의 입장에 대하여 생각해 보면 이미 중간생략등기가 이루어져 있는 경우에 분쟁해결수단으로서 사후적 평가를 하여 그 등기를 말소하고 바로 잡아야 한다고 할 것까지는 아니라는 것은 분쟁해결을 목적으로 하는 재판에서의 해결방안으로 이해할 수 있다.171) 진정성과 효율성의 조화라는 면에서 보아도 그러하다. 그러나 중간생략등기청구의 문제는 달리 보아야 하는 것이 아닌가 생각된다. 중간생략등기청구에 따라 등기를 실행할 경우 등기절차적 측면에서 볼 때 중간생략등기에서는 등기원인이 무엇이냐의 문제와 등기원인을 증명하는 정보를 무엇으로 보아야 할 것인가 하는 문제를 해결할 수 없다. 그리고 부득이 중간생략등기와 같은 결과를 구현할 필요성이 있다고 한다면 현행법상 인정되고 있는 제3자를 위한 계약이나 지위이전계약, 소유권이전청구권의 양도 등과 같은 제도를 이용하여 얼마든지 합법적으로 동일한 결과를 얻을 수 있다. 이러한 점들을 고려하면 사회의 변화에 따라 모든 것이 제자리를 잡아가고 제도가 정비되어가는 현재로서는 중간생략등기와 같은 편법적이고 정상적이지 못한 관행은

---

168) 다만, 그러한 우려가 없는 경우로서 이를 허용하여야 할 현실적 필요성이 있는 경우에는 금지규정을 적용하지 않고 허용하도록 하고 있다. 같은 법 제2조 제4항.

169) 대법원 1993. 1. 26. 선고 92다39112 판결; 대법원 1998. 9. 25. 선고 98다22543 판결.

170) 등기선례요지집 제1권 14항; 등기선례요지집 제5권 8항 참고.

171) 藤原勇喜(주 130), 41면.

더 이상 허용되지 않는다고 해석하여야 할 것으로 생각된다.[172)173)]

군이 판례와 같이 제한적으로나마 중간생략등기를 인정하는 입장을 계속 유지해야 한다면 등기원인은 무엇인지와 같은 중간생략등기에 따른 등기절차상의 문제점을 분석하여 이에 따른 법률문제를 명확히 할 필요가 있다.[174)]

Ⅲ. 가등기에 의한 본등기와 중간등기의 말소절차

1. 개정 부동산등기법의 내용

가등기에 의한 본등기를 한 경우 중간처분등기의 말소절차에 관하여 2011년 개정 전 부동산등기법은 아무런 규정을 두지 아니하였고, 등기실무에서는 대법원 1962. 12. 24.자 4294민재항675 전원합의체 결정의 취지에 따라 가등기에 의한 본등기가 되면 등기관은 개정 전 부동산등기법 제175조의 절차에 의하여 직권말소하도록 하고 있었다.[175)]

---

172) 최근 일본 하급심판결에서는 중간생략등기신청을 각하한 등기관의 처분에 대한 불복사건에서 신청정보와 등기원인증명정보가 합치하지 아니함을 이유로 중간생략등기신청을 부정한 사례가 있다. 東京地裁 平成19年6月15日 판결 및 이에 대한 상소심인 東京高裁 平成20年3月27日 판결. 이에 관한 설명은 舟橋秀明, "中間省略登記による所有權移轉登記の許否", 登記情報 571號(2009年 6月號) 및 藤原勇喜(주 149), 37면 이하 참조.

173) 甲→ 乙→ 丙으로 매매가 이루어졌음에도 등기부에 甲→丙으로 이전등기를 하고 그 등기원인으로 甲과 乙 사이의 매매계약과 그 일자를 기재한다면 이것은 명백히 부실등기이고, 3자 합의가 있다고 하여 이러한 중간생략등기를 허용하는 것은 부실등기를 허용하는 것과 같다.

174) 舟橋秀明(주 172), 23면.

175) 「가등기에 기한 본등기를 한 경우에 직권말소하여야 하는 등기에 대한 예규」 (1997. 11. 21. 대법원 등기예규 제897호).

2011년 개정된 부동산등기법은 이에 관하여 규정을 두어 가등기에 의한 본등기를 하였을 때에는 등기관은 대법원규칙으로 정하는 바에 따라 가등기 이후에 된 등기로서 가등기에 의하여 보전되는 권리를 침해하는 등기를 직권으로 말소하도록 하였다(제92조). 기본적으로는 종래의 판례의 입장에 따른 실무를 그대로 입법화하되, 종전 실무와 다른 점은 종전 실무처럼 직권말소통지를 한 후 일정기간을 기다려 직권말소를 하지 않고 본등기를 함과 동시에 직권말소를 하고 말소사실을 말소된 권리의 등기명의인에게 통지하도록 한 점이다.[176]

개정법이 이와 같이 규정한 이유는 종전 실무처럼 직권말소통지를 한 후 일정기간이 경과한 뒤 말소를 함에 따라 효력이 없는 말소될 등기가 일정기간 등기기록에 그대로 남아 있게 되는 문제점이 있고, 그 등기에 기초한 부실등기가 발생할 수 있으며, 등기관의 착오로 직권말소의 대상이 되는 등기가 오랫동안 방치되는 예가 빈번하였기 때문이라고 한다.[177]

2. 개정 부동산등기법에 대한 검토

1) 개정 이유에서 알 수 있듯이 개정법은 실체법상의 법률관계의 구현보다는 주로 등기절차상의 이유를 고려한 것으로 보인다. 그런데 등기의 진정성이라는 관점에서 등기절차에서의 등기관의 심사업무와 관련하여 개정법의 내용을 생각해보면 이것이 실체법상의 법률관계에 부합하는 등기를 구현하기 위한 방법인가 하는 의문이 생긴다.

실체법상의 법률관계와 등기절차의 조화로운 연계라는 점에서 실체법상의 법률관계를 등기절차에 반영할 수 있는 가장 합리적인 방안은 일본이나 독일에서와 마찬가지로 가등기에 의한 본등기시 중간등기 명의인의 승낙서나 이에 갈음하는 판결을 첨부하여 등기를 신청하도록 하고, 그러한

---

176) 개정 부동산등기법 및 부동산등기규칙 해설(주 132), 151면.
177) 개정 부동산등기법 및 부동산등기규칙 해설(주 132), 151면.

신청이 있으면 등기관이 직권으로 중간등기를 말소하게 하는 방안이다. 중간등기 명의인의 승낙이나 이에 갈음하는 판결을 통하여 실체법상의 법률관계를 판단하게 하고, 등기절차에서는 그러한 자료만 첨부하게 함으로써 양자를 조화시킬 수 있기 때문이다.178) 이것은 또한 이와 관련된 이론상의 문제점들을 해결할 수 있는 가장 완전한 해결방안일 것이다.179)

개정법은 실체법상의 법률관계에 대한 충분한 고려 없이 주로 등기절차적인 측면에 치중하였고, 종래의 실무를 그대로 입법화하여 문제점을 그대로 남겨두게 되었다. 실체법상의 법률관계와 등기절차의 연계라는 관점에서 등기의 진정성을 고려하였다면 단순히 종래의 판례이론과 실무를 그대로 입법화할 것이 아니라 보다 합리적인 제도개선 방안을 검토하였어야 했다.180) 개정법에 따른다면 실체법상의 법률관계에 부합하지 못하는 등기말소가 발생할 수 있고, 이를 회복하기 위하여 진정한 권리자가 소송을 제기해야 하는 번거로움과 부담이 생긴다.

2) 또 한가지 지적할 것은 개정 부동산등기법과 규칙과의 정합성 문제이다. 개정 부동산등기법에 따르면 가등기에 의한 본등기시 중간등기는 등기관이 직권으로 말소하여야 하고, 종래와 달리 직권말소통지를 한 후 말소할 것은 아니다. 그럼에도 규칙에서는 가등기 후 본등기 전에 마쳐진 체납처분으로 인한 압류등기에 대하여는 법 개정 전 실무에 따라 직권말소대상통지를 한 후 이의신청이 있으면 대법원예규로 정하는 바에 따라 직권말소 여부를 결정하도록 하고 있다(규칙 제147조 제2항).

규칙의 이 규정은 개정 전 부동산등기법 아래에서의 종래의 대법원 전원합의체결정과 등기실무를 그대로 따른 것으로 개정 부동산등기법과는

---

178) 이것은 등기의 말소를 신청하는 경우에 그 말소에 대하여 등기상 이해관계 있는 제3자가 있을 때에 제3자의 승낙이 있어야 하는 것과 같다(법 제57조).

179) 文丁一, "가등기에 의한 본등기를 할 때 중간등기의 직권말소 여부", 대법원판례해설 제83호 2010년 상, 법원도서관, 470면, 472면.

180) 물론 종래의 실무를 그대로 입법화함으로써 법개정에 따른 부담과 거래계의 혼란을 줄이려는 의도가 있지 않았나 생각된다.

배치된다. 개정 법에 따를 때 실체법상의 법률관계를 그대로 공시할 수 없는 문제점이 있어 종전 실무에 따르도록 한 것이다. 개정 법의 불완전성을 개선하기 위한 방안으로 보인다.

IV. 기타

1. 등기의 오류를 바로잡기 위한 제도의 정비

등기의 진정성을 강화하기 위하여는 실체법상의 법률관계에 부합하지 않는 등기가 이루어졌을 때 이를 신속하게 바로잡을 수 있는 절차를 마련하는 것도 사전적 심사 못지 않게 중요하다.[181] 부실등기 내지 등기에 오류가 있는 경우에 이를 신속하게 바로잡거나 오류가 있음을 공시하지 않으면 이해관계인이 다수 발생할 가능성이 있다.[182] 나중에 이를 바로잡는다고 하더라도 절차가 복잡해지고 여러 사람들이 피해를 입게 된다.

우리 법이 부진정한 등기를 바로잡기 위하여 마련한 절차에 대하여는 제2장에서 살펴보았다. 그 외에 실무에서는 제도외적으로 대법원에 질의

---

181) 등기의 오류를 바로잡는 절차로서 주목할 만한 것으로 중복등기 정리절차를 들 수 있다. 1993. 3. 3. 대법원규칙 제1250호에 의하여 구 부동산등기법시행규칙에서 관련 규정이 신설됨으로써 도입되었다. 이 규정은 토지만에 관한 것이기는 하나 이에 의하여 실무적으로 토지 중복등기의 대부분이 정리되었다. 이 규정은 2006. 5. 10. 부동산등기법의 개정에 의하여 제15조의2가 신설되면서 법률에 근거규정이 마련되었다. 이 제도는 독일 부동산등기규칙의 영향을 받아 도입된 제도로 보인다. Verordnung zur Durchführung der Grundbuchordnung (Grundbuchverfügung –GBV) Abschnitt VIII Die Beseitigung einer Doppelbuchung § 38 [Doppelbuchung] 참조.
182) 예를 들어, 그 등기의 등기부상의 권리자로부터 그 권리를 양도받거나 제한물권을 설정받는 경우는 물론 그 등기에 대하여 가압류나 가처분 등을 할 수도 있다. 그 밖에 등기부에 기재되지는 않지만 등기부의 기재에 기초하여 여러 법률관계가 형성될 수 있다.

를 하여 회신을 받아 해결하기도 한다.183) 문제는 등기신청을 각하하여야
함에도 수리되어 마쳐진 등기이다. 특히 사소한 절차상의 하자가 아니라
실체법상의 법률관계에 부합하지 아니하는 부진정한 등기가 마쳐진 경우
에도 그것이 부동산등기법 제29조 제1호 또는 제2호에 해당하지 않는 한
아무런 절차가 마련되어 있지 않다. 잘못된 등기를 발견하였을 경우 당사
자에게 통지하여 바로잡는 절차를 취하도록 하는 방법184) 외에 등기소에
서 취할 수 있는 절차가 없는 경우도 많다.185)

　　그러나 당사자가 절차를 취한다고 하여도 법적 절차를 취하기까지는 시
간이 걸리고, 당사자에게 통지를 하여도 모든 당사자가 그런 조치를 취하
는 것은 아니다.186) 그러므로 등기를 신뢰한 선의의 제3자가 생길 수 있
다. 여기서 등기의 오류가 있을 경우 그 취지를 등기부상에 표시해주는 절
차가 필요한 경우가 많다. 우리 법은 이런 제도를 두고 있지 않다. 그러다
보니 실무에서는 편법적인 방법으로 이를 바로잡거나 이런 취지를 등기부

---

183) 실무상 등기신청의 수리 여부가 애매한 경우 등기업무의 주무부서인 법원행정처
　　사법등기국에 질의를 하여 그 회신을 받아 등기소에 제출하는 경우가 많다. 법
　　원행정처에서는 그 질의회신을 정리하여 등기선례요지집이라는 책자를 발간하
　　고 있다.

184) 원칙적으로 등기는 당사자의 신청에 의하는 것이므로 직권에 의한 등기는 법률
　　의 규정에 의한 예외적인 경우만 있다. 이 점에서 등기에 오류가 있는 경우에도
　　그것을 바로잡는 절차는 당사자가 취하도록 하고 있다. 등기소는 당사자에게 통
　　지만 한다. 당사자가 가처분 등 법적 조치를 취하면 당해 등기에 대하여 문제
　　있는 등기임이 등기부상 공시된다.

185) 예를 몇 가지 들어보면 다음과 같다. 甲에게서 乙에게로 소유권이전등기가 이루
　　어진 직후에 접수된 甲에 대한 압류등기를 각하하지 않고 착오로 마쳤을 경우,
　　또는 甲 소유 부동산에 乙 은행 명의의 근저당권설정등기가 마쳐졌는데 그것이
　　위조된 서류에 의한 것임이 밝혀진 경우에도 등기소에서 등기부에 어떤 조치를
　　할 수 있는 것은 없다.

186) 위조된 문서에 의하여 이루어진 등기가 있다고 하더라도 그것은 절대적으로 무
　　효이어서 진정한 권리자는 아무런 손해를 입지 않게 된다. 여기서 진정한 권리
　　자가 적극적으로 조치를 취할 필요를 느끼지 않고 미온적으로 대처하는 경우가
　　종종 있다.

에 공시하고 있는 실정이다.[187]

개정 부동산등기법은 이 점에 대하여 충분히 고민한 혼적이 없다. 오히려 별다른 검토 없이 예고등기제도를 폐지하였을 뿐이다. 종래 예고등기가 그 폐해가 있다고 하여도 거래의 안전을 보호하기 위한 제도로서 가처분등기가 담당할 수 없는 기능을 수행하고 있었다.[188] 폐해에 대한 분석과 그 대안에 대한 고민이 없었던 것으로 보인다. 종래 예고등기가 담당하던 긍정적 기능을 살릴 필요성이 있다.

부진정한 등기인 취지를 공시하기 위한 방안으로는 독일에서의 이의등기제도, 특히 직권이의등기를 참고할 필요가 있다. 독일의 이의등기제도는 공신력을 배제하기 위한 목적으로 하는 등기이다.[189] 이 점에서 종래 공신력 인정의 전제조건으로 독일의 이의등기제도를 도입하자는 논의가 있

---

187) 예를 들어, 경기도 수원시 권선구 곡반정동 186-2 토지등기부(2012. 4. 20. 열람)에는 위조된 문서에 의하여 이루어진 근저당권설정등기가 있었다. 근저당권설정등기 신청서에 첨부된 인감증명서 발급기관에 확인하니 인감증명서가 발급된 사실이 없다고 하여 소유자에게 이런 사실을 통지하였으나 소유자가 허위의 근저당권등기의 말소에 미온적이어서 이해관계인이 생길 것을 우려한 등기소에서 편법적으로 조치를 취하였다. 그 조치의 내용은, 등기부 제일 앞부분에 "위조된 문서에 의하여 이루어진 등기가 있다"는 취지를 부전지 기능을 이용하여 표시하고, 해당 근저당권설정등기에 대하여는 위조된 문서에 의하여 이루어졌다는 취지를 부기등기로 기록하고 있다.

188) 가처분등기는 가처분채권자가 자신의 권리를 보호하기 위하여 하는 등기이므로, 선의의 제3자 보호규정이 없어 선의의 제3자에 대하여도 등기의 무효를 주장할 수 있는 경우에는 가처분등기를 할 필요를 느끼지 않아 가처분등기를 하지 않는 경우가 실무상 종종 있다.

189) 이의등기제도는 등기정정청구권을 행사하여 부실등기를 정정하기에는 시간이 많이 소요되므로 그 기간 동안 등기의 공신력을 배제하여 선의의 제3자가 물권을 선의취득하는 것을 방지하는 제도이다(洪性載, "독일의 부실등기 방지제도", 慕原 金旭坤敎授 停年退任 紀念論文集 契約法의 課題와 展望, 三知院, 2005, 407면). 이의등기를 하기 위하여는 정정등기의무자의 동의 또는 법원의 가처분에 의하여 이루어진다(독일 민법 제899조 제2항). 그런데 이와 같은 등기는 우리나라에서도 인정되고 있다. 가처분제도가 그것이다.

다. 그러나 꼭 공신력 인정의 전제조건으로서가 아니라 공신력을 인정하지 않더라도 도입이 필요한 제도가 아닌가 생각된다. 특히 독일의 토지등기법은 직권이의등기제도를 두고 있다(독일 토지등기법 제53조). 등기소가 법률의 규정에 위반하여 등기를 실행하고 그것에 의하여 등기부가 부진정하게 된 때에는 직권으로 이의를 등기하도록 하고 있다. 부실등기인 점을 제3자에게 경고하여 국가 및 등기관의 손해배상책임의 발생을 방지하기 위한 것이다.[190]

우리나라에서도 독일의 직권이의등기제도를 참고하여[191] 부진정한 등기에 대하여 그 취지를 공시할 수 있는 방안을 마련할 필요가 있다.

2. 등기절차와 공법상의 규율

부동산등기가 국가의 행정목적이나 국민의 일상생활에서 중요한 역할과 기능을 함에 따라 각종 공법에서 부동산등기에 관한 규정을 두는 경향이 증가하고 있다. 본래 국가의 각종 행정목적을 위한 장부는 각종 대장이고 등기부는 사권을 공시하기 위한 제도이나, 등기가 가지는 중요성이 늘어남에 따라 각종 행정목적을 위한 사항을 등기와 연계하여 해결하고자 하는 것이다. 그런데 이러한 공법상의 규율이 실체법상의 법률관계를 정확히 공시하는데 영향을 미친다. 등기의 진정성이라는 측면에서 몇 가지 살펴보고자 한다.

첫째는, 국가의 각종 행정목적을 달성하기 위하여 부동산거래에 대하여 행정관청의 허가를 받게 하거나 각종 신고를 하게 하는 경우가 있다. 그러

---

190) 洪性載(주 189), 409면.
191) 직권이의등기의 요건은 다음과 같다. ① 등기가 부진정하여야 한다. ② 등기소가 법률의 규정에 위반하여 부진정한 등기를 실행하였어야 한다. ③ 등기의 공신력과 관련된 등기이어야 한다. ④ 법률위반이 확실하고 등기의 부진정이 믿을 만한 것이어야 한다. Schöner/Stöber(주 11), Rn.394.

한 허가가 부동산거래의 유효요건이라면 그러한 허가 등을 받아야만 부동산등기를 할 수 있다. 그런데 부동산거래의 효력과는 관계없는 순수한 행정목적을 위하여 각종 신고 등의 의무를 부과하고 그 의무를 이행하여야만 부동산등기를 수리하도록 규정하고 있는 경우가 있다. 예를 들면 지금은 폐지되었으나 종래 소득세법에 의한 부동산양도신고제도를 들 수 있다. 구 소득세법의 규정192)에 의하면 부동산의 소유권을 이전하는 때에는 당해 부동산거래내용을 납세지 관할 세무서장에게 신고하게 하고, 그 신고확인서를 부동산소유권 이전에 관한 등기신청시에 첨부하도록 하고 있었다.

이와 같은 경우는 부동산거래의 효력과는 무관함에도 부동산 양도신고와 같이 양도소득세의 기초자료를 얻기 위한 순수한 조세행정상의 신고를 하지 않았다고 등기 자체를 못하게 한다. 행정관청에서는 행정편의상 이러한 규정을 둘 유혹을 느끼게 될 것이다. 그러나 이러한 규정을 신설할 때에는 부당결부금지원칙193)과의 관계에서 보다 신중한 검토가 필요할 것으로 생각된다.

둘째는, 특별법에서 각종의 등기사항을 규정하고 있는 경우이다. 대표적인 예가 주택법 제40조 제3항에 의한 금지사항 부기등기이다. 그런데 이들 특별법에서 등기에 관한 규정을 둘 때 등기절차에 대한 고려가 충분히 이루어지지 않아 등기절차에서 혼란을 초래하는 경우가 있다. 각종 특별법에서 등기관련 규정을 둘 때에는 등기절차에 대하여 충분히 검토하여

---

192) 1995. 12. 29. 법률 제5031호로 개정되어 1997. 1. 1.부터 시행된 소득세법 제165조에 의하면, 매매 등 일정한 사유로 부동산의 소유권을 이전하는 때에는 당해 부동산의 거래내용을 납세지 관할 세무서장에게 신고하고, 그 양도신고확인서를 소유권이전등기신청서에 첨부하도록 하였다. 이 규정은 2001. 12. 31. 법률 제6557호로 삭제되어 2002. 7. 1.부터 첨부하지 아니하도록 되었다.

193) 이 원칙은 행정작용을 함에 있어서 그와 실체적 관련이 없는 상대방의 반대급부를 조건으로 하여서는 안된다는 원칙이다. 행정법에서는 행정작용의 실효성 확보수단으로서의 당해 행정작용과는 실질적 관련이 없는 수도·전기 등의 공급거부 등과 관련하여 논의되고 있다. 헌법재판소는 이 원칙을 헌법상의 원칙으로 보고 있다. 金東熙, 行政法 I, 博英社, 2004, 56면.

혼란을 줄일 필요가 있다.

셋째는, 부동산등기에 관한 예외를 규정하는 경우가 있다. 예를 들어, 도시철도법은 구분지상권을 등기하는 것을 넘어 공법상의 사용권을 등기하게 하는 규정을 두고 있고,194) 축사의 부동산등기 등에 관한 특례법은 건물로서의 요건을 갖추지 못한 축사에 대하여도 건물로서 등기할 수 있게 하고 있다. 또한 각종 개발사업에 따른 법률에서 사권에 대한 고려 없이 부동산등기에 대한 특례를 인정하기도 한다.

그러나 각종 공법상의 목적은 다른 수단을 통하여 달성하여야 하고, 행정의 편의를 위하여 부동산등기의 원칙에서 벗어나는 규정을 두는 것은 바람직하지 않다.

3. 처분제한과 등기절차

부동산등기는 단순하게 실체법상의 법률관계를 기록하는 수단에만 머무르는 것이 아니고 다른 법률관계와 밀접하게 관련되어 있다. 그럼에도 이 점에 대한 인식이 부족한 것으로 생각된다. 그 예로 처분제한등기와 관련된 몇 가지를 살펴보기로 한다.

가. 보전가등기제도의 도입 필요성

1) 현행 부동산등기법에 의하면 소유권 이외의 권리, 예를 들어 저당권

---

194) 「도시철도법」 제5조의2와 「전기사업법」 제89조의2는 구분지상권을 설정 또는 이전하는 내용으로 수용 또는 사용의 재결을 받은 경우에 도시철도건설자 또는 전기사업자가 단독으로 구분지상권의 설정등기 또는 이전등기를 신청할 수 있도록 규정하고 있고, 이에 따라 대법원규칙인 「도시철도법 등에 의한 구분지상권 등기규칙」(2009. 9. 28. 개정 대법원규칙 제2248호)은 구분지상권의 설정을 내용으로 하는 수용·사용의 재결을 받은 경우 권리수용이나 토지사용을 원인으로 하는 구분지상권설정등기를 신청할 수 있도록 규정하고 있다. 수용이 아니라 공법상의 사용권을 취득하는 사용을 원인으로 지상권등기를 할 수 있도록 규정하고 있다.

설정등기청구권을 피보전권리로 하는 처분금지가처분 이후 그 피보전권리 실현에 따른 등기를 하는 경우, 그 등기가 가처분에 기초한 것이라는 뜻을 기록하도록 하고 있다(법 제95조).

처분금지가처분의 효력의 객관적 범위에 관하여 가처분위반행위의 효력은 가처분채권자의 피보전권리의 실현에 필요한 범위 내에서만 부정되거나 제한된다는 실체적 효력설이 통설과 판례이다.[195] 따라서 제한물권 또는 임차권의 설정등기청구권을 피보전권리로 하는 처분금지가처분에서 그 피보전권리의 실현에 따른 등기를 하는 경우 그 가처분 이후의 다른 등기가 효력을 잃고 말소되는 것이 아니고 다만 피보전권리 실현의 등기의 부담을 용인하는데 불과하게 된다.[196]

2) 그런데 그 피보전권리 실현의 등기인 제한물권 또는 임차권 설정의 등기를 할 때 종래 그 등기를 가처분 이후에 이루어진 다른 등기보다 앞서는 순위번호로 등기부상 나타낼 수 있는 방법이 없었다. 그리하여 부득이 후순위로 등기할 수밖에 없었다. 그런데 그렇게 되면 피보전권리 실현의 등기가 가처분 이후에 이루어진 다른 등기보다 실체법상의 효력이 우선하여야 함에도 등기부상으로는 뒤의 순위번호로 등기됨으로써 공시에 혼란을 가져오고 또 권리실현에 장애를 가져올 수 있다. 이러한 혼란을 피하기 위하여 종래 실무에서는 그 피보전권리 실현의 등기를 할 때에는 그 등기가 가처분에 기초한 것이라는 뜻을 기록하도록 하고 있었는데,[197] 개정 부동산등기법에서도 이를 그대로 반영하였다.

3) 그러나 이러한 등기방법은 대단히 불완전한 공시방법이다. 우선 그 기재방법을 간략히 표시해 보면 다음과 같다.[198]

---

195) 이영환, "不動産 處分禁止 假處分의 效力", 衡平과 正義 제10집, 대구지방변호사회, 1995, 162-163면.
196) 개정 부동산등기법 및 부동산등기규칙 해설(주 132), 155면.
197) 「소유권 이외의 권리의 설정등기청구권을 보전하기 위한 처분금지가처분등기에 관한 사무처리예규」(1997. 9. 11. 등기예규 제883호).
198) 구체적인 기재례는 법원행정처, 부동산등기기재례집, 2004, 406면 이하 참조.

[갑구]

1번 소유권이전등기

2번 가처분(2012. 3. 15. 접수 제1234호), (피보전권리 근저당권설정등기청
　구권)

5번 2번 가처분등기말소

[을구]

1번 근저당권설정(2012. 4. 15.)

2번 근저당권설정(2012년 3월 15일 접수 제1234호 가처분에 기함), (2013.
　1. 15.)

이 사안은 근저당권설정등기청구권 보전을 위한 갑구 2번 가처분등기가
이루어진 후, 을구 1번 근저당권등기가 이루어지고 이어서 위 가처분에
의하여 을구 2번의 근저당권등기가 이루어진 사안이다. 이 사안에서 을구
2번의 근저당권설정등기는 을구 1번의 근저당권설정등기보다 우선하여야
하는 등기임에도 등기부상으로는 순위번호가 늦다. 그런데 권리의 순위에
관하여 부동산등기법은 같은 부동산에 관하여 등기한 권리의 순위는 법률
에 다른 규정이 없으면 등기한 순서에 따르되 그 등기의 순서는 같은 구
에서 한 등기의 상호간에는 순위번호에 따르도록 하고 있다(제4조). 이와
같은 문제점을 해결하고자 개정 부동산등기법에서는 종래의 실무처리에
따른 규정을 두게 되었다. 그러나 위 사안에서 2번 근저당권등기가 1번
근저당권등기보다 우선하여야 한다. 이러한 등기방법은 실체법상의 권리
관계와 공시 사이에 혼란을 초래할 수 있는 대단히 불완전한 공시방법이
다.[199] 등기절차에 대한 이해 부족의 결과가 아닌가 생각되며, 등기의 진
정성이라는 면에서 개선이 필요하다.

　4) 그 개선방안으로는 일본에서처럼 보전가등기제도를 도입할 필요가

---

199) 개정 부동산등기법 및 부동산등기규칙 해설(주 132), 155-156면.

있다.200) 일본에서는 소유권 이외의 권리(제한물권 또는 임차권) 설정을 위한 처분금지가처분을 하는 경우 갑구에 가처분등기를 기록하되 이와 동시에 을구에 그 피보전권리의 보전을 위한 가등기를 하고, 피보전권리 실현의 등기를 할 경우 보전가등기에 의한 본등기를 하는 방법을 취하고 있다(일본 민사보전법 제53조, 제59조). 이렇게 하면 실체법상의 법률관계와 공시방법이 부합하게 되어 등기의 진정성이 한층 강화된다.

나. 미등기건물의 처분제한등기 촉탁과 직권보존등기

종래 미등기건물에 대하여는 강제집행이 사실상 불가능하였던 문제점이 있어 이 문제를 해결하기 위하여 건축물대장의 작성으로 소유권보존등기가 가능하게 되기 전까지 미등기건물에 대한 집행방법을 입법적으로 해결하고자 민사집행법과 부동산등기법에 규정을 두게 되었다.201)

그리하여 부동산등기법에 의하면 등기관이 미등기부동산에 대하여 법원의 촉탁에 따라 소유권의 처분제한의 등기를 할 때에는 직권으로 소유권보존등기를 하도록 하되(제66조 제1항), 그 경우에는 소유권보존등기의 신청인에 관한 규정을 적용하지 아니하도록 하였다(제66조 제2항). 그리고 민사집행법에서는 집행의 목적물이 등기되지 아니한 건물인 경우에는 '즉시 채무자의 명의로 등기할 수 있다는 것을 증명할 서류' 대신에 그 건물이 채무자의 소유임을 증명할 서류, 그 건물의 지번·구조·면적을 증명할 서류 및 그 건물에 관한 건축허가 또는 건축신고를 증명할 서류를 첨부하도록 하였다(민사집행법 제81조 제1항 제2호 단서). 이것은 법원이 미등기건물의 처분제한등기를 촉탁할 때에는 채무자의 소유를 증명하는 정보를 반드시 등기소에 제공할 필요가 없다는 의미이다.202)

---

200) 일본에서의 보전가등기에 관하여는 法務省民事局內法務硏究會 編, 民事保全法と 登記及び供託實務, テイハン, 1991, 34면 이하 및 山崎潮, 新民事保全法 解說, 金融財政事情硏究會, 1991, 317면 이하 참조.

201) 법원행정처, 민사집행법 해설 ―구 민사소송법(집행절차편) 개정부분―, 2002, 90면.

그런데 이와 관련 부동산등기절차에 대한 정확하지 못한 이해로 부실등기가 발생하는 경우가 실무상 종종 있다. 본래 건물의 소유권보존등기를 신청하기 위하여는 두 가지 요건이 구비되어야 한다. ① 그 목적물이 건물로서의 요건을 갖추어야 하고 ② 그 건물의 소유자가 누구인지가 증명되어야 한다.203) 위 부동산등기법의 규정에서 소유권보존등기의 신청인에 관하여 예외를 둔 것은 건물의 소유를 증명하는 자료(②)를 제공할 필요가 없다는 의미이다. 그 목적물이 건물로서의 요건을 구비하였다는 자료(①)는 여전히 첨부하여야 한다.204) 그럼에도 부동산등기 내지 소유권보존등기에 대한 인식의 부족으로 건물로서의 요건에 관한 자료를 첨부하지 아니한 채 촉탁을 하는 경우가 많았고 등기소에서도 이를 수리하여 등기가 이루어졌다. 이와 같이 미등기건물의 처분제한등기 촉탁에 따른 건물 직권보존등기 사례에서 건물로서의 요건을 구비하지 못한 목적물이 건물로서 등기되는 결과, 나중에 그 건물이 완공되었을 때에는 등기된 목적물과 완공된 건물의 표시가 다른 경우가 많았다. 그리하여 건물의 동일성을 둘러싸고 혼란이 있었다. 등기의 진정성을 강화하기 위하여 관련 법령의 개정시에 등기절차적인 측면에 대한 충분한 검토가 필요함을 알 수 있다.

---

202) 개정 부동산등기법 및 부동산등기규칙 해설(주 132), 115면. 민사집행법 해설, 92면에 의하면 집행법원에서 미등기 건물이 채무자의 소유임을 증명하는 서류라고 인정하여 소유권보존등기를 촉탁하였지만 등기관이 그러한 서면에 해당하지 않는다고 판단하여 각하하지 않도록 두게 된 규정이라고 한다.

203) 그리하여 건물의 소유권보존등기 신청시에는 ① 건물의 표시를 증명하는 서면과 ② 소유자임을 증명하는 서면을 첨부하여야 한다. 법원행정처, 부동산등기실무 [II], 2007, 206-207면.

204) 부동산등기법 제65조 제2항은 소유권보존등기의 신청인에 관한 제65조의 적용만을 배제하고 있다. 이 점은 부동산등기법 전부 개정 전의 규정을 보면 명확하다. 개정 전 제134조 제3항은 신청인에 관한 개정 전 제131조의 적용만 배제하고 있고, 소유권보존등기의 첨부서면에 관한 제132조의 적용은 배제하고 있지 않았다.

4. 그 밖의 사항

가. 등기상 이해관계 있는 제3자의 동의

등기의 말소를 신청하는 경우에 그 말소에 대하여 등기상 이해관계 있는 제3자가 있을 때에는 제3자의 승낙이 있어야 한다(법 제57조 제1항). 이것은 실체법상의 법률관계와 등기절차를 조화시키기 위하여 부동산등기법이 둔 규정이다. 여기서 등기상 이해관계가 있는지 여부는 등기의 형식상으로 보아 일반적으로 손해를 입을 염려가 있는지 여부에 의하여 판단하여야 한다.205) 실체법상 승낙 의무 유무는 승낙 단계에서 판단하고 등기절차에서는 등기의 형식상으로 판단하여 처리함으로써 실체법상의 법률관계와 등기절차의 조화가 가능하다.

그런데 이러한 규정의 취지를 이해하지 못한 채 등기상 이해관계 있는 제3자가 있음에도 불구하고 그 제3자의 승낙을 받지 않은 채 말소가 이루어지는 경우가 실무상 종종 있다.206) 실체법상의 법률관계만 생각하고 등기절차에 대하여는 고려하지 않기 때문이다. 심지어 그러한 내용의 등기를 명하는 기재명령이 나기도 한다.207) 그러나 이러한 등기가 이루어질

---

205) 郭潤直(주 54), 264면.

206) 대법원 1990. 10. 30. 선고 89다카35421 판결; 대법원 1996. 8. 20. 선고 94다 58988 판결의 사안은 이해관계 있는 제3자의 승낙서를 첨부함이 없이 소유권이전등기를 말소한 사안이다.

207) 등기선례요지집 제6권 458항(2001. 6. 13. 등기 3402-402 질의회답)은 제3자의 승낙서가 첨부되지 않았음을 이유로 말소등기신청을 각하한 등기관의 처분에 대하여 신청인이 이의를 하자 법원에서 신청의 취지대로 소유권이전등기를 말소하도록 기재명령을 한 사안이다. 사안을 간략히 요약하면 다음과 같다. 사해행위취소소송에서 소유권이전등기의 말소를 명하는 확정판결을 받았으나 그 말소대상인 소유권이전등기에 터 잡아 이루어진 가처분등기가 있는 경우, 그 소유권이전등기의 말소에 있어 위 가처분채권자는 등기상 이해관계 있는 제3자에 해당한다. 그럼에도 사해행위취소의 효력은 상대적이어서 가처분의 효력은 당연히 소멸되는 것이 아니고 여전히 부동산에 존속한다는 이유로 가처분등기를 그대로 둔 채로 소유권이전등기만을 말소하라는 취지로 기재명령을 하였다. 이에 해당

경우 그 법률관계가 상당히 복잡해진다.208)

실체법상의 법률관계에 치우쳐 등기절차에 대한 이해가 부족한 우리 현
실을 보여주는 사례이다. 등기의 진정성을 강화하기 위하여는 이와 같은
등기절차에 대한 잘못된 인식의 개선이 필요하다.

나. 건물의 합동·합체 및 자산유동화와 등기

건물의 합동이나 합체에 관하여 우리 부동산등기법은 등기절차에 관한
규정을 두고 있지 않다. 건물의 합동이나 합체를 둘러싼 법률관계가 판례
에서 문제된 경우가 종종 발생하고 있고,209) 이에 관한 논의도 있다.210)

그 등기절차에 관하여 일본에서는 오래전부터 등기선례에 의하여 해결
하여 오다가 1993. 4. 22. 부동산등기법을 개정하여 합동과 합체에 관한
규정을 둠으로써 입법적으로 해결하였다.211) 그러나 우리나라에서는 등기

등기관이 법원행정처에 질의를 하였고 이에 대한 회신으로 나온 사안이다.

208) 신동헌, "競賣目的物에 관한 所有權移轉登記의 抹消를 명하는 判決이 確定된 경
우의 몇 가지 문제", 대전지방변호사회지 제3호(2005. 3.); 安哲相, "處分禁止假
處分의 기초가 된 所有權移轉登記가 假處分債權者의 承諾 없이 抹消된 경우의
法律關係", 判例硏究 第8輯, 釜山判例硏究會, 1998 참고.

209) 대법원 1993. 11. 10.자 93마929 결정; 대법원 2010. 1. 14. 선고 2009다66150
판결. 판례에서 문제된 쟁점은 건물의 합동의 경우에 합동 전의 구 건물에 설정
된 저당권의 효력, 구 건물에 설정된 저당권에 의한 경매로 인하여 발생한 법정
지상권의 범위 문제이다. 이런 문제들은 부동산의 부합의 문제를 중심으로 논의
되고 있다.

210) 裵炳日, "建物의 合棟", 羅岩 徐敏敎授 停年紀念論文集 民法學의 現代的 樣相,
法文社, 2006; 尹眞秀, "建物의 合棟과 抵當權의 運命", 民法論攷II, 博英社,
2008; 李東俊, "抵當建物의 增,改築 또는 合棟,合體의 경우 抵當權의 效力과 競
賣節次에의 影響", 判例硏究[V], 釜山判例硏究會, 1995; 李知恩, "저당 건물의 합
동(合棟)과 법정지상권 -대법원 2010. 1. 14. 선고 2009다66150 판결의 분석을
중심으로-", 법조 통권 674호(2012년 11월호) 참조.

211) 일본에서의 합동과 합체의 등기절차에 관하여는 香川保一, "建物の合體の場合の
登記に關する 問題点", 登記硏究 746號(平成 22年4月號), 2010 참조. 건물합체등
기에 관한 단행본으로는 山田一雄·梶原周逸, 新版 建物合體登記의 實務, 日本加

실무에서 이에 관한 절차규정을 마련하고 있지 않고, 2011년 부동산등기법 전부개정에서도 이에 관한 검토가 없었다. 등기의 진정성을 높이기 위하여는 새로운 법률문제에 관하여 그에 필요한 등기절차를 마련하려는 노력이 따라야 할 것으로 보인다.[212]

또한 비교적 최근에 도입된 자산유동화제도도 등기문제와 관련하여 여러 가지 법률문제가 생긴다. 유동화와 관련하여 저당권 등의 이전내용을 공시하는 방안 등 공시문제에 대한 검토가 필요하다.[213]

다. 특별조치법 도입시의 신중한 검토

1960년부터 시행되고 있는 현행 민법은 부동산물권변동에 관한 입법주의를 의용민법에서의 의사주의에서 성립요건주의로 변경하였다. 그러나 종래 거래계에서는 일반인들의 등기에 대한 무지 및 무관심, 복잡한 등기절차, 상당한 등기비용 등의 이유로 법률행위를 하고서도 등기를 마치지 않은 채 전소유자 명의의 등기를 그대로 두는 경우가 많았다.[214] 그러한 상태로 장기간 경과하여 매도인의 협력을 얻기가 어려워져 등기를 하고자 하여도 사실상 곤란한 경우가 생기게 되었다. 이런 경우에 실제의 권리관계와 일치하지 아니한 부동산을 간이한 절차에 의하여 등기할 수 있도록 하는 목적으로 각종의 특별조치법이 제정되었다.

그러나 이러한 특별조치법은 등기절차의 간편성을 강조하여 보증서 및 확인서만으로 등기를 할 수 있게 함으로써 실제의 권리자의 권리실현을

除出版株式會社, 2006 참조.

212) 이에 관한 입법적 조치의 필요성을 지적한 문헌으로는 裵炳日(주 210), 151면; 尹眞秀(주 210), 464면; 李東俊(주 210), 92-93면.

213) 근저당권부채권의 유동화와 등기에 관하여 여러 문제점을 지적한 문헌으로는 金載亨, "根抵當權附債權의 流動化에 관한 法的 問題", 民法論 I, 2004, 468면 이하 참고.

214) 배병일·윤정용, "등기에 관한 특별조치법의 입법상 및 판례상 문제점", 민사법학 제31호(2006. 3.), 317-318면.

용이하게 한다는 입법목적보다는 무권리자가 타인의 재산을 편취할 수 있는 가능성을 열어두게 되었다.[215] 더구나 부실한 등기절차에 의한 등기임에도 대법원은 특별조치법에 의하여 이루어진 등기는 부동산등기법에 의하여 마쳐진 등기보다 오히려 우월한 추정력을 가진다고 해석함으로써 입법상의 부정적 측면을 조장하였다는 견해도 있다.[216]

사회가 안정되어 있지 않았던 초기에는 이와 같은 특별조치법이 필요했을지 모르나 우리 사회도 안정된 단계에 접어들어 이제는 그와 같은 특별조치법은 도입하지 않는 것이 바람직하다. 부득이 그러한 입법이 필요한 경우에도 간편한 행정절차에 의한 처리보다는 보다 신중한 심사 및 처리절차를 마련할 필요가 있다.

라. 정보통신기술의 활용

오늘날 전자정보통신기술이 비약적으로 발전하고 있고 등기업무도 전산화되어 있다. 이러한 업무환경의 변화에 따라 각종 정보통신기술을 활용하여 등기의 진정성을 높이는 방안도 검토할 필요가 있다. 예를 들면, 등기명의변경 알림서비스 기능의 확대 구현을 들 수 있다.[217] 사소한 기능으로 보일 수 있으나 위조문서 등에 의한 부실등기를 방지하는 의미 있는 조치일 수 있다.[218]

---

215) 배병일·윤정용(주 214), 319면. 이 논문에 의하면 1980년부터 1997년까지 부동산소유권이전등기 등에 관한 특별조치법에 의한 형사고발 건수가 6,767건, 처벌 건수가 5,710건에 이른다고 한다.

216) 배병일·윤정용(주 214), 319-320면.

217) 이에 관하여 자세한 내용은 權英俊, "등기의 공신력 −1957년, 그리고 2011년−", 法曹 661호(2011년 10월호), 61-62면 참조.

218) 권리자가 계속하여 자신의 등기부를 확인하는 것은 현실적으로 기대하기 어렵다. 따라서 등기명의가 변경되면 이를 휴대전화 문자서비스 등을 통하여 권리자에게 알려준다면 부실등기가 발생하더라도 이를 바로잡을 수 있는 조치를 신속하게 취할 수 있게 된다. 대법원에서는 이미 2007. 10.에 알림서비스를 개시한 후 2008. 3.에 서비스 대상을 확대하였다. 서비스 신청은 대법원 인터넷등기소

또 한 가지 업무환경의 변화에 따른 등기의 진정성 강화조치로는 각종
정부기관의 전산정보를 연계하는 방안을 들 수 있다. 예를 들어, 인감증명
정보와 주민등록정보 등의 시스템을 등기정보시스템과 연계하는 등의 방
법으로 인감증명 내지 주민등록자료의 진위를 확인할 수 있다면 등기의
진정성을 더욱 높일 수 있을 것이다. 이 점에 관하여는 최근 제정된 개인
정보보호법과의 관계에서 검토가 필요하다.[219]

(http://www.iros.go.kr)에서 할 수 있다.

219) 개인정보보호법에 의하면, 개인정보 처리자는 일정한 예외적인 경우에만 개인정
    보를 제3자에게 제공하거나 제3자와 공유를 할 수 있고(제17조 제1항), 개인정보
    처리자로부터 개인정보를 제공받은 자는 정보주체로부터 별도의 동의를 받은 경
    우와 다른 법률에 특별한 규정이 있는 경우를 제외하고는 개인정보를 제공받은
    목적 외의 용도로 이용하거나 제3자에게 제공하여서는 아니된다(제18조 제2항).

제5절
결어

1. 등기는 실체법상의 법률관계를 공시하기 위한 것이므로 등기의 진정성 내지 정확성은 이것을 정확히 공시함으로써 이루어진다. 등기의 진정성 강화를 위하여는 단순히 위조된 서면에 의한 허위의 등기를 방지한다는 소극적 차원을 넘어 실체법상의 권리관계를 정확히 반영하는 공시제도를 구현한다는 적극적 차원으로 나아가야 한다. 그러자면 형식적 심사주의의 틀을 벗어나서 실체법상의 법률관계와 등기절차를 서로 밀접하게 연계하여 고려함으로써 실체법상의 법률관계를 그대로 공시할 수 있도록 등기절차에도 관심을 갖고 더욱 정교하게 개선하여야 한다. 이러한 관점에서 등기관의 심사업무에 관하여 새로운 접근을 시도하여 보았다.

제4장에서 검토하였듯이 종래의 학설과 판례의 형식적 심사주의이론과는 별개로 실무에서는 구체적 타당성이라는 면에서 실체법상의 법률관계에 부합하는 공시제도를 구현하기 위하여 노력하여왔다. 그러나 이러한 실무의 노력은 그때그때 개별적인 사안에서 이루어져 왔을 뿐 이를 이론적으로 체계화하려는 시도는 없었다. 이 장에서는 제4장에서의 분석을 기초로 그러한 노력을 이론적으로 체계화함으로써 등기관의 심사업무의 내용에 대한 새로운 설명을 시도하여 보았다.

등기는 실체법상의 법률관계를 등기부에 공시하는 제도이다. 등기를 신청하는 때에는 신청인은 신청정보와 첨부정보를 등기소에 제공하여야 한다. 이러한 자료는 등기의 요건을 심사하기 위한 것이다. 등기의 요건이란 다름 아닌 실체법상의 권리관계이다. 등기는 실체법상의 법률관계를 공시하기 위한 것이므로 실체법상의 권리관계는 모두 심사의 대상이 된다. 심사의 자료에 관하여도 등기의 요건인 실체법상의 법률관계에 관한 요건사실을 입증하는 자료가 등기소에 제공되어야 한다. 간단히 말하여 등기절차에서는 등기의 대상인 실체법상의 법률관계를 심사하여야 하고, 그것을 입증하기 위한 자료를 등기소에 제공하여야 한다.

이와 같이 해석하는 법적인 근거는 현행법상 신청정보 및 첨부정보 제공에 관한 규정에서 찾을 수 있다. 등기관의 심사에 관한 이러한 새로운 접근은 현행법의 해석으로도 가능하다. 그러나 우리 부동산등기법령은 등기절차의 핵심이 되는 등기관의 심사업무에 관한 규정을 두고 있지 않다. 이것은 입법의 미비로 보인다. 그리하여 심사의 대상과 심사의 자료에 관한 일반론적인 규정을 둘 필요가 있음을 지적하였다.

2. 등기절차에서 핵심적인 등기원인의 심사에 관하여도 새롭게 접근하여 보았다. 등기원인은 실체법상의 법률관계와 등기절차를 연결 짓는 개념임에도 물권변동이론과 연계되지 못하였고, 등기절차에서도 종래 형식적 심사주의의 영향으로 등기원인이 가볍게 다루어져 온 경향이 있었다. 이로 인하여 종래 등기절차에서 등기원인증서가 등기의 진정성 보장에 기여하지 못하였다.

그러나 2011년 개정 부동산등기법은 등기필증제도를 폐지하고 등기원인증명정보라는 새로운 제도를 도입하였다. 그리고 신청서의 부본으로 등기원인증서에 갈음할 수 있도록 한 규정도 삭제하여 등기원인을 증명하는 자료의 제출을 필수적인 것으로 하였다. 새로이 도입된 등기원인증명정보가 제대로 자리매김하고 등기의 진정성 보장에 이바지하기 위하여는 이 제도에 대한 정확한 이해와 앞으로의 운영방향에 대한 올바른 검토가 필요하다. 여기서 등기원인증명정보에 대하여 실체법상의 법률관계와 등기절차의 연계에 의한 등기의 진정성 강화라는 관점에서 그 기능과 요건, 그에 대한 심사문제를 검토하여 보았다.

3. 등기관의 심사문제는 단순히 첨부자료를 신중히 조사한다는 차원을 넘어 절차를 통하여 실질에 반하는 내용이 상당 부분 걸러질 수 있어야 한다는 절차적 정의의 관점에서 실체법리와 절차법리의 균형잡힌 고려가 필요하다. 그러한 관점에서 몇 가지 문제를 검토하였다.

중간생략등기에 관하여는 절차적 면에서 등기원인은 무엇이 되며 등기원인을 증명하는 자료로서는 어떠한 것을 제출하여야 하는가 하는 의문이 남는다. 아무리 3자간에 합의가 있다고 한들 등기절차적 측면에서 볼 때 등기원인이 존재하지 않는 중간생략등기신청을 받아들이기는 어렵다고 생각된다.

가등기에 의한 본등기와 중간등기의 말소에 대하여는 개정 부동산등기법이 새로이 규정을 두었으나, 이 규정은 등기절차적인 고려에 치중하다 보니 실체법상의 법률관계를 정확히 반영하기에는 미흡하다. 양자를 연계하여 고려하였다면 다른 나라에서처럼 중간등기 명의인의 승낙이나 이에 갈음하는 판결을 통하여 실체법상의 법률관계를 판단하게 하고 등기절차에서는 그러한 자료만을 첨부하게 하였다면 양자가 조화되었을 것이라 생각된다.

제6장
부실등기와 등기원인의 공증

제1절
서설

  부동산등기제도의 발달사에서 등기제도는 처음에는 아무런 실체법적 의의도 가지지 아니하고 권리관계를 증명하는 수단으로서 이용되었다. 그러다가 등기에 물권변동을 생기게 하는 효력이 인정되었고, 마지막으로 부동산거래의 안전을 꾀하기 위하여 등기부에 공신력이 인정되기에 이르렀다. 이와 같이 공신의 원칙은 등기제도 발전의 최종단계의 소산이라고 할 수 있다.[1]

  그런데 부동산등기의 공신력과 관련하여 통설은 등기절차에서 형식적 심사주의로 인하여 부실등기가 양산되고 있으므로[2] 공신력을 인정할 수 없다고 한다. 그리고 공신력을 인정하기 위하여는 그 전제로서 등기원인에 대한 공증이 이루어져야 한다고 보고 있다.

  그러나 이러한 견해에 대하여는 몇 가지 의문이 생긴다. 형식적 심사주의에 대한 잘못된 이해 외에도, 통설은 현재의 등기제도 아래에서 부실등기가 문제될 정도로 많이 발생하는지에 대한 근거를 전혀 제시하지 않는

---

1) 鈴木祿彌, 抵當制度の研究, 一粒社, 1968, 383면. 송덕수, 新민법강의, 제6판, 박영사, 2013, 516면은 공신의 원칙 인정이 우리 민법의 선진화에 가장 필요한 것이라고 한다.

2) 郭潤直, 不動産登記法, 新訂修正版, 博英社, 1998, 228면; 김상영, "부동산등기원인증서의 공증제도 도입에 관하여", 大韓公證協會誌 通卷 第2號(2009), 40면.

다.3) 심지어 이에 관한 실증적 분석연구결과에도 불구하고 막연히 추상적 논의만 하고 있다.4)

이 연구에서는 우리의 등기절차에서 등기관의 심사업무에 관하여 형식적 심사주의로 성격 규정하는 것이 적절하지 못하다는 점, 그리고 우리의 등기절차가 등기의 진정성 보장에 결코 미흡하지 않다는 점을 이제까지 검토하였다. 이러한 시각에서 부실등기의 문제, 그리고 등기원인의 공증 및 공신력 문제에 관하여 접근해 보고자 한다.

우리 등기절차가 형식적 심사주의를 취하는 것이 아니라면 과연 등기절차에서 등기관의 심사문제로 인하여 부실등기가 얼마나 발생하는가 하는 의문이 생긴다. 어느 사회현상에 대하여도 마찬가지이겠지만 부실등기에 대하여도 해결책을 제시하기 위하여는 그 현황을 정확히 파악하고 원인을 올바로 분석할 필요가 있다.5) 여기서 지금까지의 이론적 논의를 검증하기

---

3) 丁玉泰, "登記原因證書의 公證과 獨逸의 Auflassung 實例", 考試研究(1990. 6.), 71-72면은 우리나라에서는 독일에서와 달리 부실등기가 많다고 하며, 등기원인 증서의 부실로 인한 사건이 많다는 것은 부실등기에 관한 판례만 보아도 반증이 된다고 한다. 또한 김상영(주 2), 39-40면은 2006년에 접수된 제1심 민사본안사건 중에 부동산소유권에 관한 소송이 19,008건으로서 양수금, 대여금, 구상금, 건물명도철거에 이어 5위를 차지하고 있어 부실등기와 관련된 사건이 아직도 상당수 발생하고 있음을 추지할 수 있다고 한다.

그러나 이 경우들을 구체적으로 살펴보면 부실등기와 무관한 경우가 오히려 대부분이다. 이에 관한 자세한 내용은 제2절에서 검토하고자 한다. 교통사고 판례나 의료사고 판례가 많다고 하여 우리나라 의료진료나 자동차교통이 부실하다고 하지 않는다는 점을 지적할 수 있다.

4) 김상영(주 2), 40면은 부실등기와 등기원인의 공증에 관한 2005년의 실증적 분석연구 결과를 인용하면서도 "우리나라의 경우 부실등기가 현저하게 많이 발생하리라는 것은 굳이 정확한 통계적 분석에 의하지 않더라도 짐작할 수 있는 것"이라고 한다.

5) 윤철홍, "부동산등기와 공시", 우리 민법학은 지금 어디에 서 있는가? -한국 민사법학 60년 회고와 전망-, 한국민사법학회, 박영사, 2007, 233면은 법사회학적 혹은 법경제학적 조사 방법이 일반화된 서구 사회의 모습을 수용하여 현실에 대한 인식을 바탕으로 있는 법에 대한 연구와 '있어야 할 법'에 대한 대안 모색

위하여 부실등기의 현황을 분석해 보고자 한다.

등기원인의 공증과 공신력에 관하여도 마찬가지이다. 통설은 현행 등기절차가 형식적 심사주의를 취하여 부실등기의 문제가 심각하므로 등기원인에 대한 공증제도를 도입하면 부실등기를 완전히 줄일 수 있고 공신력 인정의 전제조건이 충족된다고 보고 있다. 그런데 이 연구에서 지금까지 검토한 결과와 같이 우리 등기절차에서 등기관의 심사업무에 관하여 형식적 심사주의를 취하는 것이 아니고, 우리 등기절차가 등기의 진정성 보장에 미흡한 것이 아니라면, 등기의 공신력과 등기원인의 공증에 대하여도 종래와는 달리 이해하여야 할 필요가 있다.

이러한 관점에서 과연 공증제도를 채용할 때 현행 등기절차에서보다 더 등기의 진정성이 확보되는지, 그렇지 않다면 등기원인 공증 논의의 바람직한 방향은 무엇인지를 검토해 보고, 등기의 공신력 문제도 새롭게 이해하고자 한다.

이 진정한 민법학 연구의 모습이라고 한다.

제2절
부실등기의 현황 분석 ─────────

Ⅰ. 부실등기의 개념

부실등기의 개념에 관한 견해를 정리하면 다음과 같다. 부실등기는 진실한 권리관계와 부합하지 않는 등기를 가리키며, 여기에 속하는 것으로 원인무효등기와 실체적 권리관계에 부합하지 않는 등기가 있다고 하는 견해가 있다.[6] 이 견해에 의하면 원인무효등기는 등기원인이 없거나 무효인 등기를 가리키며, 실체적 권리관계에 부합하지 않는 등기는 원래 유효하였던 등기가 사후에 등기부 외에서 물권변동이 일어난 경우를 지칭한다고 한다. 또 다른 견해로는 부실등기의 개념이 사용되고 있는 몇몇 법률조항[7]의 용례에 비추어 볼 때 일반적으로 부실등기는 등기의 기재와 실질이 일치하지 않는 등기라고 이해하여야 한다는 견해[8]도 있다.

등기는 실체법에 의한 법률관계를 그대로 공시하여야 한다. 따라서 부실등기란 "실체법에 의한 법률관계와 부합하지 않는 등기"라고 정의할 수

───────────

6) 丁玉泰, "不動産登記의 公信力에 관한 硏究", 서울大學校 大學院 法學博士學位論文, 1987, 86면.

7) 상법 제39조(부실의 등기), 형법 제228조(공정증서원본 등 부실기재), 부동산등기법 제110조 제3항 등을 예로 들고 있다.

8) 權英俊, "등기의 공신력 ─1957년, 그리고 2011년─", 法曹 661호(2011년 10월호), 15면.

있을 것이다. 법률행위에 의한 물권변동의 경우에는 당사자 사이의 법률
행위의 내용과 등기가 부합하지 아니하는 경우이다. 법률의 규정에 의한
물권변동의 경우에는 등기부 외에서 이미 발생한 물권변동과 부합하지 아
니한 등기가 될 것이다.

부실등기라고 하면 통상 위조문서에 의하여 이루어지는 등기를 생각하
기 쉽다. 그러나 이와 같이 부실등기를 이해한다면 등기절차가 미비하여
실체법상의 법률관계를 정확히 공시할 수 없는 경우에도 부실등기는 생겨
날 수 있음을 알 수 있다.

다만, 이러한 부실등기의 개념 속에는 다양한 유형이 포함될 수 있고[9]
그 모습으로도 등기의 기재사항이 다른 경우[10]나 단순한 절차상의 하자로
부터 등기사항 전체가 무효인 경우에 이르기까지 천차만별이어서 구체적
으로 그 범위를 한정하기는 어렵다. 여기서는 말소등기를 통하여 부실등
기의 현황을 파악하기 위한 분석의 목적상 등기사항 전부의 말소에 이르
게 하는 유형의 등기에 한정하여 검토하고자 한다.[11]

---

9) 權英俊(주 8), 16면은 사실에 관한 부실등기와 권리에 관한 부실등기, 제3자가
   보호되지 않는 부실등기와 제3자가 보호되는 부실등기, 원시적 부실등기와 후발
   적 부실등기, 법률행위에 의한 부실등기와 법률의 규정과 관련된 부실등기, 권
   리변동과정에 관한 부실등기와 권리귀속에 관한 부실등기, 소유권에 관한 부실
   등기와 제한물권에 관한 부실등기 및 기타의 부실등기로 구분한다.
10) 예를 들어 매매임에도 증여로 등기된 경우를 들 수 있다.
11) 따라서 경정이나 변경을 통하여 바로잡을 수 있는 등기는 여기에서 제외되고,
   해지에 의하여 등기가 말소되는 경우와 같이 정상적인 거래과정에 의하여 등기
   와 실체법상의 권리관계가 부합하지 않는 경우는 포함되게 된다.

II. 부실등기의 현황에 대한 실증적 분석

1. 분석의 목적과 방법

1) 통설은 형식적 심사주의로 인하여 부실등기가 양산된다고 하면서도 그 구체적인 근거를 제시하지 않은 채 부실등기에 관한 소송이 많다는 점을 지적하고 있다.[12] 부실등기에 대한 지금까지의 논의는 우리 현실에 대한 실증적 연구보다는 추상적 논의에 치우친 느낌을 준다. 여기서는 공신력 논의의 전제인 부실등기의 현황과 그 발생 원인에 대하여 실증적으로 분석해 보고자 한다. 분석의 목적은 판결로 말소된 부실등기의 현황과 발생 원인을 분석해보고, 그것이 소위 실질심사를 하거나 등기원인을 공증할 경우 방지 가능한 것인가 하는 점과 등기원인을 공증함으로써 공신력 인정의 전제조건이 충족되는지를 알아보고자 하는 것이다.

2) 이와 같은 분석의 목적에 따라 등기의 말소를 명하는 판결과 말소등기에 갈음하여 판례[13]에 의하여 허용되는 진정명의 회복을 위한 이전등기 판결을 분석하고자 한다. 부실등기는 판결에 의하지 않고 당사자의 신청 등에 의하여 말소되는 경우도 있다. 그러나 판결에 의하지 않고 말소되는 사건들을 포함하여 부실등기 전체의 현황을 파악할 수 있는 방법은 없다. 그리고 대부분은 판결에 의하여 말소될 것이다. 따라서 판결에 의하여 말소되는 등기(진정명의 회복을 원인으로 하는 이전등기 포함)의 현황을 분석하는 것은 부실등기의 현황을 분석하는 가장 적당한 방법이다.

분석의 구체적 방법은 다음과 같다. 분석의 대상판결은 2009년[14] 12월 한 달 동안에 선고된 전체 판결[15]을 대상으로 하였다. 이 중 말소등기청

---

12) 김상영(주 2), 39-40면; 丁玉泰(주 3), 71-72면 참조.

13) 대법원 1990. 11. 27. 선고 89다카12398 전원합의체판결.

14) 가장 최근의 판결이 아니라 2009년에 선고된 판결을 분석한 이유는 1심판결이 상소되어 상급심에서 결론이 나기까지의 기간도 고려하여 확정된 사안을 분석하기 위하여서이다.

구사건에 대하여는 사건명에 「등기」와 「말소」를 검색어로 하여 검색한 후 그 판결을 분석하였고, 진정명의 회복등기청구사건에 대하여는 사건명에 「등기」와 「이전」을 검색어로 하여 검색한 후 그 검색결과에 대하여 주제어에 「진정」, 「명의」와 「회복」을 검색어로 입력하여 재검색하였다.[16) 이렇게 하여 검색된 전체 판결 중 1심 판결을 대상으로 상소 여부와 상소심 판결까지 추적하여 그 결과를 분석하였다.[17)

부실등기의 현황에 관하여는 종전에 주목할 만한 실증적 연구가 있었다. 2005년에 발표된 한 논문[18)에서 2004년 한 해 동안의 소유권에 관한 등기[19)(소유권보존등기와 소유권이전등기)의 말소등기 중 판결에 의하여 말소된 등기[20) 100건에 대하여 판결문을 분석하고 부실등기 현황을 추정한 자료를 싣고 있다. 그 말소사유가 등기원인증서의 공증 또는 등기의 공

---

15) 법원에서 선고된 전체 판결을 검색하는 방법으로는 법원 내부통신망인 「코트넷」의 「판결문검색」 코너를 이용할 수 있다. 일반인은 법원도서관 본관의 종합열람실 내에 설치된 「판결정보특별열람실」에서 내부직원과 동일한 내용의 판결문 검색기능을 이용할 수 있다. 자세한 이용안내는 법원 홈페이지(http://www.scourt.go.kr) 중 대국민서비스-정보-판결서방문열람 참조.

16) 법원 내부의 판결문 검색프로그램을 이용하여 연도별로 검색한 결과는 다음과 같다.

구 분	2004년	2005년	2006년	2007년	2008년	2009년	2010년	2011년
말소청구건수	5,227건	5,809건	8,057건	8,835건	6,649건	7,691건	6,506건	5,075건
진정명의 회복청구건수	528건	678건	1,046건	1,027건	821건	900건	778건	694건

17) 2심과 3심 판결은 1심 판결에 대한 판단이므로 1심 판결에 대한 추적조사에 포함된다.

18) 安泰根, "登記原因證書의 公證과 登記의 公信力", 法曹 제591호(2005년 12월호), 92면 이하. 이하에서 "종전의 실증적 연구"로 지칭한다.

19) 소유권에 관한 등기는 거래의 안전의 기초가 되는 등기이다. 소유권등기를 기초로 하여 다른 사람에게 소유권이 이전되고, 각종 제한물권이 설정될 수 있는 등기이기 때문이다. 그러므로 공신력 인정과 부실등기를 분석하기 위하여 그 현황을 파악할 필요가 가장 큰 등기이다.

20) 2004년 한 해 동안 이루어진 소유권에 관한 등기는 4,283,762개이고, 그중 판결로 말소된 등기는 3,953개이다.

신력과 관련 있는 사유인지 여부에 따라 유형화하여 통계적으로 분석하였다.
이 연구는 종전의 실증적 연구를 보완하고 그 대상을 확대하였다.[21]

2. 분석대상 판결의 현황

가. 종국결과 유형별 현황

2009년 12월 한 달 동안 선고된 전체 판결 중 사건명에 「등기」와 「말
소」라는 용어가 포함되는 판결은 모두 684건이다. 이 중 1심 판결은 모두
456건이다. 이 중 판결문검색시스템에 중복하여 등록된 건수가 40건이어
서[22] 이들을 제외하면 1심판결의 실제 건수는 416건이다.

이 중 등기말소를 인용하여 원고승소로 확정된 건수는 228건이며, 자백
간주·공시송달·무변론판결 등으로 다툼 없이 종결된 건수가 123건이고,
당사자 사이에 다툼이 있는 경우가 105건이다. 종국결과유형에 따라 분류
하면 〈표 5〉와 같다.

그리고 같은 기간 선고된 전체 판결 중 사건명에 「등기」와 「이전」이라

---

21) 종전의 연구와의 차이점은 다음과 같다. 첫째로, 종전의 실증적 연구가 판결에
    의하여 말소된 등기를 대상으로 그 판결문을 찾아서 분석하였는데, 이 연구에서
    는 등기의 말소를 명하는 판결을 대상으로 분석하는 차이가 있다. 2005년의 연
    구가 등기부를 보고 말소등기된 등기를 기초로 하여 판결문을 찾아서 분석하는
    방법을 취하였으므로 등기개수가 분석의 시준이 되었다. 이 연구에서는 판결을
    기초로 분석을 하므로 기본적으로 말소되는 등기개수가 아니라 판결건수가 기준
    이 되는 차이가 있다. 둘째로, 종전의 실증적 연구가 샘플조사인 반면 이 연구에
    서는 등기의 말소를 명하는 판결 전체를 분석하였다. 셋째로, 종전의 실증적 연
    구가 소유권에 관한 등기만을 대상으로 한 것과 달리 소유권에 관한 등기에 한
    정하지 않고 전체 유형의 등기를 분석하였다. 넷째로, 종전의 연구가 등기말소
    사건만을 대상으로 하였는데, 이 연구에서는 등기말소청구사건 외에 말소등기에
    갈음하여 판례에 의하여 허용되는 진정명의 회복을 위한 등기청구사건도 포함하
    였다.
22) 중복등록된 이유는 같은 사건에 대하여 한글문서파일로 등록된 것과 pdf파일로
    등록된 것이 각각 별개로 전산시스템에 입력되어 등록된 때문으로 보인다.

〈표 5〉 말소청구사건 종국결과 유형에 따른 분류

유 형	건 수	비 고
말소청구 인용 확정	228건	다툼 없이 종결 123건 다툼 있는 경우 105건
원고패소 확정	140건	
이전등기로 종결	10건	진정명의회복 이전 3건
금전지급으로 종결	8건	
조정·화해로 종결	22건	종결 내용 일부 검색 안됨
상소중으로 미확정	3건	
기 타	3건	자동차에 대한 말소청구사건
합 계	416건	

는 용어가 포함되는 판결은 1,139건이다. 이 판결에 대하여 주제어에 「진정」, 「명의」와 「회복」을 검색어로 입력하여 재검색한 결과 74건이 검색되었다. 이 중 1심 판결은 42건인데, 같은 사건이 중복 등록된 건수가 3건, 말소등기사건과 중복되는 사건이 2건이어서 이들을 제외하면 실제 1심 판결은 37건이다. 이들을 도표로 정리하면 〈표 6〉과 같다.

〈표 6〉 진정명의 회복 청구사건 종국결과 유형에 따른 분류

유 형	건 수	비 고
이전청구 인용 확정	11건	다툼 없이 종결 3건
원고패소 확정	21건	
금전지급으로 종결	4건	조정·화해 종결사건 포함
상소중으로 미확정	1건	
합 계	37건	

종국결과 유형을 보면 등기말소청구사건이나 진정명의회복 이전등기청구사건이 모두 원고승소로 종결된 것은 아니고, 말소판결이 확정된 사건도 당사자 사이에 다툼이 있는 경우보다는 다툼 없이 종결된 건수가 많음을 알 수 있다.

나. 말소 내지 이전의 유형 및 사유별 현황

1) 판결에 나타난 말소사유 내지 진정명의 회복을 원인으로 하는 이전의 사유를 등기원인의 공증 내지 공신력과의 관련성을 파악하고자 하는

분석의 목적에 따라 3가지로 유형화하여 볼 수 있다.[23]

① 제1유형(공증 및 공신력과 무관한 유형) : 등기원인을 공증하여도 방지되지 않고, 현재도 권리를 잃은 진정한 권리자가 선의의 제3자에게 대항하지 못하여 선의의 제3자가 보호되므로 특별히 공신력을 인정할 실익이 없는 유형이다.

② 제2유형(공신력과는 관련 있으나 공증과는 무관한 유형) : 제3자에게 대항할 수 있는 사유로 등기가 말소된 경우이다. 따라서 공신력이 인정되어야 제3자가 보호된다. 그러나 원인증서를 공증한다고 방지되지는 않는다. 법률에 의하여 물권이 변동되는 경우가 대표적 사례이다.

③ 제3유형(공증과 공신력 모두와 관련 있는 유형) : 이론상 등기원인증서 등 첨부자료를 정확히 심사하였다면 방지될 수 있고, 등기의 공신력이 인정되어야 제3자가 보호되는 경우이다.

2) 등기말소청구사건(표 5)중 말소등기 청구가 인용된 228건과 진정명의 회복을 원인으로 하는 이전등기를 명하는 것으로 종결된 사건 3건, 그리고 진정명의 회복을 원인으로 하는 이전등기청구사건(표 6)중 이전등기 청구가 인용된 11건을 3가지 유형별로 분석하면 〈표 7〉과 같다.

---

23) 종전의 실증적 분석연구에서 사용한 방법이다. 安泰根(주 18), 108-109면 참조. 물론 구체적 사안이 다양하여 3가지 유형으로 정확하게 나누기에는 애매한 부분도 있으나, 부실등기의 전체적인 현황을 파악하기에는 의미있는 분류로 생각된다.

<표 7> 유형별 분류

구분	판결 건수	등기 개수[24]	비고
제1유형	155건	313개	3건(6개)
제2유형	78건	237개	10건(42개)
제3유형	8건	29개	1건(3개)
합계	241건	579개	

※ 1. 비고란은 진정명의 회복을 원인으로 한 청구사건이 건수와 개수임
　 2. 1건은 분석할 수 없었음[25]

　　유형별 분석 결과 제1유형이 가장 많고, 그 다음이 제2유형이며, 제3유
형은 가장 적다.[26] 공증과 관련 있는 제3유형이 가장 적다는 것은 통설의
주장과는 달리 등기원인에 대한 공증을 통하여 방지될 수 있는 부실등기

---

24) 말소판결 또는 이전등기판결에 따라 등기를 신청할 경우 등기될 개수를 말한다.
같은 판결에 의하여도 등기를 신청하는 방법에 따라 등기신청건수가 다양하게
나올 수 있으나 여기서는 판결에 따라 통상 신청할 것으로 예상되는 방법에 따
라 산정하였다. 다만, 하나의 등기라도 토지분필 등에 따라 그 수가 늘어날 수
있어 그 수가 정확히 비율적 의미를 가지는 것은 아니나 개괄적으로는 의미를
갖는다.

25) 말소청구가 인용된 228건 중 1건은 무변론판결로서 말소이유 기재가 없어 실제
분석한 것은 227건이다.

26) 이 유형별 분석결과는 종전의 실증적 연구결과와 크게 다르지 않다. 종전의 실증
적 연구의 결과는 다음과 같다. 분석대상 판결 100건 중 제1유형(공증 및 공신력
과 무관한 유형)이 75개, 제2유형(공신력과는 관련 있으나 공증과는 무관한 유형)
이 19개, 제3유형(공증과 공신력 모두와 관련 있는 유형)이 6개이다. 安泰根(주
18), 108-109면.
종전의 연구결과에서 이러한 샘플을 분석한 내용을 기초로 통계적으로 부실등기
를 추정한 결과는 다음과 같다. (1) 공증과 관련된 부실등기는 제3유형인데, 100
개 중 6개이고 이 비율로 2004년도에 판결로 말소된 등기(3,953개) 중 공증과
관련된 부실등기를 추정하면 최소 53개, 최대 421개이고, 소유권에 관한 2004년
도 전체 등기(4,238,762개) 중 최소 0.0012%, 최대 0.0098%에 해당한다. (2) 공
신력과 관련된 부실등기는 제2유형과 제3유형이 이에 해당하는데, 100개 중 25
개이다. 이를 단순계산하여 추정하면 2004년도에 판결로 말소된 등기(3,953개)
중 최소 653개, 최대 1,323개가 되고, 소유권에 관한 전체 등기 중 최소 0.0152%,
최대 0.0309%에 해당한다. 安泰根(주 18), 110-113면.

사건은 그리 많지 않다는 것을 의미한다. 공신력을 인정하면 거래의 안전이 보호되는 제2유형은 상당한 수가 된다.

　참고로, 전체 등기신청사건 중 부실등기의 비율을 산출하여 보면 다음과 같다. 2009년 12월 한 달 동안 접수된 부동산등기 신청건수는 모두 939,190건이고, 부동산 개수로는 1,654,158개이다.[27] 여기서 2009년 12월 한 달 동안 이루어진 등기신청과 부실등기 관련 판결을 비교하면 다음과 같다.[28] 부동산의 개수와 등기 개수를 비교하면,[29] 12월 한 달 동안 등기 신청된 부동산 개수가 1,654,158개이고 부실등기로 원고승소한 판결에서의 등기 개수가 579개이므로 등기신청 부동산 대비 부실등기 관련 승소판결이 선고된 등기 개수의 비율은 0.035%이다. 이 중 공증과 관련된 부실등기인 제3유형은 29개이므로 그 비율은 0.002%이고, 공신력과 관련된 부실등기인 제2유형과 제3유형은 266개이므로 그 비율은 0.016%이다.[30]

---

27) 공간된 자료로는 1년간의 등기신청에 관한 통계만 파악할 수 있었다. 월별 통계는 담당부서에 문의한 결과이다. 사법연감의 통계에 의하면 2009년 한 해 동안 접수된 부동산등기 신청건수는 10,425,424건이고, 부동산개수로는 17,857,017개이다. 법원행정처, 2010 사법연감, 2010, 950면.

28) 물론 2009년 12월에 선고된 말소판결이 같은 기간에 접수된 등기신청사건에 대한 것은 아니므로 엄밀히 말하면 이 비교는 비교대상이 맞는 것은 아니다. 그러나 달리 비교할 대상이 없을 뿐만 아니라, 등기신청건수는 매년 큰 폭의 변동이 있는 것도 아니고 등기말소판결의 건수도 큰 차이가 있는 것은 아니어서 이해의 편의상 양자를 비교하는 것도 불합리하지는 않다고 생각된다.

29) 판결건수와 등기신청건수를 비교하는 것은 무의미하다. 1건의 판결대로 1건의 등기신청이 이루어지는 것은 아니기 때문이다. 반면 통상 1개의 부동산에 1개의 등기가 이루어지는 경우가 많기 때문에 부동산의 개수와 말소등기 등의 개수를 비교하는 것이 좀 더 의미가 있어 보인다.

30) 2004년 자료에 의한 종전의 실증적 연구에서의 부실등기 추정 결과 중 공증과 관련된 제3유형의 비율은 최소 0.0012%이고 최대 0.0098%이었는데, 2009년 자료의 분석결과는 0.002%이다. 공신력과 관련된 제2유형 및 제3유형의 비율은 2004년의 추정비율이 최소 0.0152% 최대 0.0309%이고, 2009년 자료의 분석결과는 0.016%이다.
　2004년 자료에 의한 종전의 실증적 분석과 이 연구에서의 분석이 그 대상이나

3) 각 유형별 말소 내지 이전의 구체적 사유를 살펴보면 〈표 8〉과 같다.

〈표 8〉 말소 내지 이전의 구체적 사유

유 형	말소 내지 이전의 구체적 사유	건 수	비 율	비 고
제 1유형 (155건)	해제·해지(매매, 근저당권, 전세권 등)	35건	14.5%	
	거래 종료 및 채무변제로 저당권 소멸	34건	14.1%	
	존속기간 만료	19건	7.9%	
	채권 소멸시효 완성·제척기간 도과	18건	7.5%	1건
	실명법 위반(명의신탁)	15건	6.2%	2건
	사해행위 취소	6건	2.5%	
	통정허위표시	7건	2.9%	
	중복등기(보존, 이전)	6건	2.5%	
	기망 이유 취소	2건	0.8%	
	전세금반환으로 전세권 말소 청구	3건	1.2%	
	소유권시효취득에 따른 저당권 말소	2건	0.8%	
	환매기간 도과로 환매권 말소	2건	0.8%	
	기타31)	6건	2.5%	
제 2유형 (78건)	특조법 위반(허위의 보증서 등)	31건	12.9%	2건
	사정받은 토지 국가·타인 명의 보존등기	25건	10.4%	3건
	동명이인 재산에 대한 이전·협의분할	3건	1.2%	
	신축건물 타인 명의로 등기	4건	1.7%	3건
	임대주택법상 분양우선권 침해	2건	0.8%	
	분배농지 관련	2건	0.8%	
	판결 편취	2건	0.8%	
	기타32)	9건	3.7%	2건
제 3유형 (8건)	등기서류 위조	2건	0.8%	
	무권대리 행위	2건	0.8%	
	종중 대표자 인감 무단 도용	1건	0.4%	
	일부 상속인 제외한 협의분할	1건	0.4%	1건
	위임내용과 다르게 계약 후 등기	1건	0.4%	
	원고 기망하여 등기서류 받아 등기	1건	0.4%	

※ 비고란은 진정명의 회복을 원인으로 한 이전청구사건 건수임

방법에서 차이가 있음에도 그 분석 결과의 비율이 상당히 부합함을 알 수 있다.
31) 기타에 해당하는 경우로는, 경매배당에서 변제, 집합건물 공용부분에 대한 보존
등기, 대표권 남용, 신탁재산 귀속, 위임 범위 초과한 저당권 설정, 존재하지 않
는 토지에 대한 특별조치법에 의한 보존등기가 각 1건씩 있다.
32) 기타에 해당하는 경우로는, 낙찰서류 위조에 의한 이전, 강행법규인 농업농촌기

이 분석 결과로부터 알 수 있는 것은 등기원인을 공증함으로 인하여 방지될 수 있는 부실등기의 비율은 극히 적다는 점과 부실등기의 사유 중 대부분은 등기관의 심사업무와는 무관하다는 점이다. 등기관의 심사업무의 미흡으로 인하여 부실등기가 발생하는 비율은 극히 적음을 알 수 있다. 다시 말하여 소위 형식적 심사주의로 인하여 부실등기가 양산되는 것은 아니다. 제1유형과 제2유형의 사유의 대부분은 등기관이 등기신청사건을 아무리 세심하게 심사하더라도 방지할 수 있는 것들이 아니다. 그보다는 오히려 실체법상의 법률관계를 정확히 공시할 수 있도록 양자를 밀접하게 연계하여 고려함으로써 개선될 수 있는 내용들이 많음을 알 수 있다.

다. 등기의 종류별 현황

말소판결이 선고된 등기의 종류별 현황은 〈표 9〉와 같다.[33)]

〈표 9〉 등기의 종류별 말소판결

등기의 종류	말소판결 건수	다툼 없이 종결된 건수	비고
소유권보존등기	35건	7건(20%)	
소유권이전등기	76건	29건(38%)	
근저당권등기	68건	51건(75%)	
전세권등기	22건	16건(73%)	
지상권등기	9건	8건(89%)	
가등기	6건	5건(83%)	
기타 및 복수의 종류	12건	7건(58%)	

※ 괄호 속의 비율은 말소판결 건수 대비 다툼 없이 종결된 건수의 비율임

특이한 것은 근저당이나 가등기, 전세권등기, 지상권등기의 말소에 대

본법상 농민 아닌 자의 현물출자로 무효, 대지권 소멸 간과한 등기, 주총의사록 위조하여 대표이사 등기 후 회사재산 매도, 원고의 정지조건부 등기청구권 침해 행위에 적극가담하여 매수한 경우, 권리자 아닌 자와 협의취득, 체비지대장의 기재 무효 다툼, 농업기반정비절차에서의 착오, 판결문상 무효사유가 명확하지 아니한 경우 각 1건씩 있다.

33) 진정명의 회복을 원인으로 하는 이전등기사건은 11건 모두 소유권이전등기를 명하는 판결이고, 다툼 없이 종결된 건은 3건이다.

하여는 다툼 없이 말소판결이 확정된 비율이 상당히 높다는 점이다. 이것은 이들 등기가 처음부터 부적법하게 이루어진 것보다는 적법하게 등기가 마쳐진 후 해지나 해제, 거래종료 등 거래의 자연스러운 흐름에 따라 말소되는 것이 많다는 것을 의미한다. 그러므로 단순히 말소등기사건이 많다는 사실만으로 등기관의 심사가 형식적으로 부실하게 이루어진다고 말할 수는 없다.

Ⅲ. 판결의 분석 결과

1. 등기말소 등 청구사건과 부실등기

이상의 분석결과를 통하여 알 수 있는 점은 다음과 같다. 등기말소 등 청구사건과 부실등기에 관하여는 등기말소 등 청구사건이 많다고 하여 그것이 모두 부실등기 때문이라고 하거나 부실등기 문제가 심각하다고 말할 수 있는 것은 아니라는 점이다. 등기말소 등 판결의 상당수는 부실등기 때문이 아니다. 해제·해지에 의한 말소, 변제에 의한 저당권 말소, 존속기간 만료에 의한 전세권 말소, 채권의 시효완성에 따른 저당권의 말소 등 정상적인 거래 내지 현상에 의하여 말소등기를 구한 경우도 상당히 많다. 이 경우들은 실체법상의 법률관계에 부합하는 등기를 구현하기 위하여 말소등기를 하는 정상적인 현상이다.

2. 등기관의 심사와 부실등기

또한 등기말소판결이 많다고 하여 그것이 등기관의 부실심사에 기인한다고 말할 수는 없다. 다시 말하여 소위 형식적 심사주의로 인하여 부실등기가 양산되고 있다거나 심각하다고 말할 수는 없다는 점이다. 위 분석 결과 중

말소 내지 이전의 구체적 사유에 대한 분석(표 8)에서 알 수 있듯이 등기관의 부실심사로 인하여 말소되는 경우는 극히 적다. 말소 내지 이전의 구체적 사유들을 보면 대다수는 등기관의 심사업무와는 무관한 것들이어서, 등기관이 아무리 세심하게 심사를 하여도 방지할 수 있는 등기가 아니다. 통설이 설명하듯이 형식적 심사주의로 인하여 부실등기가 양산되는 것은 아니다. 오히려 특조법 위반으로 말소되는 경우나 사정받은 토지에 대하여 국가 명의로 보존등기된 것을 이유로 말소되는 경우가 많은 점으로 보아서는 등기관련 각종 제도의 정비가 부실등기 방지를 위하여 필요함을 알 수 있다.

그렇다고 소위 실질적 심사주의를 취하면 부실등기가 방지될 수 있다고 보기도 어렵다. 소위 실질적 심사주의를 취한다고 하더라도 부실등기의 발생은 불가피하며, 부실등기를 방지하기는 현실적으로 어렵다.[34] 수개월에 걸쳐 심리를 한 재판결과도 그 판단내용이 상급심에서 달라지는 비율이 적지 않은데,[35] 짧은 기간 내에 — 통상 등기사건의 처리기간은 며칠 이내이다 — 처리하는 등기사건에서 실질심사를 한다고 한들 부실등기를 방지할 수 있는 것은 아니다.

---

34) 李英俊, 物權法, 全訂新版, 博英社, 2009, 228면.

35) 통설이 등기절차와 비교하여 실질적 심사를 한다고 설명하는 재판절차에서는 어떤가? 재판절차와 등기절차를 단순비교하는 것이 적절하지 않은 면이 있으나, 참고로 간략히 살펴보기로 한다. 위 등기말소판결의 현황 분석결과 1심판결이 상급심에서 변경된 비율을 표로 나타내면 다음과 같다.

구 분	건 수	비 율	비 고
1심판결수	416건	100%	
상소건수	170건	41%	
상급심에서 변경된 건수	23건	5.5%	

전체 1심판결 건수 416건 중 상소한 건수는 170건이며, 이 중 상급심에서 판결 결과가 변경된 건수는 23건이다. 1심판결 중 5.5%가 어떠한 형태로든 상급심에서 변경되었고, 이 비율은 상소한 건수 중 13.5%에 해당한다. 소위 실질적 심사를 한다는 판결절차에서도 하급심의 판단이 변경되는 비율이 적지 않음을 알 수 있다. 이 비율이 의미하는 것은 통설의 주장대로 소위 실질적 심사주의를 채택한다고 한들 부실등기의 발생을 방지하기는 어렵다는 것이다.

결국 통설이 주장하는 것처럼 현행 부동산등기법이 형식적 심사주의를 취하기 때문에 부실등기가 양산되고, 실질심사제도나 등기원인에 대한 공증제도를 도입하면 부실등기가 사라지고 공신력 인정의 전제가 충족된다고 볼 수는 없다.36) 등기관의 심사문제로 인한 부실등기는 그 비율이 상대적으로 적다.

3. 등기원인의 공증과 부실등기

그리고 등기원인을 공증할 때 방지될 수 있는 부실등기의 비율도 현저히 낮다는 점도 알 수 있다. 위의 등기말소판결 분석 자료 중 제3유형이 공증을 통하여 방지될 수 있는 경우인데 그 비율은 아주 적다. 그나마도 현실적으로 공증을 통하여 방지될 수 있는지도 의문이다.37) 등기원인에 대한 공증이 등기의 진정성을 높이는 한 방안이 될 수는 있지만, 부실등기 내지 등기말소판결 건수를 현저히 줄일 수 있다고 보기는 어렵다. 또한 말소판결이 확정된 등기 중 상당수는 현행법상으로도 선의의 제3자가 보호되는 제1유형에 속하는 경우들이다. 등기원인에 대한 공증제도를 도입한다고 하여 부실등기가 방지되고 거래의 안전이 보호되며 그렇지 않으면 부동산거래의 안전이 문제된다고 단정하기도 어렵다.

---

36) 오히려 등기관의 심사업무를 형식적 심사주의로 규정짓는 형식적 이해가 부실등기를 유발시키는 요인이 될 수 있다.

37) 신분증을 위조하면 공증을 거치게 한들 부실등기를 방지하기는 어렵다. 그렇지 않다고 하더라도 대리인에 의한 공증촉탁이 가능한 이상 대리인에 의한 공증시에 부실등기가 발생할 가능성은 여전히 있다. 예를 들어, 공증을 통하여 방지 할 수 있다고 볼 수 있는 제3유형의 사건 중 원고와 피고가 공동으로 매수하기로 하였음에도 원고가 외국에 있어 피고에게 매수절차를 위임하였는데 피고 단독명의로 등기된 경우라든가, 원고의 처가 원고의 인감을 도용하여 등기서류를 작성하는 경우 등은 대리인에 의한 공증촉탁이 가능한 이상 등기원인에 대한 공증을 한들 방지할 수 있다고 보기는 어렵다.

IV. 결어

이 연구에서는 우리의 등기절차에서 등기관의 심사업무에 관하여 형식적 심사주의로 성격 규정하는 것이 적절하지 못하다는 점, 등기관의 심사문제로 부실등기가 양산되는 것이 아니라는 점, 그리고 우리의 등기절차가 등기의 진정성 보장에 결코 미흡하지 않다는 견해를 취하고 있다. 우리 판례를 기초로 부실등기의 현황을 분석해 본 결과는 등기의 진정성에 관한 이 연구의 견해를 뒷받침하는 것으로 볼 수 있다.[38]

부실등기의 발생은 제도나 절차의 문제만으로 완전히 방지할 수 없다. 현행 등기절차가 형식적 심사주의를 취하기 때문은 더욱 아니다. 아무리 절차를 완비한들 사회경제적 기반이 형성되어 있지 않으면 부실등기의 발생을 막기는 어렵다.[39] 등기의 진정성을 강화하는 방안을 강구하기 위하여는 우리의 현실에 대한 정확한 분석과 그에 바탕한 올바른 인식의 전환이 필요하다.

---

38) 2005년에 발표된 종전의 실증적 분석의 결과에 대하여도 마찬가지의 평가가 있다. 이러한 분석의 결과는 기존의 세 가지 생각, 즉 만연히 우리나라에는 부실등기가 많을 것이라는 생각, 공증제도를 도입하면 부실등기가 획기적으로 줄어들 것이라는 생각, 공신력을 인정하면 그 운명이 바뀌는 등기가 많아 혼란스러울 것이라는 생각을 재고해 준다는 평가가 있다. 權英俊(주 8), 20면.

39) 權英俊(주 8), 25면은 어떤 부실등기 감소방안을 채택하더라도 부실등기를 완벽하게 봉쇄할 수는 없다고 한다.

제3절
등기원인의 공증과 등기의 공신력 ─────────

I. 서설

부동산등기의 공신력과 관련하여 통설은 우리 부동산등기법이 형식적 심사주의를 취하고 있으므로 부실등기가 양산되고 있어 공신력을 인정할 수 없으며, 공신력을 인정하기 위하여는 등기원인에 대한 공증과 등기신청에 대한 실질적 심사라는 전제조건이 충족되어야 한다고 보고 있다.

이 연구에서는 우리 부동산등기절차를 소위 형식적 심사주의라는 불명확한 틀로 성격규정하는 것이 바람직하지 않다는 것과 우리 등기절차가 진정성 보장에 결코 미흡하지 않다는 견해를 취하고 있다. 그리고 부실등기의 현황에 대한 분석결과도 이 연구의 견해를 뒷받침하고 있다. 그렇다면 종래의 통설의 견해는 재검토가 필요한 것이 아닌가 생각된다.

이 절에서는 이러한 시각에서 등기원인에 대한 공증 논의를 개관해 본 후, 현행 부동산등기절차와 공증절차를 비교하여 공증제도의 도입이 등기의 진정성 강화에 어떤 의미를 가지는지를 검토하고, 등기원인 공증논의의 바람직한 방향에 대하여도 다시 생각해 보고자 한다. 이어서 우리 법이 궁극적으로 지향하여야 할 등기의 공신력 문제에 대하여도 이러한 시각에 따라 새로이 접근해 보고자 한다.

II. 등기원인에 대한 공증 논의 검토

1. 등기원인 공증에 대한 논의 현황

공신력 인정의 전제로서 등기원인증서의 공증론이 꾸준히 제기되어 왔고 입법시도도 여러 차례 있었다.[40] 그러나 이와 같은 오랜 논의와 입법시도에도 불구하고 공증방안의 구체적 내용에 대하여는 의견 접근을 이루지 못하고 있다. 그 동안의 논의 내용을 정리하면 다음과 같다.

가. 공증인의 자격

우선 공증을 담당할 공증 주체를 누구로 할 것이냐의 문제[41]가 있다. 공증제도 도입과 관련하여 법조 직역 사이에 가장 이해관계가 첨예하게 대립되고 있는 문제이다.

직무의 성질상 고도의 법률지식을 갖춘 법률가로서 "훌륭한 인격과 엄정 공평한 성품의 소유자"[42]일 것을 요구하는 것이 바람직하다.[43] 독일의 경우는 공증인의 자격요건으로 법관직의 자격을 요구한다.[44] 그러나 세계 각국의 입법례[45]가 공증인의 요건으로 이와 같은 엄격한 자격요건을 요구

---

40) 1982년 민법 개정 논의 과정에서 등기원인의 공증을 개정안에 포함시키자는 제안이 있었고, 2004년 민법 개정안 작성과정에서 그 입법가능성을 검토하였으며, 2009년 민법개정작업에도 이 주제가 검토대상에 포함되었다. 郭潤直, "登記原因證書의 公證", 民事判例研究[IX], 博英社, 1997, 304-305면; 법무부, 민법(재산편) 개정 자료집, 2004, 233-236면; 權英俊(주 8), 6-7면 참고.

41) 이를 "공증의 관할"의 문제로 표현하기도 한다.

42) 郭潤直(주 40), 334면.

43) 任容模, "登記原因에 대한 公證制度의 導入方案", 司法研究資料 제23집, 法院圖書館, 1996, 52면.

44) 독일 공증인법 제5조(Bundesnotarordnung §5) Zum Notar darf nur ein deutscher Staatsangehöriger bestellt werden, der die Befähigung zum Richteramt nach dem Deutschen Richtergesetz erlangt hat.

하는 것은 아니다.[46)

공증인의 자격으로는 전담공증인이 가장 적절한 방안이기는 하나 그 수
가 적고 대도시에 편중되어 있는 문제가 있다. 그리하여 그 외에 법률전문
가인 변호사가 공증을 담당하는 것이 적절하다는 견해,[47) 실무이론에 밝은
등기공무원이 공증을 담당하도록 하자는 견해,[48) 공증인이 없는 지역에서
의 공증사무대행자로서의 지방검찰청검사 또는 등기소장, 나아가서 시장·
구청장·군수 등으로 하여금 대행하게 하자는 견해,[49) 부동산등기절차에서
주도적 역할을 담당하고 있는 법무사로 하여금 등기원인 등의 공증만을 담
당하게 하는 것이 타당하다는 견해,[50) 심지어 공인중개사에 대하여 부동산

45) 공증제도는 대체로 라틴계와 앵글로색슨계의 2가지로 나뉜다고 한다. 라틴계 공
증제도에서 공증인은 고도의 법조라고 할 수 있는데 비하여, 앵글로색슨계 공증
제도, 특히 미국의 공증제도에서는 공증인의 법적 소양의 유무를 중요시하지 않
고 공증인의 임무는 공증인의 면전에서 증서에 서명한 사람이 진실로 그 사람임
에 틀림없다는 것을 나타내는 문언에 서명하는 것에 한정된다고 한다. 전병서,
공증법제의 새로운 전개, 중앙대학교출판부, 2010, 10-11면.
46) 미국의 경우 공증인의 자격요건에 관하여 주법으로 규정하고 있는데, 대체로 자
격요건이 엄격하지 않고 최소한의 요건만을 요구하며, 변호사의 자격도 요구하
지 않는다. 예컨대, 미주리주의 경우를 보면, 공증인이 될 수 있기 위하여는 만
18세 이상이어야 하고, 공증업무를 하고자 하는 county에서 투표권자로 등록되
어 있고 공증업무를 하고자 하는 county에 거주하고 있어야 하며, 영어를 읽고
쓸 수 있고 과거 10년간 공증인 자격이 취소된 일이 없으면 누구나 공증인 자격
취득을 신청할 수 있다. 이러한 자격요건을 갖추어 주정부에 신청하면 공증인의
자격이 주어지고 그 자격의 유효기간은 4년이며 갱신할 수 있다. 金相容, 不動
産去來의 公證과 不動産登記의 公信力 硏究, 法元社, 2008, 123면.
47) 尹起澤, "登記의 公信力의 우리 民法上 導入과 公證制度의 問題에 대하여—독일법과
의 비교를 중심으로—", 法學論集 제6집(1992. 7.), 청주대학교 출판부, 227-228면.
48) 丁玉泰, "登記原因 및 그 公證에 관한 一考察", 民事法學 合倂號(第4·5號), 韓國
司法行政學會, 1985, 57-58면.
49) 金曾漢, "登記原因證書의 公證", 韓國民事法學會編, 民事法改正問題에 관한 심포
지움의 主題發表要旨(1981. 8. 31.). 郭潤直(주 40), 306면, 333면에서 재인용.
50) 任容模(주 43), 53-54면. 일본에서도 우리나라 법무사에 해당하는 사법서사가 부
동산등기에서 담당하는 역할에 비추어 부동산등기에 있어서 진정성 확보의 수단

거래서면에 한하여 공증인의 자격을 주자는 견해[51] 등이 있다.

나. 공증의 대상 및 범위

(1) 공증의 대상

다음으로 공증의 대상은 무엇이고 그 범위는 어떻게 정할 것인가 하는 문제가 있다.

우선 공증전제론은 등기원인을 증명하는 자료[52]에 대한 공증을 주장한다. 그런데 공증의 대상이 되는 등기원인이 무엇인지에 관하여 의견의 접근이 이루어지지 못하고 있는 실정이다. 물권행위의 유인설을 취하여 등기원인을 원인행위인 채권행위로 보아 여기에 공증을 하여야 한다는 견해,[53] 물권행위의 무인설을 취하여 채권행위와는 별개의 물권행위 자체를 등기원인으로 보고 여기에 공증을 하여야 한다는 견해,[54] 등기원인은 물권행위이지만 채권계약과 물권적 합의가 하나의 행위로 합체되어 행하여지므로 양자 모두를 공정증서에 의한 공증서면으로 작성하여야 한다는 견

으로 사법서사의 역할을 제도화하자는 주장이 있다. 里村美喜夫, "オンライン申請と眞正担保機能との距離", 登記情報 494號(2003年1月), 21면; 村田博史, "不動産登記法改正に向けて—不動産登記制度」思いつくまま—", 登記情報 494號(2003年1月), 34면.

51) 金相容, "不動産去來實名制 立法豫告法律案의 內容과 問題點", 司法行政, 제411호(1994. 3.), 21면.

52) 종전 부동산등기법은 "등기원인을 증명하는 서면"이라는 용어를 사용하였으나 (이를 줄여서 "등기원인증서"라고 부르기도 하였다), 2011년 전부개정된 부동산등기법에서 "등기원인을 증명하는 정보"라는 용어로 변경하였다. 그 취지는 방문신청과 전자신청에 공통되는 용어를 쓰기 위한 것이다. 그러나 아직까지는 방문신청이 대부분을 차지하고 있어 종전처럼 "등기원인증서"라는 표현을 사용하여도 무방할 것이다. "정보"는 문서의 내용 자체를 의미하는데, 그 정보에 공증을 한다는 것이 정확한 표현이 아닌 듯하여 여기서는 "등기원인을 증명하는 자료"라는 표현을 사용하고자 한다. 제5장 제3절 I 참조.

53) 郭潤直(주 40), 332면.

54) 丁玉泰(주 48), 28면.

해,[55] 실체법상 등기원인은 물권적 의사표시를 포함하는 채권행위이고 절차법상 등기원인은 부동산등기법령에서 제출을 요구하는 것이라는 견해,[56] 등기원인은 물권행위로 보는 것이 타당하나 등기원인 공증제도의 취지를 고려하여 소유권이전등기 등의 경우에는 채권계약에도 공증을 요구하고 그 밖의 경우에는 등기원인에만 공증을 요구하는 것이 타당하다는 견해[57] 등이 있다. 학설은 이와 같이 여러 견해가 나뉘어 있으나, 우리 판례와 실무는 채권계약을 등기원인으로 보고 있다.

(2) 공증의 대상인 거래의 범위

등기원인에 대한 공증을 하게 할 경우 소유권이전에만 한정할 것인지 아니면 법률행위에 의한 물권변동의 모든 경우에 요구할 것인지의 문제가 있다. 이에 대하여는 공증제도를 도입하는 취지를 고려하여 법률행위에 의한 물권변동 모두에 요구하는 견해,[58] 큰 필요성이 없는 경우까지 포함하여 모든 경우에 공증을 요구하는 것은 당사자에게 과도한 부담을 지우고 불필요한 낭비를 초래하므로 부동산 소유권이전의 경우에만 한정하자는 견해,[59] 우선은 독일의 경우와 마찬가지로 부동산 소유권이전에만 공정증서에 의한 공증을 요구하고 그 밖의 물권변동은 사서증서의 인증에 의한 공증으로 족하다고 보는 견해[60] 등이 대립되고 있다.

이 문제는 이론적인 문제라기보다는 정책적인 문제로 볼 수 있다. 공증제도 도입의 취지와 당사자의 부담을 고려하여 독일의 경우와 마찬가지로

---

55) 金相容,(주 46), 129면.

56) 홍성재, 物權法, 대영문화사, 2010, 250-253면.

57) 任容模(주 43), 42면.

58) 郭潤直(주 40), 324면.

59) 權龍雨, "登記原因證書의 公證 —不實登記防止를 위한 立法方案—", 民事法學 제18
호, 韓國司法行政學會, 2000, 258면; 金滉植, "物權法의 改正方向", 民事判例研究
[Ⅶ], 民事判例研究會 編, 1985, 294면.

60) 김상영(주 2), 52면; 任容模(주 43), 49면.

처리하여도 좋을 것이다.

다. 공증의 방법

등기원인에 대한 공증의 취지에 비추어 볼 때 공정증서의 작성과 사서 증서의 인증 중 공정증서의 작성이 가장 효과적이고 타당한 방법이라는 점 에 대하여는 대체적으로 의견이 모아지고 있다.[61] 다만, 공증의 원칙적인 방식은 공정증서 작성에 의하는 것이 타당하다고 하면서, 당사자의 부담 등을 고려하여 우선은 부동산소유권 이전에만 공정증서에 의한 공증을 요 구하고 그 밖의 물권변동은 사서증서의 인증으로 족하다는 견해도 있다.[62]

2. 등기원인의 공증과 등기의 진정성 강화의 효과

지금까지 등기원인에 대한 공증 논의는 등기절차에서 형식적 심사주의 로 인하여 부실등기의 문제가 심각하므로 등기원인에 대한 공증제도를 도 입하면 부실등기를 완전히 줄일 수 있다는 내용이 일반적이다.[63]

그러나 이러한 논의가 우리의 등기절차에 대한 정확한 인식에 근거한 것인지 의문이다. 현재의 우리 등기절차와 공증절차를 비교하여 과연 등 기절차가 공증절차에 비하여 부실한 절차이고 공증제도가 등기절차에 비 하여 등기의 진정성 보장에 우월한 것인지를 검토하고자 한다.[64]

---

61) 郭潤直(주 40), 332면; 金相容(주 46), 130면.

62) 任容模(주 43), 47-49면.

63) 金容漢, "登記原因證書의 公證", 不動産登記法의 改正에 관한 硏究, 韓國民事法學 會 編, 서울大學校 出版部, 1978, 36면은 "선진제국에서 이미 채용하고 있는 공증 제도를 도입함으로써 등기신청에 있어서 문제되는 등기를 위한 원인증서에 공증 을 받게 한다면 부실등기를 완전히 제거할 수 있지 않겠는가 생각하는 바이다"라 고 한다. 金相容, (주 46), 130면은 "부동산거래내용의 진실성을 확보할 수 있"다 고 한다.

64) 물론 등기원인 공증제도를 도입하면 현재의 공증제도가 아니라 개선된 공증방안

가. 우리 부동산등기절차에서의 진정성 보장 수단

우리 법은 등기의 진정성 보장을 위하여 당사자 본인 확인 및 등기신청 의사의 확인, 그리고 등기원인에 대한 심사라는 두 가지 방법을 강구하여 두고 있다. 등기신청의사의 확인을 통하여는 물권적 합의를 심사하게 하고, 등기원인에 대한 심사를 통하여는 채권행위를 심사하게 하는 것으로 이해하여야 하며, 우리 등기절차가 결코 등기의 진정성 보장에 부족하지 않음은 앞에서 검토하였다.[65]

반면에 등기원인을 공증하게 할 경우 무엇을 공증하여야 하는지에 관하여는 견해가 나뉜다. 우리 판례와 실무처럼 채권계약을 등기원인으로 보고 채권계약을 공증하게 할 경우 부실등기의 문제는 여전히 남는다. 왜냐하면 통설에 의하면 물권변동의 요건은 물권행위이지 채권행위가 아니라고 하므로 물권변동의 요건도 아닌 채권행위를 공증하는 것은 이론적으로도 문제가 있고, 현실적으로도 채권계약은 유효하게 성립하고 효력이 발생하였으나 그 이후 대금미지급, 조건불성취 등에 의한 분쟁이 있을 수도 있기 때문이다. 그렇다고 물권행위를 공증하게 하는 것도 어려움이 있다. 왜냐하면 물권행위가 무엇인지, 그리고 언제 있는지에 관하여도 의견접근을 이루지 못하고 있으므로 무엇을 공증하게 하여야 하는지가 명확하지 않기 때문이다.

나. 실증적 연구 결과

우선 부실등기의 현황에 대한 앞 절에서의 실증적 분석결과에서 알 수 있듯이 현재의 등기절차가 그렇게 부실등기를 유발할 수밖에 없는 절차는

을 채택할 것이다. 그러나 개선된 공증방안에 대하여 아직까지 의견의 합치를 보지 못하여 그 모습이 어떤 모습인지 알 수 없고, 또 등기절차가 공증절차에 비하여 부실등기를 유발할 수밖에 없는 절차인지를 검증하려는 목적상 현재의 절차를 기준으로 비교하고자 한다. 여기서 지적하는 현행 공증제도의 문제점은 등기원인 공증제도의 도입시 개선되어야 할 점을 지적하는 의미를 가진다.

65) 제2장 제3절 참조.

아니고, 따라서 등기원인에 대한 공증을 통하여 해결될 수 있는 부실등기 내지 등기말소 건수는 그렇게 많지 않다.

다. 공증의 방법과 절차

1) 우선 당사자의 확인절차를 살펴보자.[66] 현행 공증절차에서 공증인이 당사자를 확인하는 특별한 수단을 가지고 있지 않고,[67] 신분증에 의지하여 당사자 본인 또는 대리인[68]을 확인한다. 공증제도를 도입하더라도 신분증 위조에 의한 부실등기를 완전히 방지하기는 어렵다.[69]

그런데 현행 등기절차에서는 공증절차에 비하여 신분증 외에 인감증명과 등기필정보(종래의 등기필증)라는 진정성 확보 수단을 더 갖추고 있다. 등기절차에서는 본인이 직접 출석하여 등기를 신청하여도 중요한 처분행위에 대하여는 인감증명서를 첨부하게 하고, 그것에 더하여 등기필정보라

---

66) 공증인이 증서를 작성하기 위하여는 촉탁인의 성명과 얼굴을 알아야 하는데, 촉탁인의 성명과 얼굴을 모르면 ① 주민등록증이나 그 밖에 권한 있는 행정기관이 발행한 사진이 첨부된 증명서를 제출하게 하는 방법, ② 공증인이 성명과 얼굴을 아는 증인 2명에게 그 촉탁인임이 확실하다는 것을 증명하는 방법, ③ 그 밖에 위 두 가지 방법에 준하는 방법의 어느 하나에 해당하는 방법으로 촉탁인이 맞다는 것을 증명하게 하여야 한다(공증인법 제27조 제1항, 제2항).

67) 대한공증협회, 공증실무, 2004, 42-43면 참조.

68) 공증은 당사자 본인만이 촉탁할 수 있는 것이 아니고 대리인으로 하여금 공증사무소에 나가게 하여 촉탁하게 할 수도 있는데, 촉탁의 대부분은 당사자 양쪽 또는 어느 한쪽이 대리인인 경우가 많고 양쪽 당사자 모두가 본인인 경우는 드물다고 한다. 그리고 본인의 허락이 있으면 당사자 한쪽이 상대방의 대리인이 되거나 동일인이 당사자 양쪽의 대리인이 되는 것도 할 수 있다. 전병서(주 45), 116면. 대리인의 촉탁으로 공증인이 증서를 작성할 경우에는 대리권을 증명할 증서를 제출하게 하여야 하며, 그 증서가 사서증서일 경우에는 그 증서 외에 권한 있는 행정기관이 작성한 인감증명 또는 서명에 관한 증명서를 제출하게 하여 증서가 진정한 것임을 증명하게 하여야 한다(공증인법 제31조 제1항, 제2항).

69) 任容模(주 43), 17면은 위조서류에 의한 공증은 공정증서에 의한 공증 등 운용의 묘를 살리면 충분히 해결할 수 있다고 하는데 어떻게 충분히 해결할 수 있다는 것인지 의문이다.

는 등기절차 고유의 본인확인 수단까지 갖추게 하고 있다. 이렇게 보면 본인확인의 면에서는 오히려 등기절차가 공증절차보다 더 확실한 방안을 갖추고 있다고 할 수 있다.

2) 다음으로, 공증의 대상인 법률행위의 내용면을 보자. 공증제도 도입을 주장하는 견해는 공정증서에 의한 공증은 "당사자간의 부동산거래의 성립을 확인할 뿐만 아니라, 거래내용의 진실성도 역시 담보해 주기 때문"에 "부동산거래내용의 진실성을 확보할 수가 있다"고 한다.[70] 심지어 등기원인증서에 공증을 받게 한다면 부실등기를 완전히 제거할 수 있다고 한다.[71]

법률전문가인 공증인이 당사자의 진술을 청취하고 그것이 유효한 것일 때에 증서를 작성하므로[72] 등기원인을 공정증서로 작성하는 경우에는 법률행위가 무효 또는 취소될 개연성은 매우 적게 된다.[73] 즉, 내용면에서 유효하지 못한 법률행위에 관한 증서가 작성될 가능성은 매우 적다.

그러나 공증절차에서 공증의 대상인 법률행위의 내용에 대한 심사는 당사자의 진술에 의존한다. 더구나 공증의 촉탁은 본인만이 아니고 대리인에 의하여도 가능하다.[74] 촉탁인의 진술에만 의존한다면 법률행위의 내용의 진실성이 얼마나 보장될지 의문이다. 예를 들어, 부실등기의 대표적인 유형으로 분류되는 중간생략등기나 실명법 위반의 명의신탁등기, 등기원

---

70) 金相容, (주 46), 130면.

71) 金容漢(주 63), 36면.

72) 공증인은 법령을 위반한 사항·무효인 법률행위·무능력으로 인하여 취소할 수 있는 법률행위에 관하여는 증서를 작성할 수 없으므로(공증인법 제25조), 촉탁인과 면접하고 법률행위 등의 내용을 청취하여 그 내용이 여기에 해당하는지 여부를 신중하게 판단하여야 하고 문제가 없다는 확신을 얻은 때에 비로소 촉탁에 응하여 증서를 작성하여야 한다. 전병서(주 45), 120면.

73) 郭潤直(주 40), 329면. 그리고 제3자의 허락이나 동의가 필요한 법률행위에 관하여 공증인이 증서를 작성할 때에는 그 허락이나 동의가 있었음을 증명할 증서를 제출하게 하여야 한다(공증인법 제32조 제1항).

74) 물론 이것은 등기원인에 대한 공증제도 도입시 다르게 개선될 수 있는 사항이나 현재의 절차에서는 그렇다.

인의 허위 기재 등은 당사자의 합의에 의하여 이루어지고, 실제의 거래가액과는 다른 거래가액을 기재한 이중계약서 작성관행도 당사자의 명시적 또는 묵시적 합의에 의하여 이루어진다. 이와 같이 당사자의 합의에 의한 경우는 공증인이 공정증서로 작성한들 방지할 수 없는 사항들이다. 거래 내용의 진실성을 확보하거나 담보할 수 있다고 확신하기는 어렵다.75)

그리고 유효하지 못한 법률행위에 관하여 심사하는 것은 공증절차에서만이 아니고 등기절차에서의 등기원인에 관한 심사에서도 마찬가지이다. 유효하지 못한 등기원인에 대하여는 등기관이 심사를 하여야 하고 그 원인에 의한 등기는 수리할 수 없다. 등기절차와 공증절차에 차이가 있다면 공증인은 촉탁인(법률행위의 당사자만이 아니라 대리인일 수도 있다)의 진술을 듣고 증서를 작성하는데, 등기관은 등기원인증서 등 자료에 의하여 심사한다는 점이다. 그 자료가 진술이냐 문서이냐의 차이이다.

나아가 원인행위에 대한 공증을 할 경우 공증인은 대금지급 등 원인행위의 이행행위에 관하여는 심사하지 않는다. 이 점은 등기절차에서도 마찬가지이나, 등기절차에서는 등기신청의사를 엄격히 확인함과 동시에 인감증명과 등기필정보를 확인하는 방법에 의하여 원인행위의 이행 여부에 관하여도 간접적으로 심사가 이루어진다.

그렇다면 공증의 내용면에서 볼 때에도 등기관의 심사와 비교하여 공증인의 공증행위가 더 진정성을 확보한다고 보기는 어렵다.

---

75) 이 점은 이상적인 공증제도를 가지고 있는 독일의 공증인의 역할에서도 마찬가지이다. 공증인이 공증절차에서 지켜야 할 의무로서 당사자의 의사의 탐지와 공증대상인 사건의 내용을 탐지하여야 할 의무, 유효한 증서의 작성의무, 공증서면에서 당사자의 의사를 분명하게 하고 애매하게 하지 않을 의무, 당사자에게 공증대상이 되어 있는 거래의 법적인 의미와 범위를 가르쳐 주어야 할 의무 등을 부담한다. 그러나 공증인은 당사자가 공정증서의 작성을 신청하는 부동산 거래계약의 내용의 진실성을 심사할 권한은 없으며, 적극적으로 조사할 의무도 부담하지 않는다. 진실과 다를 것이라는 의심이 갈 때에는 의문사항에 관하여 당사자에게 물어보아야 하고, 그 내용의 진실성에 대한 입증을 요구할 수 있고, 입증이 충분치 않을 때에는 공증을 거절할 수 있고 거절하여야 할 뿐이다. 金相容,(주 46), 111면.

3) 공증인이 공증인법의 규정에 따라 작성한 공정증서는 진정한 공문서로 추정된다(민사소송법 제356조 제1항).[76] 등기관이 등기신청을 수리하여 등기를 완료하였을 때 그 등기에도 추정력이 미친다. 따라서 그 효력면에서도 등기에 비하여 특히 우월한 어떤 효력을 인정받고 있지는 않다.

4) 공증 자체가 지니고 있는 문제점도 있다. 공증인들의 공증보조자에 대한 의존성, 전문성·책임성·윤리성의 약화 우려 등이 제기되고 있다.[77]

이해의 편의를 위하여 이상에서 살펴본 방법과 절차의 면에서 공증인과 등기관의 심사에 관하여 비교한 내용을 정리하면 〈표 10〉과 같다.

〈표 10〉 공증의 내용과 등기관의 심사의 비교

업무내용	공증인	등기관	비고
본인확인	○ (신분증)	○ (신분증+인감증명+ 등기필정보)	
대리 가능 여부	○	○	
채권행위의 성립요건과 유효요건	○ (촉탁인의 진술)	○ (심사자료)	× 직권조사
등기원인에 대한 제3자의 동의 등	○	○	
이행행위 (대금지급 등)	×	△ (인감증명+등기필정보)	
등기신청의사	×	○	
효력	추정력	추정력	

---

76) 판례에 의하면 공증인이 작성한 공증에 관한 문서는 보고문서로서 공문서이므로, 그 진정성립이 추정되고, 또한 그 보고내용의 진실성을 담보하기 위하여 증서의 작성 이전에 반드시 촉탁인이나 대리촉탁인의 확인 및 그 대리권의 증명 등의 절차를 거치도록 하고 작성 이후에도 열석자의 서명날인을 받도록 규정하고 있는 공증인법의 규정에 비추어 볼 때 신빙성 있는 반대자료가 없는 한 함부로 그 증명력을 부정하고 그 기재와 어긋나는 사실인정을 할 수 없다고 한다(대법원 1994. 6. 28. 선고 94누2046 판결).

77) 김상영(주 2), 57면.

라. 법률전문가의 관여에 의한 분쟁의 사전방지

공증을 받게 함으로써 법률전문가의 조언을 받을 기회를 제공하여 분쟁을 사전방지하는 역할을 수행한다고 한다. 가장 유력한 근거로 보인다.

그러나 우리 부동산거래 현실에서 그것이 얼마나 실익이 있는지 의문이다. 매매나 근저당권설정에 있어 대부분의 경우에 정형화된 계약서에 의하여 부동산거래가 이루어져도 문제 없이 운영되고 있는 실정이다. 매매는 공인중개사의 중개를 통하여 이루어지는 경우가 대부분이고 근저당권설정도 금융기관을 통하여 이루어지는데, 이러한 거래계약 자체에서 이미 공인중개사나 금융기관이 책임문제를 의식하여 엄격한 당사자 확인과 계약체결 의사확인을 하고 있다. 나아가 등기신청 단계에서 다시 한 번 당사자 본인 확인 및 등기신청 의사의 확인을 엄격하게 하고 있다. 그러므로 대규모 거래이거나 복잡한 거래가 아닌 일상의 대부분의 거래에서는 공증인 앞에서 공증을 받게 할 만한 실익이 크지 않다.[78] 복잡하거나 대규모 거래의 경우에는 현재도 대부분이 법률전문가의 관여 하에 이루어지고 있다. 그렇다면 어느 경우에나 새로이 공증제도를 도입한다고 한들 부실등기 방지에 대한 실익이 그다지 크지 않을 것이다.

마. 법인등기에서의 의사록의 인증

현재에도 법인등기에서 첨부자료인 의사록은 원칙적으로 인증을 받아야 한다(공증인법 제66조의2). 법인등기에서 의사록은 부동산등기절차에서의 등기원인을 증명하는 자료에 상응할 정도로 등기의 진정에 중요한 의미가 있다. 비록 공정증서 작성이 아니라 의사록의 인증의 방식이지만 본질적인 차이가 있어 보이지는 않는다. 이와 같이 법인등기에서 공증이

---

78) 權英俊(주 8), 58-59면도 복잡한 부동산거래에 이르게 되면 이를 통해 분쟁예방의 효과가 크고 이로 인한 편익이 높을 수 있으나, 표준적인 계약서가 별 불만 없이 상용(常用)되는 일상적인 부동산 거래에 있어서는 이러한 진정성 제고의 효과가 크지 않다고 한다.

광범위하게 인정되고 있어도 실무에서 부동산등기에 비하여 법인등기의 진정성이 더 확보되고 있다고 느끼고 있지는 않은 것 같고, 법인등기에서 부실등기 문제가 해결된 것으로도 보이지 않는다.

바. 소결

이상의 검토결과를 종합하면 현재의 우리 등기절차도 진정성 보장에 미흡하지는 않고 현행 공증절차에 비하여 등기절차가 부실하다고 평가하기도 어렵다는 점을 알 수 있다. 등기원인에 대한 공증제도를 도입한다고 하여 현재의 등기절차에 비하여 등기의 진정성 강화에 획기적으로 기여한다고 보기는 어렵다. 그러므로 종래와 같이 형식적 심사주의로 인한 부실등기 발생 방지에서 등기원인 공증의 근거를 찾는 것은 바람직하지 않다. 앞으로 등기원인에 대한 공증 논의는 그 방향을 달리하여야 할 것으로 생각된다.

3. 등기원인 공증 논의의 바람직한 방향

가. 등기원인 공증의 설득력 있는 근거 논리 개발의 필요성

등기원인에 대한 공증은 유용한 제도임에 틀림 없다. 그것은 우리의 법률문화를 한 단계 향상시킬 수 있는 좋은 수단이자, "생활 속의 법치주의"[79]를 실현하는 유용한 수단이다.

공증제도 도입에 관하여 총론에서는 상당한 의견접근이 이루어지고 있다.[80] 그러나 등기원인 공증의 구체적 내용에 관한 그 동안의 논의를 살펴보면 부동산등기법이 제정되던 50년 전이나 등기원인 공증의 입법시도

---

79) 金相容, (주 46), 126면.
80) 金滉植, "不動産登記簿의 信賴回復을 爲한 若干의 考察─西獨의 不動産登記制度를 中心으로─", 裁判資料 第6輯 外國司法硏修論集[2], 法院行政處, 1980, 404면.

가 있었던 30년 전에 비하여 큰 진전이 없다. 우리 현실에 바탕을 두지 않은 추상적 논의에 머무르고 있어 혼란스럽기까지 한 느낌이다.[81] 이제는 우리 현실에 대한 정확한 분석과 우리 제도에 대한 올바른 이해 위에 등기원인 공증 논의의 바람직한 방향을 새로이 설정하여야 할 것이다.

그 중 가장 먼저 새로이 설정하여야 할 것은 공증제도 도입의 근거이다. 그 근거를 종래처럼 형식적 심사주의에서 비롯되는 부실등기의 방지기능에서 찾는 것은 설득력이 없다. 그 궁극적인 목표는 부동산 거래내용의 진정성을 제고한다는 것이다. 앞으로의 등기원인 공증의 논의방향은 ① 법률 전문가의 조언에 의한 분쟁의 사전방지기능, ② 법률문화의 선진화, ③ 의식의 선진화에서 그 근거를 찾아야 할 것이다.[82] 이렇게 바람직한 논의의 방향을 설정하여야만 구체적 내용에 대한 논의도 제대로 이루어질 수 있다. 공신력 인정의 전제는 등기절차나 제도의 정비만이 아니고 우리의 사회적 경제적 기반이 형성되어야 한다. 그 기반 형성의 바탕을 마련하기 위하여는 법률문화가 선진화되고 우리 사회의 의식이 선진화되어야 한다.[83] 그러한 선진화에 기여할 수 있는 것이 공증제도라고 할 수 있다.

등기원인에 대한 공증이 실효적인 것이 되려면 이러한 기초 위에 등기절차나 공증절차의 구체적 내용을 논의하여야 한다. 우선 등기절차에서는 형식적 심사주의의 틀에서 벗어나 실체법상의 법률관계와 등기절차를 서로 연계하여 고려하려는 노력이 전제되어야 한다. 이러한 기초 위에 등기절차나 공증절차의 구체적 내용을 논의하여야 한다. 그리고 공증제도 도

---

81) 郭潤直(주 40), 305면은 우리의 실정이 공증제도를 도입할 수 있는 준비가 아직 되어 있지 않다고 한다. 이 글은 원래 1986년에 발표된 글이나 현재에도 상황은 달라지지 않아 보인다.

82) 權英俊(주 8), 58면은 공증제도의 핵심은 법률전문가가 부동산거래단계에서 단순한 의사확인 차원을 넘어서서 전문적인 법률 조언을 통해 내용상의 진정성까지도 제고하는 데에 있다고 한다.

83) 사회적 경제적 기반의 형성을 위하여는 판례에서도 변칙적인 부동산거래의 효력을 부인하는 등 부동산거래의 진정성을 확보할 수 있도록 변화가 필요하다.

입에 있어 가장 중요한 것은 그 도입 여부가 아니라 무엇을 어떻게 공증
하느냐이다. 이런 관점에서 그 동안의 논의를 보면 앞에서 본 바와 같이
의견접근이 이루어지지 않고 혼란스럽기까지 한 실정이다. 공증의 구체적
내용에 대한 의견접근이 필요하다.

이러한 조건이 전제되지 않는다면 등기원인을 공증하게 한들 등기신청
용으로 작성된 자료가 공증되어 제출되는 종래의 관행이 되풀이될 수 있
다. 이 제도를 도입한다고 하여 갑자기 등기의 진정성이 확보되고 공신력
의 전제조건이 충족되는 것은 아니다.[84] 오히려 등기를 위한 또 하나의
요식행위로 전락할 우려가 있다.

나. 과도기적 방안

통설이 주장하는 것처럼 지금의 등기절차를 갑자기 개편하여 공증을 강
제하는 방안도 현재의 논의상황에서는 적절하지 아니하다. 그렇다고 등기
절차에서 공증이 낯설지만은 않다. 현재에도 등기절차에서 공증이 도입되
어 있기 때문이다.[85] 그렇다면 공증제도의 유용성을 살리면서 국민의 부

---

84) 김상영(주 2), 32면은 등기관의 형식적 심사권과 등기원인증서의 공증제도 미비
   로 인하여 부실등기나 허위등기의 발생을 근본적으로 방지하는 것은 곤란하다고
   하나, 실질적 심사권을 부여하고 공증제도를 도입한다고 하여도 근본적으로 방
   지할 수 없는 점은 마찬가지이다.

85) 현행 부동산등기절차에서도 여러 경우에 공증제도가 도입되어 있다. ① 부동산
   등기법이 규정하는 경우로서, 등기필정보가 없는 경우의 등기신청에 관하여 공
   증제도가 도입되어 있다. 등기필정보를 분실하였거나 그 밖의 사유로 등기필정
   보를 제공할 수 없는 경우에 신청서(위임에 의한 대리인이 신청하는 경우에는
   그 권한을 증명하는 서면) 중 등기의무자의 작성부분에 관하여 공증을 받아 제
   출할 수 있다(법 제51조). ② 부동산등기규칙이 규정하는 경우로서, 인감증명의
   제출에 갈음하여 공정증서를 제출하는 경우이다. 인감증명을 제출하여야 하는
   경우에 해당 서면이 공정증서인 경우에는 인감증명을 제출할 필요가 없다(규칙
   제60조 제3항). 또한 인감증명을 제출하여야 하는 자가 외국인인 경우에 인감증
   명법에 따른 인감증명 또는 본국의 관공서가 발행한 인감증명을 제출하여야 하
   나, 본국에 인감증명제도가 없고 또한 인감증명법에 따른 인감증명을 받을 수

담을 줄이기 위하여는 우리의 현실에 대한 분석 아래 공증제도를 설계하되 여러 여건이 정착될 때까지는 현재의 등기제도와 등기원인에 대한 공증제도를 병존시키면서 당사자로 하여금 선택할 수 있게 하는 것도 한 방법이다. 그리하여 그 시행결과를 분석함으로써 장기적으로 전면적으로 현행 등기절차를 공증제도로 전환하는 것이 바람직한지 여부를 결정하는 것이 현실성 있는 방안이 될 것이다.

다. 공증에 대한 맹신 경계

마지막으로 지적할 것은 공증에 대한 맹신을 경계해야 한다는 점이다. 공증제도가 유용한 것이기는 하나 그것만이 등기의 진정을 확보하는 유일한 길이거나 공증만 채택하면 부동산거래의 진실성이 보장되거나 공신력

없는 자는 신청서나 위임장 또는 첨부서면에 한 서명에 관하여 본인이 직접 작성하였다는 뜻의 본국 관공서의 증명이나 이에 관한 공정증서를 제출하도록 하고 있다(규칙 제61조 제3항). ③ 등기예규에서 규정하는 경우이다. 외국인 및 재외국민의 국내 부동산 처분 등에 따른 등기신청절차에서 널리 도입되어 있다. 외국인이 주소를 증명하는 서면을 제출하여야 하는 경우에 본국에 주소증명서 또는 거주사실증명서를 발급하는 기관이 없는 경우에는 주소를 공증한 서면을 첨부하도록 하고 있다. 또한 외국국적 취득으로 성명이 변경된 경우 변경 전의 성명(등기부상의 성명)과 변경 후의 성명이 동일인이라는 본국 관공서의 증명 또는 공증이 있어야 한다. 「외국인 및 재외국민의 국내 부동산 처분 등에 따른 등기신청절차」(2011. 10. 11. 개정 등기예규 제1393호) 참조. ④ 「집합건물의 소유 및 관리에 관한 법률」의 규정에 의하여 규약상 공용부분(제3조 제2항, 제3항, 제4조 제2항) 내지 대지사용권의 분리처분(제20조 제4항)을 정하는 경우, 또는 「신탁법」의 규정에 의하여 위탁자의 선언에 의한 신탁을 설정하는 경우(「신탁법」 제3조 제1항 제3호, 제2항)에 공정증서를 첨부하는 경우가 있다. ⑤ 부동산등기절차는 아니나 법인등기에서는 공증이 광범위하게 인정되고 있다. 바로 공증인법에 의한 법인의사록의 인증이다. 법인등기를 할 때 그 신청서류에 첨부되는 법인 총회 등의 의사록은 일정한 예외를 제외하고는 공증인의 인증을 받도록 하고 있다(공증인법 제66조의2 제1항). 법인등기에서 의사록은 부동산등기절차에서의 등기원인을 증명하는 자료에 상응할 정도로 등기의 진정에 중요한 의미가 있다.

인정의 전제조건이 갖추어지는 것처럼 생각하는 것은 위험하다. 더구나 우리의 현실에 대한 정확한 인식과 분석 없이 막연히 외국에서 시행하니 우리도 도입해야 한다는 사고는 무책임하게 보일 수도 있다. 여러 여건이 정리되지 않은 채 제도를 도입할 경우 본래의 목적을 달성하지 못한 채 오히려 혼란만 가중되는 결과를 낳을 수 있다. 제도 도입 여건이 전제되지 않은 상태에서 공증제도를 시행한들 등기를 위한 또 하나의 요식행위로 전락할 우려가 있다. 각 제도는 그 나라의 고유한 사회적 경제적 배경에 기초하여 만들어진다. 이러한 기반이 갖추어지지 않은 상태에서 공증제도만 도입한다고 공신력 인정의 전제조건이 충족되는 것은 아니다.

따라서 공증제도 도입을 공신력 인정의 논리필연적 전제로서 논의하는 것은 올바른 방향이 아니다.[86] 그것은 등기의 진정성 강화를 위한 여러 방안 중의 하나로 논의되어야 한다. 형식적 심사주의와 공증전제론에 머물러 등기의 진정성 강화에 관한 논의가 더 이상 나아가지 못하는 우리 현실은 그 논의의 방법에 있어서나 해결방안에 있어서 모두 적절하지 못하다.[87]

---

[86] 權英俊(주 8), 59면은 공증제도의 도입은 공신력 인정의 논리필연적 전제조건이 아니며, 문제의 본질은 등기제도의 신뢰성 제고에 있지 공증제도 자체에 있지 않기 때문이라고 한다. 공증제도를 실시하지 않으면서도 공신력을 인정하는 중국, 대만, 스웨덴, 핀란드, 노르웨이 등의 나라들의 예가 이를 방증한다고 한다.

[87] 김상영(주 2), 32면 각주 2)에서는 등기와 실체적 권리관계를 일치시키기 위하여 부동산등기 특별조치법, 부동산 실권리자명의 등기에 관한 법률, 공인중개사의 업무 및 부동산 거래신고에 관한 법률 등의 각종 특별법을 통하여 검인계약서제도, 실거래가의 신고제도 등 여러 제도를 시행하여 오고 있으나 거의 공법적 규제에 머물고 있어 제대로 기능하지 못하고 있다고 한다. 그러나 오히려 공법적 규제에서는 실거래가 신고제도의 정착을 위한 많은 노력이 있었음에 반하여 사법상의 영역에서는 등기원인증서의 공증논의 외에는 실체법상의 법률관계와 등기를 일치시키기 위한 노력이 거의 없었음을 상기할 필요가 있다.

Ⅲ. 현행 부동산등기절차와 공신력

이상적인 등기제도 아래에서는 실체법상의 법률관계에 부합하는 등기가 이루어져야 하고 등기부를 믿고 거래한 사람은 보호를 받아야 한다. 공신의 원칙의 채용은 등기법 발전의 최종단계이고, 이것에 의하여 등기법이 완성된다고 할 수 있다.[88]

공신력에 관하여 통설은 등기절차에서의 형식적 심사주의로 인하여 부실등기가 양산되고 있으므로 공신력을 인정할 수 없다고 한다. 그러나 부실등기가 존재하기 때문에 공신력을 인정할 수 없는 것도 아니다. 부실등기는 공증제도를 도입하든 실질적 심사주의를 취하든 생기게 마련이다. 오히려 부실등기 때문에 공신력을 인정하여야 하는 것이다. 거래의 안전이 문제되기 때문이다. 공신력 인정 여부는 부실등기로 인한 위험을 진정한 권리자와 선의의 제3자 중 누구에게 부담시킬 것인가 하는 정책결정문제이다.[89] 이를 인정한다고 하여 그 위험을 일방적으로 진정한 권리자에게만 부담시키는 것이 아니다. 부실등기가 존재한다면 공신력을 인정하든 인정하지 않든 그로 인하여 손해를 보는 사람이 있게 마련이다. 공신력을 인정하면 그 사람이 진정한 권리자가 될 것이고, 공신력을 인정하지 않는 현재는 그 사람은 선의의 제3자라는 차이가 있을 뿐이다.[90]

그리고 우리의 부동산등기절차가 형식적 심사주의를 취하여 부실등기를 양산할 수밖에 없는 구조로 되어 있지는 않다. 현재의 우리 등기절차도 등기의 진정성 보장이라는 측면에서 부족함이 없다. 등기절차면에서 공신력을 인정하기에 부족하지 않다. 오히려 그 동안 우리의 제도에 대하여 정확히 이해해지 아니한 채 막연히 형식적 심사주의로 부실등기가 양산될 수밖에 없다고 본 것이 우리 등기절차에 대한 부정적 인식을 심어주었다.

---

88) 鈴木祿彌(주 1), 384면.

89) 權英俊(주 8), 25면.

90) 權英俊(주 8), 25면.

우리 제도와 현실에 대한 정확한 이해 위에 실체법상의 법률관계와 등기 절차를 밀접하게 연계하여 하나씩하나씩 절차를 보완해나간다면 더욱 완비된 제도가 될 것이다. 그와 동시에 법률문화와 의식의 선진화를 이루어나가는 방법으로서 등기원인의 공증이 논의된다면 공신력 인정을 위한 사회적 경제적 여건이 성숙될 것이다.

제4절
결어

1. 부동산등기의 공신력과 관련하여 통설은 우리 부동산등기법이 형식적 심사주의를 취하므로 부실등기가 양산되고 있고, 공신력을 인정하기 위하여는 등기원인증서에 대한 공증이 전제되어야 한다는 논리를 펴고 있다.

그러나 형식적 심사주의에 대한 잘못된 이해 이외에도 통설은 현재의 등기제도 아래에서 부실등기가 문제될 정도로 많이 발생하는지에 대한 근거를 전혀 제시하지 않은 채 막연히 추상적 논의만 하고 있다. 이 장에서는 부실등기와 등기원인의 공증 문제를 살펴보았다.

2. 먼저 부실등기의 현황을 분석하여 보았다. 구체적인 분석의 대상으로는 등기의 말소를 명하는 판결과 말소등기에 갈음하여 판례에 의하여 허용되는 진정명의 회복을 위한 이전등기판결을 분석하였다. 2009년 12월 한달 동안 선고된 판결 중 사건명에 「등기」와 「말소」라는 용어가 들어가는 판결 684건을 검색하여 그중 1심판결 416건, 사건명에 「등기」와 「이전」이라는 용어가 들어가는 판결 중 「진정」, 「명의」와 「회복」을 주제어로 입력하여 검색한 판결 74건 중 1심판결 37건을 분석하였다.

그 분석결과를 요약하면 다음과 같다. 첫째로, 등기말소청구사건이 많다고 하여 그것이 모두 부실등기 때문이라고 하거나 부실등기 문제가 심각하다고 말할 수 있는 것은 아니다. 둘째로, 등기관의 심사업무의 부실에서 비롯되는 사건은 그리 많지 않다. 이것으로 알 수 있는 것은 소위 형식적 심사주의로 인하여 부실등기가 양산되고 있다거나 심각하다고 말할 수는 없다는 점이다. 셋째로, 등기원인을 공증한다고 하여 방지될 수 있는 부실등기의 비율은 현저히 낮다는 점이다. 그 결과 공증제도만 도입하면 부실등기가 방지되고 전제조건이 구비되는 것으로 주장하는 것은 우리 현실에 바탕을 두지 아니한 추상적인 논의임을 알 수 있었다.

3. 등기원인의 공증과 등기의 공신력에 관하여 검토한 결과는 다음과 같다.

현재의 등기절차와 공증절차를 비교하여 볼 때 등기절차가 공증절차에 비하여 결코 부실등기를 양산하는 구조는 아니다. 그리고 등기원인에 대한 공증을 도입한다고 하여 현재의 등기절차에 비하여 등기의 진정성 강화에 획기적으로 기여하는 것도 아니다. 그럼에도 불구하고 우리 등기절차가 형식적 심사주의를 취하므로 부실등기가 양산될 수밖에 없고 등기원인에 대한 공증제도를 도입하면 부실등기가 제거되어 공신력 인정의 전제조건이 충족되는 것으로 이해하는 것은, 우리 등기제도에 대한 올바른 이해도 아니고 등기원인 공증 도입 논의의 바람직한 방향도 아니다. 이러한 이해로는 우리 부동산등기법이 제정되던 50년 전이나 그에 관한 입법시도가 있었던 30년 전의 논의에서 벗어나지 못한다.

우리 현실에 대한 정확한 분석과 우리 제도에 대한 올바른 이해 위에 등기원인 공증 논의의 바람직한 방향을 새로 설정할 필요가 있다. 그러자면 그 근거를 종래처럼 형식적 심사주의에서 비롯되는 부실등기의 방지기능에서 찾는 것은 설득력이 없다. 그보다는 ① 법률 전문가의 조언에 의한 분쟁의 사전방지기능, ② 법률문화의 선진화, ③ 의식의 선진화에서 그 근거를 찾아야 할 것이다. 이렇게 바람직한 논의의 방향을 설정하여야만 구체적 내용에 대한 논의도 제대로 이루어질 수 있다. 그렇지 않은 상태에서 무조건 공증만 도입한들 갑자기 등기의 진정성이 확보되고 공신력의 전제조건이 충족되는 것은 아니다. 오히려 등기를 위한 또 하나의 요식절차로 전락할 수 있다.

우리 등기절차도 등기의 진정성 보장이라는 측면에서 부족함이 없다. 우리 제도와 현실에 대한 정확한 이해 위에 실체법상의 법률관계와 등기절차를 밀접하게 연계하여 하나씩하나씩 절차를 보완해나간다면 더욱 완비된 제도가 될 것이다. 그와 동시에 법률문화와 의식의 선진화를 이루어 나가는 방법으로서 등기원인의 공증이 논의된다면 공신력 인정을 위한 사회적 경제적 여건이 성숙될 것이다.

제7장
결론

1. 부동산등기제도는 부동산에 관한 권리관계를 정확하고 신속하게 공시함으로써 진정한 권리자를 보호하고 거래의 안전에 이바지하기 위한 제도이다. 그러자면 실체법에 의하여 이루어진 부동산에 관한 법률관계가 그대로 등기부에 반영되어야 한다. 이를 위해서는 실체법상의 법률관계와 등기절차가 서로 밀접하게 연계되어야 한다. 그러나 종래 우리의 부동산등기제도에 관한 논의에 있어서는 양자가 유리되어 왔던 것이 현실이다. 그 주요한 원인이자 결과가 형식적 심사주의이다.

이 연구에서는 실체법상의 법률관계와 등기절차의 밀접한 연계라는 관점에서 등기의 진정성에 관하여 검토하였다. 등기의 진정성은 단순히 위조된 서면에 의한 등기를 방지한다는 소극적 차원을 넘어 실체법상의 권리관계를 정확히 반영하는 공시제도를 구현한다는 적극적 차원으로 나아가야 한다. 그리하여 실체법상의 법률관계와 등기절차를 유기적으로 연계하여 해석하고 제도를 설계하고 운영하여야 한다. 이러한 관점에서 부동산등기절차에서 큰 원칙으로 자리잡고 있는 형식적 심사주의에 대하여 비판적으로 검토하였다. 이제는 형식적 심사주의라는 추상적 원칙의 틀을 벗어나 실체법상의 법률관계와 등기절차를 밀접하게 연계하여 고려하는 인식의 전환이 필요하다. 이 연구의 내용을 간략히 요약하면 다음과 같다.

2. 등기의 진정성 보장의 기초는 실체법상의 물권변동이론과 등기절차의 밀접한 연계이다. 이런 관점에서 먼저 부동산물권변동이론과 등기절차의 관계를 살펴보았다.

여러 나라에서의 물권변동이론의 등기절차에서의 구현모습을 살펴보면 두 가지가 서로 밀접하게 연계되어 있음을 알 수 있다. 그러나 우리나라와 일본에서는 부동산물권변동이론과 등기절차가 서로 자연스럽게 연계되지 못하고 유리되어 있다. 구체적으로 보면 통설은 물권변동의 요건으로 물권행위 내지 물권적 합의와 등기의 두 가지를 들고, 등기의 실체적 유효요건으로도 양자 사이의 부합을 요구한다. 그렇다면 등기절차에서도 등기의 기초는 물권행위 내지 물권적 합의가 되어야 한다. 그런데 통설이 물권변동의 가장 중요한 요건으로 들고 있는 물권행위 내지 물권적 합의에 관하여 등기절차에서 그에 관한 자료를 제출하도록 하는 문제나 그에 관한 심사문제에 대하여는 전혀 논의가 없다. 등기절차에서는 등기의 기초가 되는 등기원인을 채권행위로 보고 있고 그나마 종래 등기절차에서 등기원인을 경시하여 왔다. 마찬가지로 물권행위의 유인성을 인정하는 것이 확고한 판례이고 등기실무도 등기원인을 원인행위인 채권행위로 이해하고 있음에도, 물권변동이론에서는 원인행위인 채권행위를 물권변동의 요건으로 고려하고 있지 않고, 등기의 유효요건에 관한 논의에서도 원인행위는 그다지 중요시되지 않고 있다.

부동산등기는 실체법상의 법률관계를 공시하는 것이므로 등기가 진정하기 위하여는 실체법상의 법률관계와 등기절차가 서로 유기적으로 연계되고 부합하여야 한다. 그럼에도 우리나라에서는 이 두 가지가 유리되어 있다. 그리하여 이 연구에서는 물권변동이론과 등기절차의 연계를 시도하여 보았다.

먼저 물권변동의 요건 및 등기의 실체적 유효요건에 관하여 살펴보면,

법률행위에 의한 부동산물권변동의 요건으로, 그리고 등기의 실체적 유효요건으로 물권적 합의 내지 물권행위와 등기 두 가지만이 아니라 채권행위도 포함하여야 함을 제시하였다. 물권행위의 무인성이 명문으로 인정되는 독일과는 달리 유인성을 취하는 우리나라에서는 채권행위의 이행으로 물권행위가 행하여지는 일반적인 경우에 물권적 합의 내지 물권행위만이 아니고 채권행위도 물권변동의 요건이 되기 때문이다. 이 때 물권적 합의는 물권변동의 핵심적인 개념이라기보다는 채권행위의 이행행위로서 물권변동 과정을 설명하기 위한 개념으로서의 의미를 가진다고 보는 것이 적절하다.

다음으로 등기의 진정성 보장 수단에 관하여도 물권변동이론과 등기절차의 연계라는 관점에서 새로운 해석을 제시하였다. 등기의 진정성 보장을 위하여 우리 법은 당사자 본인 확인 및 등기신청의사의 확인, 그리고 등기원인에 대한 심사라는 두 가지 방법을 강구하여 두고 있다. 당사자 본인 확인 및 등기신청의사의 확인을 통하여는 물권적 합의를 심사하게 하고, 등기원인에 대한 심사를 통하여는 채권행위를 심사하게 하는 것으로 이해하여야 한다.

이렇게 이해하게 되면 물권변동이론과 등기절차를 서로 자연스럽게 연계하여 논리적으로 설명할 수 있게 된다. 그리고 우리 법이 결코 등기의 진정성 확보에 부족하지 않음을 알 수 있다. 외국에서 채용하고 있는 등기원인에 대한 공증제도를 도입하지 아니하였다고 하여 우리의 제도를 부실한 것으로 평가할 것은 아니다.

3. 이와 같이 등기의 진정성 보장의 기초는 실체법상의 법률관계와 등기절차의 밀접한 연계이다. 이러한 관점에서 실체법상의 법률관계와 등기절차를 연결짓는 역할을 하는 등기관의 심사업무의 성격에 관한 입법주의로서 종래 통설이 분류하고 있는 형식적 심사주의와 실질적 심사주의에 대하여 살펴보았다. 대부분의 국내문헌에서는 이런 분류를 당연한 것으로 받아

들이고 그에 따라 우리 법의 입장을 형식적 심사주의로 설명하고 있다. 이 점에 관하여 의문을 제기하는 견해는 없다.

그런데 형식적 심사주의에 대한 개념정의를 자세히 들여다보면 그 설명이 명확하지 않고 일관성이 없다. 이 점은 우리에게 영향을 미친 일본에서의 논의를 보면 더 한층 혼란스럽고, 형식적 심사주의에 대하여 의문을 제기하는 견해가 오래전부터 주장되어 왔으며, 최근에는 형식적 내지 실질적 심사주의 분류 자체를 부정하는 견해도 제기되고 있다.

등기관의 심사업무에 관하여 다른 나라의 제도를 살펴보아도 심사업무 자체에 관하여 입법주의를 분류할 수 있을 만한 특징이 되는 차이점은 발견할 수 없다. 독일에서의 절차적·실체적 적법주의의 영향을 받아 일본에서 형식적·실질적 심사주의라는 개념이 생겨났고 그것이 우리나라에 그대로 도입되었다. 그런데 獨逸에서의 節次的·實體的 適法主義는 등기절차에서 실체법상의 법률행위인 채권행위나 물권행위 자체를 증명하게 할 것인가 아니면 실체법상의 법률행위인 물권적 합의에 갈음하여 등기승낙이라는 등기절차법상의 의사표시를 증명하게 할 것인가 하는 문제, 즉 物權變動理論의 登記節次에의 具現 모습에 따른 분류이다. 등기관의 심사업무에 관한 입법주의 분류가 아니다.

우리나라나 일본의 통설은 독일이 원칙적으로 형식적 심사주의를 취하고 예외적으로 부동산소유권이전의 경우에는 실질적 심사주의를 취하며, 스위스법이 실질적 심사주의를 취한다고 설명한다. 그러나 통설이 형식적 심사주의로 분류하는 경우는 등기절차에서 물권적 합의의 증명 대신에 등기승낙이라는 등기절차법상의 의사표시를 증명하게 하는 경우이고, 실질적 심사주의로 분류하는 경우는 채권행위 내지 물권적 합의라는 실체법상의 의사표시를 증명하게 하는 경우일 뿐이다. 물권변동이론의 등기절차에의 구현모습이 다를 뿐 등기관의 심사업무의 내용에 차이가 있는 것은 아니다.

우리 부동산등기법의 해석론으로서도 반드시 형식적 심사주의를 취하여야 하는 것도 아니다. 우리 부동산등기법에 대한 보다 적극적인 해석을 통하여 실체법상의 법률관계를 등기절차에 반영할 수 있도록 등기관의 심사업무에 관한 이론구성을 할 수 있다. 더구나 종래 통설이 형식적 심사주의를 취하는 근거로 되었던 규정들이 현행 부동산등기법에서 개정되었다.

형식적 심사주의는 실체법상의 법률관계를 정확하고 신속하게 공시한다는 등기제도의 이상에 비추어 볼 때 신속을 저해하지 않으면서도 정확성을 포기해 버리는 논리로서 이해하기 어렵고, 절차적 정의라는 면에서도 바람직하지 않다. 형식적 심사주의이론은 등기실무에도 크게 영향을 미쳐 실무운영을 형식적인 절차로 흐르게 하였고, 등기제도의 발전을 가로막는 요인이 되었다.

등기절차에서 큰 원칙의 하나로 자리잡고 있는 형식적 심사주의이론은 일본에서의 부동산물권변동에 관한 입법의 특수성에서 비롯된 개념이다. 그것이 일본과 사정이 다른 우리나라에 그대로 도입되었다. 그것은 명확히 정립된 개념도 아니고, 정치하게 정립하거나 발전시킬 필요성도 보이지 않는다. 여기에 집착하여서는 등기제도의 발전을 기대할 수 없다. 이제는 형식적 심사주의라는 추상적이고 일반적인 틀로써 등기절차를 억지로 성격지으려 하지 말고 등기관의 심사에 관한 내용을 구체적이고 체계적으로 정립하려는 노력과 그 바탕 위에서 등기의 진정성을 높이는 방안을 차근차근 모색해 보는 노력이 필요하다.

4. 이어서 등기관의 심사업무의 구체적 내용에 관하여 종래의 형식적 심사주의에 따른 학설과 판례의 입장을 검토하고, 등기실무를 분석하여 보았다. 종래 등기실무에서는 개별적인 사안에서 형식적 심사주의이론에 따를 때 실체법상의 법률관계를 등기부에 공시하지 못하는 불합리한 결과가 발생할 경우, 등기의 진정성 보장 측면에서 실체법에 의한 법률관계를 등기절차에 반영하게 하기 위한 여러 노력을 하여왔다. 그 결과 등기실무의 운영은 종래의 형식적 심사주의 일반론과는 거리가 생기게 되었다. 판례도 구체적 사안에서는 형식적 심사주의 일반론에서 벗어나 실체법상의 법률

관계를 등기부에 반영하고자 하는 경향을 보여주고 있음을 알 수 있다.

심사의 대상에 대하여 판례는 「부동산등기법상 그 등기신청에 필요한 서면이 제출되었는지 여부 및 제출된 서면이 형식적으로 진정한 것인지 여부」만 심사할 수 있고 「실체법상의 권리관계와 일치하는지 여부」는 심사할 수 없다고 한다. 그런데 판례의 입장은 그 자체로서 모순이고 첨부자료 제출의 목적에도 어긋난다. 등기는 실체법상의 권리관계를 공시하기 위한 것이고 그것을 심사하게 하기 위하여 각종 첨부자료의 제출을 요구한다. 그럼에도 첨부자료가 제출되었는지와 형식적으로 진정한지 여부만 심사하고 실체법상의 권리관계에 대하여는 심사하지 말라는 것은 모순이다.

등기실무를 분석한 결과 판례의 설시처럼 필요서면의 제출 여부 및 그 형식적 진정만 심사하는 것이 아님을 알 수 있다. 첨부자료의 심사는 물론 나아가서 신청된 등기의 내용의 실체법상 또는 절차법상 허용 여부, 법률행위 등 등기원인의 존재 여부 및 유효 여부, 실체법상의 법률관계 내지 사실관계도 심사하도록 하고 있다. 형식적 절차적인 사항만이 아니라 실체법적인 사항과 사실관계까지도 모두 심사하게 하고 있다.

심사의 자료에 관하여도 마찬가지이다. 판례에 의하면 등기관은 「오직 신청서 및 그 첨부서류와 등기부」에 의하여 심사하여야 하고, 「그 밖에 필요에 응하여 다른 서면의 제출을 받거나 관계인의 진술을 구하여 이를 조사할 수는 없」다고 한다.

그런데 구체적으로 살펴보면 수 많은 등기유형에 대하여 각각의 등기유형별로 어떤 자료를 첨부하여야 하는지가 구체적으로 법령에 미리 규정되어 있지 않고 규정할 수도 없다. 법령에는 포괄적 추상적으로만 규정하고 있어 구체적 사안에서 어떠한 자료를 제출하게 하여야 하는지는 등기관이 어떤 자료가 등기의 요건을 증명하기에 충분한 자료인지를 판단하여 결정하여야 한다. 구체적 사안에서 어떤 자료를 첨부하여야 하는지가 미리 명확히 규정되어 있지 않다면 첨부자료만 가지고 심사하라는 판례의 설명은 공허한 내용이 되고, 문제의 해결에 별다른 기준이 되지 못한다. 그 결과 판례도 구체적 사안에서 형식적 심사주의에 관한 일반론을 일관되게 관철하지 못하고 있다.

등기실무를 분석한 결과 판례의 입장과는 다르게 실체법상의 법률관계를 심사하게 하기 위하여 필요에 응하여 각종의 자료를 제출하도록 하고 있음을 알 수 있다. 그 결과 종래의 형식적 심사주의이론은 우리 현실과는 부합하지 않는 추상적 이론에 머물게 되었다. 종래의 형식적 심사주의이론은 등기의 진정이라는 면에서 이론적으로도 문제가 있을 뿐만 아니라 우리 등기실무에서도 유지되고 있지 않다. 이러한 현실에서 일본에서는 부실등기가 발생하기 쉬운 사례를 유형화하여 그에 해당하는 경우에는 신청 외 자료도 심사자료로 활용하여야 한다는 논의가 있어 왔고, 이것이 2004년 일본 부동산등기법 전부개정에 반영되기에 이르렀다.

이와 같은 실무운영은 실체법상의 법률관계에 부합하는 등기를 구현함으로써 등기의 진정을 확보하려는 노력의 결과로 볼 수 있다. 이제는 우리 현실과 동떨어진 형식적 심사주의라는 추상적 설명의 틀에서 벗어나서 우리 현실에서의 개별적 구체적 사례를 세심하게 분석하여 실체법상의 법률관계에 부합하는 등기를 구현하기 위한 심사업무의 구체적 내용을 하나씩 하나씩 세워나갈 필요가 있다. 그렇게 함으로써 등기의 진정성을 높일 수 있도록 하여야 한다.

5. 이상의 논의를 기초로 종래의 형식적 심사주의의 틀에서 벗어나 등기관의 심사업무에 관하여 새로운 접근을 시도하여 보았다. 등기의 진정성을 강화를 위하여는 실체법상의 법률관계와 등기절차를 서로 밀접하게 연계하여 고려함으로써 실체법상의 법률관계를 그대로 공시할 수 있도록 등기절차를 더욱 정교하게 개선하여야 한다.

그리하여 이 문제를 등기절차에서의 증거법의 문제로 접근하여 보았다. 등기를 신청하는 때에는 신청인은 신청정보와 첨부정보를 등기소에 제공하여야 한다. 이러한 자료는 등기의 요건을 심사하기 위한 것이다. 등기의 요건이란 다름 아닌 실체법상의 권리관계이다. 등기는 실체법상의 법률관계를 공시하기 위한 것이므로 실체법상의 권리관계는 모두 심사의 대상이 된다. 심사의 자료에 관하여도 등기의 요건인 실체법상의 법률관계에 관한 요건사실을 입증하는 자료가 등기소에 제공되어야 한다. 간단히 말하여 등기절차에서는 등기의 대상인 실체법상의 법률관계를 심사하여야 하고, 그것을 입증하기 위한 자료를 등기소에 제공하여야 한다.

등기관의 심사에 관한 이러한 새로운 접근은 현행법의 해석으로도 가능하다. 그러나 등기절차의 핵심이 되는 등기관의 심사업무에 관한 일반론적인 규정을 둘 필요가 있다.

등기관의 심사업무와 관련하여 등기절차에서 가장 중요한 비중을 차지하는 등기원인의 심사에 관하여도 새롭게 접근하여 보았다. 등기원인은 실체법상의 법률관계와 등기절차를 연결짓는 개념임에도 물권변동이론과 연계되지 못하였고, 등기절차에서도 종래 형식적 심사주의의 영향으로 등기원인이 가볍게 다루어져 온 경향이 있었다. 이로 인하여 종래 등기절차에서 등기원인증서가 등기의 진정성 보장에 기여하지 못하였다.

그러나 2011년에 개정된 부동산등기법은 등기필증제도를 폐지하고 등기원인증명정보라는 새로운 제도를 도입하였다. 그리고 신청서의 부본으로 등기원인증서에 갈음할 수 있도록 한 규정도 삭제하여 등기원인을 증명하는 자료의 제출을 필수적인 것으로 하였다. 새로이 도입된 등기원인증명정보가 제대로 자리매김하고 등기의 진정성 보장에 이바지하기 위하여는 이 제도에 대한 정확한 이해와 앞으로의 운영방향에 대한 올바른 검토가 필요하다. 여기서 개정 법률에 의하여 새로 도입된 등기원인증명정보에 대하여 실체법상의 법률관계와 등기절차의 연계에 의한 등기의 진정성 강화라는 관점에서 그 기능과 요건, 그에 대한 심사문제를 검토하여 보았다.

그리고 심사업무에 관하여도 단순히 첨부자료를 신중히 조사한다는 소극적 차원을 넘어, 절차를 통하여 실질에 반하는 내용이 상당 부분 걸러질 수 있도록 한다는 절차적 정의의 관점에서 입법과 해석에서 부동산등기에 관하여도 실체법리와 절차법리의 균형잡힌 고려가 필요하다. 그러한 관점에서 중간생략등기의 문제, 가등기에 의한 본등기와 중간등기의 말소 등 몇 가지 문제에 대하여 새롭게 접근하여 보았다.

6. 부동산등기의 공신력과 관련하여 통설은 우리 부동산등기법이 형식적 심사주의를 취하므로 부실등기가 양산되고 있고, 공신력을 인정하기 위하여는 등기원인증서에 대한 공증이 전제되어야 한다는 논리를 펴고 있다.

그러나 통설은 현재의 등기제도 아래에서 부실등기가 문제될 정도로 많이 발생하는지에 대한 근거를 전혀 제시하지 않은 채 막연히 추상적 논의만 하고 있다. 그리하여 부실등기의 현황을 분석하여 보았다. 구체적인 분석의 대상으로는 등기의 말소를 명하는 판결과 말소등기에 갈음하여 판례에 의하여 허용되는 진정명의 회복을 위한 이전등기판결을 분석하였다.

그 분석결과를 요약하면 다음과 같다. 첫째로, 등기말소청구사건이 많다고 하여 그것이 모두 부실등기 때문이라고 하거나 부실등기 문제가 심각하다고 말할 수 있는 것은 아니다. 둘째로, 등기관의 심사업무의 부실에서 비롯되는 사건은 그리 많지 않다. 이것으로 알 수 있는 것은 소위 형식적 심사주의로 인하여 부실등기가 양산되고 있다거나 심각하다고 말할 수는 없다는 점이다. 셋째로, 등기원인을 공증한다고 하여 방지될 수 있는 부실등기의 비율은 현저히 낮다는 점이다. 그 결과 공증제도만 도입하면 부실등기가 방지되고 전제조건이 구비되는 것으로 주장하는 것은 우리 현실에 바탕을 두지 아니한 추상적인 논의임을 알 수 있었다.

현재의 등기절차와 공증절차를 비교하여 볼 때, 우리 등기절차가 공증절차에 비하여 결코 부실등기를 양산하는 구조는 아니다. 그리고 등기원인에 대한 공증을 도입한다고 하여 현재의 등기절차에 비하여 등기의 진정성 강화에 획기적으로 기여하는 것도 아니다. 그럼에도 불구하고 우리 등기절차가 형식적 심사주의를 취하므로 부실등기가 양산될 수밖에 없고 등기원인에 대한 공증제도를 도입하면 부실등기가 제거되어 공신력 인정의 전제조건이 충족되는 것으로 이해하는 것은, 우리 등기제도에 대한 올바른 이해가 아니고 등기원인 공증제도 도입 논의의 바람직한 방향도 아니다. 그런 이해로는 부동산등기법이 제정되던 50년 전이나 그에 관한 입법시도가 있었던 30년 전의 논의에서 벗어나지 못한다.

우리 현실에 대한 정확한 분석과 우리 제도에 대한 올바른 이해 위에 등기원인 공증 논의의 바람직한 방향을 새로 설정할 필요가 있다. 그렇지 않은 상태에서 무조건 공증만 도입한들 갑자기 등기의 진정성이 확보되고 공신력의 전제조건이 충족되는 것은 아니다. 오히려 등기를 위한 또 하나의 요식절차로 전락할 수 있다. 그러자면 그 근거를 종래처럼 형식적 심사주의에서 비롯되는 부실등기의 방지기능에서 찾는 것은 설득력이 없다. 그보다는 ① 법률 전문가의 조언에 의한 분쟁의 사전방지기능, ② 법률문화의 선진화, ③ 의식의 선진화에서 그 근거를 찾아야 할 것이다.

우리 등기절차도 등기의 진정성 보장이라는 측면에서 부족함이 없다. 우리 제도와 현실에 대한 정확한 이해 위에 실체법상의 법률관계와 등기절차를 밀접하게 연계하여 하나씩하나씩 절차를 보완해나가는 노력이 더해진다면 더욱 완비된 제도가 될 것이다. 그와 동시에 법률문화와 의식의 선진화를 이루어나가는 방법으로서 등기원인의 공증이 논의된다면 공신력 인정을 위한 사회적 경제적 여건이 성숙될 것이다.

참 고 문 헌

1. 국내문헌

가. 단행본

姜台星, 物權法, 新版, 大明出版社, 2004.

高翔龍, 物權法, 法文社, 2002.

郭潤直, 不動産登記法, 新訂修正版, 博英社, 1998.

郭潤直 編輯代表, 民法注解[Ⅳ] 物權(1), 博英社, 2001.

郭潤直, 物權法[民法講義Ⅱ], 博英社, 2003.

金東熙, 行政法Ⅰ, 博英社, 2004.

金相容, 美國不動産法論－不動産權利變動 및 權原保險－, 三知社, 1986.

金相容, 物權法, 法文社, 2003.

金相容, 不動産去來의 公證과 不動産登記의 公信力 研究, 法元社, 2008.

金龍潭 編輯代表, 註釋民法[物權(1)], 韓國司法行政學會, 2011.

金容漢, 物權法論, 博英社, 1993.

金載亨, 根抵當權研究, 博英社, 2000.

金鍾權, 新體系 不動産登記法, 韓國司法行政學會, 1976.

金曾漢·金學東, 物權法, 博英社, 1998.

대한공증협회, 공증실무, 2004.

명순구·김제완·김기창·박경신, 아듀, 물권행위, 고려대학교출판부, 2006.

朴秉濠, 韓國法制史攷, 法文社, 1974.

박홍래, 미국재산법, 전남대학교 출판부, 2004.

法務部, 各國의 不動産登記制度, 法務資料 第190輯, 1995.

법무부, 민법(재산편) 개정 자료집, 2004.

법원공무원교육원, 부동산등기실무, 2008,

법원공무원교육원, 부동산등기실무, 2013,

법원행정처, 등기선례요지집 제3권, 1993.

법원행정처, 등기선례요지집 제6권, 2001.

법원행정처, 민사집행법 해설-구 민사소송법(집행절차편) 개정부분-, 2002.

법원행정처, 법원실무제요 민사집행[IV] -보전처분-, 2003.

법원행정처, 등기업무전산화백서, 2004.

법원행정처, 부동산등기기재례집, 2004.

법원행정처, 부동산등기선례요지집 제7권, 2004.

법원행정처, 법원실무제요 민사소송[III}, 2005.

법원행정처, 개정 부동산등기법 해설, 2006.

법원행정처, 부동산등기실무[I], [II], [III], 2007.

법원행정처, 2010 사법연감, 2010.

법원행정처, 개정 부동산등기법 및 부동산등기규칙 해설, 2011.

법원행정처, 대법원 예규집(부동산·기타등기편), 2012.

사법연수원, 부동산등기법, 2012.

서울지방법원 의정부지원, 不動産訴訟, 2001.

서을오, 물권행위론에 관한 학설사적 연구, 세창출판사, 2008.

송덕수, 물권법, 박영사, 2012.

송덕수, 新민법강의, 제6판, 박영사, 2013.

申彦淑, 註解 不動産登記法, 全訂版, 育法社, 1988.

양창수·권영준, 민법 II 권리의 변동과 구제, 박영사, 2011.

오시영, 物權法, 학현사, 2009.

尹喆洪, 物權法講義, 博英社, 1998.

윤진수, 민법 IV 가족법(하) -상속법-, 서울대학교 법학대학원, 2011,

李德煥, 物權法, 율곡미디어, 2011.

李相泰, 物權法, 法元社, 2004.

李時潤, 新民事訴訟法, 博英社, 2008.

李英俊, 物權法, 全訂新版, 博英社, 2009.

李銀榮, 物權法, 博英社, 2002.

전병서, 공증법제의 새로운 전개, 중앙대학교출판부, 2010,

池元林, 民法講義, 第8版, 弘文社, 2010.

최병조, 로마법강의, 박영사, 2007,

玄勝鍾·曹圭昌, 게르만法, 博英社, 2001.

호문혁, 민사소송법 제8판, 法文社, 2010.

洪性載, 不動産物權變動論 －所有權讓渡를 中心으로－, 法文社, 1992.

홍성재, 物權法, 개정판, 대영문화사, 2010.

나. 논문

가정준, "미국법상 부동산 소유권 변동과정에 대한 법적 고찰", 民事法學 第31
號, 韓國民事法學會, 2006.

건설교통부, "부동산 거래질서 확립 및 투명성 확보방안 연구", 2003. 9.

郭潤直, "登記原因證書의 公證", 民事判例研究[IX], 博英社, 1997.

郭潤直, "不動産物權變動에 있어서의 公信의 原則에 關하여", 厚巖 民法論集, 1991.

權英俊, "등기의 공신력 －1957년, 그리고 2011년－", 法曹 661호(2011. 10.).

權龍雨, "登記原因證書의 公證－不實登記防止를 위한 立法方案－", 民事法學
제18호, 韓國民事法學會, 2000.

김기창, "물권행위무용론", 民事法學 특별호(제52호) 民法의 自畵像과 未來像－
한국민법 시행 50주년 기념－, 韓國民事法學會, 2010.

김상영, "부동산등기원인증서의 공증제도 도입에 관하여", 大韓公證協會誌 通
卷 第2號(2009).

金相容, "不動産去來實名制 立法豫告法律案의 內容과 問題點", 司法行政, 제411호
(1994. 3.).

金相容, "不動産登記制度의 發展에 관한 法制史的 考察", 民事法研究(2), 法元社, 1997.

金相容, "不動産登記制度와 抵當制度發展의 相互關係", 民事法研究(3), 法元社, 2000.

金相容, "獨逸에서의 不動産物權變動의 法理構成과 不動産去來契約의 公證制度",
登記의 理論과 實務에 관한 諸問題 III, 韓國登記法學會, 2004.

金容漢, "登記原因證書의 公證", 不動産登記法의 改正에 관한 研究, 韓國民事法
學會 編, 서울大學校 出版部, 1978.

金載亨, "根抵當權附債權의 流動化에 관한 法的 問題 －住宅抵當債權流動化會
社法을 中心으로－", 民法論 I, 2004.

金載亨, "『동산·채권 등의 담보에 관한 법률』 제정안의 구성과 내용", 民法論 IV, 博英社, 2011.

金鍾大, "假登記에 기한 本登記가 경료된 경우 중간의 國稅押留등기의 처리방법", 判例研究[IV], 釜山判例研究會, 1994.

金滉植, "不動産登記簿의 信賴回復을 爲한 若干의 考察－西獨의 不動産登記制度를 中心으로－", 裁判資料 第6輯 外國司法研修論集[2], 法院行政處, 1980.

金滉植, "物權法의 改正方向", 民事判例研究[VII], 民事判例研究會 編, 1985.

南孝淳, "프랑스民法의 物權變動法理－物件의 引渡와 物權變動－", 私法研究 第3輯, 靑林出版, 1995.

文丁一, "가등기에 의한 본등기를 할 때 중간등기의 직권말소 여부", 대법원판례해설 제83호(2010년 상), 법원도서관.

朴基周, "登記當事者와 登記上 利害關係人에 관한 研究－登記請求權의 作用을 中心으로－", 서울大學校 大學院 法學博士學位論文, 2012. 2.

裵炳日, "建物의 合棟", 羅岩 徐敏敎授 停年紀念論文集 民法學의 現代的 樣相, 法文社, 2006.

배병일·윤정용, "등기에 관한 특별조치법의 입법상 및 판례상 문제점", 민사법학 제31호, 韓國民事法學會, 2006.

成志鎬, "협의분할에 의한 상속등기를 신청함에 있어 그 등기원인을 증명하는 서면", 대법원판례해설 제52호(2004년 하반기), 법원도서관, 2005.

孫智烈, "重複登記의 諸問題", 裁判資料 第43輯 登記에 關한 諸問題[上], 法院行政處, 1988,

신동헌, "競賣目的物에 관한 所有權移轉登記의 抹消를 명하는 判決이 確定된 경우의 몇 가지 문제", 대전지방변호사회지 제3호(2005. 3.).

安哲相, "處分禁止假處分의 기초가 된 所有權移轉登記가 假處分債權者의 承諾 없이 抹消된 경우의 法律關係", 判例研究 第8輯, 釜山判例研究會, 1998.

安泰根, "登記原因證書의 公證과 登記의 公信力", 法曹 591호(2005. 12.).

梁彰洙, "『假登記擔保 등에 관한 法律』의 現況과 問題點", 民法研究 第1卷, 1991.

梁彰洙, "韓國 民事法學 50년의 成果와 21세기적 課題", 民法研究 第4卷, 博英社, 2007.

梁彰洙, "全面的 價額補償에 의한 共有物分割判決과 登記問題", 民法研究 第9卷, 2009.

오세혁, "실체법과 절차법의 상호의존성", 법철학연구 제12권 제2호, 한국법철학회 편, 2009.

尹起澤, "登記의 公信力의 우리 民法上 導入과 公證制度의 問題에 대하여-독일 법과의 비교를 중심으로-", 法學論集 제6집, 청주대학교 출판부, 1992.

尹眞秀, "物權行爲 槪念에 대한 새로운 接近", 民法論攷II, 博英社, 2008.

尹眞秀, "所有權을 상실한 抵當權設定者의 抵當權設定登記 抹消請求의 可否 - 대법원 1994. 1. 15. 선고 93다16338 판결-", 民法論攷II, 博英社, 2008.

尹眞秀, "建物의 合棟과 抵當權의 運命", 民法論攷II, 博英社, 2008.

윤철홍, "부동산등기와 공시", 우리 민법학은 지금 어디에 서 있는가? -한국 민사법학 60년 회고와 전망-, 한국민사법학회, 박영사, 2007.

李啓正, "代位에 의한 處分禁止假處分의 效力과 轉得者의 權利保全方案에 관한 硏究", 法曹 556호(2003. 1.).

李東俊, "抵當建物의 增,改築 또는 合棟,合體의 경우 抵當權의 效力과 競賣節次 에의 影響", 判例硏究[V], 釜山判例硏究會, 1995.

이상훈, "스위스법상의 물권변동", 法學論集 第14卷 第1號, 梨花女子大學校 法學硏究所, 2009.

이영환, "不動産 處分禁止 假處分의 效力", 衡平과 正義 제10집, 대구지방변호 사회, 1995.

李知恩, "저당 건물의 합동(合棟)과 법정지상권 -대법원 2010. 1. 14. 선고 2009다66150 판결의 분석을 중심으로-", 법조 674호(2012. 11.).

任容模, "登記原因에 대한 公證制度의 導入方案", 司法硏究資料 제23집, 法院圖書館, 1996.

丁玉泰, "登記原因 및 그 公證에 관한 一考察", 民事法學 合倂號(第 4, 5號, 韓國民事法學會, 1985.

丁玉泰, "不動産登記의 公信力에 관한 硏究", 서울大學校 大學院 法學博士學位論文, 1987.

丁玉泰, "登記原因證書의 公證과 獨逸의 Auflassung 實例", 考試硏究(1990. 6.).

鄭泰綸, "프랑스不動産 公示制度의 硏究", 서울大學校 大學院 法學碩士學位論文, 1986.

鄭泰旭, "節次的 正義에 관한 硏究 -法節次에 관한 正義哲學的 基礎-", 서울大學校 大學院 法學博士學位論文, 1995.

洪碩範, "登記業務 2次 電算化事業의 課題와 展望-인터넷 신청사건 접수시스템을 중심으로-", 법조 570호(2004. 3.).

洪性載, "民法 第186條 所定의 "法律行爲"의 解釋", 私法研究 第3輯, 1995.

洪性載,, "독일의 부실등기 방지제도", 慕原 金旭坤敎授 停年退任 紀念論文集
　　　契約法의 課題와 展望, 三知院, 2005.

홍성재, "부동산 물권변동론의 재정립", 民事法學 第43~2號, 韓國民事法學會, 2008.

2. 일본문헌

가. 단행본

鎌田薫·寺田逸郎 編, 新基本法 コンメンタール 不動産登記法, 別冊 法學セミ
　　　ナー no.206, 日本評論社, 2010.

幾代通, 不動産登記法, 法律學全集25, 有斐閣, 1957.

幾代通, 不動産登記法[新版], 法律學全集25－Ⅱ, 有斐閣, 1971.

幾代通, 登記請求權 －實體法と手續法の交錯をめぐって－, 有斐閣, 1979.

幾代通·宮脇幸彦·貞家克己 編, 不動産登記先例百選(第二版), 別冊ジュリスト No.75,
　　　有斐閣, 1982.

幾代通·德本伸一, 不動産登記法[第四版], 法律學全集25－Ⅱ, 有斐閣, 1994.

幾代通·浦野雄幸, 判例·先例 コンメンタール 新編 不動産登記法 2, 三省堂, 1999.

吉野衛, 注釋不動産登記法總論 [新版] 上, 1982.

吉野衛, 注釋不動産登記法總論 [新版] 下, 1982.

內田貴, 民法Ⅲ 第3版 債權總論·担保物權, 東京大學出版會, 2006.

大場浩之, 不動産公示制度論, 成文堂, 2010.

大村敦志, 基本民法Ⅰ 總則·物權總論, 有斐閣, 2007.

藤原勇喜, 登記原因證書の理論と實務, キンザイ, 1986.

法務省民事局內法務研究會 編, 民事保全法と登記及び供託實務, テイハン, 1991.

法務省法務總合研究所 編, 實務解說 權利の登記, 日本加除出版株式會社, 1995.

山崎潮, 新民事保全法 解說, 金融財政事情研究會, 1991.

山野目章夫, 不動産登記法, 商事法務, 2009.

山田一雄· 梶原周逸, 新版 建物合體登記の實務, 日本加除出版株式會社, 2006.

杉之原舜一, 不動産登記法, 日本評論社, 1938.

石川淸, ドイツ土地登記法, 三省堂, 2011.

鈴木祿彌, 抵當制度の硏究, 一粒社, 1968.

林良平·青山正明 編, 不動産登記法, 注解不動産法6, 青林書院, 1992.

全國靑年司法書士協議會, 登記原因證明情報の書き方と記載例60, 日本法令, 2005.

舟橋諄一·德本鎭 編, 新版注釋民法(6) 物權(1), 補訂版, 有斐閣, 2009.

香川保一 編, 登記硏究 三〇〇號記念 不動産登記의 諸問題 上卷, 株式會社テイ
ハン, 1974.

香川保一 編, 登記硏究 三〇〇號記念 不動産登記의 諸問題 下卷, 株式會社テイ
ハン, 1976.

香川保一, 不動産登記法逐條解說(一), テイハン、2003.

香川保一, 新不動産登記書式解說(一)(二), 株式會社テイハン, 2007.

香川保一, 新不動産登記法逐條解說(一)(二), 株式會社テイハン, 2008.

不動産登記記錄例集, 株式會社テイハン, 2009.

나. 논문

加藤一郎, "實體法と手續法－不動産登記に關連して－", 民事硏修(No. 50), 1961.

甲斐道太郎, "「登記原因證書論」覺え書", 不動産登記制度100周年記念論文集 不
動産登記をめぐる今日的課題, 法務省法務總合硏究所 編, 1987.

鎌田薰, "不動産物權變動の理論と登記手續きの實務－日本的「フランス法主義」
の 特質－", 不動産登記制度100周年記念論文集 不動産登記をめぐる今
日的 課題, 法務省法務總合硏究所 編, 1987.

鎌田薰, "不動産登記制度の基本原理", 新不動産登記講座① 總論Ⅲ, 日本評論社, 1998.

宮城俊治, "不動産登記における登記官吏の審査權限の歷史的變遷", 民事硏修(No. 26),
法務總合硏究所, 1959. 6.

幾代通, "登記官吏の審査權小論", 民事硏修 No.3, 法務硏修所, 1957.

吉田琢磨, "登記官の審査權についての一考察(一)", 民事硏修 No. 103, 日本 法
務總合硏究所, 1965.

藤本秀麿, "獨逸法系不動産登記簿の公信力に就いて(一)", 法學協會雜誌, 第53卷
第4號, 1935.

藤原勇喜, "物權變動原因の公示と登記原因證明情報(上)(登記原因證明情報の役割と機能)", 登記研究 763號(2011. 9.).

藤原勇喜, "物權變動原因の公示と登記原因證明情報(中)(登記原因證明情報の役割と機能)", 登記研究 764號(2011. 10.).

藤原勇喜, "物權變動原因の公示と登記原因證明情報(下の1)(登記原因證明情報の役割と機能)", 登記研究 765號(2011. 11.).

藤原勇喜, "物權變動原因の公示と登記原因證明情報(下の2)(登記原因證明情報の役割と機能)", 登記研究 766號(2011. 12.).

藤下健, "登記原因證書概念形成史瞥見", 登記研究 601號(1998. 2.).

里村美喜夫, "オンライン申請と眞正担保機能との距離", 登記情報 494號(2003. 1.).

福島正夫, "わが國における登記制度の變遷", 登記研究 三00號 記念 不動産登記の諸問題 上卷, 1974.

山口智啓, "不動産登記實務基礎講座 第15回 登記官の審査權", 月刊 登記情報 495號(2003. 2.).

石川淸, "スイス土地登記法槪論", 登記インタ-ネット 120號(2009. 12.), 121號(2010. 1.), 民事法情報センター.

小宮山秀史, "不動産登記法の改正に伴う登記事務の取扱について", 平成16年 改正不動産登記法と登記實務(解説編), 2005.

小宮山秀史, "登記原因證明情報の必須化について", 登記研究 704號(2006. 10.).

小林久起, "登記申請に對する登記官の審査", 新不動産登記講座③ 總論Ⅲ, 日本評論社, 1998.

小粥太郎, "不動産登記法", 民法の爭點, ジュリスト 增刊, 有斐閣, 2007.

鈴木祿彌, "建物合體に關する法律案をめぐっての實體民法學的考察", ジュリスト No.1021(1993. 4. 15.).

伊藤進, "登記官の注意義務と不動産登記制度", 登記研究 503號(1989. 12.).

林良平, "不動産登記における實體法法理と手續法法理の交錯", 不動産登記をめぐる今日的課題, 法務省法務總合研究所編, 日本加除出版株式會社, 1987.

田山輝明, "西ドイツの不動産登記制度", 登記研究300號記念 不動産登記의 諸問題 上卷, 1974.

佐藤勇, "登記官の審査權", 不動産登記制度と實務上の諸問題 下卷, 株式會社テイハン, 1988.

舟橋秀明, "中間省略登記による所有權移轉登記の許否", 登記情報 571號(2009. 6.).

淸水響, "新不動産登記法の槪要について", 平成16年 改正不動産登記法と登記實務(解說編), 2005.

村田博史, "不動産登記法改正に向けて－不動産登記制度」思いつくまま－", 登記情報 494號(2003. 1.).

七戶克彦, "日本における登記制度と公證制度(の機能不全)", 法學硏究 第72卷 第12號, 慶應義塾大學法學部內 法學硏究會, 1999.

七戶克彦, "不動産登記法の改正－その物權變動論に及ぼす影響について－", 月刊 登記情報 502號(2003. 9.).

香川保一, "建物の合體の場合の登記に關する 問題点", 登記硏究 746號(2010. 4.).

畦地靖郞, "登記官の審査權について", 民事硏修 昭和 61年 3月號, 1986.

3. 서양문헌

가. 영미문헌

Cooke, Elizabeth: The New Law of Land Registration, Hart Publishing, 2003.

Dukeminier, Jesse and Krier, James E.: Property, Aspen Publishers, 2002(5th ed.).

Esposito, Antonio: "A Comparison of the Australian('Torrens') System of Land Registration of 1858 and the Law of Hamburg in the 1850s", Australian Journal of Legal History, Vol.7(2003).

Farnsworth, E. Allan: Contracts, Aspen Publishers, 2004(4th ed.).

Kurt, Sheldon F. and Hovenkamp, Herbert: American Property Law, West Group, 2003(4th ed.).

Nelson, Grant S. and Whitman, Dale A.: Real Estate Transfer, Finance, and Development, West Group, 2003(6th ed.)

Nelson, Grant S. & Whitman, Dale A.: Land Transactions and Finance, West Group, 2004(4th ed.).

Simpson, S. Rowton: Land Law and Registration, Cambridge University Press, 1976.

Stoebuck, William B. and Whitman, Dale A.: The Law of Property, West Group,

2000(3rd ed.).

나. 독일문헌

Baur, Fritz/Baur, Jurgen F./Stürner, Rolf: Lehrbuch des Sachenrechts, 18. Aufl., 2009.

Demharter, Johann: Grundbuchordnung, 26. Aufl., 2008.

Kuntze/Ertl/Herrmann/Eickmann, Grundbuchrecht, 6. Aufl., 2006.

Meikel/Böhringer/Böttcher/Göttlinger/Morvilius/Nowak/Wienhold, Grundbuchrecht Kommentar Band 1, 8. Aufl., 1997.

Schöner, Hartmut/Stöber, Kurt: Handbuch der Rechtspraxis Grundbuchrecht, 14. Aufl., 2008.

Staudinger, J. von: Kommentar zum Bürgerlichen Gesetzbuch mit Einführungsgesetz und Nebengesetzen, Buch 3 Sachenrecht, 2007.

Handwörterbuch zur Deutschen Rechtsgeschichte, Erich Schmidt Verlag, I .Band, 1971.

구 연 모

서울대학교 법과대학 졸업
서울대학교 대학원(법학박사)
서울중앙지방법원 등기과장
법원행정처 사법등기국 사무관·과장·심의관
법원공무원교육원 교수(부동산등기실무 담당)
법원행정처 인사운영심의관
現 법원공무원교육원장

저서 및 논문
부동산등기실무[Ⅰ][Ⅱ][Ⅲ](법원행정처)(집필위원)
등기청구권에 관한 연구
집합건물 대지권등기의 기본원리와 실무상의 문제
감정료의 적정한 산정 및 불성실한 감정인의 배제 : 입찰절차의 합리적 운용

부동산등기의 진정성 보장 연구

초판 인쇄 : 2014년 06월 25일
초판 발행 : 2014년 07월 04일

저 자 : 구연모
펴낸이 : 한정희
펴낸곳 : 경인문화사
주 소 : 서울특별시 마포구 마포동 324-3
전 화 : 02-718-4831~2
팩 스 : 02-703-9711
이메일 : kyunginp@chol.com
홈페이지 : http://kyungin.mkstudy.com

값 28,000원
ISBN 978-89-499-1031-4 93360
ⓒ 2014, Kyung-in Publishing Co, Printed in Korea
* 파본 및 훼손된 책은 교환해 드립니다